当代国外马克思主义研究文库

主编 陆象淦

本书根据哈佛大学出版社 1998 年版译出

总　序

“我们的理论是发展着的理论，而不是必须背得烂熟并机械地加以重复的教条。”[①] 恩格斯的这一名言高度概括了马克思主义作为科学理论的本质特征，揭示了马克思主义学说发生、发展、不断丰富和升华的历程。马克思主义作为人类解放的学说是革命性和社会批判性的，具有科学性与实践性、真理性与时代性、普遍性与特殊性相统一的品格。150多年来，马克思主义迎击了一次又一次的挑战，始终挺立潮头，永葆青春，其原因就在于它的这种与时俱进的理论品格。20世纪80年代末以降，随着苏联解体、东欧剧变和国际共产主义运动处于相对低潮时期，一些西方理论家急不可耐地宣称马克思主义已经彻底失败，并断言这种失败证明资本主义制度是人类历史的“终结”。但是，正当他们弹冠相庆之际，中国特色社会主义理论体系的确立，以及在马克思主义新发展的这一理论体系指导下，中国人民在中国共产党领导下所取得的社会主义经济、社会、文化和政治文明建设的举世瞩目的伟大成就，再一次证明了发展着的马克思主义理论具有毋庸置疑的强大活力和时代价值，虽历经时代的磨洗和考验，却愈益迸发出真理的光芒，宣告了形形色色的马克思主义“过时论”的破产。

马克思主义的解放思想、实事求是、与时俱进的科学原理，在中国特色社会主义理论体系中得到了完整体现。如果说毛泽东思想是中国共产党人实现的马克思主义与中国实际相结合的

---

① 《马克思恩格斯选集》第4卷，人民出版社，1965，第2版，第681页。

第一次飞跃，那么以邓小平理论、“三个代表”重要思想和科学发展观为其主要内容的中国特色社会主义理论体系则是中国共产党人在新的历史时期实现马克思主义与中国实际相结合的又一次飞跃。当前深入马克思主义研究、积极推进理论创新，无疑首先应该立足当代中国的实践，认真总结中国共产党人始终不懈推进人类社会发展和社会主义现代化建设事业的丰富经验，着重研究重大现实问题，从新世纪和新阶段党和国家事业发展全局的高度，对马克思主义的基本原理做出准确而又符合时代要求的新阐发，加深对马克思主义中国化的规律及其最新成果的认识，进一步从理论和实践上扩大中国特色社会主义理论体系的国际影响。与此同时，应该以世界的眼光，进一步加强马克思主义研究在国际范围内的理论交流与联合，推动马克思主义在全世界的发展。马克思主义的根本宗旨在于把握人类社会的普遍规律，实现全人类的解放，建立作为自由人联合体的共产主义社会。因此，马克思主义的真理性势必要接受世界范围内的社会发展现实的检验。关注、借鉴和吸收世界各国研究马克思主义的成果是推进马克思主义理论创新的重要组成部分。就总体而言，无论是在社会主义国家还是资本主义国家、发展中国家还是发达国家，马克思主义研究者大多试图用马克思主义的基本原理来诠释各国的实践，或者面向时代问题，探索当代世界的发展及其规律性的趋势，其中虽然观点不一，良莠不齐，但也不乏真知灼见，有许多值得借鉴和吸收的观点和论说。

就国外马克思主义研究而言，近20年来其格局出现了诸多变化。一是苏东剧变之后，国际共产主义运动进入低潮，欧洲的一些原本实力很强的共产主义大党出现急剧分化，党员数量、动员力和影响力锐减，在经过调整逐步稳住阵脚后，纷纷对共产主义运动和社会主义的前景进行新的探讨和反思。在相当一段时间里，社会主义问题成为欧美马克思主义研究者和左翼阵营的首要课题。二是马克思主义研究者和左翼学者开始了新的集结，建立起广泛的国际联系，在 1993 ~ 1996 年间，分别在莫斯科、巴黎、纽约和伦敦等地召开了“国际科学家争取民主和社会主义联合会议”“国际马克思大会”“欢呼乌托邦：对社会主义的再展望”“社会主义国际大会”等一系列参与性很广的国际会议。其中由法国的“今日马克思”研究小组筹备和组织、欧美十多家马克思主义和左翼刊物共同发起的“国际马克思大会”已经定期化，成为每三年召开一次的国际性大型学术会议，从 1995 年迄今已举行了五届，参会者愈益增多，包括了欧美和亚非拉的左翼学者和马克思主义研究者。三是随着经济全球化大潮的涌动和新自由主义作为主流话语和社会经济体制的确立与演变，贫富差距急剧扩大，就业临时化和失业阴影的笼罩、生活的不稳定、阶级和种族矛盾等资本主义固有弊病越发突出，正如法国著名哲学家、解构主义大师德里达在 1993 年出版的《马克思的幽灵》一书中所指出的，当代资本主义的所谓新秩序，依然像马克思生前一样千疮百孔，存在着一系列无法愈合的伤口。正因为如此，欧美的许多马克思主义研究者开始更多地关注全球化背景下的资本主义的现实问题，着重探讨阶级关系、种族矛盾和各种新的社会运动，批判新自由主义及其灾难性后果。四是通过互联网等现代化信息手段，建立极其广泛和密切的网络联系。以法国的“今日马克思”研究小组为例，它自称“既是一个刊物、一套丛书、一个研究和聚会的场所、一个研究小组，又是一个向经常性的讨论开放的网址、一个在线论坛、一个国际网络”。它又在 2002 年同法国、意大利、西班牙和英国多家刊物一起创建了名为“K 计划”的“批判的马克思主义出版物欧洲网络”。“K 计划”这个名称，取自德语“阶级”（Klasse）、“资本”（Kapital）、“斗争”（Kampf）和“共产主义”（Kommunismus）四个词的第一个字母，其宗旨是“通过重要的文献、研究成果和争论的流通，为批判的马克思主义的国际化作出贡献”。这个“K 计划”网络又是“世界社会论坛”欧洲分部的“欧洲社会论坛”网络的组成部分。五是研究组织带有较浓厚的民间色彩，派别界限淡薄，观点呈现多样化，但其共同特点是强调马克思主义理论的“现实价值”。用《今日马克思》杂志和丛书的主编、巴黎第十大学教授雅克·比岱的话来说，马克思的理论今天之所以对西方青年一代具有“强大吸引力”，是因为它“不仅是分析现代世界不可或缺的，而且前景广阔”。其迫切的现实价值还在于“资本主义在其当前的全球化阶段又重新凸显出其初期的野蛮性……虽然有着再度扩张的闪光外表，却又显现出没落的征兆”。[①]

总之，当前国外的马克思主义研究格局虽然仍处于一个分化、聚合、动员、调整和整合的过程，但从中可以窥见一些值得注意和研究的倾向和趋势，以及对于当代世界面临的各种现实问题的有益探讨、分析和见解。本着进一步开阔眼界和解放思想，以实事求是的精神认识马克思主义与当代世界的关系，揭示马克思主义在当今全球化浪潮中的时代价值，彰显中国特色社会主义理论体系的世界意义的宗旨，《当代国外马克思主义研究文库》以问题为主线，重点译介 20 世纪 90 年代以来国外对马克思主义经典著作的研究解读及对当代世界分析探索的著述，在马克思主义理论和方法指导下坚持开放和兼容的编辑方针，促进不同观点的对话和讨论，激励新见解、新观点和新探索的涌现，为我国学术界提供一个相关的比照和参考。有比较，才有鉴别。只有面向世界、面向时代、面向现实问题，深入实践并接受实践的检验，理论创新才有所可能。实践不仅是检验真理的标准，也是马克思主义理论发展和创新的永不枯竭的源泉。

陆象淦

2008 年 11 月于北京

① Jacques Bidet, *Explication et reconstruction du Capital*, Introduction, PUF, 2004.

致　谢

在此，我要特别感谢理查德·阿内逊（Richard Arneson）、G. A. 科恩（G. A. Cohon）、大卫·唐纳森（David Donaldson）和约翰·威马克（John Weymark），他们都阅读了原稿，并逐行逐章地提出了详细而宝贵的意见，这些杰出学者们如此重视本书，确实是对我莫大的鼓励和赞扬。此外，弗雷德里克·嘎斯帕特（Frédéric Gaspart）和伊格纳西奥·奥土瑙－奥婷（Ignacio Ortuño-Ortin）也对本书的一些章节提出了非常有用的意见。特别感谢阿维纳什·迪克西特（Avinash Dixit）允许我在阿罗定理的附注中使用他未出版的讲稿，本书的第 1.3 节很大部分以这些讲稿为基础。书中的图 2.2 和图 2.8 是在剑桥大学出版社的许可下，根据该出版社出版的威廉·汤姆森（William Thomson）和泰耶·棱斯博格（Terje Lensberg）的著作《与不定数量的代理人进行谈判的公理化理论》（*Axiomatic Theory of Bargaining with a Variable Agents*）重新绘制的。最后，我要感谢我的研究生们，我曾于 1994 年秋季在哈佛大学的课堂上为他们试讲了几章。他们对本课程的激情进一步增强了我对分配正义理论的信心，使我坚信分配正义这一话题在经济学专业课程中应该获得比现在更多的重视。

目　录

绪　论

分配正义是关于社会或团体应该如何在具有竞争性需求的个体之间分配稀缺资源及产品的理论。早在两千年前，亚里士多德和柏拉图就已经就此问题进行了研究，而《犹太法典》（*Talmud*）则解决过死者的财产在债权人之间的分配问题。在此，我不是意图对关于此话题的浩如烟海的文献做一个详尽的综述（许多世界知名思想家都对此发表了观点），而是要检阅自1950年以来被详加阐述的关于分配正义的主要理论。在过去50年里，学者们开始用新的经济学工具来提出新的公平理论，或者用其去验证传统理论。自从约翰·罗尔斯（John Rawls）的权威之作《正义论》（*Theory of Justice*，1971）出版以来，学者们重新拾起了对这一问题的哲学兴趣。我的目标可以分为以下两点：（1）评价当代政治哲学在这些新的经济学工具的帮助下对分配正义理论的贡献；（2）评价经济学家在应用这些经济学工具研究分配正义问题后获得的成果。

许多致力于社会选择理论和福利经济学研究的经济学家并不了解关于分配正义的当代哲学思想。在这种情况下，他们的作品具有局限性，因为哲学家探讨的问题对社会资源分配方式的规范性评价至关重要。许多经济学家都很了解功利主义和罗尔斯的"差别原则"。但尽管这两个分配原则相当重要，在本书中它们所占的篇幅很小，不足两章。本书的主要目标是为这些经济学家们提供哲学方面的研究视角和工具，丰富他们对正义的内涵——或者至少对此问题研究最透彻的学者眼中的正义——的认识，并最终使他们对政策评估，或更一般化的资源分配机制的公正性有更深刻的认知。

接下来，我先简要概括一下经济学家与哲学家在思维方法上的不同之处。许多经济学家在试图解读政治哲学时，常常无功而返，因为他们发现政治哲学是如此的不规范和不严谨，这让他们感到很难驾驭。现代经济学家接受的训练是挑选一个有趣的问题，然后尽快将它置于规范的模型中进行分析。公理概括了模型界定条件之间的某些基本关系，而知识则来自于从这些公理中推导出的并不直观的结论。经济学家的兴趣主要在于推论的过程，他的审美意识常常满足于一个出色的证明，或是出人意料地由弱公理推导出强结论的论证。虽然政治哲学家同样欣赏这样的论证，但他真正的兴趣在于模型公式化之前的智力思考过程。正如一位政治哲学家曾经告诉我的，当一个问题完全弄清楚了，它就不再具有哲学趣味了。因而哲学家的任务在于寻找模糊的问题，然后指出如何能使问题变得清晰：应当如何提出问题？回答这个问题需要何种信息？所以，面对经济学家的模型，哲学家常常会质疑模型的设定条件和公理，他会提出反例，试图表明这个模型在一些细节上忽略了当前问题中的一些相当重要的情况。他还会举例证明公理已经含蓄地回答了一些本该一开始就保持开放性的问题，或是认为公理本身就排除了某些重要的现实情况。经济学家一向不耐烦地认为哲学家的质疑很无聊，是在将注意力转移到无关紧要的细节；而哲学家则认为经济学家是在不加思考地将细节问题“一刀切”。

在评价经济学家有关分配正义的著作时（主要集中在第1~4章），我会尽我所能，力求以哲学家的审慎思考来完成这部分内容；而在评价哲学家的相关贡献时（主要在第5~8章），我则会从经济学家的视角来考察。在本书的前四章里，我将概述20世纪50年代以来经济学家们在分配正义理论领域
2 的主要贡献，同时批判他们未能正确地表述哲学问题［例如海

萨尼（John Harsanyi）关于功利主义内涵的观点，见第 4.3、第 4.4 节］，或者在构建模型的过程中丢掉了太多与分配正义相关的因素（例如在应用纳什谈判理论来解释分配正义时，见第 2.5、第 2.6、第 3.5、第 3.6 节）。在后四章里，我利用经济学家的工具来研究哲学家的“模糊”表达，也就是说，我用经济学家易于理解的方式来解读当代有关分配正义论的哲学观点。结果发现，哲学家的主张往往前后不一致。我提出了一些具有建设性的经济模型，通过它们我希望以经济学家与哲学家都能接受的方式，捕获一些哲学思想的火花（例证见第 5.7、第 6.3、第 6.4、第 8.3、第 8.4 节）。

正如在前文中提到的，我的主要目标是以易于理解的形式为经济学家们呈现政治哲学，以提高他们在研究规范性问题时的思辨水平。经济学分析法能对哲学家的分配正义问题做出哪些贡献呢？我必须说，在两者的关系上，经济学的角色就相当于佣人，虽然我很希望看见相反的情况。经济学家的思考方式可以检验哲学理论的一致性，或可为那些模糊的观点提供一个具体的公式（模型）以使之更加精确，还可以将分配正义论的哲学观点转化为一个具体的社会政策，比如税收政策等，或者描绘与观点一致的可行的社会政策集合。毋庸置疑，经济学的这些贡献都是非常宝贵的，而且也是必不可少的。尽管如此，我并不认为经济学家的思考方法已经或将会对分配正义的内容贡献新观点。在过去的 30 年里新出现的分配正义论的核心概念——基本善（primary goods）、功能性活动与可行能力（functionings and capability）、多种形式的责任、过程公平与结果公平的对比、中期福利（midfare）等，都是哲学思考方式的成果。我并不是想说明在应用经济学原理分析之后，这些概念的构思是多么不周到。相反，在最后四章中我会证明，这些概念大大地推进了我们对公平的理解。我们讲“所有的理论都或多或少存在不足”是为了让大家意识到问题的精确细微程度。

本书内容是以“修正时序法”（modified chronological order）展开的。所谓“修正”，是指在介绍完一种观点之后，并不直接转向下一个观点，而是随后附上最新的重大进展，然后再转向
3 下一个观点。本书第 1 章探讨了肯尼思·阿罗（Kenneth Arrow）的社会选择分析，尤其是其在 1951 年出版的专著中提出的不可能性定理（impossibility theorem）。这个理论起初被认为否定性地排除了用个人偏好之和替代社会偏好的可能性。此处应用这一定理是为了表明，如果公正必以某些明显可取的方式将个人偏好考虑在内（如定理中的公理所总结的那样），根据公正程度对社会中的资源在个体间的可能分配进行排序是不可行的。然而，20 世纪 70 年代的研究表明，如果在阿罗框架中被限制的某些关于偏好的信息可获得时，不可能性定理是无效的。因此我们可以这样理解：不可能性结论不是来自于民主观念深层次的不一致性，而是来自阿罗自己承认的个人偏好信息的缺失。具体来说，如果个人之间的效用是可比较的，那么就存在将个人偏好加总为社会偏好的方法。本书的第 1 章发展了这一理论。在第 1.4 节中，我提出，古典社会选择理论不是研究分配正义问题的适当方法，因为它忽略了很多与正义有关的信息。在第 1.5 节中，我提出了一种改进的方法来处理这个问题。

1950 年约翰·纳什（John Nash）提出了一种公理化的方法来解决两人的谈判问题，该方法实质上类似于阿罗的公理分析。他用一系列很有说服力的公理描述了“纳什解”（Nash solution）的特征。后来的学者对谈判问题提出了其他公理化的解，如埃胡德·卡莱和梅耶·斯莫若丁斯基（Ehud Kalai and Meir Smorodinsky，1975）、威廉姆·汤姆森和泰耶·棱斯博格（William Thomson and Terir Lensberg，1989）。“纳什谈判理论”已经通过两种方式被应用于分配正义论的研究：第一，一些哲学家，如大卫·高蒂尔（David Gauthier，1986），都视正义为定义适当的谈判问题的结果；第二，一些经济学家，尤其是汤姆

森，都选择使用纳什的公理化**方法**来直接说明正义的要求，尽管他们并不相信正义是一些谈判问题的结果。我将在第 2 章对以上观点进行详细说明，并在第 2.5 节中批判这类方法，因为它将分配正义问题过于简单化。

第 3 章是全书难度最大的一章，本章主要解决第 2 章中的对纳什谈判理论的质疑。如果从分配正义论这个不太恰当的角度来看，纳什谈判理论忽视了关于现有资源和个人偏好次序（效
用函数）的信息，使资源分配问题变为效用分配问题，从而使 4
许多本有可能实现分配正义的资源分配机制被排除在外。本章则将资源和偏好重新放入了问题中：当研究对象是一个有充分的“经济”信息而不只是“效用”信息的世界时，我们能重新构建纳什的公理化方法吗？我证明这是可行的。有些哲学家可能仍然会提出异议，因为他们可能认为除了“经济信息”外，讨论正义还需要其他的信息，即效用函数衡量的效用**类型**及善的**名称**。第 3.5 节提出这一反对意见是可调解的，但可能会以哲学上的难以接受为代价。

功利主义是一种备受推崇的分配正义理论，其主张为：公正的资源分配（在人口总和不变的社会）应当使个人的效用之和达到最大。在第 1 章中，功利主义被证明是与效用函数的某些信息假设一致的唯一社会选择规则，是另一种阿罗公理。然而，这些信息假设有些太松散。换言之，因为我们通常相信我们拥有的效用信息比第 1 章所承认的更多，因而功利主义作为社会性推荐，其**唯一性**是不能令人信服的。然而，埃里克·马斯金（Eric Maskin，1978）证明，在更严格的信息假设和其他明显有说服力的公理下，功利主义仍然是唯一可以推崇的社会选择规则（第 4.2 节）。该章使用的时序法由约翰·海萨尼（1953，1955）贡献。海萨尼把“无知之幕”（veil of ignorance）的概念作为一种思维实验引入了对分配正义的研究。海萨尼想表明，功利主义是“无知之幕”后的灵魂沉思后做出的选择。

他还提出了另一个独特论点，即当个人与社会偏好满足冯·诺依曼－摩根斯坦公理时（即当面对不确定情况时，个体和社会都保持“理智”），功利主义是唯一的社会选择规则。对海萨尼定理的评估见本书第4.3和第4.4节。第4章最后探讨了最优人口规模问题。边沁功利主义者最初的观点是社会对资源的分配应该实现“最大多数人的最大幸福”。这个目标并不连贯（我们不可能同时使两个目标达到最大化），但却引出了一个问题：对于一个资源既定有限的社会，最优的人口规模是什么？第4.6
5 节介绍了关于这一问题的近期研究。

第5章介绍了认为正义存在于某种平等主义中的当代观点。罗尔斯（1971）以在两个方面不同于功利主义的分配主义理论开启了这一研究：一方面，他认为正义的重点不应是福利，而是为所有的人提供他描述为“基本品”（primary）的某种善(goods)；另一方面，他认为应该实现最大化的不是个体善的某种指标之和（与功利主义相同），而是最小的指标束（差别原则）。罗尔斯是提出“在一个公正的社会中，需对于每个个体实现平等化的对象是什么”这一问题的第一人，该问题之后成了分配正义论中平等主义理论的核心问题。第5.2～5.4节评价了罗尔斯的差别原则，包括他对基本善的关注。瑟奇－克里斯托弗·科姆（Serge-Christophe Kolm，1972）也主张“最大最小化”或差别原则，虽然他给出了不同的理由：罗尔斯援引的是“无知之幕”理论，科姆借助的观点认为所有人从根本上来讲是相同的（第5.5节）。阿玛蒂亚·森（Amartya Sen，1980）又向前迈进了一步，他也主张平等主义的正义观，但他提出罗尔斯的平等化对象是错误的：正义既不要求福利的平等化，也不要求基本善的平等化，需要平等化的是介于善和福利之间的某些东西——他称之为“可行能力”。一个人使用善来获得各方面的功能——变得更加灵活、了解他周围的世界、拥有社交生活等。对各种善的消费**产生**人们的功能性活动，而功能性活动又被相应地转化为对福利的**投入**。森后来指出公平社会就是使公民功能性活动（他们的**可行能力**）的可得向量集平等的社会（第5.6节）。第5.7节提出了一个稍微不同于传统模型的罗尔斯主义或者森主义的正义模型，因为它没有假定不同个体的境况（个人境况可以通过基本善指标或者功能性活动指标的水平来衡量）具有人际可比性。

1974年罗伯特·诺齐克（Robert Nozick）出版了《无政府、国家和乌托邦》（*Anarchy, State, and Utopia*），在此书中他提出了可能最重要的当代政治哲学的反平等主义观点。诺齐克认为，正义本身不应关注结局的形式，而应关注代理人经济地相互作用的过程。显然，他关于公平程序内涵的特别建议以约翰·洛克（John Locke）的观点为基础。洛克认为如果一个人在未被私有的自然资源上从事生产劳动，那么他有权将产品占为己有，只要他能够“为其他人留下足够多且同样好”的自然资 6
源。第6.2节概述了关于诺齐克观点的哲学争议。洛克的限制条款可谓相当苛刻，因为在一个资源稀缺的世界，终有一日，所有人都只能通过减少其他人的可用有效资源数量来进一步获得体现自然资源的物品。问题变为：当自然资源有限时，一个新洛克派哲学家将如何改变洛克的获得前提。第6.4节指出诺齐克解仅仅是可行解之一，并展示了一些其他的解，它们产生的结果比诺齐克解更为平等。诺齐克提出每个个体都是自我所有者，也就是说，在一定约束下，只要他们认为合适，他们有权使用自己的劳动并占有相应的产品。目前为止，在这一章中，诺齐克的这一前提还没有被质疑。第6.6节概括了科恩（G. A. Cohen）最近提出的观点：自我所有权不是一个具有道德吸引力的前提假设。如果科恩的论点具有说服力，这对诺齐克的正义理论是一个比以前的观点更为根本的质疑。

1981年，罗纳德·德沃金（Ronald Dworkin）发表了两篇文章，讨论了由罗尔斯最早提出、森后来又进一步阐释了的问题：

对于正义的平等主义理论，合适的平等化对象是什么？德沃金认为，应该平等化的不是福利。除其他可以拒绝福利平等化的理由外，他还指出，一个社会如果致力于福利均等，那些具有昂贵性偏好的人应被给予较多的资源，而这在道德上是不可接受的。社会没有责任为香槟爱好者提供比啤酒爱好者更多的资源，如果前者欣然接受了对香槟的偏好，那他就应该为满足自己更昂贵的需求承担获取额外资金的个人责任。德沃金接着说，应该取代福利成为平等化对象的是可利用的资源束。然而，其观点的微妙之处是，某些不可转让的（不可剥夺的）资源，如天生的禀赋，也包含在了资源束之内，因此在个体间平等化资源束是行不通的。问题变为：应该如何分配可转让资源，以恰当补偿不均等且数量固定的不可转让资源造成的个体差异？德沃金提出了一个巧妙解决该问题的方法。他认为，如果分配资源之前无知之幕后的个体本可通过投保以避免未能拥有足够的不可转让资源束，那么该资源分配应该被视为公平的。因此，在德沃金的无知之幕背后的个体知道他们的偏好，但不知道他
7 们在“出生抽彩”中将获得的不可转让资源束，并且他们每个人都获得了同样数额的金钱以购买这样的保险。如果以上的保险机制形成，可转让资源（例如金钱）的实际分布情况就是“平等”的。第 7.3 节和第 7.4 节质疑了德沃金的一些方法，并提出保险机制实行的平等不具有吸引力，不会使资源平等主义者感到满意。为了寻找一个可以满足资源平等主义需求的资源分配机制，第 7.5 节提出了一种公理化该问题的方法。

德沃金最早将责任问题带进了平等主义的分析。罗尔斯和森也非常关注个人责任问题，因为无论需要被平等化的是基本善还是功能性活动，它们都只是对成功生活的投入，至少罗尔斯和森含蓄地认为，个人应该担负将这些投入转化为成功生活的责任。换句话说，在他们的理论中，正义的实现并不要求相等的福利或相等的实现人生计划的成功程度，只要求将可以生

成福利和成功的资源平等化。然而，在罗尔斯和森的著作中，责任问题并不是主要焦点，但在德沃金的著作中，该问题上升成为核心问题。在 20 世纪 80 年代末，理查德·阿内逊（Richard Arneson，1989）和科恩（1989）在德沃金的主张上又向前迈进了一步。他们认为，德沃金著作的核心思想是正义要求某种优势（advantage）的均等，这种优势产生于个人不必为此负责的环境及个体特征，但如果一种优势是个人应该负责任的环境及个体特征造成的，则在该优势上的个体差异就不违背正义的理念。阿内逊和科恩不赞同德沃金将偏好纳入个人责任范畴的做法。阿内逊认为，德沃金和罗尔斯用来反对“福利平等”的所有理由对他提出的“福利机遇的平等”（equality of opportunity for welfare）是无效的；而科恩认为，分配正义的正确内涵接近于“可及优势平等”（equality of access to avantage）这一概念。这两种见解都是德沃金思想的延伸，它们都着重处理了“个人责任”的问题，但在“个人应当为什么样的事情承担责任”这一问题上他们的看法与德沃金不同。我会在第 8.1 节和第 8.2 节中分析这些观点。

罗尔斯、德沃金、阿内逊和科恩都相信有必要实现某种平
等化，从而使人们能为自己创造出有意义且成功的生活，在这 8
个意义上讲，我们可以把他们的理论看作主张“机会平等”的理论。但是，他们主张的“机会”平等比传统“狭义”概念的机会平等内涵更丰富。在第 8.3 ~ 8.5 节，我提出通过税收政策来实现阿内逊和科恩提议的“机会平等”。更确切地说，我建议社会以设计税收政策的方式，来为某些种类的优势（例如健康、收入或福利）实现“机会平等”，制定出的税收政策应该与人们对个人应负哪些责任的社会观念相一致。为了便于研究，经济学家们主张将如下问题公理化：对于个人应当负责的那些福利和收入，社会应该采取什么措施使它们平等化？第 8.6 节介绍了这类研究的近期成果。

有些人可能会发现本书至少缺少三个主题：剥削理论、“无妒忌”论、社群主义。我没有讨论剥削理论，因为经过一段时间的研究，我发现它本身并不是正义的基本理论，这一点我在其他研究中已做解释（罗默，1994：65～96）。我并不是说在资本主义制度下工人获得了公正的待遇，而是认为我们需要进一步的分析才能将这种不公正的待遇视为剥削。因为按照马克思的观点，或者至少是我对他观点的理解（罗默，1994，第一部分），对工人的剥削体现在他们获得的工资商品所对应的劳动少于工人为此付出的劳动。商品中的“物化劳动”与生产中的“直接劳动”之间的不等价交换并不是一种很明显的不公正。事实上，如果资本家是工厂的合法拥有者，那么为什么我们不能将“剩余劳动”（工资商品中的“物化劳动”和工人在工厂付出的劳动之间的差额）视为劳动者为获得工厂的使用权而支付的租金，或者说为了使他的劳动有机会发挥作用而支付的租金？因此，剩余价值的存在或上述的不等价的劳动交换并不能充分证明工人获得了不公正的待遇。我认为为了证明马克思主义在工人待遇方面对资本主义制度的指控，我们需要寻求罗尔斯、森、德沃金、阿内逊、科恩等人的平等主义理论的帮助。例如，如果在市场经济中，小团体对某工厂的所有权使机会均等成为不可能，那么对工厂的所有权就可能是不公正的，或者资本家获得工厂的方法可能是不公正的。在这两种情况下，我们都需
9 要更深入的理论。

我没用整章的篇幅讨论“无妒忌”理论［有些经济学家也将其称之为“公平”（fairness）理论］，是因为我并不觉得它是令人信服的正义理论。该理论（据我所知）除了在德沃金（1981b）和范·帕里基斯（Van Parijs，1995）的研究中出现过之外，未在其他任何政治哲学家的著作中出现过。在附录中我提出“公平”在经济学家间深受好评的原因在于它在没有假定任何个人效用可比性的情况下，大大缩小了帕累托最优分配集

的范围。但是，因为以上理由而对这一观点产生兴趣，就好比是因为其他地方太暗而只想在路灯下寻找丢失的钻石。此外，我认为当经济学家将注意力由简单的交换经济转向生产经济（production economy）时，他们已经暗中纳入了一个人际可比的因素，从而修改了“公平”的定义。如果我们认为这一可比性因素在生产经济中是不可缺少的，那么我认为它在交换经济中也是不可或缺的。这样，“公平”概念就失去了它最珍贵的本质特征，即它可以不依靠人际可比性而独立存在的能力。

我没有讨论社群主义，因为我不认为它的主张可由经济分析评价或阐明。乔恩·埃尔斯特（Jon Elster，1992）和 H. P. 杨（H. P. Young，1994）在他们颇具趣味性的研究中提出，在不同“领域”的社会生活中，分配正义似乎有不同标准，这一想法在一定程度上与社群主义的一些观点［特别见沃尔泽（Walzer，1983）的讨论］产生了共鸣。埃尔斯特列出了二十多条规则来分配属于不同领域的稀缺商品和必要负担，并坚持认为不存在（足够简单的）一般理论来解释在什么情形下应该使用什么规则。如果他是正确的，那么经济分析在社群主义这一重要方面的应用空间是有限的。

在开始写这本书时，我设想把它作为经济学类研究生的一本教科书，这些学生应该已经修过一年的微观经济学理论课程。确实，对于一个准备充分的学生来说，完全理解本书是非常容易的。我希望我对哲学思想的阐释足够充分，能够使那些思维缜密的人在没有读过哲学书籍的情况下，也能够理解其含义。尽管如此，如果将本书是作为一本教科书使用，我强烈建议补充有关的哲学读物。想在该领域从事研究的经济学家终究还是必须学会阅读政治哲学著作，而不是从少数翻译者那里取得二
手资料。 10

我也希望对分配正义理论感兴趣的政治哲学家和更广泛意义上的社会科学家们能够在读完本书后有所收获。对于公式化

的定理，在该书中还有许多非书面化的讨论，尽管没有学习过经济学理论的读者可能不能够理解这些定理的证明，但我坚信，他们可以理解其非书面形式的表述。当然，最后四章中的非书面化讨论可以为没有接受太多哲学思维训练的读者介绍当代分配正义理论。

在写一本这样的书时，如果作者不想读者因为接受太多信息而感到不知所措，那么就应该审慎选择需要评论的文献，或至少将该书的价格保持在一个合理的范围之内。我故意忽视了许多经济学方面的作品，这些作品或许十分适用于分配正义的讨论，但它们的相关性较低。幸运的是，许多近期已经出版的或者将要出版的书籍都提供了这方面的内容，它们的作者包括：莫林（Moulin，1988，1995）、布鲁姆（Broome，1991）、盖特纳和阿利特（Gaetner and Klemisch-Ahlert，1992）、彼得斯（Peters，1992）、杨（1994）、汤姆森（1991，1994）、豪斯曼和麦克弗森（Hausman and McPherson，1995）、科姆（1995）。我探讨的文献都具有重要的哲学意义，或者以重要的哲学文献为
11 基础。我有一定信心，我的选择没有太离谱。

1　效用的度量与阿罗定理

1.1　效用的度量与比较

效用（utility）作为一个专业术语，其含义为一个商品满足任何种类的需求的能力，这个定义可以追溯到普芬道夫（Pufendorf）的《人和公民的自然法义务》[*De officio hominis et civis iuxta legem naturalem*（1724），见布莱克（Black，1987）]和费迪南多·加利亚尼（Ferdinando Galiani）的《论货币》[*Della moneta*（1751），见乔治斯库－罗根（Georgescu-Roegen，1987）]中“事物使我们获得幸福的能力”。杰里米·边沁（Jeremy Bentham）将该术语看作英国政治经济学的技术词汇之一。他先是将效用视为与幸福相关的事物，不过后来他发现“**幸福**和**快乐**与**效用**之间并没有明显的联系”。[①] 在帕累托（Pareto，1896）的《政治经济学讲义》（*Cours d'Economie Politique*）中，他引进“满足度”（ophelimity）一词来表示“事物能满足需求或者欲望（无论其是否合理）的属性”，后来用这个词来表示个人欲望的满足，“效用”则指事物有利于社会的属性。在他的早期作品中，帕累托将“满足度”视为物理属性，取决于有关的数量规则。然而到20世纪，他的看法是，需要用来分析“个人选择”的工具是家庭的无差异曲线，不需要有特定的数字与这些曲线相联系，任何顺序的标定指数都可以。因

① 该引用来自于乔治斯库－罗根（1987）。

此，他写道，他使经济学理论从所有“形而上”的成分中解脱
13 出来。[①]

当边沁写道社会目标应该是实现“最大多数人的最大幸福”（这是他的效用原则）时，他认为效用应该是这样一种东西，其总和对每个个体都意义非凡。[②] 然而，帕累托最优却以不需要个体之间的比较而著称：这就是我们现在所谓的完全的序数观念。（当然，没有假设这种可比性的成本是帕累托最优作为社会解决方案的不确定性。）

一般均衡理论在阿罗和德布鲁（Arrow and Debreu，1954）的著作中被充分探讨，该理论清楚表明，仅使用个体的无差异曲线图就可以充分表达市场经济观念，也就是说偏好顺序优于商品束。效用并不需要成为一个可以测度的量，也没有必要对个人的效用做任何的比较。（至少在个人不能讨价还价，或者说不能“影响价格”时，这个理论是正确的。一旦出现讨价还价的情况，这一行为的结果就需要用公平的概念来说明，因为如果讨价还价者感到不公——这一结论特别可能在他比较了竞争对手的收益之后得出——他就可以拒绝接受出价。）一般均衡理论仅使用个人偏好的序数信息就完全描述了市场经济下的经济结果，这个成功无疑鼓励目前许多经济学家都赞同这样的观点：没有任何其他有关偏好的信息是**有意义**的，无论是个人偏好的强度（是指固定一个基数范围，以标志个人的无差异曲线，在这里效用在不同状态之间的差别是有意义的），或是个体之间福利的可比性，都是不相关的。这种推论当然是错误的，就如要理解为什么一个物体升温速度快于另一个，我们可能不需要知道它们的颜色，但这并不意味着该物体没有颜色。知道一个特定理论需要什么样的偏好信息，并不能解决谈论个人偏好强度

① 本段中的信息来源为乔治斯库 - 罗根（1987）。

② 边沁的效用准则意味着同时最大化两个目标，在第 3 章我将简要说明这部分。

是否有意义，或者说一个个体比另一个更好是否有意义的问题。此外，关于偏好方面的信息，简约的一般均衡理论并不表明，解决问题只需要对市场经济中（或者甚至对一些代理人具有市场支配力的市场经济中）的经济结果进行正面描述，而不需要其他更多的信息。 14

依据现代观点，有关可替代状态的个人偏好顺序是经济理论的本原，效用函数仅仅是那些偏好顺序的便捷表述方式。帕累托最早掌握了这一现代经济学观点。① 尽管帕累托见解深刻，但直到20世纪70年代，通过经济学家们对阿罗“一般可能性定理”的充分理解，或者说通过他们对该理论悲观论调的尽力忽视，效用函数的含义才被充分明确地认识。虽然阿罗定理（1951，1963）表明，如果遵循一些似是而非、有吸引力的公理，社会将无法从可替代的状态中做出一致的选择，但伯格森（Bergson，1938）在此前几年就引进了社会福利函数，且直到今天人们还在使用该概念。阿罗定理怎样才能与伯格森的实践贯通一致呢？答案在于充分理解效用函数和偏好顺序之间的联系。

设 X 是一个社会状态集，H 是至少有两个个体的一个集合，R^h 表示个体 h 关于 X 的一个偏好顺序。xR^hy 表示“h 弱偏好于状态 x 而非状态 y”，形式上，我们可以认为 R^h 是 $X\times X$ 的子集，当且仅当“xR^hy”时，集合（x，y）包含在该子集中。$X\times X$ 的子集可以称为**关于 X 的二元关系**。设 P^h 与 I^h 分别是包含于 R^h 中的严格偏好关系和无差异偏好关系（由于 R^h 为 $X\times X$ 的一个子集，我们称之为“包含于”），即当且仅当 xR^hy 且 yR^hx 时，xI^hy 成立，同时，当且仅当 xR^hy 成立，而 yR^hx 不成立时，xP^hy 成立。我们假设偏好顺序 R^h 满足完备性、反身性和可传递性：

① 可能更确切地来说，“选择理论”是现代观点的基础形式。偏好顺序简单地记录了个体如何选择，或将要如何选择；因此，如果个人选择不总是与其兴趣一致，那么，将偏好表示为已作选择的效用函数，就不需要与使其高兴的物体或与其利益一致。

“完备性”表示对任何的 x，$y \in X$，要么是 $xR^h y$ 成立，要么是 $yR^h x$ 成立；“反身性”表示对所有的 x，$xR^h x$ 成立；“传递性”意味着如果 $xR^h y$ 和 $yR^h z$ 成立，那么 $xR^h z$ 成立。关于 X 的一个完备的、反身的、可传递的二元关系称为 X 的一个**序**。具备反身性和可传递性的一个二元关系可称为**拟序**。设 R 是一个**拟序**，选择集 $C(X, R)$ 可以表示为$\{x \in X \mid (\forall y \in X) xRy\}$。

效用函数是一个映射 u：$X \rightarrow \mathbf{R}$，这里 $\mathbf{R}$ 是一个实数集，当
15 $u(x) \geq u(y)$，且 xRy 成立时［表示当 xPy 成立时，$u(x) > u(y)$；当 xIy 成立时，$u(x) = u(y)$］，效用函数表示关于 X 的**偏好顺序** R。如果 R 可以用效用函数表示，那么存在无限个表示任意给定偏好顺序 R 的效用函数，但也有不能用效用函数表示的序。如果 u 表示 R 且 f：$\mathbf{R} \rightarrow \mathbf{R}$ 是任意增函数，那么由 $f \circ u(x) \equiv f(u(x))$ 定义的 $f \circ u$，也是可以表示 R 的一个效用函数。

设 $\rho = (R^1, R^2, \ldots, R^H)$ 是 H 中的个体（将这些个体简化为 1，2，…，H）关于 X 的偏好序**分布**。如果 u^h 是表示偏好顺序 R^h 的效用函数，我们可以通过分布 $u = (u^1, u^2, \ldots, u^H)$ 来表示 R 的分布。为了便于论证，假设我们将公民的偏好看作是他们在社会状态中的幸福程度（即当且仅当 h 在状态 x 与 y 中至少同样幸福时，$xR^h y$ 成立），幸福程度可以用单位来衡量，简称为“哈帕斯”（haps）。个体幸福程度完全可以被度量——对任何一个人来说，享受 100“哈帕斯”的状态与他大脑中的等量神经反应有关，这一状态引起其快乐或满意中枢产生完全等量的化学反应和电流刺激。然后我们会发现对每个公民 h，确实会存在 u^h 的一个唯一可接受的选择，也就是说这个关于 u^h 的选择可在不同状态下形成令公民 h 满意的“哈帕斯”。唯一可以接受的分布 u 将比偏好分布 ρ 包含更多的信息。

相反，假设我们唯一了解的偏好信息或者是与我们的目标相关的唯一的偏好信息包含在 ρ 中，这样有关 u 的**任何**分布都是

可以接受的，其中 u^h 表示公民 h 的偏好顺序，并且 u^h 必须为上述“真实”效用函数的递增转换。

有一个简便的方式来描述有关偏好的信息，我们希望通过分布为 u 的效用函数来表达。我们以一个可接受的分布 u 开始，分布 u 如何转换可以形成另一个可接受的分布 u'？设 f^h：$\mathbf{R}\to\mathbf{R}$ 是一个严格递增函数且 u^h 表示 R^h，则 $f^h\circ u^h$ 也表示 R^h。设 $f=(f^1, f^2, \ldots, f^H)$ 为从 **R** 到 **R** 的严格递增函数的 H 重元组，且记为 $f\circ u=(f^1\circ u^1, f^2\circ u^2, \ldots, f^H\circ u^H)$。当要求 $u^h(x)$ 以“哈帕斯”衡量一个人在状态 x 下的幸福程度时，在以上描述的第一种情况下，什么样的转换 f 才是可接受的？只有一种情形，即恒等变换 $I^*=(I, I, \ldots, I)$，其中 I 是一个从 **R** 到 **R** 的恒等映射，只有在这种转换下，分布 u 才不会改变。在第二种情 16
况下分布 u 仅表示 ρ 中的信息，在这种情形下有很多可接受的转换 f，即所有 f^h 严格递增的 f 都是可接受的！

一般来说，可以通过具体化**变换群** G，来详细表述需要分布 u 表达的信息，其中 G 可被应用于可接受的分布 u。在第一种情况下，集合仅包含一个元素；在第二种情况下，集合包含无限个元素。事实上，由 $f*g=(f^1\circ g^1, \ldots, f^H\circ g^H)$ 定义的 $*$ 运算来看，这些转换集实际上是一个代数组，其中 $f\circ g$ 是函数的普通合成函数，也就是说 G 永远都包含有恒等转换 I^*。如果该群包含一个转换 $f=(f^1, f^2, \ldots, f^H)$，那它一定也包含其“逆转换” $f^{-1}:=(f^{1^{-1}}, f^{2^{-1}}, \ldots, f^{H^{-1}})$，其中 $f^{h^{-1}}$ 是 f^h 的反函数；如果该群包含两个转换 f 与 g，则包含其合成函数 $f*g$。我们定义 G^{AFC} 是一个只包含恒等转换 I^* 的独群，当且仅当我们允许效用函数的可接受分布 u 用 G^{AFC} 中的元素转换时，这个效用 u 是**绝对可测且完全可比的**。设 G^{ONC} 包含所有转换 f，f^h 是任意严格递增函数，如果我们允许群 G^{ONC} 中的任意元素来转换一个可接受的分布，那么其效用为**序数可测不可比**。

我们可以定义许多其他的转换集合，这些集合描述了效用函数意图传达的信息种类。假设效用信息传达的是基数观念，例如，我们要考虑个体在不确定性情形下的冯·诺依曼－摩根斯坦（von Neumang – Morgenstern）效用函数族，但实际并没有对效用的个人比较做出预期，或者我们希望不同状态下的效用差异对每个个体有意义。效用经过适当条件限定后，为**基数可测不可比**，它的特点在于允许变换群 G^{CNC} 中的转换，包括所有形式为“$f=(\alpha^1 I+\beta^1, \ldots, \alpha^H I+\beta^H)$”的递增仿射变换，其中，$\beta^h$ 为任意实数，α^h 为任意正实数。给定一个效用函数 u 的可接受分布，然后应用 G^{CNC} 中的任意 f 都可得到另外一个效用函数的分布，该分布对每个个体来说也都是可接受的［例如，假设我们希望不同效用是有意义的，记为如果 $u(x)-u(y)>u(w)-u(z)$，那么对于任意的 $\alpha^1>0$ 和任意的 β^1，如果 $v\equiv\alpha^1 u+\beta^1$，那么 $v(x)-v(y)>v(w)-v(z)$ 成立］。

设我们认为效用仅为个人提供序数信息，但效用在个体之
17 间的比较是有意义的，这在有时候被称为同序效用。当且仅当可接受分布 u 可以用形式为“$f=(f^1, f^1, \ldots, f^1)$”的转换转换时，其中，$f^1$ 是任意的严格递增转换，我们认为效用函数包含了**序数完全可比**信息（或者说效用是序数可测且完全可比的）。从而可以用任意的递增转换来转换个体 h 的效用函数——所以只有序数信息包含在该个体的效用函数 u^h 中——但接下来我们需要用相同的转换来变换每个个体的效用函数，将这种变换群称为 G^{OFC}。这意味着所有个体之间的效用次序被保留下来，即对于一个可接受的分布如果 $u^1(x)>u^2(y)$ 成立，那么对于所有的合理分布，这个顺序依然成立。也就是说，“公民 1 在状态 x 比公民 2 在状态 y 要好”这样的说法是有意义的。从哲学的角度来说这个说法可能不成立；但至少从数学角度来说，不需要任何的个体基数信息，效用函数就可以包含有意义的个体间可

比性的信息。

假设我们要模型化“个人效用包含基数信息”的观点（如冯·诺依曼－摩根斯坦效用函数，或不同状态的效用不同对个体的意义），即对所有的个体，不同状态下不同效用是可以比较的，但每个个体效用的绝对水平是无法确定的。我们可以通过如下方式来模型化以上条件：只允许群 G^{CUC}来转换可接受的效用函数 u，表示**基数可测且单位可比**，其中，群的一个典型元素是 $f=(\alpha I+\beta^1, \alpha I+\beta^2, \ldots, \alpha I+\beta^H)$。因此，如果 $(u^1, \ldots, u^H)$ 可被接受，则 $(\alpha u^1+\beta^1, \ldots, \alpha u^H+\beta^H)$ 可被接受。这说明效用的水平是无意义的，因为我们可以通过加入合适且不同的常数项 β^h 来改变效用水平的排列次序，但表述“$u^1(x)-u^1(y)>u^2(x)-u^2(y)$”仍然有意义。最后，$G^{CUC}$表明，只有在允许递增仿射变换时，基数信息才有意义（$\alpha>0$）。

我们也许还希望效用函数表达其他种类的信息，其中一部分将在后面的章节中给出界定说明。一般来讲，允许的变换群越大，效用函数所表示的信息就越少。因此当效用函数为序数不可比时（这是一般均衡理论要求的唯一信息），群 G^{ONC}包含了以上定义的所有其他变换群，在可行范围内达到最大。当变换群 G^{AFC}在可行范围达到最小时，效用函数包含了可行范围内的最多信息。其他变换群包含的信息量介于两者之间。因为 G^{CUC} 18
是 G^{CNC}的子群，所以相对于基数不可比的效用函数，基数单位可比的效用函数包含的信息更多。在有些情况下，两个群互不包含（如 G^{CUC}和 G^{OFC}），这种情形下我们不能说一个效用函数比另一个包含更多的信息。

能够说效用函数**至少**包含 CUC（基数单位可比）信息有时是很方便的（假设）。当且仅当我们允许以变换群 $G\subseteq G^{CUC}$中的转换来转换效用函数 u 时，才能说效用函数 u 满足 CUC＋。

设社会 H 的“伯格森－萨缪尔森社会福利函数”为 W，W

将任意效用数的向量（$\bar{u}^1$，…，$\bar{u}^H$）$\in \mathbf{R}^H$ 与实数相联系，这被认为是一种社会福利的序数测量法，其中个体 h 的效用水平用 $\bar{u}^h$ 表示。对 H 来说，设 u 是效用函数的可接受分布，x 是社会状态，定义 $\widetilde{W}^u(x) \equiv W(u^1(x), \ldots, u^H(x))$。我希望我们毫不含糊地将 $\widetilde{W}^u$ 也视为一个社会福利函数。假设对于某个社会来说，关于效用分布我们只有有限的信息，如基数单位可比信息（也就是说，我们允许通过 G^{CUC} 中的元素来转化效用函数），对于“社会福利函数 $\widetilde{W}^u$ 遵循我们的效用信息”这一要求，我们该怎么将其模型化？

这里我们将采纳以下观点（尽管人们可能有不同的观点）：我们只要求社会福利函数给出社会状态的排序，即函数 $\widetilde{W}^u$ 给定一个社会偏好顺序 R。因此，当且仅当 xR^uy 成立时，由函数 $\widetilde{W}^u$ 产生的社会偏好顺序是由 $\widetilde{W}^u(x) \geq \widetilde{W}^u(y)$ 定义的二元关系 R^u；当 $\widetilde{W}^u(x) = \widetilde{W}^u(y)$ 时，社会偏好无差异。继续上面的例子，我们希望表示如下情形：当效用信息基数单位可比时，伯格森－萨缪尔森社会福利函数 W 是有意义的。那么，我们只需要求，当 u 和 u' 均可接受时，也就是对于 $f \in G^{CUC}$，当 $u = f \circ u'$ 时，$\widetilde{W}^u$ 和 $\widetilde{W}^{u'}$ 产生的社会偏好顺序相同（即 $R^u = R^{u'}$）。更一般的情况如下：

定义 1.1 当且仅当对任意可接受的效用函数分布 u 和任意的转换 $f \in G^Y$，$\widetilde{W}^u$ 和 $\widetilde{W}^{u'}$ 产生相同的社会偏好顺序，其中 $u' = f \circ u$ 时，伯格森－萨缪尔森社会福利函数 W **遵循 Y 型效用分布的信息**。

设**功利主义**社会福利函数为 $W(\bar{u}^1, \ldots, \bar{u}^H) = \sum \bar{u}^h$，我们
19 将证明，W 遵循效用分布的基数单位可比较信息，依照定义，$\widetilde{W}^u(x) = \sum u^h(x)$。假设 $\widetilde{W}^u(x) \geq \widetilde{W}^u(y)$，即 $\sum u^h(x) \geq \sum u^h(y)$。设 $f = (\alpha I + \beta^1, \ldots, \alpha I + \beta^H)$ 为 G^{CUC} 中的任意转换，设 $u' = f \circ u$，那么 $\widetilde{W}^{u'}(x) = \sum(\alpha u^h(x) + \beta^h) = \alpha \sum u^h(x) + \sum \beta^h \geq \alpha \sum u^h(y) +$

$\sum\beta^h = \sum(\alpha u^h(y) + \beta^h) = \widetilde{W}^{u'}(y)$，因而 $\widetilde{W}^u$ 和 $\widetilde{W}^{u'}$ 确实产生了关于社会状态的相同偏好顺序。这也证明了功利主义遵循基数单位可比信息，或者说，即使效用信息仅仅为基数可测和单位可比，功利主义依然与社会福利观念一致。

类似论证表明，功利主义并不遵循序数不可比信息，即仅给定关于效用的 ONC（序数不可比）信息时，功利主义是前后不一致的。为了证明这一点，假设有状态 x 和状态 y，个体 1 与个体 2，一个可接受的效用函数，该函数给定了效用水平：$u^1(x)=5, u^1(y)=1, u^2(x)=1, u^2(y)=4$。因为$6>5$，功利主义选择状态 x 而非状态 y。现在用 $f(z)=(z, z^3)$ 转换分布（u^1，u^2），也就是说，我们设定 u^1 不变，但将第二个人的效用函数立方，该转换是 G^{ONC} 中的一个转换。经过转换后可得$u'^1(x)=5$，$u'^1(y)=1, u'^2(x)=1, u'^2(y)=64$。因为 $65>6$，所以当应用 G^{ONC}中的元素转换效用分布后，功利主义变为选择 y 而不是 x。因此，仅给定效用函数的 ONC 信息时，功利主义并不是一种定义完善的概念。

考虑另一个众所周知的社会福利函数 $W(\bar{u}^1, \ldots, \bar{u}^H) = \min_h \bar{u}^h$，即社会福利等同于社会中最穷的人所享有的福利，这就引致了社会决策问题 $\max\limits_{x\in X}\min\limits_{h\in H} u^h(x)$，这也就是我们熟悉的“最大最小效用”。这里的 W 是否遵循基数单位可比性？答案是否定的（这个问题的解答过程作为练习留给读者）。但是 W 遵循 OFC（序数完全可比）信息。对某些可接受的效用分布 u，设 $\widetilde{W}^u(x) > \widetilde{W}^u(y)$，这意味着$\min_h u^h(x) = u^{h^1}(x) > \min_h u^h(y) = u^{h^2}(y)$，即在状态 x 下的最不利个体为 h^1，在状态 y 下的最不利个体为 h^2。现在使 u 服从于转换 $f\in G^{OFC}$，$f=(f^1, \ldots, f^1)$，经过 f 转换后，h^1 仍然是状态 x 下的最不利个体，h^2 仍然是状态 y 下的最不利个体。由 f^1 的单调性可知$f^1(u^{h^1}(x)) > f^1(u^{h^2}(y))$，这意味着经过 f 转换后，W 仍然偏好状态 x 而不是状态 y。 20

读者也可能认为功利主义不符合 OFC（序数完全可比）信息。因此，功利主义和最大最小值原则都是与效用函数的某些信息相一致的社会福利函数，而不是其他类社会福利函数。在某些信息情况下，对于一个社会规划者来说，功利主义理论是一个前后一致的社会福利函数，相反，最大最小值原则却不是。

如果我们有充足的关于效用函数的信息，即效用函数信息完全可测且可比，那么，所有的社会福利函数都是一致的。在可测性条件下仅有一种可接受的效用分布，因此社会福利函数 W 只形成一种函数形式 $\widetilde{W}^u$。所以，所有可接受的 $\widetilde{W}^u$ 又形成了相同的对状态的偏好顺序 R。当经济学家写下一个特定的社会福利函数，却并没有就效用信息的连贯性发表评论时，人们可以慷慨地认为他假设效用绝对可测且完全可比，因为在这种情况下社会福利函数没有任何的限制条件。

以上讨论的结论为：有关效用分布的信息越少（即可接受的变换群越大时），在给定的框架中连贯的社会福利函数就越少。假如可接受的变换群为 G，每一个 $f \in G$ 都会对 W 产生一个约束，即对于任何一个可接受的 u，$\widetilde{W}^u$ 和 $\widetilde{W}^{f \circ u}$ 形成相同的偏好顺序 R。因此，效用函数的信息越少意味着群 G 越大，也即对 W 的限制更多。

我们可能会问：如果假定效用函数拥有尽可能少的信息（即通过 G^{ONC} 来转换），什么样的社会福利函数才是连贯的？阿罗的“一般可能性定理”（现在常被称为“阿罗不可能定理”，也被表示为伯格森 - 萨缪尔森社会福利函数）表明不存在这样的函数。这并不是说社会永远不可能有一个连贯的社会福利函数；相反，它表明，如果效用函数仅有少数信息可用时（即 ONC 信息），就不会有连贯的社会福利函数了。

出于教学目的，笔者采用了专题介绍法，而非进行以时序为基础的介绍。尽管阿罗定理在 1951 年已经被证明，但用效用函数表达不同种类信息的概念化工作直到20世纪70年代才有进展。正如我接下来将要描述的，阿罗并没有使用效用函数和社会福利函数，他使用的仅仅是偏好分布。 21

1.2 阿罗不可能定理

设 X 是一个有限的可选社会状态集合，$\mathcal{R}$是关于 X 的所有排序的集合，**社会选择规则**①是从子集$\mathcal{D}\subseteq\mathcal{R}^H$ 到$\mathcal{R}$的一个映射 ψ（$\mathcal{R}^H$ 是笛卡尔积，表示$\mathcal{R}$本身相乘 H 次），也就是是 ψ 将给任意序列分布一个排序。我们可以理解为 ψ 将社会上所有个体的偏好排序加总成为一个社会偏好。个体可以在映射 ψ 上施加什么合理的限制来使其遵循个人偏好呢？阿罗提出了以下建议，尽管这只是其中一种形式：

如果 $\rho=(R^1, \ldots, R^H)$ 是一个偏好顺序的分布，$x\rho y$ 表示，对于所有的 h，$xR^h y$ 成立。我也将其记为 $R=\psi(p)$。

条件 WP（弱帕累托最优）如果 $x, y\in X$，且对于所有的 h，$xP^h y$ 成立，那么 xPy 也成立。

这表示如果所有的人都认为 x 优于 y，则社会必将会认为 x 优于 y。

条件 I（二元无关选择独立性）设 $\rho=(R^1, \ldots, R^H)$ 和 $\rho'=(R'^1, \ldots, R'^H)$ 是两种分布，x 与 y 表示任意两种状态，假设对于所有的 h，当 $xR'^h y$ 成立时，$xR^h y$ 成立，那么当且仅当 $xR'y$ 成立时，xRy 成立。

总之，如果一个人的偏好从 R^h 改变为 R'^h 时，他没有改变自己的偏好排序，x 依然优于 y，那么社会偏好从 ρ 变化为 ρ'时，也不会改变 x 与 y 的排序。公理的名称源于以下事实：状态 x 与

① 阿罗称其为“社会福利函数”，但这一说法已被我用来作为表示其他意思的专门术语。

y 的社会排序并不取决于偏好分布从 ρ 变为 ρ' 时其他状态地位的改变。

条件 ND（非独裁性）对于所有形式的 $\rho \in \mathcal{D}$ 和所有的 $x, y \in X$，没有任何个体 k 可以使 $xP^k y$ 的成立对其来说意味着 xPy 的成立。

如果该条件的反面成立，那么只要个体 k 喜欢状态 x 而不是状态 y，社会也将永远喜欢状态 x 而不是状态 y。

条件 U（无限制域）ψ 的定义域 $\mathcal{D}$ 是 $\mathcal{R}^H$。

这表示，社会选择规则必须能够为社会任何可以想象的偏
22 好分布找到社会解决方案。

不可能定理认为任何一个社会选择规则都不可能同时满足条件 WP、I、ND 和 U。定义社会选择规则 ψ 为**独裁**条件，如果对于 k，以及所有分布 $\rho \in \mathcal{D}$ 和所有的 x，$y \in X$，$xP^k y$ 表示 xPy，也就是说，当 k 严格偏好于某一状态时，在两种情形之间的社会偏好总是公民 k 的偏好顺序。对这一表述的另一种陈述如下：

定理 1.1 设 $|X| \geq 3$，唯一满足条件 WP、I 和 U 的社会选择规则是独裁性质的。

从社会选择理论的历史来看，不可能定理算是对孔多塞悖论（Condorcet's paradox）的提炼。一个自然的社会选择规则是通过"多数表决"（majority vote）的方式来确定的。为了让事情简单，假设某一群个体的数量为奇数，且偏好顺序总是存在差别（在两种状态中，一种状态始终严格优于另一种）。假设给定一个分布 ρ，定义如果大多数人偏好 x 而非 y 时，x 在社会偏好排序中优于 y。我们可以很快发现该规则遵循条件 WP、I、ND 和 U（至少，严格偏好排序的定义域是无限制域）。那么为什么"多数表决法"不是定理 1.1 的一个反例？因为它没有定义关于状态的偏好**排序**。假设有个体 1、2、3 和状态 x，y，z，并设个体 h 的偏好顺序如下文的纵列所呈，当 $h = 1, 2, 3$ 时：

1	2	3
x	y	z
y	z	x
z	x	y

设“P”表示多数表决规则。由1和3都认为x优于y，我们可得xPy；由1和2都认为y优于z，我们可得yPz；根据偏好顺序的传递性可得xPz。但同时由于2和3都认为z优于x，zPx也成立。由于P表示严格偏好顺序（不包括无差异情形），前后矛盾的情形出现了。这表明，P实际上不是X的一个严格偏好顺序。阿罗定理表明这一矛盾不是由误差造成的。（严格来说，我们现在可以看出，认为多数表决原则遵循四个条件是不准确的，因为它不符合排序规则，而这四个条件却适用于社会排序。不过，这只是一个小问题，因为多数表决原则确实定义了一个关于X的二元关系，即它是$X \times X$的一个子集。作为一种二元关系，它 23
的确符合以上表述的相关条件WP、I、ND和U。）

作为抽象的数学表述，定理1.1有许多应用及解释。我曾含蓄地假定，迄今为止，该定理表明了“民主不可能性准则”。要做出该假定，需要将个体想象为在社会中对各种社会状态拥有偏好顺序的公民，在这些状态之间，社会必须做出选择。约束条件WP、I和ND的意图非常明确：WP与I都要求社会偏好顺序尊重个体的意见；ND的出发点是可以解释“一人一票”为什么成为非常有吸引力的民主原则；然而，U却难以辩护——为什么社会必须提供一个对**任何**偏好分布都有效的总程序？一种辩词认为ψ是章程，是社会表述出来的程序，且在未来的很多年都能有效解决各种社会选择问题；由于相关的偏好分布是不能预测的，出于谨慎，应该制定一个章程，无论偏好分布如何变化，该章程将会一直起作用。

作为抽象的数学表述，不可能定理还有其他方面的应用，我将介绍两种。第一种来自麦凯（MacKay，1980）。假设我们希望设计一个计分系统，用来从一个有四种体育竞技活动的比赛中选择一个冠军。具体而言，假设有三个运动员——阿兹扎（A）、波格丹（B）和查尔斯（C），比赛项目是跑步、跳高、跨栏和举重。运动员在某次比赛中的成绩如下：

个体	跑　步	跳　高	跨　栏	举　重
阿兹扎(A)	10.1″	6.0′	40″	150 磅
波格丹(B)	9.2″	5.9′	42″	140 磅
查尔斯(C)	10.0″	6.1′	39″	145 磅

假设将每个体育赛事看作“个体”，将每个运动员看作“社会状态”（当然，这似乎有些奇怪，但我们看看接下来会发生什么事情）。个体在社会状态下的偏好顺序就是运动员在比赛中的排名情况，因而个体“跑步”对状态 A、B 和 C 的排名情况如下：A 优于 C，C 优于 B；“跳远”对各状态的排序为 C 优于 A，A 优于 B；以此类推。因此，应将此比赛的计分系统看作一种“分
24 布”，它包含四个个体（赛事）对各种状态（运动员）的偏好顺序。它应服从条件 WP 吗？要是服从，则表示如果 A（阿兹扎）在所有项目中表现都比 C（查尔斯）好，那么她的总得分应该高于 C。它应该服从条件 I 吗？服从条件 I 表示如果这种比赛有两次，则在两次比赛的每项赛事中，B（波格丹）与 A（阿兹扎）的相对排名不变（例如，波格丹在两次跑步比赛中都击败了阿兹扎，阿兹扎在两次跨栏比赛中都击败了波格丹，等等）。也就是说，如果我们认为阿兹扎在第一场比赛中击败了波格丹，那么在第二场中也应该击败他。在非独裁状态下，计分系统不能只根据运动员在（比如）跑步过程中的表现来给他们排序，而忽视其他项目。无限制域表明，不论四项比赛的结果怎么样，该系统必须能够给参赛者评分。当这些项目是“正交”的，即了解一项赛事的结果并不能帮助预测下一项比赛的结果

时，这些限制条件是合理的。因此，WP、I、ND 和 U 在评分系统中都是合理的限制条件，定理 1.1 告诉我们没有一个评分系统能够全部拥有这些属性。

第二个应用来自于梅（May，1954）。让我们关注一下一个个体如亚当在对商品束做出偏好排序时面临的问题。我们可以设想，亚当对某些具有基本特征的商品有偏好，或对商品带来的身体健康或者精神健康的状况有偏好。这些东西可能是营养、住房、从事感兴趣工作的机会、远离疾病困扰、美食乐趣和与人为善等。假设亚当可以将所有相关的商品束排序，或更一般地根据这六项标准制订生活计划（一个苛刻的要求）。我们可以将每个标准看作“个体”，将生活计划（社会状态）的排序看作该个体的偏好顺序，亚当的问题是以六项标准的偏好顺序为参照，为生活计划建立一个单一排序。这样的排序是否应该满足弱帕累托最优条件呢？这意味着，根据所有的六项标准，如果亚当喜欢生活计划 x 而不喜欢生活计划 y，那么他将一直都喜欢生活计划 x 而不喜欢生活计划 y。在非独裁状态下亚当的偏好顺序不应只遵循一个准则而忽视其他五个标准的排序。实际上，很容易证明，定理 1.1 的所有四个条件严格限制了总排序的形成，这意味着没有任何亚当可以接受的总排序。梅（1954）继而
提供了关于偏好周期性的历史学说明：个体一般会通过“多数 25
投票”法来取舍其特征性偏好（简单来说，如果个体根据以上六个标准中的四个确定了 x 优于 y，那么总的来说，他认为 x 优于 y）。当然，这只是孔多塞悖论的一个简单应用。

因此不可能定理给了我们一个意外的惊喜：它表明了为什么理性人对状态的偏好可能会不一致。

定理 1.1 的数据仅涉及偏好顺序，效用函数在这里并没有被提及。由于效用函数表示偏好顺序，因而使用效用函数构建框架来重新阐述定理 1.1 应该是可行的。在这样做之后，该定理就有个前提假定：效用函数只能接受序数不可比信息，因为

偏好顺序只反映了这样的信息。

我们将在下一章中探讨该问题，但不难发现，在这一点上，我们可能无法在第一个例子中找到一种可接受的比赛计分系统，原因就是我们不允许运动员的排序存在“交叉事件”，也就是说，我们不允许有如下的表述：阿兹扎在跑步比赛中的表现比波格丹在跨栏比赛中的表现要好。同样，在亚当的例子中，也不允许说亚当从商品束 x 中获得的营养量带给他的福利要大于在用商品束 y 帮助他人时他得到的福利。只考虑偏好顺序时，这样的信息是无效的。如果这种“个体之间的效用比较”是可行的，也许我们就可以找到一个遵循条件 WP、I、ND 和 U 的计分系统；同理，加总的偏好之和对亚当来说也是有效的。

1.3 引入效用函数后的不可能定理

为研究以上问题，我们需要应用效用函数来重述定理 1.1。设 $u=(u^1, \ldots, u^H)$ 表示关于 X 的效用函数通用分布。设$\mathcal{U}$是这类分布的集合。**社会福利函数** F 定义为从子集$\mathcal{D} \subseteq \mathcal{U}$到$\mathcal{R}$的一个映射，它将$\mathcal{D}$中的任何效用函数分布与关于 X 的排序相联系。在本部分的公式中，F 的作用与上一部分中 ψ 的作用
26 相同。①

现在，我们将不可能定理中的四个条件用效用函数来表示，每个条件都是对福利函数 F 的一个约束。

条件 WP* （弱帕累托最优）　设 $x, y \in X$，$u \in \mathcal{U}$。如果对所有的 h，$u^h(x) > u^h(y)$，那么 xPy 成立，其中，$R=F(u)$，P 是对应于 R 的严格偏好关系（即 P 是 R 的**非对称因素**）。

---

① 在本节中，我基本上采用了阿维纳什·迪克西特（Avinash Dixit，1978）未发表讲义中的方法。布莱克贝、唐纳森和威马克（Blackorby，Donaldson，and Weymark，1984）基本上也使用了相同的方法。

条件 I^*（二元无关选择独立性） 对于所有的 x，$y \in X$ 及所有的 u，$u' \in \mathcal{U}$，如果 $u(x)=u'(x)$，$u(y)=u'(y)$，那么当且仅当 $xR'y$ 成立时，xRy 成立，其中 $R=F(u)$ 且 $R'=F(u')$。

该条件用另一种方式重新表述了条件 I。

条件 U^*（无限制域）$\mathcal{D}=\mathcal{U}$。

这是对条件 U 的重新表述，即社会选择函数必须为效用函数任何可能的分布提供解决方案。

我们接下来界定社会选择函数，它的定义与定义 1.1 中的社会福利函数的定义类似。

定义 1.2 当且仅当在变换群 G^Y 中，对于所有分布 u 及所有转换 f，$F(u)$ 和 $F(f \circ u)$ 给出了相同的关于 X 的排序，那么 F **遵循 Y 型效用的信息**［即如果 $R=F(u)$ 且 $R'=F(f \circ u)$，那么由 $xR'y$ 成立可知 xRy 成立］。

定理 1.2 设 $|X| \geq 3$，U^* 不变，当且仅当 F 处于独裁状态时，F 满足条件 WP^* 和 I^* 且遵循效用的 ONC（序数不可比）信息。

F 处于独裁状态指对于某些 k、所有的分布 u，以及所有的 x 和 $y \in X$，如果 $u^k(x) > u^k(y)$，那么 xPy 成立，其中 P 是 $F(u)$的非对称因素。

我已经借上面的机会将定理 1.2 用“当且仅当”形式给出陈述，定理 1.1 本来也可以用此种形式来表示。接下来我们用定理 1.2 的形式来证明“不可能定理”。我个人更倾向于定理 1.2 的表达方式，因为它很自然地提出了这样一个问题：如果我们用其他种类的信息——比如说 CUC（基数单位可比）信息——来取代 ONC 信息，那么将会产生什么结果？这一问 27
题在定理 1.1 的阿罗公式中并没有进一步展开，因为它并没有涉及效用函数。那么，我们的目标应是从定理 1.2 开始证明一系列的定理。在此，我们通过变更定理 1.2 中社会选择函数需要遵循的信息种类，来探究社会选择函数具有什么样的特征。

下面介绍有关 F 的另一个有效约束：

条件 INW （非福利特征的无关性） 设 x，y，x'，$y' \in X$，u，$u' \in \mathcal{U}$，且 $R = F(u)$，$R' = F(u')$。如果 $u(x) = u'(x')$ 且 $u(y) = u'(y')$，则由 $x'R'y'$ 成立可得 xRy 成立。

假设在两种不同的分布下，对于状态 x，x' 和状态 y，y'，社会成员感受到的效用是相同的，那么 x 和 y 在第一种分布下的社会排序必然和 x'、y' 在第二种分布下的社会排序相等。正如其名称所暗示的，这个条件中的社会选择函数 F 仅使用了这些状态的效用信息来排序。如果 x 和 x' 得出的效用**数**的向量相同，且 y 和 y' 的也相同，那么，即使这些数字与不同的效用函数分布相关，当函数分布发生变化时，相对于 x 和 y，F 的社会解决方案是不变的。

为了将讨论继续下去，我们将设定一些引理。但首先，我们定义：

条件 PI* （帕累托无差异） 设 u 为效用分布，如果对于所有的 h，$u^h(x) = u^h(y)$，则 $F(u)$ 对 x 和 y 的排序是无差异的。

引理 1.1 如果 F 满足 U*，I* 和 PI*，那么它就满足 INW。

证明： 设 x，x'，y 和 y' 是四个不同的状态，u 和 u' 满足 INW 的前提，我们在下表的前两排中总结该信息，其中 r 和 s 是 H 重元组的组成元素：

	x	y	x'	y'
u	r	s		
u'			r	s
u''	r	s	r	s

（在表格中，有四个元素未被填入。）通过 U*，我们可以用如上
28 所示的效用数 r 和 s 建立一个分布 u''。设 $R = F(u)$，$R' =$

$F(u'), R''=F(u'')$。由 I^* 知，当且仅当 $x R'' y$ 成立时，xRy 成立。由 PI^* 知，当且仅当 $x' R'' y'$ 成立时，$x R'' y$ 成立。由 I^* 知，当且仅当 $x'R'y'$ 成立时，$x'R''y'$ 成立。因此，如果 $x' R' y'$ 成立，则 xRy 成立，由上可得，INW 成立。当 x、y、x'、y' 并非完全不同时，以上结果仍成立。

我们下面说明：

定义 1.3 设 F 是社会选择函数，W 为伯格森－萨缪尔森社会福利函数：W 为从 $\mathbf{R}^H$ 到 $\mathbf{R}$ 的映射函数。当且仅当在 xRy 成立时，对于所有的 x，$y \in X$ 与 $u \in U$，$R=F(u)$ 与 $W(u(x)) \geq W(u(y))$ 成立，我们可以说 W 表示 F。

在分析中用伯格森－萨缪尔森社会福利函数 W 代替社会选择函数 F 的优点如下：前者的定义域是一个具体的欧氏空间（Euclidean space），而后者被定义于相当抽象的效用分布空间中。例如，至少在没有太多个体时，我们可以用图表示社会福利函数而社会选择函数却不能用图表表示。如果用 W 表示 F，我们就可以通过研究 W 来了解有关 F 的所有性质。

并不是所有的社会福利函数 F 都能够用伯格森－萨缪尔森社会福利函数表示，但我们还是可以得出如下的引理：

引理 1.2 如果 F 满足 INW 和 U^*，那么存在 $\mathbf{R}^H$ 的一个排序 R_F，对于所有的 x，$y \in X$ 和所有分布 u，当且仅当 $u(x) R_F u(y)$ 成立时，$xF(u)y$ 成立。另外，如果 R_F 是连续的，那么 F 可以由连续的伯格森－萨缪尔森社会福利函数表示。①

证明： F 给定，那么用如下方式定义每对 $\mathbf{R}^H$ 的排序 R_F。设 $\bar{u}=(\bar{u}^1, \ldots, \bar{u}^H)$ 和 $\bar{\bar{u}}=(\bar{\bar{u}}^1, \ldots, \bar{\bar{u}}^H)$ 是两个任意实数的 H 重元组。由 U^* 知，存在分布 u 和状态 x 和 y，使 $u(x)=\bar{u}$，$u(y)=\bar{\bar{u}}$。定义当且仅当 xRy 成立时，$\bar{u} R_F \bar{\bar{u}}$ 成立，其中 $R=$

① 如果欧氏空间的上等值集和下等值集中的任意一点是闭的，规定该空间中的 R^H 为连续的。

$F(u)$。INW 说明 $\bar{u}$ 和$\bar{\bar{u}}$的排序独立于我们特别选择的 x、y 和 u。结果表明，R_F 是 $\mathbf{R}^H$ 的一个排序，唯一待证的问题是其传递性。为此，设 a、b 和 c 是 $\mathbf{R}^H$ 中的三个向量，aR_Fb 和 bR_Fc 成立。由 U^* 可知，我们可以找到使 $u(x)=a$，$u(y)=b$ 和 $u(z)=c$
29 成立的状态 x、y、z 和分布 u。由 INW 和 aR_Fb 可知，xRy 成立，其中，$R=F(u)$。同理，yRz、xRz 成立。又由 INW 可得 aR_Fc 成立。

现在，由德布鲁（Debreu，1964）所提出的表示定理得知，排序 R_F 能够用连续的并且可用数值表示的 W 来表示。W 就是所要求的伯格森－萨缪尔森社会福利函数。

条件 INW 在文献中又常被称为**强中立条件**（strong neutrality），或使用由阿玛蒂亚·森（Amartya Sen）创立的术语为**福利主义**（welfarism）。福利主义规定社会状态的排位只取决于公民从这些状态中获得的效用大小，这也正是 INW 的内容。森（1979）举了如下事例来质疑福利主义。假设有社会状态 x、y 和 z，个人 1 和 2，效用函数向社会状态中的个人分配效用的方式如下：

	u^1	u^2
x	4	10
y	7	8
z	7	8

设在状态 x 下，个体 1 挨饿而个体 2 吃了很多；在状态 y 下，一些食品已经从 2 再分配给 1；在状态 z 下的食品分配方式与 x 状态的相同，但 1 鞭打 2，并通过这样的行为 1 获得了更多效用。如果社会选择函数认为状态 y 优于状态 x，那么这也意味着状态 z 优于状态x——这是帕累托无差异和社会排序的传递性的结果，而帕累托无差异是一个比福利主义更弱的条件。由定义知，在提供社会排序时，福利主义不允许考虑非效用信息。效用的来

源就是一种非效用信息。①

引理 1.3　用伯格森－萨缪尔森社会福利函数 W 来表示社会选择函数 F，如果 W 遵循给定种类的效用信息，则 F 同样遵循。 30

证明：根据定义 1.1、1.2 和 1.3 可证。

设来自变换群 G 的效用分布转换是被允许的，且 $f \in G$。由引理 1.3 可知，**如果 $\bar{u}$、$\bar{\bar{u}}$ 是 $\mathbf{R}^H$ 中的两个向量且它们都位于相同的 W－无差异曲线，那么 $f(u)$ 和 $f(\bar{\bar{u}})$ 也必然位于相同的无差异曲线**。这一关键事实将会用来构造下一个定理。我们将证明的不是定理 1.2，而是以下另一个弱定理：

定理 1.2*　设 $|X| \geq 3$。满足 U*，I*，WP*，PI* 和 ND*，遵循 ONC 信息，且令 R_F 是连续的社会福利函数 F 不存在。

证明：我们以由两个个体组成的社会，即 $H = 2$ 为例来证明该定理。阿罗不可能定理的一般证明方法有很多，例如可参见森（1986）的证明及参考文献。

（1）设 F 满足该定理的前提。由以上的三个引理知，F 可由一个遵循 ONC 信息的连续社会福利函数 W 来表示，因而在定理 1.2* 中，加粗部分陈述的关键事实成立。

（2）因为 W 是连续的，它是无差异曲线。设 $a = (a^1,\ a^2)$，$a' = (a^1 + k^1,\ a^2 + k^2)$ 在同一条无差异曲线上（如图 1.1 所示）。由 WP* 知，k^1 与 k^2 不可能同时为正或者为负。设其中一个为正，另一个为负——比如像图中所示的那样，k^1 为正，k^2 为负。考虑由 $\varphi(z^1,\ z^2) = (f^1(z^1),\ f^2(z^2)) = (2z^1 - a^1,\ \frac{1}{2}(z^2 + a^2))$

① 并非所有的经济学家和哲学家们都认为该例子是在反对福利主义。例如，大卫·唐纳森（在其寄给笔者的私人信函中）写道："这样的例子使用了道义上的直觉——我们出于福利主义的原因，认为折磨（鞭打）人是不对的，酷刑只会使人们的情况更糟。该例子的成功是基于将直觉与不合情理的主张——鞭打可以替代高级营养——联系在一起。如果我们真的可以通过这种方法来使穷人变得富裕的话，世界上的问题就会非常容易解决。"

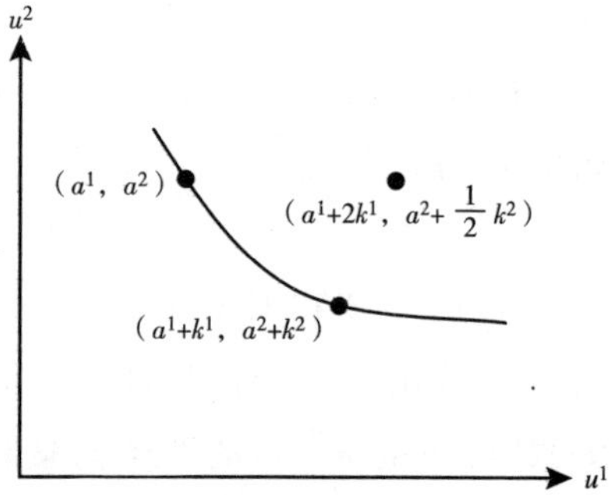

图 1.1

给定的线性转换，φ 属于 G^{ONC}——实际上，由于它的分支函数也都是线性函数，所以 φ 属于更小的变换群 G^{CNC}。因此，$W(a^1, a^2)=W(a^1+2k^1, a^2+\frac{1}{2}k^2)$成立——这表明，对于向量 a 和 a'，$W(\varphi(a))=W(\varphi(a'))$。所以，$W(a^1+k^1, a^2+k^2)=W(a^1+2k^1, a^2+\frac{1}{2}k^2)$。但因为 $a^1+2k^1>a^1+k^1$ 和 $a^2+\frac{1}{2}k^2>a^2+k^2$，这与 WP^* 矛盾，因而唯一的可能性就是$k^1=0$或者 $k^2=0$。

（3）设 $k^1=0$，那么 a 和 a'都处在无差异曲线 W 上的垂直部分。但是接下来我们会发现，a 所处的整条无差异线在 $\mathbf{R}^2$ 上都是垂直的。假设某些点 a''与 a 无差异，但不在 a 所在的那条
31 垂线上，由第二步的论证可知，它们必定在通过 a 的一条水平线上。但是接下来我们就可以将第二步的证明应用到点 a'和 a''，可得知它们都在同一条斜交于坐标轴的直线上，这与已知相矛盾。

（4）这表明，W 的每一条无差异曲线要么是垂直的，要么是水平的。但是，如果有一条无差异线是垂直的，那么所有的无差异曲线都必须是垂直的，因为任何水平的无差异曲线将与 a 所在的垂直无差异曲线相交，而两条无差异曲线是不能相交的。

（5）由垂直无差异曲线构成的无差异曲线图由个体 1 独

裁——只有他的效用对社会偏好有影响。另外，在第三步中令 $k^2=0$，k^1 为正，这样无差异曲线图将由水平无差异曲线构成，且由个体 2 独裁。但是由 ND* 可排除这两个社会选择函数，定理证毕。

事实上，我们已经证明了一个比定理 1.2* 更严格的定理：在陈述中我们可用 CNC（基数不可比）信息来替代 ONC（序数不可比）信息（因为在证明中使用的 f 转换属于 G^{CNC}）。因此，将社会选择函数的约束条件从 ONC 弱化为 CNC 并不能改变最终的不可能性结论。

让我们定义如下：

条件 AN*（匿名性） 设分布 u' 为 u 的一个置换，那么 $F(u)=F(u')$。 32

匿名性 AN* 表明个体的名字不影响社会排序，匿名性必然包含了非独裁性 ND*。

继续上面的工作，用 OFC 来代替定理 1.2 中的 ONC 信息，我们就有：

定理 1.3 当且仅当 F 为位置性独裁（positional dictatorship）时，F 满足条件 PI*、WP*、I*、AN* 和 U*，遵循效用的序数完全可比（OFC）信息，且 R_F 是连续的。

当社会偏好顺序总是与特定**位置**（如在最差位置的个体或者是最好位置的个体）的偏好顺序一致时，**位置性独裁**就会发生。在一个只有两人的社会（只有两个位置），如果处境最差的人获得了位置性独裁，则会产生“最大最小值”的社会选择函数，也就是说，社会排序与效用较少的个体的偏好是一致的。当然，如果处境最好的人获得了位置独裁，则会产生“最大最大值”的社会选择函数。

定理 1.3 的证明：我们再次假设 $H=2$，对于一般的有限 H，可参考杰维斯（Gevers，1979，定理 4）和罗伯茨（Roberts，1980a，定理 4）的研究。

（1）假定 F 满足定理 1.3 的前提。然后，我们着手研究伯格森－萨缪尔森社会福利函数 W 的无差异曲线，这里 W 表示 F，F 存在且连续。

（2）考虑平面中任意一点 $a' = (a, a)$，另一点 $a'' = (a + k^1, a + k^2)$ 与 a' 在同一条 W－无差异曲线上。设 $k^1 \geq 0$，$k^2 \leq 0$。应用由 $\varphi(z^1, z^2) = (f(z^1), f(z^2))$ 定义的转换 $\varphi \in G^{OFC}$，其中：

$$f(z) = \begin{cases} 2z - a & (z \geq a) \\ \frac{1}{2}z + \frac{1}{2}a & (z < a) \end{cases}$$

注意，f 事实上是严格递增的。由我们已经提过的“核心事实”得知，$\varphi(a')$ 和 $\varphi(a'')$ 必须位于相同的无差异曲线 W 上；但 $\varphi(a') = a'$ 且 $\varphi(a'') = (a + 2k^1, a + \frac{1}{2}k^2)$。因而可得 $(a + 2k^1, a + \frac{1}{2}k^2)$ 和 a'' 位于同一条无差异曲线上（因为它们都与 a' 在同一条无差异曲线上）。如果 $k^1 > 0$ 且 $k^2 < 0$，由 WP^* 可知以上结论不可能成立，所以只能是要么 $k^1 = 0$，要么 $k^2 = 0$。

（3）因此 a'' 要么位于 a' 右边的水平线段上，要么位于 a' 下
33 面的垂直线段上。假设为前者，满足 $k^1 \geq 0$ 和 $k^2 \leq 0$ 并且与 a' 无差异的所有点 $a''' = (a + k^1, a + k^2)$ 必定落在 a' 右边的一条水平线段上；另一种情况下，a''' 必定位于 a' 下方的垂直线段上。这样，a'' 将位于 a''' 的东北方向，该位置关系显然违反了条件 WP^*。

（4）设 $a^* = (a + k^1, a + k^2)$，其中 $k^1 \leq 0$ 且 $k^2 \geq 0$，重复步骤（2）和步骤（3），即 a^* 要么位于 a' 上边的垂直线段上，要么位于 a' 左边的水平线段上。形成 a^* 的所有点必须要么落在 a' 上边的垂直线段上，要么落在 a' 左边的水平线段上.

（5）综合以上的观点，无差异曲线 W 的形状有四种可能性，如图 1.2 所示。图 1.2（c）和图 1.2（d）分别对应两种位

置性独裁——由处境最差者决定的位置性独裁和由处境最好者决定的位置性独裁。图 1.2（a）和图 1.2（b）的情况可由条件 AN^* 排除。

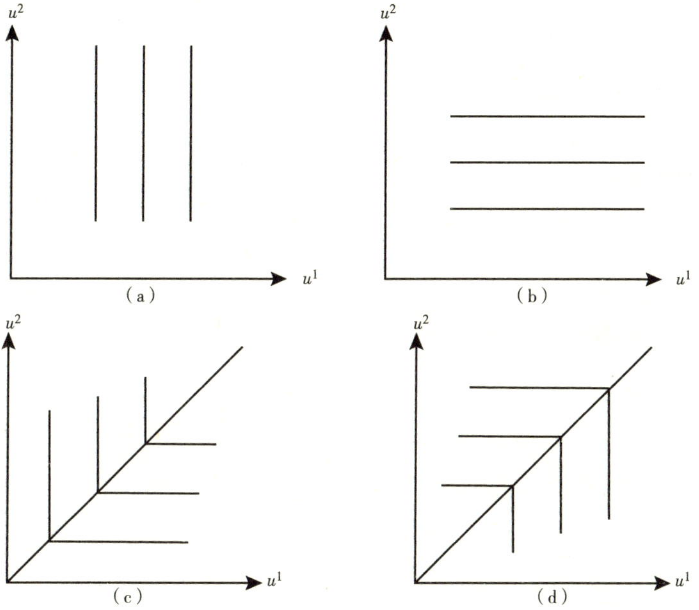

图 1.2

（6）位置性独裁满足条件 WP^*、I^*、U^*、AN^*，遵循 OFC 信息，并形成连续的排序 R_F 的相反情形，不妨由读者去证明。 34

最大最大值（maximax），即“让已拥有者拥有一切”，不是有吸引力的社会选择规则。就最低限度的公平要求来说，它应该被排除。哈蒙德（Hammond，1976）提出了类似下文所述的公理：

最低公平公理（ME） 对某些 $u \in \mathcal{U}$，存在能够使下列条件成立的 x，$y \in X$ 及 $j \in H$：当 $R = F(u)$ 时，对所有的 $i \neq j$，如果 $u^j(x) > u^j(y) > u^i(y) > u^i(x)$，那么 yRx 成立。

以 $H = 2$ 为例，ME 定理表明，当两个个体对社会状态的排序不同时，至少有一个效用分布 u 使两种状态下的社会偏好遵循情况最不利个体的偏好。ME 排除了“最大最大值”规则，因而我们有如下推论：

推论 1.1 当且仅当 F 是“最大最小值”的社会选择函数时，F 满足条件 PI*、WP*、I*、U*、ME、AN*，遵循序数水平可比信息，且 R_F 是连续的。

让我们再度思考定理 1.2* 中的信息要求。

定理 1.4 当且仅当 F 是功利主义社会选择函数时，F 满足 PI*、WP*、I*、U*、AN*，遵循基数单位可比性，且形成的 R_F 为连续序列。

已知 F 可由伯格森－萨缪尔森社会福利函数 $W(a^1, \dots, a^H) = \sum a^h$ 表示。

证明：我们通过设 $H = 2$ 来证明该定理。对于一般有限的 H，见阿斯普里蒙特和杰维斯（d'Aspremont and Gevers，1977，定理 3）的研究。

（1）设 F 满足前提假设，我们再次探讨无差异曲线 W 表示社会选择函数的情形。设 $a = (a^1, a^2)$ 和 $a' = (a^1 + k^1, a^2 + k^2)$ 位于相同的无差异曲线 W 上。考虑转换 $\varphi(z^1, z^2) = (rz^1 + (1 - r) a^1, rz^2 + (1 - r) a^2)$，其中 r 为任意正数，那么 $\varphi \in G^{CUC}$，$\varphi(a) = a$ 且 $\varphi(a') = (a^1 + rk^1, a^2 + rk^2)$。由“核心事实”可知，$a$ 与 $(a^1 + rk^1, a^2 + rk^2)$ 位于相同的无差异曲线上，这表明 a' 和 $(a^1 + rk^1, a^2 + rk^2)$ 也在相同的无差异曲线上。对于**任意的正数** r，该证明成立。随着 r 的变动，点 $(a^1 + rk^1, a^2 + rk^2)$
35 形成一条斜率为 k^2/k^1 的直线，因而 W 的无差异曲线为直线。

（2）因为无差异曲线在每个方向上都无限延伸（它们是直线，而非线段），所以它们是平行直线，否则就会相交。

（3）匿名性要求无差异曲线关于平面上的 45°线对称。因此，我们有 $k^2/k^1 = -1$（k^2 与 k^1 符号相反，否则违反条件

WP*），但这也描述了伯格森－萨缪尔森社会福利函数的特点。

（4）读者可以自己证明相反的情况成立。事实上，我之前已经证明，功利主义遵循基数单位可比类型信息。

我们在上述定理中应用的所有信息条件都不允许伯格森－萨缪尔森效用函数为严格准凹，也就是允许不同的个体之间交换效用。布莱克贝、唐纳森和威马克（1984）指出，有些社会福利函数与“转换规模完全可测”的效用是相容的［即 $\varphi(z) = (z^1 + a, z^2 + a, \ldots, z^H + a)$］。正如我前面提到的，所有严格递增的伯格森－萨缪尔森社会福利函数与完全可测且可比的效用是相容的。

因此，如果需要解决“不可能性”，定理 1.2*、1.3 与 1.4 即为阿罗不可能定理的解决方案。它们说明在阿罗的假设条件下，社会选择的不可能是因为社会规划者或者章程制定者获得的信息的有限性。事实上，这些定理表明，社会选择规则存在的关键原因是允许某些个人效用之间的比较，因为仅仅加强个人效用从序数到基数的可测信息并不能摆脱不可能性。序数完全可比和基数单位可比都允许不同类型的个体间比较——前者是效用水平，后者是效用差。在此，读者们将第一次认识，许用信息量的大小对理解分配正义论的相关数学结果有重要意义。这也是笔者在本研究中将反复论证的内容。①。 36

1.4 阿罗的社会选择与分配正义的联系

阿罗框架在分配正义中最明显的应用，是将个人视为社会公民，将偏好或效用函数看作关于商品束的定义，将社会状态

---

① 很多特性化定理都对效用使用了各种信息性限制，见杰维斯（1979）、德尚（Deschamps）和杰维斯（1978）、哈蒙德（1976，1979）、森（1976，1986）、斯特拉斯尼克（Strasnick，1976a，b）。

视为商品在公民之间可选的分配形式。人们可能会从第1.3节中得出这样的结论：如果效用仅具有基数或序数不可比信息，公正的分配办法就不存在；如果效用序数完全可比，那么正义就要求做“最大最小化”的选择，诸如此类。但这一推论面临两种质疑：（Ⅰ）无限制域假设要求我们承认对商品束的任意偏好顺序，而且要承认社会上该种偏好的任意形式。因此，该结论不适用于传统的经济环境条件，因为在传统经济环境条件下，个人只关心他们得到的商品，他们对商品的偏好是**单调递增**的。显然，允许公民关心他人的所得并不会显著改善情况，假设U在该情形下是完全不合适的。（Ⅱ）为什么分配正义需要与个人偏好紧密联系？在传统的经济环境条件下，每个人的偏好都是自我关涉的偏好（即没有人会从其他人的消费中得到任何效用或负效用）。阿罗的假设可能模型化了关于社会选择民主性的想法，但是，为什么分配正义应该经由一个每个公民投票都以自我为中心的民主程序来确定？例如，民主的社会选择可能允许多数剥削少数，而这与正义是背道而驰。此外，考虑到偏好有可能形成于机会不均等的情况中，为什么要认为偏好代表了公民的真正利益？其中，埃尔斯特（Elster，1979）提醒我们注意认知能力的不一致在形成偏好的过程中所起的作用：奴隶为了谋生图存，可能会接受喜好奴隶制的偏好，但这种偏好不应该用来判定奴隶制是否公平。一般来说，如果分配正义与利益有关，而偏好却与利益无关，比如偏好是在个人无法自主时形成的，那么，分配正义不应过分依赖偏好。

37 事实上，第一种批评的声音要求重新理解我在本节首句提出的社会选择模型。或者，假设我们将 X 看作一套支配社会运行的不同规则（包括但不局限于社会可能允许的各种财产关系）。这样，无限制域假设，特别是在 X 没有太多的备选（自由放任资本主义、福利资本主义、中央计划的社会主义、市场社会主义、工人管理的工业民主等）的情况下，变得更加合理。

那么公民对 X 可能存在任何可能的偏好顺序，社会可能存在偏好的任何可能分布，也就是说无限制域假设是可被接受的。但是，第一种批评提出的方案相当程度地削弱了该定理作为分配正义权威之言的吸引力。当然，我们可能希望分配正义理论能告诉我们哪种**商品分配**才是公平的，但无限制域假设使阿罗的社会选择理论与这项任务无缘。下一节主要介绍拥有经济偏好的商品领域里的社会选择理论。

回应第二种批评的最简单的方法是假设偏好分布（$R^1,\ldots,R^H$）［或者效用分布（u^1，…，u^H）］表示的是个人的利益，而不是他们的选择行为。比方说，由于“酸葡萄”现象或“信息失真”，利益可能与偏好相悖（即选择显示性偏好）。如何确切地阐述个人利益是一个深刻的政治哲学问题，罗尔斯、森、阿内逊和科恩分别从基本善（primary goods）、功能性活动（functionings）、福利机遇（opportunity for welfare）以及可及优势（access to advantage）等不同角度提出了答案，这些将分别在第5~8章进行讨论。尽管在我们看来，社会选择问题可能更多与追求个人利益的公平和有关，而没有想要为民主决策过程提供一种模型，但即使缺乏利益理论的支持，也不会过多妨碍我们理解正义的内涵。

1.5 经济环境条件下的社会选择

有一种可修正阿罗框架，从而使其直接回应第一种批评的经济分析。我们在如下所述的更具体的经济环境中可以重新表述阿罗定理吗？在这一环境中，X 不代表任何抽象的社会状态集，而是表示经济环境条件下可行的商品分配形式，其中，无限制域公理被关于商品单调递增、连续且凹（或准凹）的效用函数代替。以在第二种批评中提到的问题为模型，这种重构将 38

使我们把焦点限制在商品分配公平问题，而非抽象的社会状态公平问题上。答案是这种重构可行，阿罗定理的相关引申也明显属于经济环境的范畴。

设 X^m 表示将商品 m 分配给 H 个个体的分配方案集合，因此，$x \in X^m$ 是 R^{mH} 中的一个非负向量，记为 $x = (x^1, \ldots, x^H)$，其中 x^h 是 R^m 中属于个体 h 的商品向量。定义 $\mathcal{U}^{Ec}$ 为分布 $u = (u^1, \ldots, u^H)$ 的集合，其中，每个 u^h 在 R^m 上为连续、自我关涉①、递增、准凹的效用函数。因而定义域 $\mathcal{U}^{Ec}$ 包括合理的经济偏好，与 $\mathcal{U}$ 相比，$\mathcal{U}^{Ec}$ 是一个显著受限的定义域。（X^m，$\mathcal{U}^{Ec}$）可称为**经济环境**。

设 $\mathcal{RC}^m$ 包括 X^m 的所有连续排序，我们考虑的社会选择函数为从 $\mathcal{U}^{Ec}$ 到 $\mathcal{RC}^m$ 的映射 F。如果 F：$\mathcal{U}^{Ec} \to \mathcal{RC}^m$ 成立，则其为**连续值**社会选择函数。

条件 C（连续值）　对于所有的 u，$F(u)$ 是 X^m 的连续排序。

如果在分配空间上，由函数 $F(u)$ 产生的排序独立于 u，社会选择函数 F 就被认为是**恒定不变**的。[选择任意的 $R \in \mathcal{RC}^m$，对所有分布 u，令 $F(u) = R$。] 如果 $R = F(u)$，且当 $u^h(x^h) \leq u^h(y^h)$ 时 xRy 成立，那么个体 h 的社会选择函数 F 为**反向独裁**，即社会偏好与个体 h 的偏好永远是相反的。

我们有如下结论：

定理 1.5　设 F 满足条件 C 且遵循效用的序数不可比信息，② 当且仅当 F 为恒定、独裁或者反向独裁时，其满足条件 I^*。

证明：参见坎贝尔（Campbell，1992：136）著作中的定理 13。

① 指个人效用仅取决于该个体的消费，“消费的外部性”是不允许的，因而 u^h 的定义域为 R^m。

② 我们必须定义可接受的变换群 $\tilde{G}^{ONC}$ 包含所有效用的严格递增连续转换，这样，$\mathcal{U}^{Ec}$ 中的分布通过 $\tilde{G}^{ONC}$ 转换之后仍然在 $\mathcal{U}^{Ec}$ 中。

（我在这里重述该定理，因为在坎贝尔的著作是通过效用函数法进行表述的。） 39

注意，在定理 1.5 中并不存在帕累托公理，但我们很容易得到如下推论：

推论 1.2　设 F 满足 C 且遵循效用的序数不可比信息，当且仅当 F 为独裁时，其满足条件 I^* 和 WP^*。

证明：从定理 1.5 得知，在关于 F 是什么的三种可能性中，只有独裁满足 WP^*。反之亦反。

当然，推论 1.2 与定理 1.2 非常类似。规定 F 为连续值无疑是一个强条件，且对结论是必要的，但它也是一个理想的条件。定理 1.5 不甚乐观，它表明在经济环境条件下，无关选择的独立性（I^*）和匿名性排除了弱帕累托最优，因为对于 $m>1$ 来说，匿名性排除了独裁性和反独裁性，且恒定型社会福利函数不满足 WP^*。[为了证明后者，设 $x, y \in X^m$ 是两种分配，对于所有的 h，x^h 与 y^h 互不向量支配，这种分配在 $m>1$ 时成立。因而在 $\mathcal{U}^{Ec}$ 中存在一种分布使 $u(x)>u(y)$，那么由 WP^* 可知在 $F(u)$ 中 x 严格优于 y。但在 $\mathcal{U}^{Ec}$ 中存在另一种分布使 $u'(y)>u'(x)$，因而由 WP^* 知，在 $F(u')$ 中 y 必严格优于 x，从而可得 F 并非恒定不变。]

我和唐纳森（1987）用另一种方法研究了经济环境条件下的社会选择问题。首先，我们把个体效用函数的定义域进一步限制为凹（以及递增、自我关涉和连续的）。事实上我们需要继续增加技术限制条件，即任意效用函数 u^h 满足 $\lim_{t\to\infty} t^{-1}u^h(tx^h)=0$。当商品空间为 R^m、$\mathcal{U}^{Ec}_m$ 时，我们就这样定义效用函数的定义域。该方法的主要创新是允许商品空间的维度 m 可变。因此我们定义社会选择函数包含映射集 $\{F^m, m=1, \ldots, \infty\}$，其中 F^m 为从 $\mathcal{U}^{Ec}_m$ 映射到排序集 $\mathcal{RC}^m$ 的社会选择函数（从前面的角度来看）。我们关于定义域的假设如下：

条件 D　对任何 m，F 是一个使 $\mathcal{U}^{Ec}_m$ 中的任意分布与 X^m 上的连续排序相关的映射，记为 $F=\{F^m\}$。

我们用一个表面上与 I^* 区别很大，且从分配正义的角度看
40 具有道德说服力公理来替代 I^*，即：

（社会）排序跨维度的一致性公理（COAD） 设 $F=\{F^m\}$ 为社会选择函数，(x, r) 表示在 $\mathbf{R}^{(m+n)H}$ 中的分配，其中，(x^h, r^h) 为分配给个体 h 的商品束，且 $x^h\in\mathbf{R}^m$，$r^h\in\mathbf{R}^n$。令 $\bar{r}\in\mathbf{R}^{nH}$，并令 $u\in\mathcal{U}_{m+n}^{Ec}$ 和 $\tilde{u}\in\mathcal{U}_m^{Ec}$ 为满足以下条件的两种分布：对于所有的 h 和所有的向量 $x\in\mathbf{R}^m$，

$$\tilde{u}^h(x)=u^h(x,\bar{r}^h) \tag{Pr}$$

因而，对于在 $\mathbf{R}^{(m+n)H}$ 中的任意一对分配 $(y, \bar{r})$ 与 $(z, \bar{r})$，当且仅当 $F^m(\tilde{u})$ 对 y 的排序优于 z 时，$F^{m+n}(u)$ 对 $(y, \bar{r})$ 的社会排序优于 $(z, \bar{r})$。

简而言之，COAD 对 F 实行的限制如下：假设决策者面临如下的分配问题，其中，第一种情况下，商品空间为 $\mathbf{R}^{m+n}$，分布为 u，需要加以排序的善的分配方案为 (y, r) 与 (z, r)。两种分配方案对最后 n 件善在个体之间的分配是相同的。决策者应用社会选择函数 F^{m+n} 后得到 (y, r) 优于 (z, r) 的结论。假设第二种情况下，决策者面临不同的问题，即比较 $\mathbf{R}^m$ 中的分配 y 与分配 z。表征人口特征的效用函数正好为 $\tilde{u}$，其中条件（Pr）（表示“投影”）被满足。条件（Pr）可以说明第二种情况中的个体可能与第一种情况中的个体相同，但无法说明每个个体消费的商品束都是其在第一种情况下消费的商品束 r^h。COAD 表明在这种情况下，F^m 必须使 y 也优于 z。

以下对 COAD 的应用也许可以表明其与分配正义论的关系。假设我们必须将商品 m 在社会 H 中分配，社会 H 拥有在 $\mathbf{R}^m$ 上定义的效用函数 $\tilde{u}^h$。设每个个体天生禀赋拥有某种内部善 n，即假设我们可以将个人具有的化学物质模拟为其在商品空间 $\mathbf{R}^n$ 上的一定商品束禀赋。个体 h 的内部禀赋为束 r^h（内啡肽、突触系统等）。实际上，我们可以认为个体 h 对所有的 $m+n$ 的善拥

有效用函数 u^h，因而对于任意向量 $x^h \in R^m, \tilde{u}^h(x^h) = u^h(x^h, r^h)$ 成立。个体 h 的效用由可转换善和内部善共同定义，而正好内部善的禀赋是固定的（且无法耗尽的）。当然，决策者 h 没有机会在个体之间对“商品” r^h 再分配，因为这些商品束是不可转 41
换的。他的问题是在 $\mathbf{R}^{mH}$ 中确定哪种对可转换商品1，…，m 的分配——y 还是 z——是最好的。但是决策者在做决定时可能希望把内部善不可改变的分配考虑在内。更确切地说，他希望像挑选（y，r）与（z，r）一样来挑选 y 与 z。这就是 COAD 的内容。如果他认为个体的消费在更大商品空间上包含内部善，则可转换善的分配应与他对这些善的分配一致。

定义 1.4 当且仅当如果对于任意一对分配 x，$y \in \mathbf{R}^{mH}$，以及对于 $u \in \mathcal{U}_m^{Ec}$，当 $u(x) R_F u(y)$ 时，在 $F^m(u)$ 中存在使 x 至少与 y 一样好的 $\mathbf{R}^H$ 的排序 R_F，社会选择函数 $F = \{F^m\}$ 为**完全福利主义**。

另外，如果 R_F 为连续的，那么和第 1.4 节一样，它可由一个连续的伯格森 - 萨缪尔森的社会福利函数来表示。

完全福利主义的社会选择函数均满足 COAD（这一事实不难证明，不妨由读者证明一下）。令人惊讶的是，加上帕累托无差异（PI）之后，相反的情况也成立。

定义 1.5 如果对所有的 m 及所有的分布 $u \in \mathcal{U}_m^{Ec}$，$u(x) = u(z)$ 表示 $F^m(u)$ 对 x 与 z 的排序无差异，则社会选择函数 F 满足**帕累托无差异**（PI）。

引理 1.4 设社会选择函数 F 满足 D，当且仅当 F 为完全福利主义时，其满足 COAD 与 PI。

证明： 参见唐纳森和我的研究（1978）中的定理 1。① 42

① 该引理在 1987 年的文章中被称为“引理 1”，文章提供的部分证明，即从文章附录开始到引理 1 展开之前的部分，是不正确的。由豪（Howe，1987）的凹拓定理可知，分布 U 存在：我们可以通过证明豪的结论来走捷径，但这样的方法是错误的。由于定理 3.6 的实质与引理 1.4 非常相似，而定理 3.6 的证明方法已经存在，因此，我在这里不再介绍引理 1.4 的证明方法。

因此，D、COAD 与 PI 的作用与 U、I^* 和 PI^* 在引理 1.1 与引理 1.2 中的作用相同。

现在，我们重新介绍各种有关效用可测性和可比性的观念。因为我们关注的效用函数为凹，因此，我们需要对之前的措辞稍微改动一下。

定义 1.6 对于所有的 m 和所有的 u，$u' \in \mathcal{U}_m^{Ec}$ 时，如果存在转换 $f \in G^{ONC}$ 使 $u = f \circ u'$，那么，$F^m(u)$ 和 $F^m(u')$ 关于 R^{mH} 的排序相同。当且仅当在这样的情况下，社会选择函数 F 遵循**序数不可比**效用信息。

我们必须用类似的方式界定 F 遵循序数水平可比性的情况。此外，仅用仿射函数转换过的定义仍然保持不变。

现在，我们可以说明与第 1.2 节的定理类似的情况。

定理 1.6 如果 F 满足 D、COAD 和 WP^*，且遵循 CNC（基数不可比）效用信息，那么 F 有独裁性，即存在一个个体 h，对于所有的 m 和 y，$z \in \mathbf{R}^{mH}$，$u^h(y^h) > u^h(z^h)$ 表示 $F^m(u)$ 对 y 的排序优于 z。①

证明： WP^* 与 D 表明 F 满足 PI。由引理 1.4 可知，COAD 与 PI 意味着完全的福利主义。由关于定义域的公理 D 可知，$F^m(u)$ 在 X^m 上是一个连续排序，进而可得 R_F（在完全福利主义的定义中）在 $\mathbf{R}^H$ 上也为连续排序。剩余的证明同定理 1.2^*。

定理 1.7 如果 F 满足 D、GOAD、WP^* 和 AN，且遵循 OFC（序数完全可比）效用信息，那么 F 为位置性独裁。

证明： 同定理 1.3 的证明。

定理 1.8 如果 F 满足 D、COAD、WP^* 和 AN，且遵循 CUC（序数单位可比）效用信息，那么 F 为功利主义函数。

43 **证明：** 同定理 1.4 的证明。

① 实际上，由于连续性，独裁必然为强结论［也即，$u^h(x) = u^h(y)$ 表明 y 与 z 的排序是相同的］。

我将描述在经济环境条件下的另一个社会选择理论，因为它使用了两个从道德角度来看都非常具有吸引力的公理。到目前为止，我们还没有在经济环境条件中引进稀缺性，因为经济环境条件的描述不包含任何可获得的善的数量。设 w 为 $\mathbf{R}^m$ 中商品的总社会禀赋。用符号 $A(w)$ 表示对 H 中的成员来说所有可能的分配方案的集合，这些分配方案在社会禀赋为 w 时可行，假设所有善在个体之间自由转让：①

$$A(w) = \{x \in R^{mH} \mid \sum x^h \leqq \omega\}$$

将与可行分配 A（w）和效用函数 u 相关的“效用可能性集”表示为 S（w，u）：

$$S(w,u) = \{\bar{u} = (\bar{u}^1,\dots,\bar{u}^H) \in \mathbf{R}^H \mid \exists \quad x \in A(w) \quad \text{s.t.}\ u(x) = \bar{u}\}$$

假设社会选择函数 $F = \{F^m\}$ 为连续值函数（即 F^m 对所有的 m 都为连续值），由于 $F^m(u)$ 在紧凑域上产生一个连续排序，由 $F^m(u)$ 可知，在 $A(w)$ 中存在“社会性最优”元素集，我们称这个最优元素集为 $B^F(w,u)$。我们可以规定如下：

对称选择公理（SC） 对所有的 m 和所有的 $w \in \mathbf{R}^m$，如果 $u \in \mathcal{U}_m^{Ec}$ 的所有元素都为相等的（$u^1 = \dots = u^H$），且如果 $x \in B^F(w,u)$，那么 $u^1(x^1) = \dots = u^H(x^h)$。

如果所有的个体具有相等的效用函数，SC 表明稀缺性经济环境的最优元素使每个个体获得相等的效用。与匿名性相比，这是一个弱公理.

假设有由相同个体组成的两种经济状态，但其中一种状态的总禀赋向量支配着另一个状态的总禀赋向量，即 $\hat{w} \geq w$。下一个公理表明，在经济中有一个具有较小稀缺性的社会性最优要

① 向量比较的以下规则贯穿于全书，如果 $x \in \mathbf{R}^n$ 且 $y \in \mathbf{R}^n$，那么，对所有的 i，“$x \geqq y$”表示 $x_i \geq y_i$；“$x \geq y$”表示 $x \geqq y$ 且 $x \neq y$；$x > y$ 表示 $x_i > y_i$。

素，从而使每个个体在另一种经济的社会性最优要素下至少同
44 样富裕。

资源单调性公理（RMON） 对所有的 m 及所有的 $u \in \mathcal{U}_m^{Ec}$，如果 $\hat{w}$，$w \in \mathbf{R}^m$ 且 $\hat{w} \geq w$，那么存在 $\hat{x} \in B^F(u,\hat{w})$ 和 $x \in B^F(u,w)$ 使 $u(\hat{x}) \geq u(x)$ 成立。

定理 1.9 设 F 满足 D、COAD、WP^*、SC 和 RMON。那么对每个 m，F^m 为"最大化最小值"规则，即当且仅当 $\min\{u^h(x)\} \geq \min\{u^h(y)\}$ 时，$F^m(u)$ 对 x 的排序至少与对 y 的相同。

证明：（见唐纳森和我 1987 年的研究中的定理 8）。

1. 正如定理 1.6 中的证明所示，我们可以通过 $\mathbf{R}^H$ 中的连续排序 R_F 来表示 F。令 P_F 表示其对称部分。

2. 设 1_H 为 $\mathbf{R}^H$ 中的向量（1，1，…，1），0_H 表示 $\mathbf{R}^H$ 中的零向量。设 $\hat{u} = (\hat{u}^1, \ldots, \hat{u}^H)$ 是 $\mathbf{R}^H$ 中所有元素不全相等的向量，设 $\gamma \in \mathbf{R}$ 为任意不为 0 的数，从而 $\min_h = \hat{u}^h < \gamma < \max_h \hat{u}^h$ 成立。为不失概括性，我们假定 $\hat{u}^1 < \gamma < \hat{u}^2$。我们的任务是为了说明 $\gamma 1_H P_F \hat{u}$ 成立，该定理接下来的证明就相对比较容易了。

3. 设 $\varepsilon > 0$，由 $\tilde{u}^h = \hat{u}^h + \varepsilon$ 来定义 $\tilde{u} \in \mathbf{R}^H$，对所有的 h，令 ε 足够小从而使 $\tilde{u}^1 < \gamma < \tilde{u}^2$ 成立。选择向量 $(a^1, \ldots, a^H) \in \mathbf{R}_+^H$ 和数字 $c \neq 0$，从而使

$$\sum_h a^h \gamma = c \tag{1.1a}$$

和

$$\sum_h a^h \tilde{u}^h = c \tag{1.1b}$$

[如果 $\sum a^h(\hat{u}^h + \varepsilon - \gamma) = 0$ 成立，那么（1.1a）和（1.1b）成立。通过选择 ε 和 γ，可以找到符合要求的正向量 a]

4. 设 $\beta < \min \tilde{u}^h$。设 e^h 为 $\mathbf{R}^H$ 中的第 h 个单位向量。选择效用函数分布 $U \in \mathcal{U}_{H+1}^{Ec}$（即有 $H+1$ 的善），从而使 $U^h(0_{H+1}) = \beta$，并且

$$U^h(e^h, x) = \begin{cases} \beta + \alpha^h x & (x \leq H) \\ \beta + \alpha^h H & (x > H) \end{cases}$$ 45

其中

$$\alpha^h = \frac{c(\gamma - \beta)}{\gamma a^h H}$$

（注意 $\alpha^h > 0$。）进一步假设个体 h 只关心善 h 和 $H+1$（他从其他善获得的效用为 0），考虑在经济环境中存在禀赋 $(1_H, H) \in \mathbf{R}_+^{H+1}$ 和分布 U。读者可估算如下：

$$S((1_H, H), U) = \left\{u \in \mathbf{R}^H \mid \beta 1_H \leqq u \text{ 且} \sum a^h u^h \leq c\right\}$$

5. 另外的要求如下：

$$U^h(0_H, x) = \begin{cases} \beta + a^h x & \left(x \leq \dfrac{\gamma - \beta}{a^h}\right) \\ \gamma & \left(x > \dfrac{\gamma - \beta}{a^h}\right) \end{cases}$$

读者可以算出，在本步骤和步骤 4 中施加给 U^h 的限制条件与 U^h 的单调性和凹性一致。

现在，考虑经济具有禀赋 $(0_H, H)$。我们有：

$$S((0_H, H), U) = \{u \in \mathbf{R}^H \mid \beta 1_H \leqq u \leqq \gamma 1_H\}$$

6. 我们接下来考虑具有两种善的经济。社会禀赋为 $(0, H)$。效用分布 $\bar{U} \in u_2^{Ec}$ 使所有的效用函数与 φ 相等，其中

$$\varphi(0, x) = \begin{cases} \beta + (\gamma - \beta)x & (x \leq 1) \\ \gamma & (x > 1) \end{cases}$$

因而 $S((0, H), \bar{U}) = \{u \in \mathbf{R}^H \mid \beta 1_H \leqq u \leqq \gamma 1_H\} = S((0_H, H), U)$

成立。由 SC 和 WP 知，$\bar{B}^F((0,H),\bar{U}) = \{\gamma 1_H\}$；由完全福利主义知，$\bar{B}^F((0_H,H),U) = \{\gamma 1_H\}$，其中，符号 $\bar{B}^F(e)$ 表示在 $\mathbf{R}^H$ 中与 $B^F(e)$ 相关的效用值的向量，$B^F(e)$ 是在由 F 决定的经济 e 中的最优分配。

7. 由 RMON 知，由于 $(1_H,H) \geq (0_H,H)$，从而可得在 $\bar{B}^F((1_H,H),U)$ 中存在一个效用向量，该向量带给每个个体的
46 效用至少为 r。但在 $S((1_H,H),U)$ 中，只有一个这样的向量 $\gamma 1_H$，因此，$\gamma 1_H \in \bar{B}^F((1_H,H),U)$。特别地，$\gamma 1_H R_F \tilde{u}$ 成立。由于 $\tilde{u} P_F \hat{u}$ 成立，$\gamma 1_H P_F \hat{u}$ 成立，所以第一步中的待证明命题成立。

8. 令 $\bar{u} \in \mathbf{R}^H$ 为任意元素不全相等的向量，设 $\min \bar{u}^h > \min \hat{u}^h$，我们要证明 $\bar{u} R_F \hat{u}$ 成立。选择令 $\min \bar{u}^h > \gamma > \min \hat{u}^h$ 成立的 $\gamma \neq 0$。由 WP 可得 $\bar{u} P_F \gamma 1_H$ 成立。如果 $\gamma > \max \hat{u}^h$，由 WP 可得 $\gamma 1_H P_F \hat{u}$ 成立；如果 $\gamma < \max \hat{u}^h$，我们回到了上述步骤 2 ~ 7 研究的情况，$\gamma 1_H P_F \hat{u}$ 仍然成立。因此，任意一种情形下，由传递性知，$\bar{u} P_F \hat{u}$ 成立。

9. 实质上，我们已证明 R_F 是“最大最小化”排序。当 $\bar{u}$ 和（或）$\hat{u}$ 的所有组成元素都相等时，或当 $\min \hat{u}^h = \min \hat{u}^h$ 时，从 R_F 的连续性关系中产生的情形为需要验证的其他情况。

定理 1.9 的意义重大，因为它表明，只有“最大最小化”是可接受的，尽管之前提到的任何伯格森 - 萨缪尔森社会福利函数有可能被接受。这表明 RMON 公理作用非常大，因为不需要任何“恒定性”公理，我们就可以用它得到一个独特的表征社会选择的函数（比如说功利主义满足定理 1.9 前提中的所有其他公理）。

RMON 最早可见于罗默（1986a）的研究，本书第 3 章将会再次提到此点。虽然从平等主义角度来看，它具有明显的道德吸引力（当经济在总体上变得更加“富裕”时，每个人都应该弱增益），目前人们仍有理由怀疑其道德立场——实际上，这些

原因与怀疑“最大最小化”本身的原因是相同的。考虑有安德烈和鲍勃两个个体，并且有两种产品，分别为名为内啡肽的药物和龙虾。没有内啡肽，鲍勃从龙虾中几乎得不到任何的效用，只有具有内啡肽时，他才能够振作起来，尽情地享受生活的乐趣（如清蒸龙虾）。相比之下，安德烈具有非常良好的内分泌系统，有没有内啡肽都不妨碍他在消费龙虾时获得快乐。考虑两种总禀赋情况：在情形 w 下，有 L 个龙虾，没有内啡肽；在情形 $\hat{w}$ 下，有 L 个龙虾和充足的内啡肽。在 w 下，人们可能会尽量把所有的龙虾都给安德烈，因为鲍勃很难从它们中获得快乐。但是在情况 $\hat{w}$ 下，人们会把所有的内啡肽都分给鲍勃，并给其相应数量的龙虾。这表明当商品不那么稀缺时安德烈的情形反而会变坏，违反了 RMON。如果我们坚持鲍勃在没有内啡肽的情况下就完全不能从龙虾消费中得到效用，那么这一观点会更加具有说服力。 47

安德烈和鲍勃的故事引起的关于 RMON 的道德质疑，与有些人对“最大最小化”的质疑可能相同。因为社会拥有的禀赋为 w，最大最小化要求我们以让个体获得相等效用为前提在安德烈和鲍勃之间分配龙虾（假设这种分配存在），即使这可能意味着安德烈只能获得少许的龙虾。

要进一步了解社会选择理论于经济环境条件中的运用，读者可以参阅博德（Border，1983），唐纳森和威马克（1988），博尔德和拉布雷登（Bordes and Le Breton，1989，1990），坎贝尔（Campbell，1992），拉布雷登和威马克（1994）。

1.6 结论

我已证明，阿罗不可能定理属于特征化定理族，其中的效用函数传达不同种类的信息。我将阿罗框架中社会选择的“不可能性”解释为效用缺乏人际可比性的结果。当各种类型的人际可比性得到许可时，我们已经证明，功利主义和最大最小值成为满足阿罗（其他）公理的社会选择规则。

然而，这并不能令人感到欣喜。人们可能希望，只要效用基数单位可比或序数水平可比，许多社会选择规则就能变得可以接受。但事实并非如此。

本章中不同公理之间的相互组合（如 U、PI 和 I，或者 D、COAD 和 PI）对福利主义社会选择规则形成的限制，使第 1.2 节构架的抽象环境多少有些令人不安。对此，森给出了原因：个人可能因此排除考虑社会中有关伦理的非效用信息。例如，福利主义的社会选择允许计算由虐待行为产生的效用而不考虑道德后果。[这类批评有时候也称为“对冒犯性偏好的反对”(offensive taste objection)。] 在经济环境条件框架中，福利主义约束还产生了不同的问题：一些商品或资源无法用公正的效用信息表述，但许多分配机制都会将这些资源或商品考虑在内。

例如，在分配正义的相关研究中，一种很重要的资源分配机制为“等分的瓦尔拉斯均衡”（equal division Walrasian equilibrium）。
48 如果社会将拥有的全部禀赋 w 在个体之间分配，那么应对该禀赋进行平均分配并允许交换行为的存在以达到竞争性均衡（或者更确切地说，瓦尔拉斯均衡①）。这样的分配至少存在于效用分布 $\mathcal{U}^{Ec}$ 中。等分的瓦尔拉斯均衡（EDWE）分配法是一个自然的帕累托有效分配，该分配与公正的初始条件这一易见的概念（即每个个体在一开始都拥有社会总禀赋的一等份）相关。我们可能希望社会偏爱等分的瓦尔拉斯均衡分配法。为此，当 $w \in \mathbf{R}^m_+$ 是总的

① 瓦尔拉斯均衡与竞争均衡的区分如下：交换经济中的瓦尔拉斯均衡是一种分配形式和价格向量，因而如果个体将价格视为既定的（即为参变量），当所有个体的供给和需求都基于预算（其中，这些预算源于个体的私有禀赋）约束来最大化效用时，市场出清。其中，当所有的个体都理性看待价格变量时，也即没有人拥有支配市场的力量时，竞争均衡为瓦尔拉斯均衡。在奥斯特雷(Ostray，1980）的作品中，区分这两个概念是非常重要的。

资源禀赋，u 为效用函数时，定义 $C(w, u)$ 为等分的瓦尔拉斯均衡分配集。$C(w, u)$ 总为非空集。我们依照社会选择函数假设 EDWE 分配为最优分配，由此就可以获得 EDWE 分配的满意度。

条件 EDW（等分瓦尔拉斯） 对所有的 $w \in \mathbf{R}_+^m$ 和 $u \in \mathcal{U}_m^{Ec}$，当且仅当 $B^F(w,u) = C(w,u)$［见第47页关于 $B^F(w,u)$ 的定义］时，F 满足条件 EDW。

从效用信息的角度来看，条件 EDW 的要求并不高。确切地讲，即使要求 F 遵循序数不可比信息也能满足条件，因为集合 $C(w, u)$ 在所有序数相等的效用函数 u 上恒定不变［这是一种说明“瓦尔拉斯均衡只取决于（序数）偏好，与效用的表达形式无关”的方法。］但是没有社会选择规则可以同时满足 I^* 与 EDW，或者同时满足 COAD 和 EDW。首先考虑第一种陈述，设 x，$y \in A(w)$ 为分布 u 的瓦尔拉斯均衡，设 F^m 满足 I^* 和 EDW。现在选择另一个分布 u'，它对应的 x 为 EDWE 但 y 不是，在 $u^h(x^h) \geq u^h(y^h)$ 的情况下，$u'^h(x^h) \geq u'^h(y^h)$ 成立（这一点永远成立）。因此 $F^m(u)$ 对 x 与 y 的排序无差异，在 $F^m(u')$ 中 x 严格优于 y。现在设有转换 $f \in \tilde{G}^{ONC}$，对于每个 h，$f^h(u'h(x^h)) = u^h(x^h)$ 且 $f^h(u'^h(y^h)) = u^h(y^h)$ 成立。设 $f \circ u' = u''$。因为 u' 和 u'' 序数相等，
所以可以断定 x 属于 $C(w, u'')$，但 y 不属于。因而由 EDW 知， 49
在 $F^m(u'')$ 中，x 优于 y，但由 I^* 知，在 $F^m(u'')$ 与 $F^m(u)$ 中，x 与 y 的排序应该相同，结论与已知相互矛盾。没有满足 COAD 与 EDW 的 F 也非常容易证明。因而 EDW 要求关注商品或财产权，但福利主义排除了符合这个要求的社会选择函数。

当所处的环境为经济环境时，商品或者资源的各种财产权自然成为分配正义的精髓。或许，一天结束时，我们又认为财产权对公平来说终究是不重要的，但如果仅因为分配规则从 EDW 的意义上来看取决于某些财产权的界定，就认为分配规则不受认可，那么这样的推论必然对问题进行了预判。福利主义

在经济环境条件下正是这样的推论。我希望之前的段落已经使读者至少在讨论经济环境条件时开始怀疑独立性公理。请记住对功利主义的这一批评与对冒犯性偏好的反对是大相径庭的。

在第 1.4 节中，我最初得出的结论为社会选择框架不适用于分配正义问题，因为当 X 集包含商品的可选分配时，无限制域公理太强。第 1.5 节中的分析对此做出了回应：当个人偏好只具有经济学意义时，从本质上来看，相同种类的表征定理在经济领域内可以被复制。另外，与定理 1.9 类似的那些定理是将社会选择函数表征化的例子，它们依赖的公理不仅考虑民主，还考虑道德动机。没有明显的理由认为偏好加总的民主进程一定要遵循 COAD 或者 RMON，但是，资源分配规则可能出于道德原因遵循它们。因此，定理 1.9 回应了在第 1.4 节中提到的对阿罗社会选择理论的两类批评。但现在另一个问题又浮出水面，
50 也就是福利主义理论对分配正义问题的适用性过小的问题。

2 公理化的谈判理论

2.1 作为理性审慎的正义

“正义简单地说就是理性审慎，它在我们需要通过与他人合作来得到我们想要的东西时被人追求。”（巴利，1989：6）按照布莱恩·巴利（Brian Barry）的看法，这种观点至少可以追溯到霍布斯（Hobbes）与休谟（Hume）。博弈论最早见于冯·诺依曼和摩根斯坦（1944）的论述，经过50年的发展，它可以说明在相互合作的情形下，理性审慎包含（或可能包含，因为学者们尚未在 n 人博弈的正确解问题上达成一致）的内容。在当代政治哲学家中，与这种正义观联系最密切的是高蒂尔（Gauthier，1986），尽管罗尔斯的某些阐释（见第5章）也有可能使其成为高蒂尔的同路人。

巴利将上一段的引文所阐释的正义观称为“作为互利的正义”（justice as mutual advantage），并将其与另一种观点，即“作为公道的正义”（justice as impartiality）做了对比，在这种观点下，“事件的公平状态是指人们可以不仅从一般意义上接受他们不能合理地**期望**更多这一事实，而且还从更强意义上接受他们不能合理地**要求**更多这一事实”。（巴利，1989：8）为了更好地理解巴利的表述，我们必须对“合理”的两次使用加以区分：从谈判的意义上来说，人们不能“合理地期望”更多，但从道德意义上来说，人们不能“合理地要求”更多，因为这样做会违反正义即个体间的公道无偏倚的标准。弄清第一个“合理”的意

51 思需要用到谈判理论，弄清第二个“合理”的意思则需要用到公平理论。罗尔斯的正义理论就是第二个观点的最佳例证，事实上，罗尔斯自称其观点为“作为公平的正义”（justice as fairness）。

纳什（Nash，1950）最先用简洁而优雅的现代数学公式来阐述谈判问题。尽管阿罗和纳什都没有提及对方的作品——从出版日期来看他们的作品基本上是同时完成的——他们观点的相似性非常引人注目。两人都有的深刻见解是把社会选择问题或者是谈判问题的关注焦点，从**单一团体**或**问题**，转移至可以解决**所有团体**或者**所有问题**的**规则**或**解**。我认为在社会科学的发展中，一个有趣的问题就是在当时，为什么转换焦点的想法一直“悬而未决”。尽管这个过程现在看来很自然，但我们必须认识到其背后的惊人暗示：如果我们没有同时说明任意一个团体应该如何做出选择，或者任意一对交易商应如何达成协议，就不能说明某个团体应该如何做出选择，或某对交易商应该如何解决他们之间的谈判问题。从以特定的团体为主要研究对象，到将其设为函数定义域内的一点，这从方法上来讲很有效，但在哲学上是颇具争议的。确实，未能对这一过程进行充分的哲学审视，可能导致在此基础上形成的定理在政治哲学领域的影响力比其应有的更多。这一点以疑问形式提出，在本书中算是一条暗线。

虽然纳什关注的是谈判问题（他坚持“作为互利的正义”观点，因此他的作品以及后来的阐述都与分配正义有关），纳什谈判理论的使用已经发生了微妙的变化。纳什公理原本只有“实证性”内容，用来描述交易商谈判的过程。但近年来，特别是在汤姆森（Thomson，1991）以及汤姆森和楞斯博格（Thomson and Lensberg，1989）的作品中，该公理已经包括了“规范性”内容，或更确切地说，伦理性内容。（在经济学家使用“规范性”一词时会存在如下歧义：它可以表示伦理要求意义上的“应该”，也可以表示纯理性要求意义上的“应该”。例如“一个人应该忽视沉没成本”就是第二种类型的规范性陈述。本书采用“伦理上应该”这种意义上的“规范性”。）因而，汤姆森－棱斯博格类型的现代谈判理论通常被理解为对“作为公道的正义”的研究。 52

因此，尽管本章开始时把纳什谈判问题视为表达“作为互利的正义”的一种方法，最终本章将会使用相同的数学工具来阐释“作为公道的正义”。

2.2 纳什谈判解

纳什通过举例来说明谈判问题。假设有比尔和杰克两个男孩，他们希望就如何分配一堆不可分物达成协议，这些物品有书、鞭子、球、球拍、盒子、钢笔、玩具、小刀和帽子。最初，比尔拥有这些物品的一部分，杰克拥有另一部分。如果他们协商失败，最终每人还是保留他们最初拥有的物品。因为是否达成协议具有不确定性，比尔和杰克对抽彩（包括与初始物品禀赋相同的分配抽彩）肯定有不同偏好。纳什假设男孩们对抽彩的偏好遵循冯·诺依曼－摩根斯坦公理，因而可通过正仿射变换由冯·诺依曼－摩根斯坦效用函数来表示。他还提议，将所有涉及这些物品的抽彩都看作可行抽彩，并为两个参与者设定一对效用函数。注意到存在包含所有效用组合（$\bar{u}^1$，$\bar{u}^2$）的效用可能性集 S，S 表示参与者可以实现的对物品可能抽彩的期望效用。根据冯·诺依曼－摩根斯坦效用函数在概率上的线性，S 将为凸集；由于此处只存在数量有限的物体集，它也是紧凑集。现在，纳什迈出了关键的一步，他说我们可以忽略这些物体和效用函数，仅把注意力集中于形式（S，d），其中，S 为效用可能集，d 为与初始禀赋分配相关的效用组合，即当他们没有达成一致时参与者的效用组合。“d”因此被称为**威胁点**（threat point）或者**僵局点**

(impasse point)。

从现在起，纳什将一般的谈判问题抽象为配对（S，d），其中 S 为 $\mathbf{R}^2$ 中的任意紧凑凸集合，且 $d \in S$，形成这一抽象配对的经济环境不在讨论范围内。他进一步建议将注意力从配对（S，d）转移至函数，该函数将形式为（S，d）的对象映射为 S 中的点。因此设从所有形为（S，d）的对象的集合到 $\mathbf{R}^2$ 的映射为 F，其性质为 $F((S,d)) \in S$。F 为**解**，它与阿罗社会选择规则具有相似性。

53 在开始下一步讨论之前，我们应该注意到“解”F 与社会选择函数作为两种映射，除了有不同定义域外，在概念上还存在两点区别：第一，在经济环境下，社会选择函数产生优先分配选择集，而纳什解总是只选择其中一种分配（或者更确切地说，只是效用空间中的一点）；第二，在经济环境中，社会选择函数对分配方式进行排序，而纳什解只选择分配方案中最好的一个。

纳什建议通过设定公理来特征化谈判理论，公理规定纳什解 F 必须遵循如下规则：

帕累托效率公理（P） 对于任意 $\mathcal{E} = (S,d)$，$F(\mathcal{E})$ 为 S 中的帕累托最优解。

该公理认为两个参与者提出的对期权标的物（球棒、球、皮鞭等）的分配方案一定是这些标的物在效用表示上的最优分配方案。

尺度不变性公理（S. INV） 设 $a \in \mathbf{R}^2_{++}$，$b \in \mathbf{R}^2$，$S \subset \mathbf{R}^2$ 且对于 $s \in S, s = (s^1, s^2)$，定义 S′为 $(a^1 s^1 + b^1, a^2 s^2 + b^2)$ 的点集。设 $\mathcal{E} = (S,d)$ 为一个谈判问题，令 $\mathcal{E}' = (S',d')$，其中 S′已定义如上，且 $d' = (a^1 d^1 + b^1, a^2 d^2 + b^2)$。那么有 $F(\mathcal{E}') = (a^1 F^1(\mathcal{E}) + b^1, a^2 F^2(\mathcal{E}) + b^2)$。

为方便起见，将集合 S'用 $aS + b$ 来表示，d'由 $ad + b$ 来表示。

公理 S. INV 的依据是一个隐含假设，即 S、d 分别与特定的冯·诺依曼－摩根斯坦效用函数 u^1 和 u^2 相联系。对于任意的 $a\in\mathbf{R}^2_+$ 与 $b\in\mathbf{R}^2$，效用函数 $a^1u^1+b^1$ 和 $a^2u^2+b^2$ 一样好；在效用空间内，如果该问题因为冯·诺依曼－摩根斯坦效用函数选择的改变而发生变化以此来表示相同的偏好，那么，纳什谈判解不应改变其对物品的潜在分配。

对称性公理（S） 设 $d=(0,0)$，对于任意的 $(\bar{u}^1,\bar{u}^2)\in S$，$(\bar{u}^2,\bar{u}^1)\in S$ 成立。那么对于某个数 $\bar{u}$，$F((S,d))=(\bar{u},\bar{u})$ 成立。

纳什提出该公理旨在说明所有的参与者都有相同的谈判技巧。如果两名参与者对抽彩有相同的偏好，那么这个问题可以通过为其选择相同的冯·诺依曼－摩根斯坦效用函数来表示， 54
从而形成含有威胁点（0，0）的对称集 S。具有相同的谈判技巧意味着在达成的协议中每个人得到的效用相等。

收缩一致性公理（CC）[①] 设 $\mathcal{E}=(S,d)$，$\mathcal{E}'=(T,d)$ 且 $S\subset T$。如果 $F(\mathcal{E}')\in S$，那么 $F(\mathcal{E})=F(\mathcal{E}')$.

公理形成的原理如下：假设在谈判问题 $\mathcal{E}$ 中，抽彩的集合是问题 $\mathcal{E}'$ 中可行抽彩集的严格子集，但在两个问题中物品分配的僵局点是相同的。进一步假设在一个有较大抽彩集合的问题中，解选择的抽彩在较小的谈判问题中也成立。CC 表明，在拥有受限抽彩集合的问题中，解集应该选择相同的抽彩。

最后，纳什设定了一个无限制域公理：

无限制域公理（U） F 的定义域包括所有的配对（S，d），其中，S 是平面上包含点 $s>d$ 且 $d\in S$ 的任意紧凑凸集。

当 $i=1$，2 时，如果 $s^i\geq d^i$，在问题（S，d）中定义点 $s\in S$ 为**个体理性点**。接下来定义一个特定的解 F^N：

定义 2.1 在 S 中，**纳什谈判解** F^N 将问题（S，d）映射到点（$\bar{u}^1$，$\bar{u}^2$），该点在个体理性点集上最大化纳什积

---

① 纳什把这个公理称为"无关选择独立性"。我们使用另一种表达方式，以避免和阿罗公理相混淆。

$(u^1-d^1)(u^2-d^2)$。

定理 2.1 给定 U，当且仅当解 F 为纳什谈判解时，它遵循公理 P、S. INV、S 和 CC。[①]

证明：

1. F^N 对五个公理的遵循是很明显的。以下将从另一个方向
55 进行证明。

2. 我们从任意一个谈判问题 $\mathcal{E}=(S,\ d)$ 开始。用 $\bar{s}$ 表示 S 中的点 $F^N((S,d))$。我们选择正向量 $a\in\mathbf{R}^2_{++}$ 和向量 $b\in\mathbf{R}^2$，因此 $ad+b=(0,\ 0)$，$a\bar{s}+b=(1,\ 1)$ 成立（证明作为练习留给读者）。接下来考虑转换后的问题 $\mathcal{E}'=(T,\ d')$，其中，$T=aS+b$ 且 $d'=ad+b=(0,\ 0)$。

3. 由于纳什积取最大值是正仿射变换下具有的特性，所以可得，在个体的理性点集上，点（1，1）最大化了纳什积 t^1t^2。从而由 T 的凸性可知，存在直角双曲线，t^1t^2 等于常数，在点 $(1,\ 1)$ 处与 T 相切（见图 2.1）。

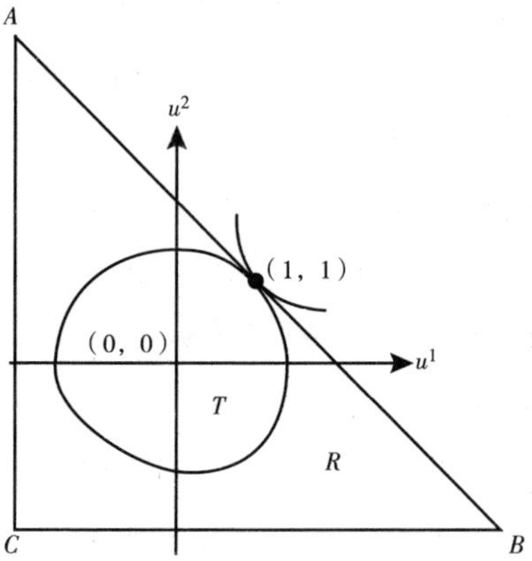

图 2.1

---

① 纳什并没有将他的解限制在个体理性点的验证上，但如果没有这个约束，他的定理将是错误的。证明完定理 2.1 之后，我将说明这个问题。

4. 如图 2.1 所示，直线 $t^1 + t^2 = 2$ 在点（1，1）处将直角双曲线和集合 T 分开。现在构造一个新的谈判问题（R，d'），其中，由图可知，R 为一个“大”三角。由 U 可知，（R，d'）是一个可行的谈判问题。出于对公理 S 的遵循，R 是对称的。因此，由公理 P 和 S 可知，$F((R,d')) = (1,1)$。但由公理 CC 的前提可知，问题 (R,d') 和 (T,d') 存在联系。因此，$F((T,d')) = (1,1)$。又由尺度不变性公理可知，$F((S,d)) = \bar{s}$，从而得出要证明的结论。① 56

现在我们讨论定理 2.1 中的附注 2。乘积（$s^1 - d^1$）（$s^2 - d^2$）如果没有个体理性点的约束，就可能在 S 的“西南”边界处的某一点上达到最大化，其中两个效用数都为负且绝对值很大。因而纳什解不是最大化无约束积（$s^1 - d^1$）（$s^2 - d^2$）的解。

纳什定理似乎提供了一个令人信服的论点，即谈判者始终都应选择最大化纳什积的分配。另一种理解是将谈判问题看作需要由仲裁来解决的问题。仲裁当然会选择一个帕累托最优点（P），并希望他给出的解相对于代表谈判者偏好的不同冯·诺依曼－摩根斯坦函数保持相对不变（S. INV）。仲裁可能把 CC 作为一个令人信服的一致性要求强加于他自己。为什么他必须遵循 S? 也许是出于某种公平观念。我认为我们不能通过援引纳什关于谈判者能力相等的假设，来解释仲裁对对称性的遵循，因为在实际情况下，他们的谈判能力可能并不相等，但仲裁仍然可能根据由对称性表示的公平理念来指导其实践。

对于将纳什谈判解作为谈判模型的做法，也就是在“作为互利的正义”观下将其作为两个个体的分配正义解的做法，存在以下三种类型的批判。首先，有人认为公理并没有真正描述

① 纳什最初证明使用了一个大矩形将集合 T 围起来，使用大三角的想法由安东尼奥·兰格尔（Antonio Rangel）提出。这里看来这个改动无关紧要，但在定理 2.10 中，使用三角形无疑是更加方便的。

谈判问题。CC 是最经常被质疑的公理，在第 2.4 节中我们将会看到质疑者提出了一些其他公理来取代该公理。其次，目前的主流经济学观点认为谈判最好通过非合作博弈分析来表示——凭空设想一个公理来表示谈判过程**结束**的特征，这是方法论上的错误；相反，我们必须将这一**过程本身**清晰化为一个有限时间里的非合作博弈，这方面一个很好的例子是鲁宾斯坦（Rubinstein，1982）的轮流出价模型。第三，有学者认为，纳什解对谈判者应该忽略基本经济环境这一点没有给出令人信服的理由：为什么谈判问题的数据应该局限于抽象配对（S，d），而不考虑谈判者的真实**偏好**以及需要分配的**物品**？读者应该记得，在社会选择框架中，我们就**偏好**和**可选状态**展开讨论，并推断出在某些公理下，我们可以只关注效用可能性集。但纳什只是简单地（也许是傲慢地）规定只有效用可能性集是重要的。在第 2.5 节
57 中我们将继续讨论这类批判。

尽管存在一些批评，纳什谈判解（在被看作理想化谈判过程的结果时）仍是颇具说服力的理论。鲁宾斯坦和其他人笔下的“纳什程序”主要试图构建导向纳什解的非合作谈判模型。该模型不以说明解 F 应当遵循的公理为开始，而是把孤立的谈判问题当作非合作博弈进行检验。下面我将概述纳什程序的四个例子。

纳什需求博弈

纳什（1953）提出了谈判者可能参与如下类型的博弈。[①] 设参与者们并不确定效用可能性集是什么，参与者 1 宣布了效用 x，同时参与者 2 宣布了效用 y。如果 $(x,y) \in S$，那么协议就此达成；如果 $(x,y) \notin S$，谈判出现僵局，他们获得的分配与威胁

① 纳什需求博弈的其他分析见宾默尔和达斯古普塔的研究（Binmore and Dasgupta，1987，第四章）

点的效用有关。参与者们一致认为函数 $p(x,y)$ 能给出点 $(x,\ y)$ 位于 S 内的概率。参与者们将会做什么？

当参赛者 2 提出建议 y，参赛者 1 将会选择 x 以最大化其期望效用 $p(x,\ y)\,x+(1-p(x,\ y))\,d^1$，从而形成一阶条件：

$$\frac{\partial p}{\partial x}(x-d^1)=-p(x,y) \tag{2.1}$$

同理，第一位参赛者的提议为 x，参赛者 2 的选择将会满足一阶条件：

$$\frac{\partial p}{\partial y}(y-d^2)=-p(x,y) \tag{2.2}$$

因此均衡声明表示为如下等式：

$$\frac{y-d^2}{x-d^1}=\frac{\partial p/\partial x}{\partial p/\partial y} \tag{2.3}$$

现在假设集合 S 的实际帕累托边界由函数 $y=f(x)$ 来表示，其中 f 为可微函数，那么纳什积最大化了 $(x-d^1)(f(x)-d^2)$。因 58
而在纳什解处，该表达式对 x 的一阶导数的取值必定为 0，或者：

$$f'(x)=-\frac{y-d^2}{x-d^1} \tag{2.4}$$

我们现在讨论核心假定。谈判者们当然不知道函数 $y=f(x)$ 表示的是 S 的边界。但我们假设对任意 x，他们每个人给 $(x,f(x))$ 位于 S 内这一事件分派了相同的可能性，这里表示为某常数 k。[即他们不能确定 $(x^1,\ f(x^1))$ 存在于 S 中，但他们认为对于任意的 x^2，该事件与 $(x^2,\ f(x^2))$ 存在于 S 中的概率相等。] 接下来我们可以记 $p(x,\ f(x))=k$ 为关于 x 的一个恒等式，将等式微分可得：

$$f'(x)=\frac{-\partial p/\partial x}{\partial p/\partial y} \tag{2.5}$$

但式（2.3）和式（2.5）暗示了式（2.4）的成立，因此纳什谈判博弈的纳什均衡就是纳什谈判解。①

泽森谈判过程

依照海萨尼（Harsanyi，1977a：149～153）的陈述，泽森（Zeuthen，1930）提出了一个参与者轮流出价的谈判过程。参与者在每一阶段都可以重复他上一次的报价，或是接受他的对手的最新报价，或者提出一个新的报价以使他的效用区间介于前两个报价代表的效用之间。第一种情况即参与者拒绝做出让步的情况。如果两名参与者相继拒绝让步，那么僵局形成，每人获得僵局点的效用。泽森提出的理论说明了谁应该基于上一次的提议在下一步中理性地做出让步。海萨尼表明，泽森过程的均衡是纳什谈判解。从现代角度来看，泽森过程证明了纳什谈判解，但其薄弱之处在于泽森让步规则的特设性质。

宾默尔－鲁宾斯坦－沃林斯基（1986）模型

在鲁宾斯坦（1982）轮流出价模型的基础上，宾默尔、鲁宾斯坦和沃林斯基（Binmore，Rubinstein，and Wolinsky，
59 1986）提出了两种非合作谈判博弈，表明在极限水平上（暂时状态），两种博弈的均衡都是纳什谈判解。在第一种博弈中，两个参与者就一个可分的馅饼的分配谈判，参与者轮流出价直到达成一致。这一过程需要花费大量的时间，参与者获得的效用不仅取决于最终结果，而且还取决何时达成最终结果（因而每一个参与者都有一个时间折扣率）。在这场非合作博弈中，存在唯一的子博弈完美均衡。宾默尔、鲁宾斯坦、沃林斯基表

① 读者们绝不能将**纳什均衡**（Nash equilibrium）这一非合作博弈的核心均衡概念与纳什谈判解混淆。

明随着出价时间间隔趋近于零，均衡趋向的分配方案将最大化同僵局点效用差的效用积，这在此处定义为参与者无法达成协议时所取得的效用，注意这里并没有考虑风险的因素。在另一类问题中，个人对什么时候达成一致没有偏好，但存在任何一项提议之后博弈被自然终结的可能性（例如准备分享的馅饼可能会消失）。这里对风险的偏好非常突出。鲁宾斯坦、宾默尔、沃林斯基证明，谈判终止的可能性越趋向于零，博弈解就越接近纳什谈判解。应该注意到，即使以上描述的两个问题中的参与者是一样的，他们的效用方程也将不同，因为对时间的偏好与对风险的偏好不能用相同的效用函数来表示。鲁宾斯坦、宾默尔、沃林斯基三人指出，对时间的偏好可以指定一个能进行递增仿射变换的效用函数来表示，因而尺度不变性仍然成立。

鲁宾斯坦－萨夫拉－汤姆森（1992）模型

鲁宾斯坦、萨夫拉和汤姆森（Rubinstein, Safra, and Thomson, 1992）致力于研究形式为（X，D，$\geq^1$，$\geq^2$）的经济环境，其中 X 表示抽彩集，D 表示僵局抽彩，参与者 i 对 X 的偏好用 $\geq^i$ 表示。假定用冯·诺依曼－摩根斯坦效用函数来表示使 $u^1(D)=u^2(D)=0$ 成立的偏好。鲁宾斯坦等人建议参与者们轮流出价，且在每一阶段，参与者在该阶段的行为导致僵局的可能性为 $1-p$（它是博弈进程的函数）。因而如果参与者 1 坚持的出价为 x，其期望效用为 $pu^1(x)+(1-p)u^1(D)=pu^1(x)$。鲁宾斯坦等人认为，无论参与者（假设为参与者 1）的出价 x 是什么，如果下列两种情况之一得到满足，抽彩 $y^*\in X$ 都是博弈的解： 60

（i）对其他参与者（比方说参与者 2）来说，当他将僵局可能性 $1-p$ 纳入考虑时［即，$pu^2(y^*)\geq u^2(x)$］，坚持 y^* 是可信的做法。

（ii）对其他人来说，拒绝 x 是不可靠的，但选择下一步的

参与者没有提出 x 来反对 y^* 的动机 [即，$pu^2(y^*) < u^2(x)$ 意味着 $u^1(y^*) > pu^1(x)$]。

(ii)的数学式可表达为：

对于所有的 p 和 x，如果 $p < \frac{u^2(x)}{u^2(y^*)}$成立，

从而可得 $p < \frac{u^1(y^*)}{u^1(x)}$

这意味着，对于所有的 x：

$$\frac{u^2(x)}{u^2(y^*)} \leq \frac{u^1(y^*)}{u^1(x)}$$

或者

$$u^1(y^*)u^2(y^*) \geq u^1(x)u^2(x)$$

但最后的表达式意味着 y^* 即为纳什谈判解。

尽管（i）和（ii）概括的均衡条件比泽森关于“谁应该做出让步”的论述更有说服力，但此处的分析与泽森的分析类似。

所以纳什谈判解似乎是谈判者参与的各种非合作博弈的均衡。相对于纳什初始公理化特征，纳什谈判解作为对利己且理性的谈判者博弈结果的预测，更加具有吸引力。

2.3 纳什解的其他公理化论证

已有文献给出了纳什解的许多可供选择的公理化特征，本节将说明两点。第一点由罗伯茨（Roberts）提出，阐明了纳什解是如何在社会选择框架中出现的。

我们现在返回第 1.3 节中的社会选择函数法。罗伯茨介绍了如下的公理：

无关选择的部分独立性公理（PIIA） 存在状态 $\bar{x} \in X$，从
61 而对于任意分布 $u, u' \in \mathcal{U}$，以及对任意的 $A \subseteq X$ 和所有的 $x \in A$

$\cup \{\bar{x}\}$，$u(x) = u'(x)$ 表明 $F(u)$ 和 $F(u')$ 对 A 中的状态给出相同排序。

该公理的结论弱于二元无关选择独立性（I^*）。例如对于某个固定状态 $\bar{x}$，社会选择函数对状态 x 的排序取决于 $\min_i(u^i(x) - u^i(\bar{x}))$ 的大小。该规则称为"最大化从 $\bar{x}$ 现状中获得的最小值"。该社会选择函数满足 PIIA，而非 I^*.

我们有：

定理 2.2 （罗伯茨，1980b，定理 7）如果社会选择函数 F 满足 U^*、WP^*、A、PIIA 且遵循基数不可比效用，那么它就是纳什社会选择函数。即当如下条件成立时，F 使 x 社会性地优于 y：

$$\prod_{i=1}^{H}(u^i(x) - u^i(\bar{x})) > \prod_{i=1}^{H}(u^i(y) - u^i(\bar{x}))$$

从某种意义上来说，与纳什谈判定理相比，定理 2.2 是一个更完整的结果。因为在社会选择框架中。福利主义是由原始假设推导出来的，这一点我们已经进行了说明。而纳什只简单地假设了福利主义，也就是说，他没经过任何公理化推论，便丢弃了可以形成该问题的经济信息。

纳什解的第二个可选公理化特征源于汤姆森和棱斯博格。这一次在纳什谈判理论的框架中，F 是一个解，它作用在形式为 (S, d) 的问题的定义域上。然而汤姆森和棱斯博格的定义域通过如下方式有所扩大：设 $\mathcal{P}$ 为个体的可数无限集合，P 是 $\mathcal{P}$ 的一个有限子集，其大小范围为 $p = |P|$。集合 Σ^p 是 $\mathbf{R}^p_+$ 中的综合[①]紧凑凸集，且至少有 1 个点的坐标都为正。因此集合 $S \in \Sigma^p$ 可看作代理人集合 P 的效用可能性集，且以原点为威胁点。汤姆森和棱斯博格定义每一个"联盟"(coalition) P 的谈判解为映射集 $F =$

① 如果 $x \leq y$，且 $y \in S$ 意味着 $x \in S$，那么在实空间中的集合 S 为综合集。如果 S 为效用可能性集，综合性可以理解为效用的自由处置性。如果在 $\mathbf{R}^n_+$ 中集合 S 为综合的，那么只要 x，$y \in \mathbf{R}^n_+$，上述条件必然成立。

$\{F^P\}$，F^P 的定义域是 Σ^p 且其范围是 $\mathbf{R}_+^p$。事实上，对于 $S \in \Sigma^p$，
62 $F^P(S) \in S$。稍更确切地说，**“联盟”P 的谈判问题**是配对（S，P），其中 $S \in \Sigma^p$（S 可看作 P 的效用可能性集，且威胁点被规范化为原点）。解 F 使每对（S，P）与点$F^P(S)$相联系。

显然，映射集 F 满足帕累托最优和尺度不变性表达的要求很简单：对每一个 F^P，这些公理必须成立。汤姆森和棱斯博格引入了一个新的公理，他们称其为多面稳定性（M. STAB）。该公理阐释的观点如下：有两个由个体联盟 P 与 Q，P 与 Q 满足 $P \subset Q$。假设 $T \in \Sigma^q$ 且 $F^Q(T) = x$。向量 x 在 $\mathbf{R}^q$ 中，它的组成元素可以理解为 Q 中不同个体获得的效用。特别地，x 的某个“子向量”相当于 P 中成员的效用，称其为 x^P，表示 x 在 p 维子空间的投影，该子空间与 P 中成员的效用相关。确实，如果我们使 x 的元素保持恒定不变，这些元素与不在 P 中的 Q 的成员有关——称其为子向量 $x^{Q \setminus P}$，那么在 R^p 中，T 的一个子集 S 将会被分割出来，记为 $S = t_P^x(T)$。从形式上来看，$t_P^x(T)$ 被定义为集合 $\{x' \in R^p \mid (x', x^{Q \setminus P}) \in T\}$，其中（$x'$，$x^{Q \setminus P}$）表示一个向量，该向量的元素 x' 与联盟 P 有关，元素 $x^{Q \setminus P}$ 与成员 $Q \setminus P$ 有关。图 2.2 展示了当 Q 包含 3 个个体、P 包含 2 个时，集合 $t_P^x(\mathrm{T})$ 的情况。我们现在可规定如下条件：

多面稳定性（M. STAB）　给定 P，$Q \in \mathcal{P}$ 且 $P \subset Q$，假定 $S \in \Sigma^p$ 且 $T \in \Sigma^q$ 从而 $S = t_P^x(T)$，其中，$F^Q(T) = x$，那么
63 $F^P(S) = x^P$ 成立。

简而言之，设解 F 指定效用点 x 在谈判问题 T 中，该问题的谈判者们构成了集合 Q。现在，固定个体在 $Q \setminus P$ 中的效用为 x 处的指定水平。这里留下的“效用饼”剩余部分使 P 中的个体也可以就其谈判［定义为集合 $t_p^x(T)$］。M. STAB 表明在一个空间更小的谈判问题上，P 中成员的谈判问题的解为他们在最初问题中 x 处得到的效用。

该公理可以看作是与“部分执行解的结果稳定性”有关的

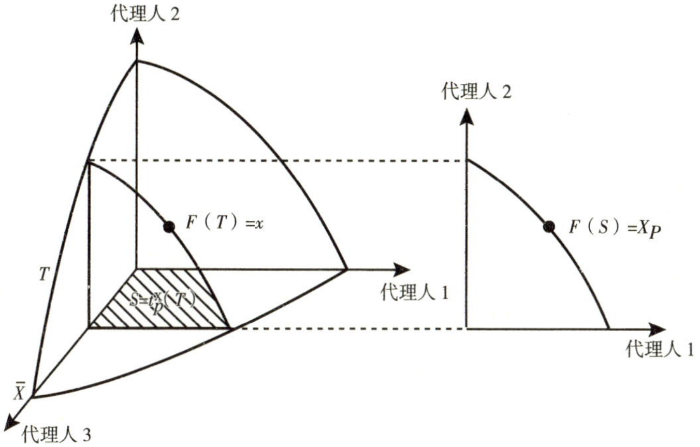

图 2.2

公理。汤姆森和棱斯博格给出了下面的例子：设瓦工、木工和油漆工竞标一定金额的造房工程，并且他们已经就如何分配报酬达成一致。合同签订之后，瓦工完成奠基，并收回了其相应份额的报酬。M. STAB 表明，油漆工和木工之间就剩余报酬不存在任何有意义的谈判——他们之间谈判问题的解就是最初他们三人之间达成的份额。

在接下来的定理中，“AN” 表示匿名性公理：

匿名性公理（AN） 对于任意相同基数的个体集 P 与 P'，如果 γ 为 P 到 P'的一对一映射（即一个排序），如果（S,P）与（S',P'）为谈判问题，其中 S 由排序 γ 映射到 S'，那么在排序 γ 下，$F^{P'}(S')$ 是 $F^{P}(S)$ 的映像。

由 AN 可以推出 S，但由 S 不能推出 AN。

定理 2.3（汤姆森和棱斯博格，1989，定理 7.1） 当且仅当解 $F=\{F^{P}\}$ 为纳什解时，才会满足 P、S. INV、[①] AN 和

① 由于上述谈判问题的定义域将威胁点限定在了原点位置，尺度不变性公理必然允许效用集的转化，并且仅有它们坐标的正转换（无加法常数）存在。

M. STAB。也就是说，对于所有的 P，$F^P(S)$ 是 S 中最大化效用积的点。

因此，定理 2.3 用 M. STAB 替代了 CC，并增强 S 为 AN。请
64 注意，它还假定了谈判问题的一个更大定义域：它要求允许谈判问题有任意数量的个体（甚至多于世界上的总人数）。有人可能会问，如果个定理的定义域公理涵盖了根本不会发生的情况，它是否还对我们了解这个世界有帮助。当然，这一问题也适用于在第 1 章中使用了 COAD 公理的那些定理，因为 COAD 公理规定在经济环境中可以存在任意巨大数量的善。

汤姆森和棱斯博格从伦理学的角度为多面稳定性公理提供了合理证明。设想 F 为分配正义所有可能问题的解，也即把谈判问题（S，P）理解为如下问题的效用表示：把固定的资源在个体集 P 中分配，其中 S 为由所有可能分配形成的效用可能性集，S 的原点是人们可能从分配中获得的效用向量，我们认为该分配在某种意义上是公平的。多面稳定性表明，如果资源在代理人集合 Q 之间的某一分配（将该分配称之为 x）为公平的，如果我们关注 Q 的子集 P 在 x 处所获得的**总**资源，那么总资源在 P 中个体之间的公平分配即为 x 指定的分配。或者更通俗来说，如果世界上所有资源的分配是公平的，那么分配给每个国家（省、家庭）的资源在该国（省，家庭）内部的分配也必然是公平的。

我们也可以将 AN 理解为公平分配原则（公正应该不受个体身份的影响），帕累托最优也是公平分配的一个理想性质。确实，我们可以给帕累托最优做如下这样一个完全规范的说明：任何人都被允许提出一种新的分配替代原有分配，只要不会有人因为新的分配而处境变差。（公民在镇民大会上集合，在此提出新的分配方式，并用它取代原有分配，这里我就不详述该流程的规则了。）在这个过程中，保持不变的提议就是帕累托最优的提议。在纳什谈判中，尺度不变性是合理的，因为纳什模型

化了一个观点，即效用产生于遵循冯·诺依曼－摩根斯坦公理的抽彩偏好。然而，如果分配方案的选择存在不确定性，只有在把谈判问题置于分配正义的背景下时，该公理才会有吸引力。

鉴于对公理的以上解释，我们倾向于将定理 2.3 视为“作 65
为公道的正义”问题的解，而非将其理解为对理性参与者的谈判的描述。但要使这一解释明确，还需要做相当多的工作，为此，我将相关讨论推迟至第 2.5 节。

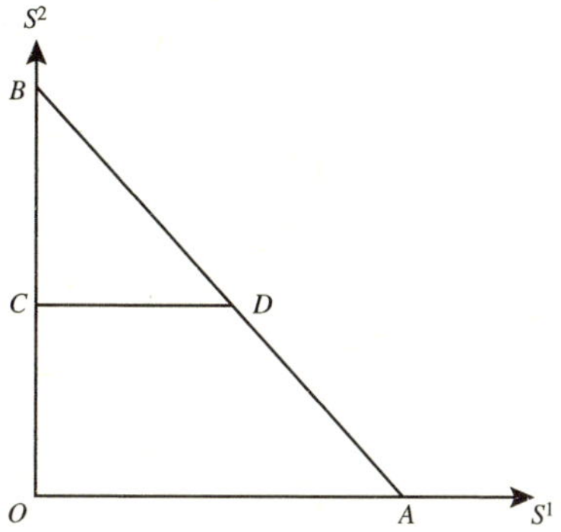

图 2.3

2.4 卡莱－斯莫若丁斯基与平等主义解

2.4.1 卡莱－斯莫若丁斯基解

纳什的 CC 公理作为一个谈判特征，已因其不准确而备受批评。在图 2.3 中，有两个效用可能性集，三角形 OAB 和梯形 OADC。假设两个问题的威胁点都为原点 O。设三角形问题 OAB 的解为点 D，由 CC 知，梯形 OADC 问题的解也必定为点 D。但这似乎不太合理，因为在 D 点，第二个参与者取得其最大可能的效用。特别地，有些人可能会认为参与者 2 在梯形问题中的谈判地位弱于其在三角形问题中的地位，这表明参与者 2 在前

66 者所得的效用应该少于在后者中得到的，但 CC 并不允许这样。

为了模型化该观点，卡莱和斯莫若丁斯基（Kalai and Smorodinsky，1975）用“个体单调性”公理替代了纳什的 CC 公理。对于谈判问题 (S,d)，将 S 中的任一点表示为 $s=(s^1,\ldots,s^H)$，其中，H 表示 S 所在实空间的维数。定义 $a^h(S,d)=\max\{s^h \mid s\in S, s\geq d\}$：$a^h(S,d)$ 是个体 h 在 S 中所有支配着威胁点的点上能够取得的最大值。$a(S,d)$ 是 R^H 中的点，它的第 h 个坐标是 $a^h(S,d)$，它有时被称为问题 (S,d) 中的**理想点**（ideal point）。

个体单调性公理（I. MON）　设 (S, d) 和 (T, d) 是 $\mathbf{R}^2$ 中的两个谈判问题，且 $T\supset S$。如果 $a^1(S,d)=a^1(T,d)$，那么 $F^2((T,d))\geq F^2((S,d))$ 成立。同理，如果 $a^2(S,d)=a^2(T,d)$，那么，$F^1((T,d))\geq F^1((S,d))$ 成立。

公理的前提尤其适用于图 2.3 中的两个问题，其中，$S=\text{trapOADC}$ 且 $T=\Delta\text{OAB}$。I. MON 主张，第二个参与者在三角形问题中获得的效用，至少应该等于他在梯形问题中获得的效用。当然，由于不相等是弱条件，D 作为两个问题的解并不违反公理。

定义 2.2　卡莱 - 斯莫若丁斯基解 F^{KS} 是平面上与每个谈判问题相关的映射，(S,d) 为 S 的帕累托边界上的一点，是连接 d 与 $a(S,d)$ 的直线与帕累托边界的交点，如图 2.4 所示。

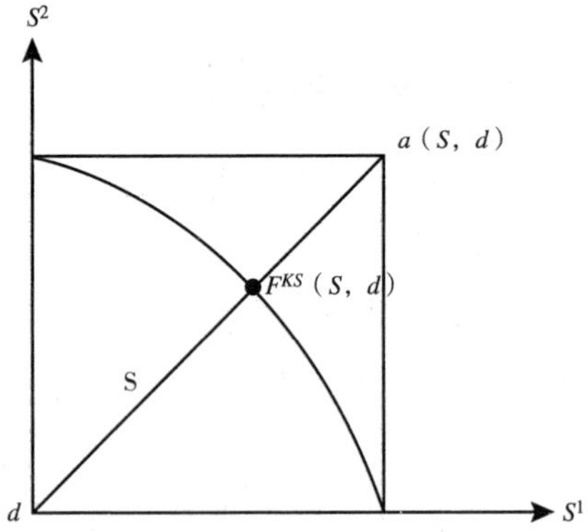

67 **图 2.4**

我们有：

定理 2.4（卡莱和斯莫若丁斯基，1975） 设 F 满足 U、P、S、S. INV 和 IMON，那么 $F = F^{KS}$。

证明：

1. 我们考虑平面 (S,d) 上的任意问题。存在递增仿射变换，在该变换中，平面的映射是其本身，点 $a(S,d)$ 的映射是（1，1），且 d 的映射为（0，0）［这里的前提是 $a(S,d) > d$，由定义域公理 U 可知该不等式成立］。转换后，我们称新的谈判问题成为 (T,O)。由 S. INV 知，通过该转换，F 在 (S,d) 上的解映射到了 (T,O) 上。

2. 因为连接威胁点与点 $a(T,O)$ 的直线的斜率为 1，(T,O) 的解 F^{KS} 是具有相等坐标的点——称其为 (a,a)（参见图 2.5）。

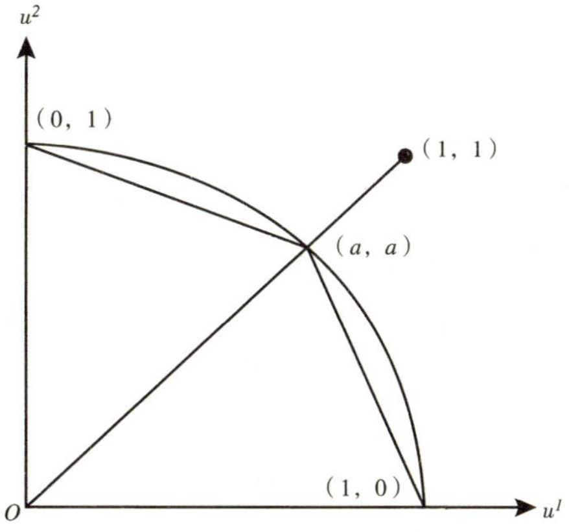

图 2.5

3. 如图 2.5 所示，在 T 中，通过将点（a，a）与（1，0）和（0，1）连接，构造四边形 T'。由公理 U 可知，该四边形（它的其他两边是坐标轴的一部分）的形成产生了可接受的谈判问题（T'，O）。问题（T'，O）是对称的，从而由公理 S 和公理 P 可得 $F((T', O)) = (a, a)$。

4. 由 I. MON 所要求的假设前提可知，(T',O) 和 (T,O) 相互
68 联系。由于对于 $i=1$ 和 2，$a^i(T',O)=a^i(T,O)$，从而由
I. MON 可得，对于 $i=2$ 和 1，$F^i(T,O)\geq F^i(T',O)$。因此，
$F(T,O)\geqq(a,a)$ 且 $F(T,O)=(a,a)$。但 (a,a) 在 (T,O) 中
是卡莱－斯莫若丁斯基解，所以 $F(T,O)=F^{KS}(T,O)$。由
S. INV 可得，$F(S,d)=F^{KS}(S,d)$。

给出 I. MON 并不是基于道德上的考虑，它与参与者谈判地位的相对悬殊程度有关。但汤姆森和棱斯博格为卡莱－斯莫若丁斯基解提供了另一个特征，其中，I. MON 被一个在规范性上具有吸引力的公理代替。

与之前一样，对任何维度 p，汤姆森和棱斯博格的研究关注包含问题 Σ^p 的定义域。他们引进的新公理涉及比较两个世界中解的作用，其中，两个世界的个体数量不同。新公理背后的观点被称为“全域单调性”（population monotonicity），即如果两个问题需要分配相同的资源束，但问题 1 中的人数多于问题 2 中的，那么在问题 1 的解中，没有人能比问题 2 中的人状况更好。正如汤姆森和棱斯博格所说，这可以看作是协作性公理：当不携带资源的新个体进入一个社区时，先进入社区的所有公民都应该集资来支援他们。

然而，公理完全是以效用而非资源方面的信息来表述的。比如在经典谈判理论背景下，问题（S，d）的数据并没有包含资源上的数据。给定两个个体集 P，Q，且 $P\subset Q$，其中公民群 Q 面临着一个谈判问题 $T\in\Sigma^q$。令 $S=T_P$ 为集合 T 在 $\mathbf{R}^p_+$ 上的投影。如果在 $Q\setminus P$ 中的所有个体的效用被确定为他们在威胁点处所取得的效用（在汤姆森和棱斯博格的定义域中，该点为原点），我们可以将 S 看作在最初的问题中，联盟 P 可获得的效用可能性集。或者用汤姆森和棱斯博格的方式来表述，当新公民 $Q\setminus P$ 没有任何资源，且威胁点（效用空间中的原点）与公民在没有消费任何资源的情况下收到的效用有关时，我们可以将 S

看作个体组 P 的效用可能性集，将 T 作为 Q 的效用可能性集。我们规定如下：

全域单调性公理（P. MON） 如果对于任意集 P、Q，$P\subset Q$，且当 $T\in\Sigma^{q}$，$S=T_{p}$ 时可得 $F^{P}(S)\geqq F_{P}^{Q}(T)$，其中，$F_{P}^{Q}(T)$ 表示与在 P 中的个体有关的效用向量 $F^{Q}(T)$ 的坐标，那么解 $F=\{F^{P}\}$ 满足**全域单调性**。 69

在阐述下一个公理之前，我们需要定义弱帕累托最优和连续性条件：

弱帕累托最优（WP） 如果对于任意 $S\in\Sigma^{p}$，没有使 $F^{P}(S)<s$ 成立的 $s\in S$，则解 $F=\{F^{P}\}$ 为**弱帕累托最优**。

连续性（CONT） 如果对于所有的 P，及所有收敛于豪斯多夫拓扑空间①中的某一集合 $S\in\Sigma^{p}$ 的序列 $\{S^{k}\}\subset\Sigma^{p}$，$F^{P}(S^{k})$ 收敛于 $F^{P}(S)$，那么解 $F=\{F^{P}\}$ 是**连续**的。

公理表明如果两个效用可能性集"接近"，那么两个问题的解也应该接近。

我们有如下定理：

定理 2.5（汤姆森和棱斯博格，1989，定理 3.1）当且仅解 $F=\{F^{P}\}$ 为卡莱 - 斯莫若丁斯基解时，其满足 WP、AN、S. INV、CONT 和 PMON。②

就像定理 2.3 揭示了将纳什解理解为"作为公道的正义"

---

① 豪斯多夫（Hausdorff）拓扑是由在 $\mathbf{R}^{n}$ 中的紧凑集合上的如下度量形成的：对于两个紧凑集合 S 和 S'，定义距离 $(S,S')=\max\{\max\{\delta(x,S)\mid x\in S'\},\max\{\delta(x,S')\mid x\in S\}\}$，其中，$\delta(x,S)$ 是点 x 到集合 S 的距离（也即从 x 到 S 中的点的最短距离）。

② 如果我们限定谈判问题的定义域仅包括完全综合的效用可能性集，那么公理 WP 可由 P 替代，且 CONT 可从定理的表述中去除。完全综合的效用可能性集是指弱帕累托边界与帕累托边界一致的集。换句话说，该集合在 $\mathbf{R}^{2}$ 中的弱帕累托边界不包含任何平行于坐标轴的部分。在 $\mathbf{R}^{n}$ 中，弱帕累托边界不包含任何平行于坐标子空间的部分。因而，WP 与 CONT 可以看作用于证明定理的基本技术条件，该证明在整个定义域上，且包括不完全综合集。

的可能性一样，定理 2.5 展现了将卡莱 - 斯莫若丁斯基解理解为这种形式的可能性。应该再次强调，定理 2.4 与定理 2.5 之间存在根本性的不同：只有我们将正义理解为“互利”时，即假设 I. MON 是利己主义者们之间谈判的一个合理性质时，定理
70 2.4 才与正义有关。

从实现分配正义的角度来看，高蒂尔（1986）赞同卡莱 - 斯莫若丁斯基解；但从“作为互利的正义”的角度来看，他将 F^{KS} 看作对利己主义参与者们谈判结果的恰当描述。他坚持该观点并不是因为他相信定理 2.4 描述了理性谈判的特征，而是因为作为非合作博弈过程的结果，卡莱 - 斯莫若丁斯基解存在一定的特征性。某种程度上这类似于在第 2.2 节中提到的纳什解的泽森 - 海萨尼论证。为了解释高蒂尔的推理过程，我们引入商品分配以及效用空间上的点来帮助分析。设 H 为谈判者集，D 为初始谈判位置相关的分配（预先确定每位参与者的初始禀赋位置）。设 d^h 为参与者 h 消费其初始禀赋时获得的效用。在效用空间上，谈判问题的形式为（S，d）。设 u^h 为参与者 h 的冯·诺依曼 - 摩根斯坦效用函数。设 $\bar{u}^h = a^h(S,d)$ 为其他参与者都坚持威胁点效用时，参与者 h 可以取得的最大效用。（这并不意味着他们都消费各自的初始禀赋，因为在这种情况下，参与者 h 也会坚持其威胁点效用。）因而 $(\bar{u}^1, \bar{u}^2, \ldots, \bar{u}^H)$ 即为理想点 $a(S,d)$。高蒂尔表示，对每个谈判者 h 来说，明智之举是在第一次提出要求时，提议使其获得的效用为 $\bar{u}^h$ 的分配。当然，每个参与者都同时获得 $\bar{u}^h$ 是不可能的，因而参与者应该从初始提出的要求开始做出让步。假设参与者 h 建议将商品的分配 C 作为谈判的解。高蒂尔把参与者在该出价上做出的**绝对让步**“$\bar{u}^h - u^h(C)$”定义为其与初始分配相比所遭受的效用损失。高蒂尔还定义**参与者 h 在分配 C 上让步的相对幅度**为比率 $((\bar{u}^h - u^h(C))/(\bar{u}^h - d^h))$，该比率为其在 C 点的绝对让步与假如接受初始要求可获效用的比值。现在每个理性参与者都应该

最小化自己让步的相对幅度。高蒂尔论点的核心在于，当分配 C 被提上台面时，假如存在让步幅度比其他人都小的参与者，那么他必须（理性地）做出下一次让步（我们会很快回到该项提议）。由此可得出结论，当且仅当没有人需要继续做出让步时，分配 C 为一个博弈均衡。这意味着在 C 点，所有 71
参与者让步的相对幅度都是相等的，但这正好是卡莱－斯莫若丁斯基解的定义。

那么，如果在提议点 C，一个理性的谈判者从比其他人更小的让步幅度中获利，他为什么必须要做出让步呢？（为了简化，假设我们有一个两人谈判问题。）高蒂尔认为该原则“体现了谈判者们具有相同的理性。由于每个人作为效用最大化追求者都希望自己的让步最小，因而没有人会认为，如果他不做出相同的让步的话，其他理性人会愿意做出让步”（1986：143～144）。他认为这意味着当每个人的让步幅度不会多于其他任意的参与者时，他都会在提出初始要求时建议做出让步。

我找不到认为“相对让步的大小”就是理性要求的平等化对象（equalisandum）的任何理由。作为对利己主义谈判者的理性要求特征的描述，纳什解的鲁宾斯坦－萨夫拉－汤姆森诠释更加具有说服力。首先，目前还不清楚在高蒂尔的主张中两个效用差之**比**是什么意思。诚然，如果用冯·诺依曼－摩根斯坦效用函数表示个人对抽彩的偏好，这个比率是该表示中的不变量。但如果在分配中一个人的相对让步幅度大于其他人，为什么要认为其他人必须对他做出进一步的让步？在谈判背景下，高蒂尔并没有对他基于理性利己主义追求的观点进行任何解释[①]。

---

① 可再次参阅宾默尔（1993）对高蒂尔理性概念的评判，以及高蒂尔（1993）对自己错误的部分的承认。

2.4.2 平等主义解

我要探讨的最后一种解既不涉及公理的尺度不变性，也算不上令人信服的谈判解。然而，从数学角度来说，我们可以在纳什类型的环境中描述其特征。设定义域 $\widetilde{\Sigma}^p$ 在 $\mathbf{R}^p_+$ 上为完全综合的紧凑凸集。我们具体化某一个问题为（S，P），其中，P 为个体集，$S \in \widetilde{\Sigma}^p$ 为个体的效用可能性集。我们设所有这类问题的定义域为 $\widetilde{\mathcal{D}}$。我们暂时对 S 中原点的含义模糊处理。解与之前
72 相同，仍然视为一个映射集 $F = \{F^P\}$。

接下来引入如下条件：

单调性（MON） 设 (S,P) 和 (T,P) 为两个问题，且 $S \subset T$，那么 $F^P(T) \geqq F^P(S)$。

该公理可从伦理层面进行辩护。我们将 T 视为某一世界中的效用可能性集，该世界存在的资源和商品远多于 S 世界。MON 表明，当资源增加时，与拥有较少资源的世界相比，解 F 应确保没有个体的情况会恶化。MON 应该被视为协作性公理，因为它还表明，当资源束减少时，每个人都应该（略微）节俭度日。

接下来我们定义一类非常有用的解法。首先，在 $\mathbf{R}^n_+$ 中，从**原点出发的无界单调路径**是映射 φ：$\mathbf{R}_+ \to \mathbf{R}^n_+$，从而 $t^1 > t^2$ 意味着 $\varphi(t^1) \geq \varphi(t^2), \varphi(0) = 0$，并且向量 $\varphi(t)$ 的欧氏长度在 t 上是无界的。

定义 2.3 在 $\mathbf{R}^p_+$ 上，如果对于每个正整数 p，从原点出发存在一个无界单调路径 φ^p，解 $F = \{F^P\}$ 为**单调效用路径解**（MUP），从而对于任意 $S \in \widetilde{\Sigma}^p$ 和任意基数为 p 的个体集 P，$F^P((S,P))$ 为 S 的帕累托边界与路径 φ^p 的交点。

MUP 解如图 2.6 所示。

在 $\widetilde{\Sigma}^p$ 上，我们定义**平等主义解**为映射 E^p，它把任意的 $S \in \widetilde{\Sigma}^p$ 映射到 S 上的帕累托最优点，且该点的坐标是相等的。由于 S 是完全综合的，因而存在这样的点。

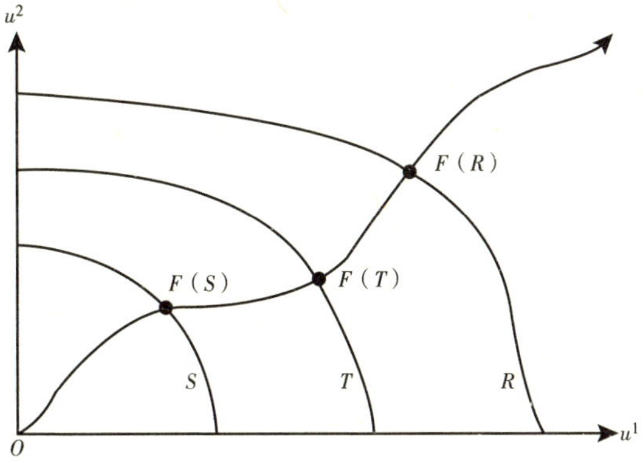

图 2.6 73

我们有如下定理：

定理 2.6 设 F 为 $\widetilde{\mathcal{D}}$ 上的解，且满足 P、Sy① 和 MON，那么对于所有的 p，F^p 是 $\tilde{\Sigma}^p$ 上的平等主义解。

［定理 2.6 与卡莱（1977）的一个定理紧密相关。］

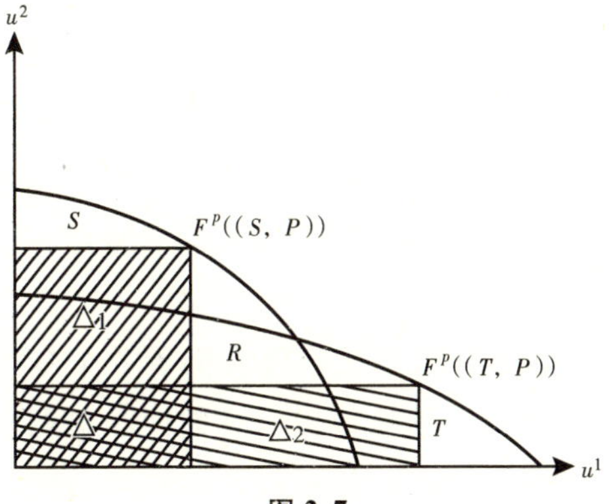

图 2.7

证明：

1. 我们首先证明定义域假设、P 和 MON 意味着对于所有的

① 公理 Sy 即对称性公理 S，但其规定的定义域为 $\widetilde{\mathcal{D}}$。

P，F^P 必须为单调效用路径解。如果 F^P 不是这样一个解，那么由 S，$T \in \tilde{\Sigma}^p$ 知，(S, P) 和 (T, P) 对应的点 $F^p((S,P))$ 和 $F^P((T,P))$ 都不占优对方在 $\mathbf{R}^2$ 中的情况（见图 2.7）。考虑集合 $R = S \cap T$，R 为完全综合的，所以其在 $\tilde{\Sigma}^p$ 内，因而 F^p 为问题 (R, P) 确定了一个解。由于 $R \subset S$，由 MON 可得，$F^p((R,P))$ 位于点 $F^p(S)$ 西南方向的矩形 Δ^1 中（见图 2.7）。由于 $R \subset T$，从而可得 $F^p((R,P))$ 位于点 $F^P((T,P))$ 西南方向的矩形 Δ^2 中。因此，$F^P((R,P))$ 位于两个矩形的交集 $\Delta = \Delta^1 \cap \Delta^2$ 中。由
74 于 S 为完全综合的，现在除 $F^P((S,P))$ 外，所有 Δ^1 中的点都在 S 内部；同理可得，除 $F^P(T,P)$ 外，所有在矩形 Δ^2 中的点都在 T 的内部。因此，四边形 Δ 位于 R 的内部，且在 R 中，Δ 内部无帕累托最优点。但正如我们已经证明，$F^P((R,P))$ 必须存在于四边形 Δ 内部，这与帕累托条件矛盾。所以我们可以证明 F^P 是一个单调效用路径解。

2. 对于任意 p，构造一个对称集 $\{S^k\}$ 的无穷序列，$S^k \in \tilde{\Sigma}^p$ 且无界（集合 S^k 可以任意大）。由对称性和帕累托最优可得，在 F^P 下，(S^k, P) 上的解必须为在 S^k 中具有最大坐标的相等效用点。但这些点在 $\mathbf{R}^p_+$ 上形成了一个无界单调的路径。由步骤 1 知，该路径完全确定了解 F^P。与该单调路径相关的单调效用路径解是 E^p，定理证毕。

定理 2.6 显然为分配正义问题提供了一个令人信服的解决方案：如果我们同意帕累托最优、对称性和单调性使一个解在道德上具有吸引力，那么在任意问题中，解必须使个体获得相等效用（福利平等主义）。这里的问题是标准化的，从而对于所有的 $h, u^h(0) = 0$。迄今为止，我们还没有考虑过基本效用函数的可测量性质。事实上，如果将尺度不变性作为定理 2.6 的附加前提，将会出现一个不可能性结果：由于平等主义解不满足尺度不变性，在 $\tilde{\mathfrak{D}}$ 上就会不存在满足 P、S、MON 和 S. INV 的解。我们用对称性取代尺度不变性，就可以得到一个可能性解，

但却是一个不受欢迎的解。

定义 2.4 如果对每一个联盟 P，存在一个整数 $j \leq p$ 使 $F^P((S,P)) = a^j(S)$，那么，解 $F = \{F^P\}$ 是**独裁**的。其中，$a^j(S)$ 被定义为 S 中的帕累托最优点，在该点上，除第 j 个参与者之外，所有人得到的效用都为 0。

定理 2.7 设 F 是在 $\tilde{\mathcal{D}}$ 上的一个解且满足 P、S. INV 和 MON，那么 F 是独裁的。

证明：

定理 2.6 步骤 1 的论证表明：对于任意的 P，F^P 必须是一个单调效用路径解。但在尺度不变性公理要求下，经正转换不变的单调路径只有那些由坐标轴本身定义的路径。这意味着 F^P 是独裁的。 75

那么，我们怎样理解定理 2.6？我认为最简单的方法就是将基本效用函数看作凹函数，且该函数基数可测并且完全可比[①]。函数的凹性保证了在具有可行分配凸集的经济中，效用可能性集是凸的，且基数可测和完全可比假设不会破坏其凸性。平等主义解遵循了基数可测且完全可比的效用信息。因此，我们似乎可以将定理 2.6 理解为经济环境中的一个分配方法，其中，善的总禀赋必须在公民之间以凹效用函数分配。在没有消费善时，可以将该点规定为 0，此时所有人的效用都相等。

汤姆森和棱斯博格还用全域单调性公理来描述平等主义解的特征。

定理 2.8 （汤姆森和棱斯博格，1989，定理 2.4）当且仅当定义在 $\tilde{\mathcal{D}}$ 上的解为平等主义解时，其满足 P，Sy，CC 和 PMON。

（这里 CC 是指在相关定义域 $\tilde{\Sigma}^P$ 上的“收缩一致性”公理）。

① 完全可比性意味着对于所有参与者，函数分布经过相同的仿射变换 $\varphi(z) = az + b$，其中 $a \in \mathbf{R}_+$ 且 $b \in \mathbf{R}$。

证明：

1. 我将通过特例法来概括其证明，汤姆森和棱斯博格的证明表明该特例没有局限性。令 $S \in \tilde{\Sigma}^2$，并考虑问题（S，P），其中 $P = \{1, 2\}$。进一步设 $a^1(S) + a^2(S) < 3$，且在 S 中，帕累托最优相等效用点是（1，1），记为 $e_P = (1, 1)$。考虑第三个个体和集合 $Q = \{1, 2, 3\}$，并设 $T = \{(t^1, t^2, t^3) | t^i \geq 0$ 且 $\sum t^i \leq 3\}$，记为 $T \in \tilde{\Sigma}^3$。特别地，在 T 中，帕累托最优相等效用点是 $e_Q = (1, 1, 1)$。记为 $S \subset T$。参见图 2.8。

2. 由帕累托最优和对称性可得 $F^3((T,Q)) = e_Q$。现在考虑
76 e_Q 和集合 S 的凸的完整外包线，即在 $\mathbf{R}^3_+$ 中包含 e_Q 和 S 的最小综合凸集，将此集合称为 T'（见图 2.8），记为 $T' \in \tilde{\Sigma}^3$。由于 T' 属于 T 且 $e_Q \in T'$，由收缩性一致性可得 $F^3((T',Q)) = e_Q$。

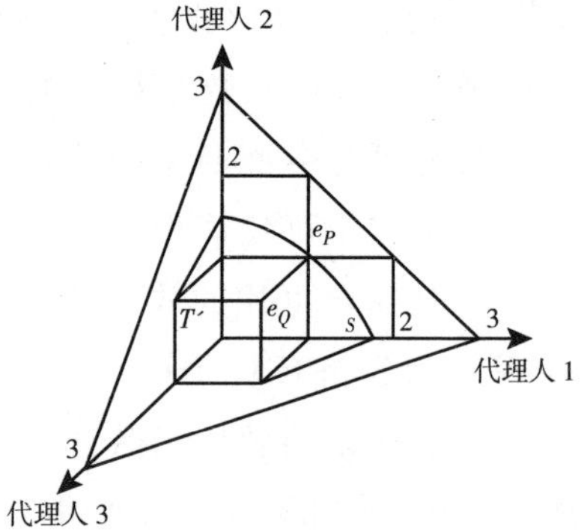

图 2.8

3. 由构造可知，集合 S 是集合 T'在平面 1－2 上的投影。根据 PMON，个体 1 和个体 2 在问题（S，P）中得到的效用不可能多于其在问题（T'，Q）中得到的，即 $e_P \leqq F^2((P,S))$。但由于在 S 中 e_P 为帕累托最优点，由此得出 $e_P = F^2((P,S))$。因而在问题（S，P）中，F 为平等主义解。

从谈判理论的角度来看，我已经发现一个可以用来反驳纳什 CC 公理的观点；但对于分配正义规则，它可能仍然是关于

“集体理性”的一个有吸引力的公理。我已经试图证明公理 P、Sy 和 PMON 可从道德上进行辩护，因而定理 2.8 似乎又从另一方面证明了福利平等主义在道德层面的合理性。[①]

虽然我已经探讨过两人环境下的各种解，但当纳什解和平等主义解扩展到 n 人环境，它们的特性也都随之扩展。总的来说，卡莱－斯莫若丁斯基解自然扩展到 n 人环境时不能满足帕累托最优；汤姆森（1991）界定了“词典式的卡莱－斯莫若丁 77
斯基解”（lexicographic kalai-Smorodinsky solution），该方式满足帕累托最优。关于 n 人背景下扩展解的探讨请参阅汤姆森（1991，第二章）的研究。

2.5 经济学视角下的评论

考虑一个问题，有两个谈判者，他们必须确定谁应该获得价值为 1 美元的不可分物品。他们的偏好是相同的，都可由冯·诺依曼－摩根斯坦效用函数 $u(x) = x$ 表示，其中 $x \in \mathbf{R}$。如果他们在抽彩上没有达成一致，两者都得不到该物品。该问题的效用可能性集可参见图 2.9a。由纳什解、卡莱－斯莫若丁斯基解和平等主义解可知，参与者达成一致的抽彩应该使每个人有二分之一的概率获得该物品，也就是说，他们应该公平投币。（事实上，这是对称性和帕累托公理的要求。） 78

现在考虑另外一个谈判问题，其中有两个物品，一个是银币（物品 A），一个是劳斯莱斯（物品 B）。该问题涉及的两个参与者与上一个问题的参与者相同。抽彩集包括以下所有形式的抽彩：概率为 p 时，第一个参与者取得物品 A 且第二个

① 一些文献还介绍了许多其他谈判解，我在这里将不再介绍。建议有兴趣的读者参阅罗斯（Roth，1979）、卡莱（1985）、彼得斯（Peters，1992）和汤姆森（1991）。

参与者没得到任何东西；概率为（$1-p$）时，第二个参与者取得物品 B 且第一个参与者没得到任何东西。效用可能性集的图示见 2.9b，该效用可能性集是图 2.9a 中效用可能性集的尺度不变性转换，其中第一个坐标保持不变，第二个坐标扩大了 5×10^4 倍。S. INV 表明参与者选择的抽彩应该与他们在图 2.9a 的问题中选择的一样，即通过掷硬币决定。如果正面向上，第一个参与者获得银币；但是如果反面向上，第二个参与者获得劳斯莱斯。因而在 2.9b 的问题中，纳什解和卡莱－斯莫若丁斯基解都会推荐掷硬币。

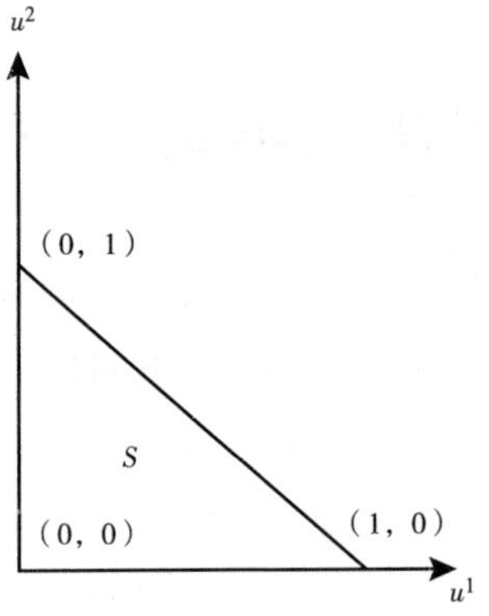

图 2.9a

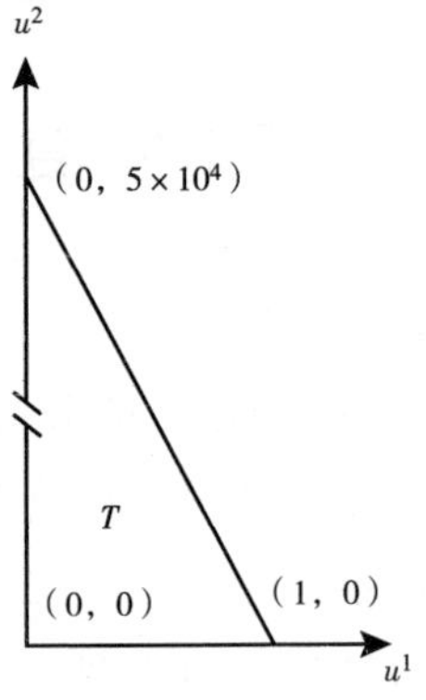

图 2.9b

但从伦理及谈判的角度来看，这似乎相当疯狂。大多数人会认为，在图 2.9b 的谈判问题中，第一个参与者的要求被实现概率非常接近于 1。从伦理角度来看，似乎公平协议将会取决于一个非常接近于 1 的概率 p，这到底哪里出问题了？

在基本经济环境中，有两个变化可能导致由 S 到 T 的转变，而现在的问题是，我们无法区分这两个不同的变化：在第一种可能的变化中，我们将第二个人的冯·诺依曼－摩根斯坦效用函数 u^2 用同样好的效用函数 a^2u^2 代替，其中 a^2 是一个足够大的正数；在第二种可能的变化中，正如上面的事例所述，参与者们可获得的奖品已经发生改变，但效用方程不变。纳什类型的谈判理论不能区别这两种类型的变化，因为它们在效用空间上看起来完全一样。这正是纳什猜想的隐性福利主义公理的内容，该（未明确说明的）公理规定只有信息被包含在抽象对(S, d)中时，谈判者才可以被看作是相关的。

不幸的是，除帕累托最优外，迄今为止讨论过的所有公理都有这个问题。以对称性公理 S 为例，纳什的本意是该公理适用于两个参与者的冯·诺依曼－摩根斯坦偏好相同的情况，其中，此类问题的抽彩有明显的对称性，图 2.9a 的问题就是一个例 79
子。现在考虑另一个问题：两个参与者必须在他们之间分配有两种善的善束，该束的总禀赋为（1，1）。第一个参与者拥有的柯布－道格拉斯（Cobb-Douglas）效用函数为 $u^1(x_1,x_2) = x_1^{0.5}x_2^{0.5}$，第二个参与者具有线性偏好 $u^2(x_1,x_2) = 0.5(x_1 + x_2)$。使他们的边际替代率相等的帕累托最优分配要求每一个人得到的两种善相等。如果个体 1 取得两种善的量都为 x，那么他的效用是 x；然后个体 2 取得的两种善的数量都为（$1-x$），他的效用为 $1-x$。因而对于所有介于 0 和 1 之间的 x，帕累托边界是点（x，$1-x$）的集合。但这会产生图 2.9a 的集合 S。由对称性可知，参与者必须同意分配善，从而每个人得到的效用分配为（0.5，0.5）。这确实可能会发生，但该推理不能由纳什的对称性公理来证明，因为参与者们并不是对所有禀赋的分配都有相同的偏好。福利主义使该公理变得强于纳什原先的意图，即使当参与者们不同时，效用仍会在他们之间平均分配。

下一步考虑单调性公理（MON）。当两个问题中的资源数量增加但人数依然保持不变时，MON 在道德层面成立。但 MON 迫使结果的单调性体现在一个更大的问题集上，也就是对于任意两个经济环境，其中一个的效用可能性集包含另一个的效用可能性集。显然，由于偏好及资源的变化，这是可能发生的。如果由于（个体的）偏好的变化使一个经济环境与另一个相关，我们从直觉上并没觉得“单调性”应该适用，但 MON 在那种情况下使相关结果呈单调性。

相同的推理适用于公理 M. STAB 和 P. MON：即使它们假定的效用集发生改变的原因完全不同于我们解释上述公理所讲述的事例，它们（分别）执行一致性和协作性。

对纳什谈判理论中的隐性福利主义公理进行正式表述是非常有益的。为此，我将定义一个适当经济环境的定义域（这可以用不同的方式来表示）。设 B 为 r 个物体的有限集。设有两个参与者。设$\mathcal{B}$为将 B 分成三部分元素的排序分割集，其中有些是空集，**抽彩**是在$\mathcal{B}$上的概率分布。我们可以这样理解，分割体的第一（第二）元素中的物体被分配给第一（第二）个参与者，第三个元素中的物体没有分配给任何的参与者。例如，如果 $B=\{a, b\}$，
80 那么$\mathcal{B}$包含九种分割，分别为（a, b, Ø）、（b, a, Ø）、（ab, Ø, Ø）、（Ø, ab, Ø）、（a, Ø, b）、（Ø, a, b）、（b, Ø, a）、（Ø, b, a）和（Ø, Ø, ab）。$\mathcal{B}$ 的一个概率分布为向量 $(p_1, \ldots, p_9)$，其中向量中元素为非负且总和为 1。举例来说，对分割做如上排序，抽彩（$\frac{1}{2}$, 0, 0, $\frac{1}{2}$, 0, 0, 0, 0, 0）表示“有二分之一的可能性第一个参与者获得 a 且第二个参与者获得 b，有二分之一的可能性两种物品 a 和 b 都归第二个参与者所有”。

我们定义经济环境为一个数组 $e=\langle B, \Omega, u^1, u^2, w^*\rangle$，其中，$B$ 为物品集，Ω 是在$\mathcal{B}$上的抽彩集，u^1 和 u^2 是两个参与者对 B 中物体抽彩的冯·诺依曼－摩根斯坦效用，且$w^*\in\Omega$是一个固定的抽彩。效用函数可通过具体化从 B 中每个可能性子集获得的效用来界定。由期望效用的特质可知，抽彩的效用是这些数字加权概率之和。参与者 i 关于抽彩 p 的效用记为$u^i(p)$。因为 C 是 B 的一个子集，也可以记为 $u^i(C)$，指在消费的束为 C 时参与者 i 拥有的效用。我希望标记符号的不一致不会引起混

乱。定义 $\mathcal{A}(e)$ 为环境 e 导致的效用可能性集，即 $\mathcal{A}(e) = \{(a,b) \mid \exists p \in \Omega \text{从而} u^1(p) = a, u^2(p) = b\}$。为了更好地展开说明，不妨将物体集 B 彻底固定，且从现在起将经济环境记为 $e =$ （Ω，u^1，u^2，w^*）。

设 $\mathcal{D}$ 为一类这样的经济环境，$\mathcal{D}$ 上的**机制** φ 将任何 $e \in \mathcal{D}$ 映射到 Ω 中的一个抽彩①，记为 $\varphi(e)$。

我们可以规定：

福利主义公理（W）　设 F 是 $\mathcal{D}$ 的一个映射机制。如果 $e = \langle\Omega, u^1, u^2, w^*\rangle$ 和 $e' = \langle\Omega, v^1, v^2, w'\rangle$ 为 $\mathcal{D}$ 中的两个环境且满足 $\mathcal{A}(e) = \mathcal{A}(e')$ 和 $u(w^*) = v(w')$，那么 $u^1(\varphi(e)) = v^1(\varphi(e'))$ 和 $u^2(\varphi(e)) = v^2(\varphi(e'))$ 成立。

以上公理表明，如果两个经济环境导致了相同的效用可能性集，该机制必须为两个就效用而言没有区别的问题指定解。我们可以认为纳什谈判理论始于经济环境，然后又利用了福利 81
主义公理。因此，所有进一步的公理在术语上都可以表示为形式（S，d），其中 S 为基本经济环境的效用可能性集，d 为参与者在特定的抽彩 w^* 中所拥有的效用向量。

福利主义公理有多强？研究该问题的一种方法是直接在经济环境 $\mathcal{D}$ 的一个定义域内重新表述纳什公理，然后计算 $\mathcal{D}$ 上满足这些公理的机制类别但不做出福利主义性质的假定。只要纳什谈判解满足这些公理，那么福利主义就可以免除。但如果直接在经济环境上重新用公式表示时出现了许多满足纳什公理的机制，那么福利主义为强公理，因为它排除了许多此类机制。

我们继续该计算，固定 B，设 $\mathcal{D}$ 为形如 $e = \langle\Omega, u^1, u^2, w^*\rangle$ 的经济环境类型，其中 Ω 为任意凸紧凑抽彩集（就像之前定义

---

① 为了绝对精确，有时将 φ 视为一种对应关系，将一个既定的环境映射为一个抽彩，其他抽彩对它来说是帕累托无差别的。因而，在效用空间上，φ 为形成函数的工具，映射 $u \circ \varphi = (u^1(\varphi(\cdot)), u^2(\varphi(\cdot)))$。

的那样)，u^i 为定义在 Ω 上的两个参与者的任意冯·诺依曼－摩根斯坦效用，w^* 为 Ω 中不在弱帕累托边界上的任意点［也即存在抽彩 $p \in \Omega$ 使 $u^1(p) > u^1(w^*)$ 且 $u^2(p) > u^2(w^*)$］。纳什公理又可以用如下方式表述：

定义域公理（U*） 机制 φ 定义在 $\mathcal{D}$ 上。

尺度不变性公理（S. INV*） 令 $e = \langle \Omega, u^1, u^2, w^* \rangle$ 且 $e' = \langle \Omega, v^1, v^2, w^* \rangle$，其中，对 $i = 1, 2$，u^i 是 v^i 的正仿射变换，那么 $\varphi(e) = \varphi(e')$。

这正是纳什 S. INV 公理的本意，即如果两个问题的差别仅在于相同偏好的效用表示不同，那么两者的解应该是相同的。

接下来我们定义抽彩的对称集。$\mathcal{B}$中的任意分割体都有其"逆分割体"：如果（X，Y，Z）是一个分割体，那么它的逆分割体为（Y，X，Z）（调换两个参与者的收益束即可）。逆分割体是其本身的唯一分割体为（Ø，Ø，B），也就是两个参与者都没有得到任何物品的情况。在上面 $B = \{a, b\}$ 的例子中，我列出了所有的分割体，每个分割体之后紧随的是其逆分割体。如果 p 为一个抽彩，我们用 p^* 表示具有如下性质的抽彩：在排序集$\mathcal{B}$中，如果 k 与 l 是某一分割体与其逆分割体的指数，那么 $p_k = p_l^*$。如果 $p \in \Omega \Rightarrow p^* \in \Omega$，那么抽彩集 Ω 为**对称集**。如果任何时候，k 与 l 都是分割体及其逆分割体的指数，**抽彩 p** 为对称
82 的，且 $p_k = p_l$。

对称性公理（S*） 假定问题 $e = \langle \Omega, u, u, w^* \rangle$，其中 Ω 是对称的，w^* 也是对称的，那么 $\varphi(e)$ 是一个对称抽彩。①

公理 S* 明显是以资源为基础的纳什对称性公理的另一版本。特别地，如果个体具有相同的效用函数，且 Ω 为对称的抽彩集，

---

① 这里有一个表示上易犯的错误。我已经指出，通过给两个参与者分派相同的效用函数"u"，他们（对 B 中的物品）具有相同的偏好。但 $u(p)$ 对于两个参与者是不同的：当 p 为对称抽彩时，$u(p)$ 将为相同的数字。因此，由于 w^* 是对称的，e 中的威胁点具有相等的效用坐标。

w^* 为对称抽彩，那么效用可能性集是 $\mathbf{R}^2$ 上的一个对称集。

收缩一致性公理（CC^*） 设 $e=\langle \Omega, u^1, u^2, w^* \rangle$ 且 $e'=\langle \Omega', u^1, u^2, w^* \rangle$，其中 $\Omega' \subset \Omega$，且设 $\varphi(e) \in \Omega'$，那么 $\varphi(e')=\varphi(e)$。

这才是纳什给出的“无关选择独立性”公理的真正动机：如果两个问题的不同仅在于一个个体的抽彩集包含了另一个个体的抽彩集，并且如果具有较大集合的问题解在一个较小的集合中，那么拥有较大集合的问题的解也应该是拥有较小集合的问题的解。

帕累托最优（P^*） 如果 $e=\langle \Omega, u^1, u^2, w^* \rangle$，那么没有可以使 $(u^1(p), u^2(p)) \geq (u^1(\varphi(e)), u^2(\varphi(e)))$ 成立的抽彩 $p \in \Omega$。

我们定义：

定义 2.5 当且仅当任意两个问题都不具有相同的冯·诺依曼-摩根斯坦偏好的个体，且任何问题中的两个个体都不具有相同的冯·诺依曼-摩根斯坦偏好时，对于所有 i，我们称有限问题集 $\{e^1, e^2, ..., e^M\}$，$(e^i \in \mathcal{D})$ 为**正常**（regular）集。

我们现在有：

定理 2.9① 设 $\{e^1, e^2, ..., e^M\}$ 是一个正常集，对每个 e^i，选择任意的帕累托最优抽彩 $\sigma^i \in \Omega[e^i=\langle \Omega^i, u^{1i}, u^{2i}, w^{*i} \rangle]$。 83
那么对于所有的 $i=1, ..., M$，存在满足 U^*、S^*、$S.INV^*$、CC^* 和 P^* 的机制 φ，使 $\varphi(e^i)=\sigma^i$。此外，φ 在一个恰当的拓扑中，且在定义域 $\mathcal{D}$ 中是连续的。

定理告诉我们，当以恰当的方式在经济环境中被重构后，纳什公理对该机制几乎没有限制：我们可以选择在该定义域中的任何问题的正常集，也可以选择这些问题中任意的帕累托最

① 这一定理最初出现在我之前（罗默，1990）的研究中，但当时的设置和证明都不正确。我希望本书已纠正了这些错误。

优抽彩，且存在一个这样的机制，它满足公理并选择指定抽彩作为给定问题的解。此外，这可以通过连续的方式进行，从而使该机制不会在$\mathcal{D}$上来回移动。

如果除定理 2.9 中的公理之外我们还借助于福利主义公理，那么仅有一个机制是可接受的，那就是纳什机制。它为每一个问题选定了最大化乘积$(u^1(p)-u^1(w^*))(u^2(p)-u^2(w^*))$的抽彩$p^*$。

定理 2.10 设集合B至少有一个物品，设φ是$\mathcal{D}$上的机制，且满足 U*、S*、S. INV*、CC*、P*、和 W，那么φ即纳什机制。

证明： 该证明建立在定理 2.1 的证明上。注意，由于抽彩集是凸紧凑集，那么在$\mathcal{D}$中，与问题相关的效用可能性集是凸紧凑集。

1. 我们从$\mathcal{D}$中的任意问题$e=\langle\Omega, u^1, u^2, w^*\rangle$开始，且机制$F$满足相关公理。令$\bar{p}\in\Omega$为在$\Omega$中的"纳什抽彩"，即解决如下问题的抽彩：

$$\max_{p\in\Omega}(u^1(p)-u^1(w^*))(u^2(p)-u^2(w^*))$$

如在证明定理 2.1 时所做的那样，构建问题$e'=\langle\Omega, v^1, v^2, w^*\rangle$，其中$v^1=\alpha^1u^1+\beta^1, v^2=\alpha^2u^2+\beta^2, v^1(\bar{p})=1=v^2(\bar{p})$，且$v^1(w^*)=0=v^2(w^*)$，存在使以上成立的正数$\alpha^1$与$\alpha^2$以及数$\beta^1$和$\beta^2$。$\mathcal{A}(e')=T$的表示可见图 2.1。($\bar{p}$仍然是问题$e'$的纳什抽彩。)

2. 接下来在$\mathcal{D}$中构造这样一个问题，它的效用可能性集是图 2.1 中的三角形R：令$a\in B$，选择效用函数$\hat{u}^1$和$\hat{u}^2$，那么点
84 A在图 2.1 中的坐标是$(\hat{u}^1(\emptyset), \hat{u}^2(\{a\}))$，点$B$在图 2.1 中的坐标是$(\hat{u}^1\{a\}, \hat{u}^2(\emptyset))$，点$C$的坐标为$(\hat{u}^1(\emptyset), \hat{u}^2(\emptyset))$。注意$\hat{u}^1$和$\hat{u}^2$在$\{a\}$和$\emptyset$处取值相同，且我们可以将它们扩展为在$B$的所有子集上都相等。设$\Gamma$为一种抽彩集，

它将零概率分配给$\mathcal{B}$中除了（a，Ø，$B\setminus a$），（Ø，a，$B\setminus a$）和（Ø，Ø，B）之外所有的分割体。那么与（Γ，$\hat{u}^1$，$\hat{u}^2$）相关的效用可能性集恰好就是图2.1中的三角形R。在效用空间上，选择威胁点抽彩$\hat{w}$来给出与谈判博弈的威胁点相同的点，该谈判博弈与图2.1中的集合T相关。定义$\hat{e}=$（Γ，$\hat{u}^1$，$\hat{u}^2$，$\hat{w}$）。

3. 事实上，由构造可知，$\hat{e}$为一个对称的谈判问题，且公理S^*适用于该谈判问题。由S^*和P^*可知，在R中$F(\hat{e})$为形成效用点（1，1）的抽彩，记$F(\hat{e})=\hat{p}\in\Gamma$。

4. 当然，$R\supset T$。令$\Gamma'=\{p\in\Gamma\,|\,(\hat{u}^1(p),\hat{u}^2(p))\in T\}$。由于$T$为紧凑凸集，所以$\Gamma'$也为紧凑凸集，从而可以得出$\hat{e}'=$（$\Gamma'$，$\hat{u}^1$，$\hat{u}^2$，$\hat{w}$）为$\mathcal{D}$上的一个问题。将$\hat{e}'$与$e'$相比，由$CC^*$可得$F(\hat{e}')=\hat{p}$。现在将福利主义（$W$）应用于问题$\hat{e}'$和$e'$：由于$\mathcal{A}(\hat{e}')=\mathcal{A}(e')$，$F(e')$是形成效用点（$\hat{u}^1(\hat{p})$，$\hat{u}^2(\hat{p})$）$=(1，1)$的抽彩。

5. 最后，对问题e'和e应用S. INV*，从而可以得出$F(e')$确实是纳什抽彩$\bar{p}$。

我们继续证明定理2.9。首先要说明如下的数学事实：

引理2.1 设（α^1，β^1），...，（α^M，β^M）为在$\mathbf{R}^r_+\times\mathbf{R}^r_+$上$M$个不同的向量，其中对于所有的$i=1$，...，$M$，$\alpha^i$，$\beta^i\in\mathbf{R}^r_+$，$\alpha^i\neq\beta^i$。令$\gamma^1$，$\gamma^2$，...，$\gamma^M$为在$\mathbf{R}^2_+$中的M个向量。那么存在一个连续函数$\psi$：$\mathbf{R}^r_+\times\mathbf{R}^r_+\to\mathbf{R}^2_+$，从而使：

$$\psi(\alpha^i,\beta^i)=\gamma^i,\ i=1,\cdots,M \tag{i}$$

$$\psi(\alpha,\alpha)=(1,1),\ \alpha\in\mathbf{R}^r \tag{ii}$$

证明：

对于任意的（α，β）$\in\mathbf{R}^r_+\times\mathbf{R}^r_+$，我们定义$\psi(\alpha,\beta)$如下：对于$i=1$，...，$M$，令$d^i$为从（$\alpha$，$\beta$）到（$\alpha^i$，$\beta^i$）的距离，$d^0$为从（$\alpha$，$\beta$）到闭子集$D=\{(\alpha,\alpha)\in\mathbf{R}^r_+\times\mathbf{R}^r_+\}$的距

85 离。对于 i = 0，1，...，M，定义 λ^i 如下：

$$\lambda^i = \frac{1/d^i}{\sum_j (1/d^j)} \quad（如果\ d^j \neq 0\ 对所有的\ j = 0,1,\ldots,M\ 成立），$$

$$\lambda^i = 1,\ \lambda^j = 0 \quad（如果\ d^i = 0\ 对于\ j \neq i\ 的某些\ i\ 成立）$$

注意，由于所有的点（α^i，β^i）不同，且没有一个点在 D 中，所以其中最多有一段距离 d^i 可以为 0。现在定义如下：

$$\psi(\alpha,\beta) = \lambda^0(1,1) + \sum_{j=1}^{M} \lambda^j \gamma^j$$

我们会发现 ψ 满足条件（i）和（ii），且映射到 $\mathbf{R}^2_+$ 中。

为了证明 ψ 是连续的，设想一个点序列 {（a^l，b^l），l = 1，2，...} 收敛于点（a^∞，b^∞），其中 a^l，$b^l \in \mathbf{R}^r_+$。如果（a^∞，b^∞）$\notin D$，且对于所有的 i，（α^i，β^i）≠（a^∞，b^∞），那么证明 ψ（a^l，b^l）收敛于 ψ（a^∞，b^∞）是非常直观的。然而，假设对于某个 k，（a^∞，b^∞）=（a^k，β^k），那么 ψ（a^∞，b^∞）= γ^k。设 d^{il} := $\mathrm{dist}((a^l,b^l),(\alpha^i,\beta^i))$ 且

$$\lambda^{il} := \frac{1/d^{il}}{\sum_j (1/d^{jl})}$$

我们有 $d^{kl} \to 0$，然而对于所有的 $j \neq k$，d^{jl} 不会趋近于 0。从而可得对于所有的 $j \neq k$，$\lambda^{kl} \to 1$ 和 $\lambda^{jl} \to 0$ 成立。因此 ψ（a^l，b^l）→ γ^k 成立，这表示 ψ 为连续的。最后，如果（a^∞，b^∞）$\in D$，我们可以得出相似结论。

现在可以开始证明定理 2.9。

定理 2.9 的证明：

1. 给定一个正常集，其中，e^i = ⟨Ω^i，u^{1i}，u^{2i}，w^{*i}⟩。为两个参与者选择的冯·诺依曼－摩根斯坦效用函数为 $\hat{u}^{1i}$ 和 $\hat{u}^{2i}$，从而对于 j = 1，2，$\hat{u}^{ji}(w^{*i}) = 0$ 且 $u^{ji}(B) = 1$。由假定 U* 可知，由于所有的参与者都严格偏好于接受所有物品而不是抽彩 w^{*i}，

这种情况的成立是可能的。现在定义 $\alpha^i = (\hat{u}^{1i}(C^1),...,\hat{u}^{1i}(C^n))$ 和 $\beta^i = (\hat{u}^{2i}(C^1),...,\hat{u}^{2i}(C^n))$，其中 $\{C^h\}$ 为 B 的子集。定义 $\gamma^i = (\hat{u}^{1i}(\sigma^i), \hat{u}^{2i}(\sigma^i))$。由引理 2.1 知，存在满足引理条件（i）和（ii）的连续函数 ψ。 86

2. 设 $e = \langle \Omega, u^1, u^2, w^* \rangle$ 为在$\mathcal{D}$中的任意问题，如步骤 1 所述，通过选择效用函数 $\hat{u}^1$ 和 $\hat{u}^2$ 来定义 $e' = \langle \Omega, \hat{u}^1, \hat{u}^2, w^* \rangle$。定义向量 α 和 β 如下：$\alpha = (\hat{u}^1(C^1),...,\hat{u}^1(C^n))$，$\beta = (\hat{u}^2(C^1),...,\hat{u}^2(C^n))$。定义机制 φ 在 e 上的作用如下：如前所述，$\mathcal{A}(e')$ 为由 e'形成的效用可能性集。在 $\mathbf{R}^2$ 上，考虑从原点出发经过点 $\psi(\alpha, \beta)$ 的射线，该射线与$\mathcal{A}(e')$ 的帕累托边界相交于一点 A。在 Ω 中，定义 $\psi(e)$ 为形成效用点 A 的抽彩。因此，φ 在定义域$\mathcal{D}$上，具体可见图 2.10。

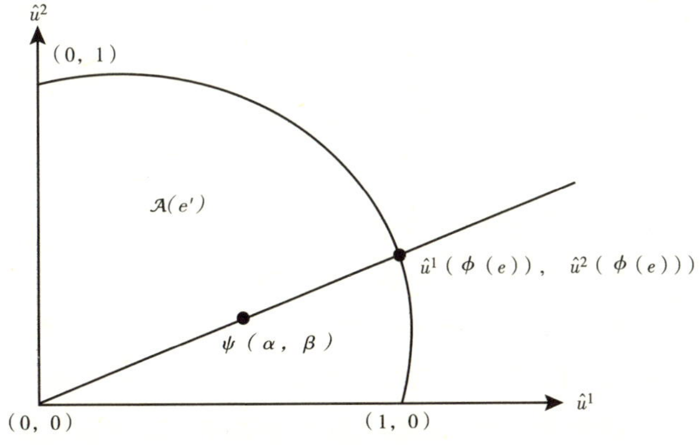

图 2.10

3. 对于 $i = 1, ..., M$，由 ψ 的性质（i）可知，φ 将问题 e^i 映射到 σ^i。由性质（ii）可知，对于任意对称性问题 e，φ 选择帕累托最优对称点。由 φ 的定义知，所有根据尺度不变性相等的问题的解都由相同的参考问题（都具有标准化的冯·诺依曼－摩根斯坦偏好）所定义，因而 S. INV* 可以被满足。如果两个问题通过 CC* 公理的前提假定相联系，它们标准化问题的解位于效用空间的同一条射线上，所以 CC* 被满足。最后，映射 φ 在效用空间上引致一个效用函数，该函数在经济环境下的数据中是连续的。

总之，当将纳什谈判理论限定在经济环境条件上时，该经济环境形成了纳什公理，但这些公理都为弱公理，因为有很多
87 机制都满足此类公理。定理 2.9 和定理 2.10 一起说明了福利主义公理的强势，因此，我们必须更加细致地考虑福利主义公理的证明。福利主义公理在本章前面已经讨论过的定理中起了很大作用。

在转向下一个问题之前，这里先简单介绍宾默尔（1987）的定理，该定理在经济环境领域中模型化纳什公理时，得到的结果与定理 2.9 完全不同。宾默尔考虑了一个具有两个个体、两类商品的世界。最初，个体 1 拥有鱼的数量为 $\bar{f}$，个体 2 拥有小麦的数量为 $\bar{w}$。考虑他们之间鱼和小麦的交易抽彩，参与者在抽彩上具有被限制的冯·诺依曼－摩根斯坦偏好（准凹的偏好）。设 u 为可接受的偏好分布，$\mathcal{E}$为参与者间的可行交易和交易抽彩的集合（$\mathcal{E}$不需要包括所有实际可行的交易和抽彩）。进一步设定只有该经济（具有给定的初始禀赋）的瓦尔拉斯均衡唯一且位于$\mathcal{E}$中时，配对（u，$\mathcal{E}$）才为定义域上的可行元素。设$\mathcal{G}$为该类问题（都具有给定的初始禀赋）的定义域。**解**为映射 F，且 F 使每个元素 $(u,\mathcal{E}) \in \mathcal{G}$ 与$\mathcal{E}$中的一次交易相关。F 总是选择交易，而不是交易的抽彩。称宾默尔的定义域公理为 **U**^{B}。帕累托效率公理、尺度不变性公理以及对称性公理在本质上与定理 2.9 中的公理相同，为了适用于定义域$\mathcal{G}$我对它们作了一些改动，把它们分别表示为 P*、S. INV* 和 S*。

然而宾默尔使用的收缩一致性公理比 CC* 更强。它实际上相当于两个公理，其中一部分相当于公理 CC*，我们用 CC* 来表示（务必记住公理的定义域为$\mathcal{G}$）。设 w^* 表示初始禀赋点。对于公理的另一部分我称之为：

宾默尔一致性公理（CC^B） 设（u，$\mathcal{E}$）和（u'，$\mathcal{E}$）为$\mathcal{G}$中的两个元素，其中，$s = F((u,\mathcal{E}))$，$s' = F((u',\mathcal{E}))$，并令$u(s)=u'(s)$，$u(w^*) = u'(w^*)$。进一步假设对于所有的$t \in \mathcal{E}$，$u(t) \leqq u'(t)$。我们可得$s=s'$。

该公理表明，如果在具有相同可能抽彩集的定义域内，两个元素的偏好在前提假设上不同，那么在两个问题中，解会选择相同的交易。对于所有的抽彩，在一个问题中，两个参与者的效用必须少于或者等于他们在另一个问题中的效用，且至少 88
在初始禀赋点以及解处参与者取得相等效用。如果某人画一幅效用可能性集的图来表示 CC^B 的前提假设，他就会在图中发现纳什收缩性公理的熟悉影子，所以 CC^B 和 CC^* 都是经济环境下收缩一致性公理的表述。它们分别描述了一对产生嵌套式效用可能性集的经济环境的特例。

定理 2.11（宾默尔，1987，定理 1） 设 F 满足 U^B、S. INV^*、S^*、P^*、CC^* 和 CC^B，那么 $F((u,\mathcal{E}))$ 是经济（u，$\mathcal{E}$）的瓦尔拉斯均衡。

我们看到，除了定理 2.9 的另一些公理外，公理 CC^B 完全足以确定解 F 为瓦尔拉斯均衡分配。尽管结果很完美，但我们尚不清楚，在把分配正义看作“互利”或“公道”时，该公理是否可以增进我们对分配正义问题的理解。因为无论是把公理 CC^B 视为对谈判的描述还是将其视为对公平的描述，宾默尔都没有提供任何证明过程，且在我看来，这一证明过程并不是显而易见的。

2.6 结论

在这部分，我将讨论两项尚未完成说明的对象：一是福利主义公理的可信性，二是作为互利的正义观的可信性。

2.6.1 福利主义公理的可信性

这里有两个问题：对于谈判理论，福利主义公理是不是一个合理的假设？对于分配正义理论，它是不是一个合理的假设？

正如我之前所写的，谈判理论的现代分析始于经济谈判问题的具体化，并且它将轮流让步的过程直接模型化（如鲁宾斯坦，1982），而不是像纳什一样将公理强加于谈判解，并把谈判解视为所有问题在空间上的函数。在非合作博弈中，假设每个参与者都试图最大化效用，但这显然不等同于福利主义，因为福利主义认为解只取决于效用可能性集和威胁点。例如，在宾
89 默尔－鲁宾斯坦－沃林斯基模型中，福利主义成立，但这一结论源自推理，而不是假设。因此，在数学形式的谈判理论中，给定技术发展水平，我们可以得出纳什的福利主义假设具有“微观基础”的结论，也就是说福利主义假设可以从更多的关于理性谈判者行为的初始假设中推断。然而，对于这一观点的反对，必须提及谢林（Schelling），他认为“显著点”（salience）在谈判中发挥着重要的作用，这一观点尤其值得注意。一个“显著解”的例子是平均分配奖品（如果它是可分的）；或者如果奖品不可分割，将它们分成两束，使两者的市场价值大致相等。两个解都不是福利主义解，即通过了解效用可能性集和威胁点，人们不能执行两个建议中的任意一个。换句话说，指定两个具有相同的效用可能性集和威胁结果的经济环境是可行的，但是在该经济环境中平均分配奖品将会在效用空间上导致不同的结果。

在这一点上，我也必须提到一个关于谈判结果的重要观点，该观点涉及的谈判是在具有很多参与者的**大型经济**中进行的，每个参与者进行博弈时都拥有一定的善的禀赋。对于一个有许多参与者的经济谈判问题，一个对解的经典提议是经济的核。当且仅当拥有私人禀赋的联盟成员无法通过退出在他们之间组织的交易，来获得比被提议的分配方案更好的结果时，该分配才是经济的核。因此，核应该聚焦在联盟形成的可能性上，这一现象在多人纳什谈判问题中被忽略了。一般均衡理论的一个

基本结果是，当在经济中具有无限数量的交易者时，其核包括了经济的瓦尔拉斯均衡，且随着经济规模的变大，该核收缩到了瓦尔拉斯均衡集［希尔德布兰德和柯曼（Hildenbrand and Kirman），1988］。但是，分配给经济瓦尔拉斯均衡集的机制并非福利主义，这意味着仅依靠效用可能性集和关于经济的初始禀赋分配的信息，我们无法发现瓦尔拉斯均衡或者是与这些均衡相关的效用点。冯·诺依曼和摩根斯坦提出谈判问题的一个可选解是“谈判集”（bargaining set），该解也考虑了联盟的形成。马斯－柯莱（Mas-Colell，1989）已经表明，对于大型经济，谈判集也会收缩到瓦尔拉斯均衡集。因此福利主义作为多人谈判问题解的性质根本就不明显。 90

我认为更加令人难以信服的是福利主义作为一个分配正义论公理的价值。在第 1 章中，我们已经看到森对福利主义的反对，但这里反对的理由与之不同。森的例子（饥饿的、残暴的个体）成立的前提为个体的偏好是非自我关涉的，也就是说他们通过干涉其他人的生活，或者从其他人的痛苦中得到快乐。为了更好地研究分配正义，我们假设所有的公民都具有自我关涉的偏好——当然，即使我们解决了这个问题，我们也还有很长的路要走。这样，森对福利主义的批评就没有意义了。[①] 但在第 2.5 节中提出的批评仍然存在。举个最明显的例子，从社会禀赋的相等分配中分派瓦尔拉斯均衡的机制应该是分配正义论的一个可选方案，但该机制不满足福利主义公理。同理，在纳什框架中，该解并不存在。福利主义公理排除了大部分经济环境中的可行机制（定理 2.9）。但以上并不表示贯彻分配正义的机制是非福利主义的。我们的结论是，如果该机制是福利主义

① 但这并不等于他的所有批评都不再具有价值。森还批评福利主义的其他方面，例如，福利主义给予“顺从的家庭主妇”太少的资源，使她们可能因为认知差异而满足于所谓的“截断的机会”。在这个例子里，好管闲事的偏好并不是为什么福利主义无法很好地引导公平的原因。

的，那么这一事实应该从更多基本和原始的假设中推断，而不是从一开始就凭空假定。

2.6.2 作为互利的正义

在第2.1节中提出的问题，也就是正义可否被理解为互利或者公道的问题，纯粹是一个哲学问题，且本身就已经超过了本研究的讨论范围，读者可参考高蒂尔（1986）赞成正义就是互利的论述以及巴利（1989）的反对观点。无论如何，一些简短的评论可以为此提供思路。正如罗纳德·德沃金所指出的，所有的当代公平理论都以声明所有人（或者至少被讨论的社区的所有公民）应该被平等对待作为开始。当平等的好处被提出时，理论之间的不同就产生了。因此，将正义理解为互利的任何理论，或者如吉巴德（Gibbard，1991）那样认为“正义即理
91 想的谈判结果”的理论，必须提出理想的谈判问题，这一问题的结果是分配公平解，并且在这个解中不应该存在真实世界中可能对初始平等产生阻碍的因素。例如，定义谈判者威胁点的初始禀赋本身应该是公平的，而不是掠夺他人的结果（除非我们认为一个人通过在道德上合理利用自己的力量来提高自己地位的掠夺行为是合法的）。我们是否应该将谈判技巧上的差异作为不平等因素排除？或者我们可将其视作个人才智差异产生的合情合理的结果？如果参与者处于发展机会严重不等的情况，他们的偏好是否应该排除考虑之外？例如，假设一个参与者具有很高的时间折现率——这是一个由其社区文化而成的特征，由于该社区的公民生活条件恶劣，平均寿命非常短，因而他们都理性地接受高比率的时间偏好。在现有的谈判问题中，高比率的时间偏好妨碍了我们的参与者，因为他并不愿意将消费延后以等待持久的轮流出价，这导致他会在早期博弈中就接受对手提供的一个次等的分配结果。我的观点是，对资源禀赋和偏好因素的大量“清洗”是有必要的，这使谈判者们能够在谈判问

题中处于足够平等的地位并得到公正的结果。这正是罗尔斯在试图提出具有道德合理性的条件时遇到的问题，在该条件下，社会契约应该通过谈判达成。他最终消除了个体间的所有差异，并将分配正义问题归结为无知之幕之后的灵魂决策问题（见第5章）。

认为“作为互利的正义”并不正义可能是我自己的偏见。尽管排除偏好和禀赋因素就可能获得谈判问题的公平分配结果，我还是认为这最终间接说明了正义是没有偏倚的公道。从数学的角度来看，这样做没有任何问题。这是因为在给定公平的经济环境和任意的帕累托最优分配时，对一个参与者来说总是存在一个可选的威胁点和冯·诺依曼-摩根斯坦效用，此点是该环境中的纳什谈判解。（事实上，有无数种偏好和威胁点可以形成“正确”的解。）但我不认为以下论述是显而易见的，即具有道德合理性的威胁点和“清洗了的”偏好不会只执行这项程序。 92
而且如果偏好和禀赋已经被处理（甚至被“消除”），将“博弈”描述为“互利”似乎并不合适，因为这种竞争的参与者与现实中的非常不同，真实世界的人会以一种好斗和粗鲁（但符合规则）的方式来追求他们自己的利益。但如果目标是将无偏倚的公道模型化，处理偏好似乎是一个不恰当的程序，因为这种情况自然会要求公民站在别人的角度考虑问题，而这意味着对自己情况（禀赋、偏好）的忽视。

然而，我认为“作为理想谈判结果的正义”与“作为社会契约的正义”是不同的，且以上的考虑明显不适用于后者。因为订立社会契约使人们彼此之间做出让步，但这并不是因为他们理性地认为必须这样做（若不这样做会产生谈判僵局，进而导致威胁点效用），而是因为他们（在伦理上）需要借此与其他人生活在同一个社群中。 93

3　经济环境条件下的公理化机制理论

3.1　引言

在本章中，我试图解决在第 2.6.1 节中提出的对纳什谈判理论的质疑。在纳什理论中公理形成的原因是基于资源的直觉，但被置于效用空间的公理比直觉上更大地限制了解 F 的作用。在效用空间上思考时，许多看似有理的机制都被排除在考虑之外，如等分瓦尔拉斯均衡（EDWE）机制，因为当在被考虑的某一类环境中没有资源时，用这一机制去定义等分资源是不可能的。有两个具体例子可以说明我们在效用空间上碰到的麻烦：劳斯莱斯问题和定理 2.9。定理 2.9 表明，如果我们在经济环境领域研究问题，那么纳什公理的经济对应物几乎不可能限制分配机制的运作。很显然，当纳什公理被“正确”表述时，也就是说，当该公理以某种方式精确地体现了产生公理的经济直觉时，这些公理因为太弱而无法确定一个独一无二的分配机制。

接下来我将说明如何在经济环境中重新表达第 2 章中的强表征定理。完成这一任务的关键是在分配机制中运用一个可以实施某种“跨维度的一致性”的公理（我们已经在社会选择背景下看到过该公理的一个版本，即 COAD）。这个公理被称作 CONRAD，是福利主义的一个较弱形式——因为其足够弱，所以它可以成为一个分配正义的合理公理（而福利主义就不是这样）。这个 CONRAD 公理和其他看似合理的公理一起构成了福利主义。这个章节可以附上一个小标题：福利主义的经济基础。

纳什谈判理论的定义域由（S，d）这种形式的对象所组成，定义域的信息不够完全。这个定义域只涉及效用的分配，而不涉及资源或者效用函数。经济环境条件的定义域则要丰富得多，在经济环境的定义域内，我们能够谈及资源（因此也能谈及财产权）和效用函数。然而我们有理由相信，在分配正义理论中，我们可能希望得到更多的信息，即善的名称。有些善可以满足人们的需求，有些可以满足欲望，有关分配正义的理论无疑应该具备区分它们的能力。在第3.5节中我将讨论拥有被命名的善的经济环境中的公理化机制理论，并且在第3.6节中，我会给出一个或许算得上审慎的结论。

3.2 经济环境条件的定义域

在第2.5节中讨论的分配正义的经济环境定义域由抽彩集和关于抽彩的冯·诺依曼－摩根斯坦效用函数构成。这里我将分配正义的研究置于一个更加传统的定义域，该定义域包含的问题如下：如何将一个给定的资源束分给 H 个给定了效用函数的个体。假设$\mathcal{U}^{(n)}$是定义在 $\mathbf{R}_{+}^{n}$ 上所有（实值）单调、连续的凹函数的集合，函数满足等式 $u(0)=0$。一个**经济环境**则为向量

$$\mathcal{E}=\langle n;\bar{x};u^{1},\ldots,u^{H}\rangle$$

其中 $n\geq 1$ 且为整数，$\bar{x}\in\mathbf{R}_{+}^{n}$，$u^{h}\in\mathcal{U}^{(n)}$。$\bar{x}$ 是一个总禀赋向量，以给定的效用函数$\{u^{h}\}$被分配给 H 个个体。本章的这些定理在拥有任意有限个数代理人的环境中都成立。为了简便起见，我将以两个人的环境来说明。①

我们必须承认存在任意有限维度的经济环境，因此这次分

① 事实上，无论何时，只要谈判理论中的经典定理对于 H 个参与者成立，其在经济环境条件下的重新表述对于 H 个参与者也同样成立。

96 析最重要的假设就是该定义域包含所有的环境$\mathcal{E}$，n 表示任意正整数，$\bar{x} \in \mathbf{R}_+^n$ 且 u，$v \in \mathcal{U}^{(n)}$。设$\Sigma^{(n)}$表示一类 n 维的有效经济环境。设$\Sigma = \cup_n \Sigma^{(n)}$。

为了便于研究，我们通常把关注点放在“完全综合”的子类环境中。令 $\mathcal{A}(\mathcal{E})$ 是$\mathcal{E}$的**效用可能性集合**，

$$\mathcal{A}(\mathcal{E}) = \{(\bar{u},\bar{v}) \in \mathbf{R}_+^2 \mid \exists \bar{x}^1, \bar{x}^2 \in \mathbf{R}_+^n, \\ \bar{x}^1 + \bar{x}^2 \leqq \bar{x}, u(\bar{x}^1) = \bar{u}, v(\bar{x}^2) = \bar{v}\}$$

$\mathcal{A}(\mathcal{E})$ 是一个在 $\mathbf{R}_+^n$ 上包含原点的、闭的、综合的凸集。由于 u 和 v 为凹，所以它是凸的；由于效用函数是连续的，且善可以被随意处理，所以它是综合的。如果 $\mathcal{A}(\mathcal{E})$ 的帕累托边界不包含水平线段，我们就称$\mathcal{E}$是一个**完全综合**的环境。令 $\Gamma^{(n)}$ 代表所有 n 维的完全综合经济环境，并且 $\Gamma^{(n)} = \cup_n \Gamma^{(n)}$。

这里的分析仅限于没有产出的经济环境条件，这也是出于简单化的考虑而做的假设。该理论的很多部分（哪怕不是全部）都能被一般化为具有凸生产集的经济环境。可以用任意一个在 $\mathbf{R}^{2n}$ 中的凸集 Ω 代替经济环境定义中的向量 $\bar{x}$，凸集 Ω 可以理解为经济环境中的生产集。

分配机制 F 代表一种对应关系，它可以为每个经济环境条件$\mathcal{E} = (n, \bar{x}, u, v)$ 匹配一个可行分配集。当然，需要假设 F 能够在效用空间上形成一个函数，因此 F 本质上就是一个函数。也就是说，如果 $(x^1, x^2) \in F(\mathcal{E})$ 且 $(\hat{x}^1, \hat{x}^2) \in F(\mathcal{E})$，那么 $u(x^1) = u(\hat{x}^1)$，$v(x^2) = v(\hat{x}^2)$。设引致的效用映射为 μ_F：

$$\mu_F(\mathcal{E}) := (u(F^1(\mathcal{E})), v(F^2(\mathcal{E})))$$

这里 $F^i(\mathcal{E})$ 是 F 可能分配给代理人 i 的一个束集。既然 F 本质上是一个函数，那么表达式 $u(F^1(\mathcal{E}))$ 的含义就很明白了。可以进一步假设 F 选择了效用空间上与给定点相关的**所有**分配。也就是说，如果 $(x^1, x^2) \in F(\mathcal{E})$ 且 $u(x^1) = u(\hat{x}^1)$，$v(x^2) = v$

$(\hat{x}^2)$，那么$(\hat{x}^1,\hat{x}^2)\in F(\mathcal{E})$。我们把具有这种性质的分配机制称为一个**完全对应**（full correspondence）。完全性是对帕累托无差异（PI）的一个简单假设：如果两种分配使人们处于同一效用水平，如果接受了其中一种分配，必然也可以接受另一个。 97

接下来我们在比Σ与Γ稍微再严格一些的定义域上证明这些定理。令$\hat{\mathcal{U}}^{(n)}$是在$\mathcal{U}^{(n)}$中所有使下式成立的函数 u：

$$\forall x \in \mathbf{R}_+^n \ \lim_{t\to\infty}\frac{1}{t}u(tx) = 0 \tag{3.1}$$

令$\hat{\Sigma}^{(n)}$表示在$\Sigma^{(n)}$中的效用函数都来自于$\hat{\mathcal{U}}^{(n)}$的所有环境。用类似的方法定义$\hat{\Gamma}^{(n)}$，并且使$\hat{\Sigma}=\cup_n\hat{\Sigma}^{(n)}$，$\hat{\Gamma}=\cup_n\hat{\Gamma}^{(n)}$。$\hat{\Gamma}$和$\hat{\Sigma}$是证明这些定理的定义域。将定理适用的定义域扩大到Σ和Γ是一个技术性的问题。对定义域的假设包括：

$D^{\hat{\Sigma}}$公理　分配机制 F 是一个完全对应，从本质上来说它是一个函数，且定义在一类经济环境条件$\hat{\Sigma}$上。

$D^{\hat{\Gamma}}$公理　分配机制 F 是一个完全对应，从本质上来说它是一个函数，且定义在一类经济环境条件$\hat{\Gamma}$上。

对于这些定义域假设与纳什定义域假设 U 之间的关系，我将在之后的第 3.5 节中展开讨论。该讨论将清晰地表明，当前的定义域假设是比 U 假设更强的假设。

3.3　经济环境条件下的公理和定理

我在这节将讨论比纳什型公理还要弱的公理，这些公理体现了以资源为基础的潜在直觉，正是这些直觉激发了纳什型公理的形成。我先回顾两种纳什型的公理：

福利主义公理（W）　设经济环境$\mathcal{E}$，$\mathcal{E}'\in\hat{\Sigma}$，且使$\mathcal{A}(\mathcal{E})=$

$\mathcal{A}(\mathcal{E}')$ 成立，那么 $\mu_F(\mathcal{E}) = \mu_F(\mathcal{E}')$ 。

W 公理表明，一个分配机制必须（在效用分配方面）同等对待任意两个具有相同效用可能性集的经济环境。请注意，因为这个公理在 $\hat{\Sigma}$ 上成立，所以它是极强公理，即使 $\mathcal{E}$ 和 $\mathcal{E}'$ 的维数不同，该公理也成立。

单调性公理（MON） 令经济环境 $\mathcal{E}$，$\mathcal{E}' \in \hat{\mathcal{E}}$，且使 $\mathcal{A}(\mathcal{E}) \subset \mathcal{A}(\mathcal{E}')$，那么 $\mu_F(\mathcal{E}) \leqq \mu_F(\mathcal{E}')$ 成立。

MON 表明只要一个效用可能性集包含在另一个可能性集中，那么在一个"资源更加丰富"的环境中，在 F 的作用下，两个环境中的效用都不应该减少。注意 MON 非常强，即使基本经济环境具有不同维度的商品空间，MON 都能保证使这个机制增加两个个体的效用。因此，由于在 $\mathcal{E}$ 和 $\mathcal{E}'$ 中的资源向量一般属于不同的商品空间，我们不能通过总资源向量中的增长来证明 MON。所以它的确是一个公理而不仅仅是一个福利主义动机。

接下来讨论基于资源的公理。第一个公理讲的是如果资源禀赋增长，那么在这个更加丰富的新环境中，没有一个人的处境会变坏。

资源单调性公理（RMON） 设

$$\mathcal{E} = \langle n, \bar{x}, u, v \rangle$$
$$\mathcal{E}' = \langle n, \bar{x}', u, v \rangle$$

98 为两个经济环境，且 $\bar{x}' \geq \bar{x}$，那么 $\mu_F(\mathcal{E}') \geqq \mu_F(\mathcal{E})$ 成立。

只有当两个经济环境 $\mathcal{E}$ 和 $\mathcal{E}'$ 在除资源增长之外的其他方面相同时，RMON 才保证这个机制能够（微弱地）提高两个个体的效用。RMON 是纳什型公理 MON 的弱化版。在经济环境定义域中，MON 能够保证这个机制（微弱地）提高两个个体的效用，甚至即使 $\mathcal{E}$ 和 $\mathcal{E}'$ 的效用**函数**和**商品空间**的维度不同，只要 $\mathcal{A}(\mathcal{E}') \supset \mathcal{A}(\mathcal{E})$ 成立，效用也能被提高。

当分配机制集满足某个公理时，为了简化，我将用公理的名字来指代该分配机制集。因此，举例来说，RMON 的意思是“满足 RMON 的分配机制集”。根据这个形式，MON 相对于 RMON 的强度可表示为 MON $\subset$ RMON。如果一个机制满足 MON，那么肯定满足 RMON，但是反过来不成立。

定义 3.1 在经济环境$\mathcal{E} = \langle n, \bar{x}, u, v\rangle$ 中，当且仅当相对于其他善的任意消费水平，代理人都不关心他对善 j 的消费数量时，该代理人被认为是**不喜欢善 j** 的。

个体资源单调性公理（I. RMON） 设$\mathcal{E} = \langle n, \bar{x}, u, v\rangle$，$\mathcal{E}' = \langle n, \bar{x}', u, v\rangle$，其中对于不被第一（或第二）个代理人喜好的善 j，$\bar{x}' \geq \bar{x}$，$\bar{x}'_j \geq \bar{x}_j$。那么 $\mu_F^2(\mathcal{E}') \geq \mu_F^2(\mathcal{E})$（$\mu_F^1(\mathcal{E}) \geq \mu_F^1(\mathcal{E})$）。 99

请注意 I. RMON 是一个可能促使卡莱－斯莫若丁斯基公理 IMON 形成的经济公理。与$\mathcal{E}$相比，在$\mathcal{E}'$中有一些善会更加充足，但这些善只能被其中一个个体喜欢。这个公理说明，在一个更加丰富的环境中，个体的效用不应该下降。形式上，我们可记作IMON$\subset$I. RMON（画出与$\mathcal{E}$和$\mathcal{E}'$相关的效用集，看一下 IMON 的含义）。

经济对称性公理（Sy） 如果$\mathcal{E} = \langle n, \bar{x}, u, v\rangle$，那么 $(\bar{x}/2, \bar{x}/2) \in F(\mathcal{E})$。

Sy 说明，当两个个体具有相同的效用函数时，这个机制就会平等的将资源分配给这两个个体。注意 S$\subset$Sy。

基数不可比性公理（CNC） 如果对于 $\alpha, \beta \in \mathbf{R}_{++}$，$\mathcal{E} = \langle n, \bar{x}, u, v\rangle$ 且$\mathcal{E}' = \langle n, \bar{x}, \alpha u, \beta v\rangle$，那么 $F(\mathcal{E}) = F(\mathcal{E}')$。

注意 S. INV$\subset$CNC。就如我在曾第 2 章中提到过的，当纳什给出一个更强的公理 S. INV 时，实际上他想表达的是公理 CNC。

经济连续性公理（ECONT） 对于任何维度 n，μ_F 是一个以 $\bar{x}$、u 和 v 为参数的连续函数，且其参数是点态收敛拓扑。

注意 CONT$\subset$ECONT。

最后是关键的一致性公理。注意，到目前为止，在经济环

境的维度 n 发生变化时，上述的那些公理没有一个能够保证机制 F 的一致性。接下来的这个公理施加了这种一致性。

资源分配的跨维度的一致性公理（CONRAD） 令 $\mathcal{E}=\langle n+m;\ (\bar{x},\ \bar{y});\ u,\ v\rangle$ 为一个环境，其中 $u,\ v\in\hat{\mathcal{U}}^{(n+m)}$。同时令 $((\hat{x}^1,\hat{y}^1),(\hat{x}^2,\hat{y}^2))\in F(\mathcal{E})$，其中每一种 y 类善（$j=n+1,\ldots,n+m$）至多被一个代理人看中。定义 u^* 和 v^* 如下：

$$\forall x\in\mathbf{R}^n_+,\qquad u^*(x)=u(x,\hat{y}^1)$$
$$v^*(x)=v(x,\hat{y}^2)$$

如果 $u^*(0)=v^*(0)=0$，那么 $u^*,\ v^*\in\hat{\mathcal{U}}^{(n)}$，并且在这种情况下设一个可接受的环境 $\mathcal{E}^*=\langle n,\ \bar{x},\ u^*,\ v^*\rangle$。如果
100 $\mathcal{A}(\mathcal{E}^*)=\mathcal{A}(\mathcal{E})$，那么 $(\hat{x}^1,\hat{x}^2)\in F(\mathcal{E}^*)$。

首先需要注意 W $\subset$ CONRAD。这是因为 CONRAD 能保证这个机制在 $\mathcal{E}$ 和 $\mathcal{E}^*$ 中选择资源分配方案，当这两种环境通过某种紧密的方式互相关联时，这种分配在效用空间能产生相同的点。CONRAD 因而可看作是一个弱化版的 W。

CONRAD 执行的跨维度的一致性与在 COAD 公理（第 1.5 节）中被执行的为同一种。我接下来会描述该公理。假设我们要求机制 F 在 $n+m$ 维度的环境中选择一个分配，其中最后的 m 种资源是“个人化”的——每种资源至多被一个个体喜欢。F 选择的分配是 $((\hat{x}^1,\ \hat{y}^1),\ (\hat{x}^2,\ \hat{y}^2))$。现在在分配 $(\hat{y}^1,\ \hat{y}^2)$ 中固定 y 类善，同时考虑将 u 和 v 限制到相对低维度的空间 $\mathbf{R}^n$。假设这个机制被用来在效用函数已受限的个体之间公平分配 x 类善（$\bar{x}$），那么它就会再次选择分配 $\hat{x}$。

在这一处，读者可把 CONRAD 简单作为一类颇具吸引力的跨维度的一致性公理去接受。在第 7 章我们将会看到 CONRAD 实际上有一个与德沃金的资源平等主义理论相关的解释。

最后，我们有时还需要一个更强版本的 CONRAD：

强资源分配跨维度的一致性公理（SCONRAD） 令$\mathcal{E}=\langle n+m;(\bar{x},\bar{y});u,v\rangle$为一个环境，其中$u,v\in\hat{\mathcal{U}}^{(n+m)}$。同时令$((\hat{x}^1,\hat{y}^1),(\hat{x}^2,\hat{y}^2))\in F(\mathcal{E})$，其中每一种$y$类善（$j=n+1,\ldots,n+m$）至多被一个代理人看中。定义$u^*$和$v^*$如下，

$$\forall x\in\mathbf{R}^n_+,\qquad \begin{aligned} u^*(x)&=u(x,\hat{y}^1)\\ v^*(x)&=v(x,\hat{y}^2)\end{aligned}$$

如果$u^*(0)=v^*(0)=0$，那么$u^*,v^*\in\hat{\mathcal{U}}^{(n)}$，并且在这种情况下考虑可接受的环境$\mathcal{E}^*=\langle n,\bar{x},u^*,v^*\rangle$。那么$(\hat{x}^1,\hat{x}^2)\in F(\mathcal{E}^*)$成立。

在 CONRAD 中，受限的经济环境$\mathcal{E}^*$与初始环境$\mathcal{E}$具有相同的效用可能集。SCONRAD 的强势之处在于它去掉了该要求。

在效用空间上，把 SCONRAD 所表示的意思以画图的形式表示出来，读者就会发现 SCONRAD 是纳什收缩一致性公理 CC 的一个弱化形式：CC$\subset$ SCONRAD。

我们现在可以陈述接下来的定理了。F^N是一个纳什机制（选择使效用乘积最大化的资源分配），F^{KS}是卡莱－斯莫若丁斯 101
基机制（选择的资源分配所产生的效用点为连接理想点与原点的直线与帕累托边界的交点），同时E是一个平等主义的机制（选择的资源分配在最高可能性水平上将效用平均化）。**独裁**机制就是把所有的善分配给一个个体的机制。

定理 3.1 $D^{\dot{\Sigma}}\cap$ SCONRAD $\cap$ PO $\cap$ CNC $\cap$ Sy $=\{F^N\}$。

定理 3.2 $D^{\dot{\Gamma}}\cap$ CONRAD $\cap$ RMON $\cap$ PO $\cap$ Sy $=\{E\}$。

定理 3.3 $D^{\dot{\Gamma}}\cap$ CONRAD $\cap$ CNC $\cap$ Sy $\cap$ PO $\cap$ I. RMON $=\{F^{KS}\}$。

定理 3.4 $D^{\dot{\Gamma}}\cap$ CONRAD $\cap$ RMON $\cap$ PO $\cap$ CNC $=$ {独裁机制}。

定理 3.5 $D^{\dot{\Sigma}}\cap$ CONRAD $\cap$ RMON $\cap$ WPO $\cap$ Sy $\cap$ ECONT $=\{E\}$。

这些定理重述了定理 2.1、2.4 和 2.6 的特征化结果，但其应用的公理遵从的是基于资源的直觉，这些直觉在第 2 章中激发了纳什型公理。它们因此在经济环境中构成了一个一般化的纳什型谈判理论。它们实际上并没有比纳什型定理所对应的结论更强，然而尽管这些“实质性的”公理比纳什型公理要弱，但正如我之前评价过，其定义域公理比纳什类型的更强。

应该怎样在这些经济环境中理解效用函数呢？在定理 3.1、3.3 和 3.4 中，效用函数是任何基数不可比的效用函数。它们不能简单地被理解为冯·诺依曼－摩根斯坦效用，因为它们作用的空间不是一个抽彩集。在定理 3.2 和 3.5 中，由于产生结果不需要任何不变性公理，所以我们可以假设效用函数是完全可测且可比的。

事实上，我们将会看到，哪怕当效用函数被限制在一个更小定义域，定理 3.2 仍然成立，这个更小定义域我称之为$\hat{\mathcal{U}}^p$，$\hat{\mathcal{U}}^p$ 由$\hat{\mathcal{U}}$的一个子集构成，这个子集中的效用函数的上界限为 1 [也就是说，对于所有的 $x, u(x) \leq 1$]。在$\hat{\mathcal{U}}^p$中的函数 u 可以作如下理解：$u(x)$ 表示的是一个可能性，即当一个人被分配到资源向量 x，他的人生计划将会实现的程度或者可能性。条件“$u(0) = 0$”表示如果没有资源，那么完成人生计划的可能性为 0。因此，我们可以这样理解定理 3.2，如果分配正义遵
102 循 CONRAD，并且要求帕累托最优、资源单调性、对称性，那么它必须将每个个体实现自己人生计划的程度或可能性平均化。

最后，我就 CONRAD 和福利主义之间的关系做出评论。尽管 CONRAD 看起来比福利主义显然更弱，我们仍有如下定理：

定理 3.6 如果 F 满足 $D^{\hat{\Gamma}}$ 或者 $D^{\hat{\Sigma}}$ 和 CONRAD，那么它就会在定义域中满足 W。

因为由这些定义域公理可知 F 是一个完全对应（即帕累托无差异），所以定理 3.6 类似于引理 1.4。定理 3.6 为福利主义提供一个经济基础。对福利主义，这是一个比引理 1.1 更令人信服的基础，因为正如我在第 1.4 节中所指出的，引理 1.1 中的定义域假设 U 从经济学的角度来说很强且不可接受——U 假设甚至不要求效用函数在资源中单调递增，更不规定其是凹函数。本章节中的这些定理的优点在于它们在效用函数经济上合理的定义域中成立——它们是单调连续的凹函数。由于定义域在经济上必须合理，接下来的证明相对比较困难。

3.4 定理的证明

这些定理的证明最早可参阅罗默（1988）。接下来的这些证明从本质上来说与之前的证明差不多，只有一个改动。在那篇文章中，我借助了比利拉和比克斯比（Billera and Bixby，1973）的研究结论（不只是引理 3.2，引理 3.2 也需要比利拉和比克斯比的结论）。该结论表明当一个经济环境中的所有 H 个效用函数都是单调连续的凹函数时，那么任何在 $\mathbf{R}^H$ 中的任意综合凸集都能够表示成效用可能性集。在接下来的证明中，我会避免用到这个结论，因此接下来的证明比我以前给出的证明（罗默，1988）要更加基础。[①] 103

我们首先来证明定理 3.6，然后用它来推导出其他的定理。下面的证明有赖于两个基本的引理。

引理 3.1（豪，1987） 在 $\mathbf{R}^n_+$ 上，令 u，$v \in \hat{\mathcal{U}}^{(n)}$，且 $u \geq v$，

---

① 还有另一个原因也令我避免使用比利拉－比克斯比的表示结果。我采用的效用函数适用的定义域，即条件 3.1 成立的定义域，与比利拉－比克斯比所采用的不完全一样。因此要求苛刻的人可能要求我用条件 3.1 来证明比利拉－比克斯比的结构。接下来我将避免这个问题。

那么$\exists w\in\hat{\mathcal{U}}^{(n+1)}$成立，并且使

$$\forall x\in R_{+}^{n},\qquad \begin{aligned} u(x) &= w(x,1)\\ v(x) &= w(x,0)\end{aligned}$$

备注：函数w无法以简单的方式用u和v表示。读者可以查阅豪（1987）对引理3.1的证明。

推论3.1 在$\mathbf{R}_{+}^{n}$上，令u，$v\in\hat{\mathcal{U}}^{p(n)}$，并且$u\geq v$。那么$\exists w\in\hat{\mathcal{U}}^{p(n+1)}$成立，并且使

$$\forall x\in R_{+}^{n},\qquad \begin{aligned} u(x) &= w(x,1)\\ v(x) &= w(x,0)\end{aligned}$$

推论的证明：由于$\hat{\mathcal{U}}^{p(n)}\subset\hat{\mathcal{U}}^{(n)}$，由引理3.1可得，存在一个函数$w^{*}\in\hat{\mathcal{U}}^{(n+1)}$，从而使$u(x)=w^{*}(x,1)$，$v(x)=w^{*}(x,0)$。定义$w(x,r)=\min(w^{*}(x,r),u(x))$。凹函数的最小值是凹的，因此$w$是凹函数。读者可以很容易证明$w$在$x$和$r$上是单调的，并且以1为界。因此$w\in\hat{\mathcal{U}}^{p(n+1)}$，$w$就是符合条件的函数。

引理3.2（比利拉和比克斯比，1973） 令$\mathcal{E}_1$，$\mathcal{E}_2\in\hat{\Sigma}$：

$$\mathcal{E}_1=\langle n,\bar{x},u^{1},v^{1}\rangle$$
$$\mathcal{E}_2=\langle m,\bar{y},u^{2},v^{2}\rangle$$

用$\mathcal{E}_1\wedge\mathcal{E}_2=\langle n+m,\ (\bar{x},\ \bar{y}),\ u^{*}(x,\ y),\ v^{*}(x,\ y)\rangle$定义环
104 境$\mathcal{E}_1\wedge\mathcal{E}_2\in\hat{\Sigma}^{(n+m)}$，同时满足：

$$u^{*}(x,y):=\min(u^{1}(x),u^{2}(y))$$
$$v^{*}(x,y):=\min(v^{1}(x),v^{2}(y))$$

那么，$\mathcal{A}(\mathcal{E}_1\wedge\mathcal{E}_2)=\mathcal{A}(\mathcal{E}_1)\cap\mathcal{A}(\mathcal{E}_2)$成立。

证明：首先注意，由于凹函数的最小值是凹的，所以u^{*}，$v^{*}\in\hat{\mathcal{U}}^{(n+m)}$。

我们来证明 $\mathcal{A}(\mathcal{E}_1) \cap \mathcal{A}(\mathcal{E}_2) \subset \mathcal{A}(\mathcal{E}_1 \wedge \mathcal{E}_2)$ 。令 $(\bar{u},\bar{v}) \in \mathcal{A}(\mathcal{E}_1) \cap \mathcal{A}(\mathcal{E}_2)$ ，那么存在 $\mathcal{E}_1$ 的一个分配（$\bar{x}^1$，$\bar{x}^2$），使得 $u^1(\bar{x}^1) = \bar{u}$ ，$v^1(\bar{x}^2) = \bar{v}$ ；且存在 $\mathcal{E}_2$ 的一个分配（$\bar{y}^1$，$\bar{y}^2$）使得 $u^2(\bar{y}^1) = \bar{u}, v^2(\bar{y}^2) = \bar{v}$ 。从而可得 $u^*(\bar{x}^1, \bar{y}^1) = \bar{u}$ 和 $v^*(\bar{x}^2, \bar{y}^2) = \bar{u}$ 成立。因此 $(\bar{u},\bar{v}) \in \mathcal{A}(\mathcal{E}_1 \wedge \mathcal{E}_2)$ 得证。

我将逆命题的证明作为练习留给读者。

我们称环境 $\mathcal{E}_1 \wedge \mathcal{E}_2$ 为 $\mathcal{E}_1$ 和 $\mathcal{E}_2$ 的**卷积**。

引理 3.1（及推论 3.1）说明在一个共同的定义域上，如果一个单调的、凹的效用函数占优支配另一个效用函数，那么我们可以将这两个函数看作是一个**单一**的单调凹函数 w 的投影，w 定义在包含一种以上的善的商品空间。在这个更大的商品空间，具有占优效用的个体被视为消费了一单位新的善，另一个人消费零单位。因此，新的善的消费可以用来解释效用函数在一个较低的维度中出现的差异。这个引理因此实现了将不同效用函数简化到“基础偏好”，科姆（1972）曾讨论过这个问题，我们将在第 5.5 节中再次回顾这一点。引理 3.2 介绍了如何去构造出一个经济环境，该经济环境的效用可能性集是两个给定环境的效用可能性集的交集。在这个构造中去实现高维度的必要性就是我们必须假设经济环境的定义域包含任意有限维度的商品空间的原因。

定理 3.6 的证明：

1. 设 $F \in D^{\hat{\Gamma}} \cap$ CONRAD：设 $\mathcal{E}_1$，$\mathcal{E}_2 \in \hat{\Gamma}$，$\mathcal{E}_1 = \langle n, \bar{x}, u^1, v^1 \rangle$，$\mathcal{E}_2 = \langle m, \bar{y}, u^2, v^2 \rangle$，同时设 $\mathcal{A}(\mathcal{E}_1) = \mathcal{A}(\mathcal{E}_2)$ 。需要证明 $\mu_F(\mathcal{E}_1) = \mu_F(\mathcal{E}_2)$ 成立。

2. 构造卷积关系式 $\mathcal{E}^* \equiv \mathcal{E}_1 \wedge \mathcal{E}_2$。根据引理 3.2 以及 $\mathcal{E}^* \in \hat{\Gamma}$， 105
得到 $\mathcal{A}(\mathcal{E}^*) = \mathcal{A}(\mathcal{E}_1) = \mathcal{A}(\mathcal{E}_2)$ 。我将证明 $\mu_F(\mathcal{E}_1) = \mu_F(\mathcal{E}^*)$ 。我还将用类似方法证明 $\mu_F(\mathcal{E}_2) = \mu_F(\mathcal{E}^*)$ ，如此定理就能得证。（如果我们从 $F \in D^{\hat{\Sigma}}$ 开始，一样可以得证。）

3. 记下 $\mathcal{E}^* = \langle n + m, (\bar{x},\bar{y}), u^*, v^* \rangle$。构造环境 $\hat{\mathcal{E}}_1 = \langle n + m,$

$(\bar{x},\ \bar{y})$，$\hat{u}^1$，$\hat{v}^1\rangle$，其中 $\hat{u}^1$ 和 $\hat{v}^1$ 是 u^1 和 v^1 的“扁平式扩展”(flat extensions)：

$$\forall (x,y) \in \mathbf{R}_+^{n+m}, \qquad \begin{aligned} \hat{u}^1(x,y) &:= u^1(x) \\ \hat{v}^1(x,y) &:= v^1(x) \end{aligned}$$

4. 从 $\mathcal{E}^*$ 和 $\hat{\mathcal{E}}_1$ 的定义可得：

$$\forall (x,y) \in \mathbf{R}_+^{n+m}, \qquad \begin{aligned} \hat{u}^1(x,y) &\geq u^*(x,y) \\ \hat{v}^1(x,y) &\geq v^*(x,y) \end{aligned}$$

根据引理 3.1，可得 $\exists\, U \in \hat{\mathcal{U}}^{(n+m+1)}$，

$$\forall (x,y) \in \mathbf{R}_+^{n+m}, \qquad \begin{aligned} U(x,y,1) &= \hat{u}^1(x,y) \\ U(x,y,0) &= u^*(x,y) \end{aligned}$$

以及 $\exists\, V \in \hat{\mathcal{U}}^{(n+m+1)}$，

$$\forall (x,y) \in \mathbf{R}_+^{n+m}, \qquad \begin{aligned} V(x,y,1) &= \hat{u}^1(x,y) \\ V(x,y,0) &= v^*(x,y) \end{aligned}$$

5. 现在我们来构造 U 和 V 的扁平式扩展：

$$\left.\begin{aligned} \hat{U}(x,y,r,s) &:= U(x,y,r) \\ \hat{V}(x,y,r,s) &:= V(x,y,s) \end{aligned}\right\} \qquad \forall (x,y,r,s) \in \mathbf{R}_+^{n+m+2}$$

6. 构造扩展的环境：

$$\hat{\tilde{\mathcal{E}}}_1 = \langle n+m+2, (\bar{x},\bar{y},1,1), \hat{U}, \hat{V}\rangle,$$

106

$$\tilde{\mathcal{E}}^* = \langle n+m+2, (\bar{x},\bar{y},0,0), \hat{U}, \hat{V}\rangle$$

因为在 $\hat{\tilde{\mathcal{E}}}_1$ 中只有第一个代理人喜欢 r 类善，只有第二个代理商喜欢 s 类善，同时 $\hat{U}(x,y,1,0) = \hat{u}^1(x,y) = u^1(x)$，$\hat{V}(x,y,0,1) = \hat{v}^1(x,y) = v^1(x)$。所以得到 $\mathcal{A}(\hat{\tilde{\mathcal{E}}}) = \mathcal{A}(\hat{\mathcal{E}}_1) = \mathcal{A}(\mathcal{E}_1)$。因此在 $\hat{\tilde{\mathcal{E}}}_1$ 中存在的效用可能性必然已经存在于 $\mathcal{E}_1$

中。同理，由于 $\hat{U}(x,y,0,0)=u^*(x,y)$ 和 $\hat{V}(x,y,0,0)=v^*(x,y)$，可以推出 $\mathcal{A}(\tilde{\mathcal{E}}^*)=\mathcal{A}(\mathcal{E}^*)$。

7. 由于 $\mathcal{A}(\tilde{\tilde{\mathcal{E}}}_1)=\mathcal{A}(\hat{\mathcal{E}}_1)$，由此得出 $\mu_F(\tilde{\tilde{\mathcal{E}}}_1)\in\mathcal{A}(\hat{\mathcal{E}}_1)$，且在$\hat{\mathcal{E}}_1$中存在分配（$((\tilde{x}^1,\tilde{y}^1),(\tilde{x}^2,\tilde{y}^2))$），使得 $\mu_F(\tilde{\tilde{\mathcal{E}}}^1)=(\hat{u}^1(\tilde{x}^1,\tilde{y}^1),\hat{v}^1(\tilde{x}^2,\tilde{y}^2))$。进而由 U 和 V 的定义可知，$\mu_F(\tilde{\tilde{\mathcal{E}}}_1)=(\hat{U}(\tilde{x}^1,\tilde{y}^1,1,0),\hat{V}(\tilde{x}^2,\tilde{y}^2,0,1))$。由 F 的完全性，我们可得：由 $\tilde{\eta}=((\tilde{x}^1,\tilde{y}^1,1,0),(\tilde{x}^2,\tilde{y}^2,0,1))$ 界定的$\hat{\tilde{\tilde{\mathcal{E}}}}$的分配 $\tilde{\eta}$ 在 $F(\tilde{\mathcal{E}}_1)$ 中。通过把善 r 和 s 的分配固定为 $\tilde{\eta}$，计算$\hat{\tilde{\tilde{\mathcal{E}}}}_1$与 $\tilde{\eta}$ 相关的 CONRAD 约束。由步骤 6 知，受到约束的经济是$\hat{\mathcal{E}}_1$，同时由于 $\mathcal{A}(\tilde{\mathcal{E}}_1)=\mathcal{A}(\tilde{\tilde{\mathcal{E}}}_1)$，CONRAD 意味着 $\mu_F(\tilde{\mathcal{E}}_1)=$ 107
$\mu_F(\tilde{\tilde{\mathcal{E}}}_1)$ 成立。既然两个代理商都不喜欢$\hat{\mathcal{E}}_1$中的 y 类善，且有关 y 类善，我们可以执行$\hat{\mathcal{E}}_1$ 的一个可行 CONRAD 约束，并且得到 $\mathcal{E}_1$，那么 CONRAD 进一步意味着 $\mu_F(\mathcal{E}_1)=\mu_F(\hat{\mathcal{E}}_1)$。因此有 $\mu_F(\mathcal{E}_1)=\mu_F(\tilde{\tilde{\mathcal{E}}}_1)$。

8. 已知$\mathcal{A}(\tilde{\mathcal{E}}^*)=\mathcal{A}(\tilde{\tilde{\mathcal{E}}})$（根据步骤 2 和步骤 6 可得），在$\tilde{\mathcal{E}}^*$中必定存在一个可行的分配 $\hat{\eta}=((\hat{x}^1,\hat{y}^1,0,0),(\hat{x}^2,\hat{y}^2,0,0))$，它与$\tilde{\tilde{\mathcal{E}}}$中的分配 $\tilde{\eta}=((\tilde{x}^1,\tilde{y}^1,1,0),(\tilde{x}^2,\tilde{y}^2,0,1))$ 形成相同的效用点。但是请注意 $\hat{\eta}$ 在$\tilde{\tilde{\mathcal{E}}}_1$ 中也是可行分配。又因为 F 是完全的，$\hat{\eta}$和 $\tilde{\eta}$ 能够形成相同的效用对，所以 $\hat{\eta}\in F(\tilde{\tilde{\mathcal{E}}}_1)$。通过在（0，0）、（0，0）固定最后两种善，执行$\tilde{\tilde{\mathcal{E}}}_1$ 关于 $\hat{\eta}$ 的 CONRAD 约束，产生出环境$\mathcal{E}^*$（见步骤 6）。由于 $\mathcal{A}(\mathcal{E}^*)=\mathcal{A}(\tilde{\tilde{\mathcal{E}}})$，CONRAD 可行，并且 $\mu_F(\mathcal{E}^*)=\mu_F(\tilde{\tilde{\mathcal{E}}}_1)$。

9. 从步骤7和步骤8的结论可以得到$\mu_F(\mathcal{E}^*)=\mu_F(\mathcal{E}_1)$，该定理得证（见步骤1）。

我们接下来将运用定理3.6及其相关的证明方法建立一系列的引理。

引理3.3 $D^{\hat{\Gamma}}\cap \mathrm{RMON}\cap \mathbb{W}\subset \mathrm{MON}$。

证明：

1. 对于$\mathcal{E}_1$，$\mathcal{E}_2\in\hat{\Gamma}$，令$\mathcal{E}=\langle n, \bar{x}, u^1, v^1\rangle$，$\mathcal{E}_2=\langle m, \bar{y}, u^2, v^2\rangle$且$\mathcal{A}(\mathcal{E}_1)\supset\mathcal{A}(\mathcal{E}_2)$。令$F\in D^{\hat{\Gamma}}\cap$ RMON $\cap\ \mathbb{W}$，从而需要证明$\mu_F(\mathcal{E}_1)\geqq\mu_F(\mathcal{E}_2)$。

2. 构建$\mathcal{E}^*=\mathcal{E}_1\wedge\mathcal{E}_2$，即$\mathcal{E}_1$和$\mathcal{E}_2$的卷积；令$\mathcal{E}^*=\langle n+m, (\bar{x}, \bar{y}), u^*, v^*\rangle$。按照证明定理3.6的步骤3的方法，令$\hat{\mathcal{E}}_1=\langle n+m, (\bar{x}, \bar{y}), \hat{u}^1, \hat{v}^1\rangle$，其中$\hat{u}^1$和$\hat{v}^1$是$u^1$和$v^1$的扁平式扩展。

3. 根据引理3.2，可得$\mathcal{A}(\mathcal{E}^*)=\mathcal{A}(\mathcal{E}_1)\cap\mathcal{A}(\mathcal{E}_2)=\mathcal{A}(\mathcal{E}_2)$。

4. 按照定理3.6证明中的步骤4和步骤5的方法，构建$\mathcal{E}_1$的豪式扩展环境$\tilde{\tilde{\mathcal{E}}}_1$，以及$\mathcal{E}^*$的豪式扩展环境$\tilde{\mathcal{E}}^*$。由此可以得出$\mathcal{A}(\tilde{\tilde{\mathcal{E}}})=\mathcal{A}(\mathcal{E}_1),\mathcal{A}(\tilde{\mathcal{E}}^*)=\mathcal{A}(\mathcal{E}^*)$。

5. 检验$\tilde{\tilde{\mathcal{E}}}$和$\tilde{\mathcal{E}}^*$。除了$\tilde{\tilde{\mathcal{E}}}$中的总禀赋向量占优$\tilde{\mathcal{E}}^*$中的总禀赋向量之外，$\tilde{\tilde{\mathcal{E}}}$和$\tilde{\mathcal{E}}^*$是相同的环境。由RMON可得$\mu_F(\tilde{\tilde{\mathcal{E}}})\geqq$
108 $\mu_F(\tilde{\mathcal{E}}^*)$。

6. 因为$F\in\mathbb{W}$，所以由步骤4可得，$\mu_F(\tilde{\tilde{\mathcal{E}}})=\mu_F(\mathcal{E}_1)$，$\mu_F(\tilde{\mathcal{E}}^*)=\mu_F(\mathcal{E}^*)$。

7. 由步骤3、步骤4和步骤5可得，$\mu_F(\mathcal{E}_1)=\mu_F(\tilde{\tilde{\mathcal{E}}}_1)\geqq\mu_F(\tilde{\mathcal{E}}^*)=\mu_F(\mathcal{E}^*)=\mu_F(\mathcal{E}^2)$，其中最后一个等式是根据$F\in\mathbb{W}$及

步骤 3 推出。

引理 3.4 $D^{\hat{\Sigma}} \cap \mathrm{SCONRAD} \subset \mathrm{CC}$。

证明：

1. 令 $F \in D^{\hat{\Sigma}} \cap \mathrm{SCONRAD}$，从而要证明 $F \in \mathrm{CC}$。令$\mathcal{E}_1$ 和$\mathcal{E}_2$是任意两个满足 $\mathcal{A}(\mathcal{E}_2) \subset \mathcal{A}(\mathcal{E}_1)$ 和$\mu_F(\mathcal{E}_1) \in \mathcal{A}(\mathcal{E}_2)$ 的环境，从而要证明$\mu_F(\mathcal{E}_2) = \mu_F(\mathcal{E}_1)$。由于 $\mathrm{SCONRAD} \subset \mathrm{CONRAD}$，由定理 3.6 知 $F \in \mathrm{W}$ 成立。

2. 与定理 3.6 中步骤 1 ~ 6 的证明相同，构建

$$\tilde{\hat{\mathcal{E}}}_1 = \langle n + m + 2, (\bar{x}, \bar{y}, 1, 1), \hat{U}, \hat{V} \rangle$$

$$\tilde{\mathcal{E}}^* = \langle n + m + 2, (\bar{x}, \bar{y}, 0, 0), \hat{U}, \hat{V} \rangle$$

只有第一个代理人喜欢 r 类善，只有第二个代理人喜欢 s 类善。

3. $F \in \mathrm{W}$ 表明$\mu_F(\tilde{\hat{\mathcal{E}}}_1) = \mu_F(\mathcal{E}_1)$ 和$\mu_F(\tilde{\mathcal{E}}^*) = \mu_F(\mathcal{E}_2)$。

4. 由于$\mu_F(\mathcal{E}_1) \in \mathcal{A}(\mathcal{E}_2) = \mathcal{A}(\tilde{\mathcal{E}}^*)$，在$\tilde{\mathcal{E}}^*$中存在分配 $\zeta = ((\bar{x}^1, \bar{y}^1, 0, 0), (\bar{x}^2, \bar{y}^2, 0, 0))$，其相关的效用向量是$\mu_F(\mathcal{E}_1)$。但是 ζ 在$\tilde{\hat{\mathcal{E}}}_1$ 中也是一个可行的分配。由于 F 是一个完全对应，由步骤 3 可得 $\zeta \in F(\tilde{\hat{\mathcal{E}}})$。

5. 对 ζ 的后两个组成部分用$\tilde{\hat{\mathcal{E}}}_1$ 中的 SCONRAD 进行限制，形成经济环境条件$\tilde{\hat{\mathcal{E}}}_1^*$。那么就有 $\mathcal{A}(\tilde{\hat{\mathcal{E}}}_1^*) = \mathcal{A}(\hat{\mathcal{E}}^*) = \mathcal{A}(\mathcal{E}_2)$。 109

6. 由 SCONRAD 可得$\mu_F(\tilde{\hat{\mathcal{E}}}_1^*) = \mu_F(\mathcal{E}_1)$。根据步骤 5，由于 $F \in W$，从而可得$\mu_F(\mathcal{E}_2) = \mu_F(\mathcal{E}_1)$。

引理 3.5① $D^{\hat{\Gamma}} \cap \mathrm{Sy} \cap \mathrm{W} \subset \mathrm{S}$。

证明：

1. 假设 T 为经济环境条件$\mathcal{E}'$中的一个对称、完全综合的效用可能性集。这足以证明 $T = \mathcal{A}(\mathcal{E})$，其中$\mathcal{E} = \langle n, \bar{x}, u, u \rangle$

---

① 感谢卡尔·维恩（Karl Vind）在该引理证明步骤 2 上所给予的帮助。

是一个对称的经济环境。如果 $F \in \mathrm{Sy}$，那么在$\mathcal{E}$中，$\mu_F(\mathcal{E})$ 必定是一个相等的效用点，且如果 $F \in \mathrm{W}$，那么 $\mu_F(\mathcal{E}') = \mu_F(\mathcal{E})$，因此 $F \in \mathrm{S}$。

2. 设 T 的帕累托边界由凹函数 $v = f(u)$ 来界定。（这里运用了 T 的完全综合性。）设环境$\mathcal{E} = (1, 1, u, u)$ 定义如下：

$$u(x) = \begin{cases} 2ax & (0 \leq x \leq \frac{1}{2}) \\ f(2a(1-x)) & (\frac{1}{2} \leq x \leq 1) \end{cases}$$

其中，(a, a) 是 T 的帕累托边界上的对称点。$u(x)$ 是一个连续、单调的凹函数。帕累托边界 $\mathcal{A}(\mathcal{E})$ 是点集 $\{(u(1-x), u(x)) \mid 0 \leq x \leq 1\}$。

3. 对于 $x \in [0,1]$，我们通过证明 $f(u(x)) = u(1-x)$ 来检验$\mathcal{A}(\mathcal{E}) = T$ 是否成立。对于 $\varepsilon \geq 0$，设 $x = \frac{1}{2} - \varepsilon$，那么 $f(u(x)) = f(2ax) = f(a - 2a\varepsilon) = f(2a(\frac{1}{2} - \varepsilon)) = u(1-x)$。同样可以计算得到 $\varepsilon \leq 0$ 的情况。因此，$\mathcal{E}$即为我们所需要的在 $\hat{\Gamma}$ 中的对称经济环境，该环境会产生给定的对称完全综合集 T。从而根据步骤 1，引理得到证明。

引理 3.6 $D^{\Sigma} \cap \mathrm{I.RMON} \cap \mathrm{W} \subset \mathrm{IMON}$。

证明：

1. 令 F 满足那些公理，且假定环境$\mathcal{E}_1$和$\mathcal{E}_2$产生如图 3.1 所
110 示的效用可能性集。我们需要证明 $\mu_F^1(\mathcal{E}_1) \geqq \mu_F^1(\mathcal{E}_2)$。

2. 构建$\mathcal{E}_1$ 的扁平式扩展经济：

$$\hat{\mathcal{E}}_1 = \langle n+m, (\bar{x}, \bar{y}), \hat{u}^1, \hat{v}^1 \rangle,$$

其中 $\hat{u}^1(x,y) = u^1(x)$，$\hat{v}^1(x,y) = v^1(x)$，$\forall (x,y) \in \mathbf{R}^{n+m}$。因为 $F \in W$，所以 $\mathcal{A}(\mathcal{E}_1) = \mathcal{A}(\hat{\mathcal{E}}_1)$，且 $\mu_F(\hat{\mathcal{E}}_1) = \mu_F(\mathcal{E}_1)$。

3. 构建卷积 $\mathcal{E}^* = \mathcal{E}_1 \wedge \mathcal{E}_2 = \langle n+m, (\bar{x}, \bar{y}), u^*, v^* \rangle$。根据

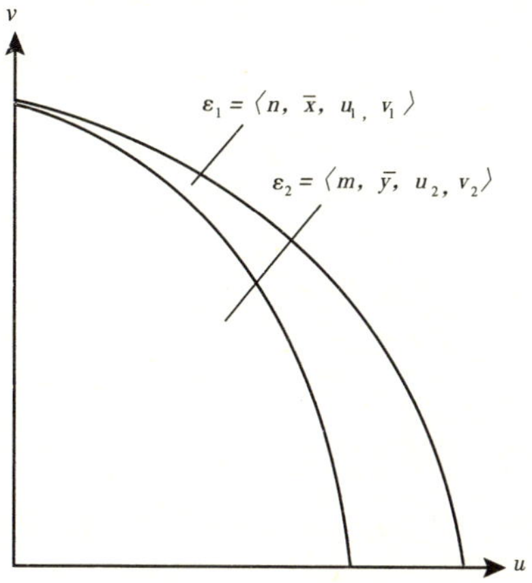

图 3.1

引理3.2，$\mathcal{A}(\mathcal{E}^*)=\mathcal{A}(\mathcal{E}_1)\cap\mathcal{A}(\mathcal{E}_2)=\mathcal{A}(\mathcal{E}_2)$。又因为$F\in$ W，所以有 $\mu_F(\mathcal{E}^*)=\mu_F(\mathcal{E}_2)$。

4. 构建$\hat{\mathcal{E}}_{11}=\langle n+m,(\bar{x},\bar{y}),\hat{u}^1,v^*\rangle$。由于$\hat{\mathcal{E}}_1$ 中的效用函数占优$\hat{\mathcal{E}}_{11}$中的效用函数，且两个环境的禀赋相同，所以 $\mathcal{A}(\hat{\mathcal{E}}_1)\supset\mathcal{A}(\hat{\mathcal{E}}_{11})$。

5. 证明 $\mathcal{A}(\hat{\mathcal{E}}_1)\subset\mathcal{A}(\hat{\mathcal{E}}_{11})$：假设（$\bar{x}^1$，$\bar{x}^2$）是$\mathcal{E}_1$中的一个分配。考虑$\mathcal{E}_{11}$中的分配 $\eta=((\bar{x}_1,0),(\bar{x}_1,\bar{y}))$。注意 $\hat{u}^1(\bar{x}^1,0)=u^1(\bar{x}^1)$，$v^*(\bar{x}^2,\bar{y})=\min(v^1(\bar{x}^2),v^2(\bar{y}))=v^1(\bar{x}^2)$。因此 η 在 111
$\mathcal{A}(\hat{\mathcal{E}}_{11})$ 中产生的效用对与其在 $\mathcal{A}(\mathcal{E}_1)$ 中产生的相同。[在这个步骤中用到了假设 $v^1(\bar{x})=v^2(\bar{y})$。] 因此可得 $\mathcal{A}(\mathcal{E}_1)=\mathcal{A}(\hat{\mathcal{E}}_1)\subset\mathcal{A}(\hat{\mathcal{E}}_{11})$。

6. 根据步骤 4 和 5，我们有 $\mathcal{A}(\hat{\mathcal{E}}_1)=\mathcal{A}(\hat{\mathcal{E}}_{11})$。又因为$F\in$ W，所以得到$\mu_F(\hat{\mathcal{E}}_{11})=\mu_F(\hat{\mathcal{E}}_1)$。

7. 比较$\hat{\mathcal{E}}_{11}$和$\mathcal{E}^*$。它们之间的不同就在于第一个代理人的

效用函数以及 $\hat{u}^1 \geq u^*$。根据引理 3.1 可得 $\exists U \in \mathcal{U}^{(n+m+1)}$，从而可得

$$U(x,y,1) = \hat{u}^1(x,y)$$
$$U(x,y,0) = u^*(x,y)$$

对于所有的 (x, y, r)，定义 $V^*(x,y,r) \equiv v^*(x,y)$。$V^* \in \mathcal{U}^{(n+m+1)}$。

8. 构建

$$\tilde{\tilde{\mathcal{E}}}_{11} = \langle n+m+1, (\bar{x},\bar{y},1), U, V^* \rangle$$

$$\tilde{\mathcal{E}}^* = \langle n+m+1, (\bar{x},\bar{y},0), U, V^* \rangle$$

注意 $\mathcal{A}(\tilde{\tilde{\mathcal{E}}}_{11}) = \mathcal{A}(\tilde{\mathcal{E}}_{11})$ 和 $\mathcal{A}(\tilde{\mathcal{E}}^*) = \mathcal{A}(\mathcal{E}^*)$ 成立。根据 W 可得 $\mu_F(\tilde{\tilde{\mathcal{E}}}_{11}) = \mu_F(\tilde{\mathcal{E}}_{11})$ 和 $\mu_F(\hat{\tilde{\mathcal{E}}}^*) = \mu_F(\mathcal{E}^*) = \mu_F(\mathcal{E}_2)$ 成立。

9. $\tilde{\tilde{\mathcal{E}}}_{11}$ 和 $\tilde{\mathcal{E}}^*$ 的区别仅在于 r 类善的禀赋，且只有第一个代理人喜欢 r 类善。因此公理 I. RMON 可行，并且 $\mu_F^1(\tilde{\tilde{\mathcal{E}}}_{11}) \geqq \mu_F^1(\tilde{\mathcal{E}}^*)$。各种已经得证的等式表明 $\mu_F^1(\mathcal{E}_1) = \mu_F^1(\tilde{\mathcal{E}}_{11}) = \mu_F^1(\tilde{\tilde{\mathcal{E}}}_{11}) \geqq \mu_F^1(\tilde{\mathcal{E}}^*) = \mu_F^1(\mathcal{E}^*) = \mu_F^1(\mathcal{E}_2)$。

备注：如果我们研究的是效用函数 $\hat{U}^p$ 的定义域，那么引理 3.2 ~ 3.6 仍然成立，因为任何引理 3.1 所能证明的，用推论 3.1 同样可以。在证明中所使用的所有其他构造下，函数 $\hat{U}^p$ 的定义域是闭合的。

我们现在可以证明定理 3.1 ~ 3.5 了。

定理 3.1 的证明：

1. 根据之前给出的引理，我们现在能够在定义域 $\hat{\Sigma}$ 上重新证明定理 2.1。假设 $\mathcal{E} = \langle n, \bar{x}, u, v \rangle$ 是在 $\hat{\Sigma}$ 中的一个环境。同时假设 $(\hat{x}^1, \hat{x}^2)$ 是环境 $\mathcal{E}$ 的一个分配，该分配为最大化 $u(x^1)v(x^2)$ 的 $\mathcal{E}$ 的可行分配。由 $\alpha u(\hat{x}^1) = \beta v(\hat{x}^2) = 1$ 定义正数

α，β，考虑环境$\mathcal{E}' = \langle n, \bar{x}, \alpha u, \beta v \rangle$。我们知道（$\hat{x}^1$，$\hat{x}^2$）在环境$\mathcal{E}'$上同样最大化了纳什积。

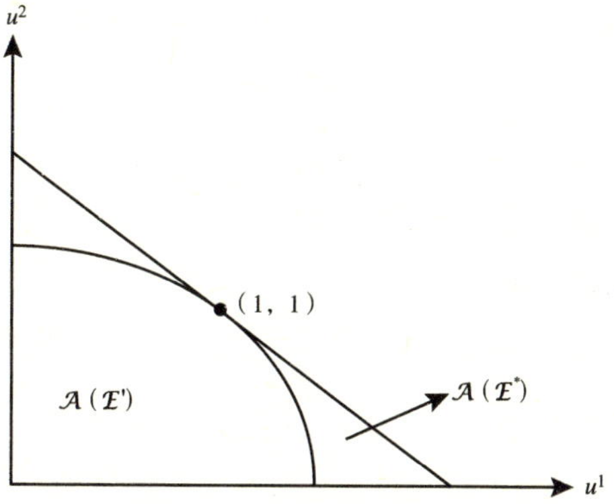

图 3.2 113

2. 根据下式定义函数 w：$\mathbf{R}_+ \to \mathbf{R}_+$：

$$w(x) = \begin{cases} x & (x \leq 2) \\ 2 & (x > 2) \end{cases}$$

注意 $w \in \hat{\mathcal{U}}^{(1)}$。考虑环境$\mathcal{E}^* = \langle 1, 2, w, w \rangle$。$\mathcal{E}'$和$\mathcal{E}^*$的效用可能性集如图 3.2 所示。我们知道超平面 $u^1 + u^2 = 2$ 将 $\mathcal{A}(\mathcal{E}')$ 和直角双曲线 $u^1 u^2 = 1$ 分开，因此在图 3.2 中的图形是合理的。

3. 公理 $D^{\ddagger}$ 和 SCONRAD 意味着 W 成立（定理 3.6）；W 和 SCONRAD 意味着 CC 成立。由 Sy 可得 $(1,1) \in F(\mathcal{E}^*)$；由 CC 和完全性可得 $(\hat{x}^1, \hat{x}^2) \in F(\mathcal{E}')$；由 CNC 可得 $(\hat{x}^1, \hat{x}^2) \in F(\mathcal{E})$。

定理 3.2 的证明：

1. 我们重新构建定理 2.6 的证明。首先证明 F 必须为一个单调的效用路径机制（MUP）。假设 $F \notin$ MUP，那么存在两个环境$\mathcal{E}^1 = \langle n, \bar{y}, u^1, v^1 \rangle$ 和 $\mathcal{E}^2 = \langle m, \bar{y}, u^2, v^2 \rangle$，从而使点 $\mu_F(\mathcal{E}^1)$ 和 $\mu_F(\mathcal{E}^2)$ 不能相互占优。根据引理 3.2，$\mathcal{A}(\mathcal{E}^1 \wedge \mathcal{E}^2) = \mathcal{A}(\mathcal{E}^1) \cap \mathcal{A}(\mathcal{E}^2)$。请再次参见图 2.7。

2. 根据 $D^{\hat{\Gamma}}$ 和 CONRAD，$F\in\mathbb{W}$（定理3.6）；根据 RMON 和 $\mathbb{W}$，$F\in$ MON（引理3.3）。因此 $\mu_F(\mathcal{E}^1)\geqq\mu_F(\mathcal{E}^1\wedge\mathcal{E}^2)$，且 $\mu_F(\mathcal{E}^2)\geqq\mu_F(\mathcal{E}^1\wedge\mathcal{E}^2)$。从而可得在 $\mathcal{E}^1\wedge\mathcal{E}^2$ 中，$F(\mathcal{E}^1\wedge\mathcal{E}^2)$ 并非帕累托最优，这与已知矛盾。因此 $F\in$ MUP。

3. 如定理2.6，我们可以通过构建一个对称环境序列，来证明单调路径确实是相等效用路径。

定理3.3的证明：

1. 我们在经济环境中重新证明定理2.4。假设 $\mathcal{E}=\langle n,\bar{x},u,v\rangle$ 为 $\hat{\Sigma}$ 中的任意一个环境，令 $a(\mathcal{E})$ 为 $\mathcal{A}(\mathcal{E})$ 的一个理想点（定义见第2.4节）。选 $\alpha,\beta\in\mathbf{R}_+$，从而使 $\mathcal{E}'=\langle n,\bar{x},\alpha u,\beta v\rangle$ 的理想的点是（1，1）。

2. 在 $\mathcal{E}'$ 上，F^{KS} 机制选择能够产生一个相等效用点的资源分配，称该点为（a，a）。考虑效用可能性集 T，它是由（0，0）、（0，1）、（1，0）、（a，a）四个点组成的凸壳（参见图2.5）。

3. 我们要构建一个经济环境条件，其效用可能性集是 T。定义

$$w^1(x)=\begin{cases}x & (x\leq 1)\\ 1 & (x>1)\end{cases}$$

$$w^2(x)=\begin{cases}\dfrac{a}{1-a}x & (x\leq 1)\\ \dfrac{a}{1-a} & (x>1)\end{cases}$$

并定义 $\mathcal{E}_1=\langle 1,1,w^1,w^2\rangle$ 和 $\mathcal{E}_2=\langle 1,1,w^2,w^1\rangle$。注意 w^1 和 w^2 满足条件（3.1），所以 $\mathcal{E}_1,\mathcal{E}_2\in\hat{\Gamma}$。事实上，$\mathcal{A}(\mathcal{E}_1)$ 是以（0，0）、（1，0）、$(0,a/(1-a))$ 为顶点的三角形，$\mathcal{A}(\mathcal{E}_2)$ 是以（0，0）、$(0,a/(1-a))$、（0，1）为顶点的三角形。因此根据引理3.2，$\mathcal{A}(\mathcal{E}_1\wedge\mathcal{E}_2)=T$，符合要求。

4. 令 F 满足定理的公理。由 $D^{\hat{\Sigma}}$ 和 CONRAD 可得 $F \in \mathbb{W}$。由 $\mathbb{W}$ 和 Sy 可得 $F \in \mathrm{S}$（引理3.5）。因此 $\mu_F(\mathcal{E}_1 \wedge \mathcal{E}_2) = (a,a)$。根据 $\mathbb{W}$ 和 I. RMON，$F \in$ IMON（引理3.6），可得 $\mu_F(\mathcal{E}) = (a,a)$。由 CNC 可得 F 选择 $\mathcal{E}$ 上的卡莱－斯莫若丁斯基点，因此得到 $F = F^{KS}$。

定理3.4的证明： 在定理3.2的证明中，我们已经得出 $F \in D^{\hat{\Gamma}} \cap$ CONRAD $\cap$ PO $\cap$ RMON 意味着 F 是一个 MUP 机制。假设存在环境 $\mathcal{E} \in \hat{\Gamma}$ 使 $\mu_F(\mathcal{E}) = (\bar{u},\bar{v}) > 0$。根据 CNC，我们可以很 114
容易地构建一个新环境 $\mathcal{E}'$，使得 $\mu_F(\mathcal{E}') = (\frac{1}{2}\bar{u}, 2\bar{v})$。但是这违反 MUP，因为 $\mu_F(\mathcal{E})$ 和 $\mu_F(\mathcal{E}')$ 都没有占优对方。因此，对于所有的 $\mathcal{E}$，$\mu_F(\mathcal{E})$ 至少包括一个0元素。这就意味着与 F 有关的单调效用路径是坐标轴之一。因此 F 是一个独裁。

定理3.5的证明： 定理3.5可由定理3.2证明。取任意的 $\mathcal{E} \in \hat{\Sigma} \setminus \hat{\Gamma}$，$\mathcal{E}$ 接近于环境序列 $\{\mathcal{E}_i\}$ 的极限，其中 $\mathcal{E}_i \in \hat{\Gamma}$。根据定理3.2，对于所有的 i，$F(\mathcal{E}_i) = E(\mathcal{E}_i)$。根据 ECONT，$F(\mathcal{E}) = \lim E(\mathcal{E}_i)$。

备注： 如果我们将 $\hat{\mathcal{U}}$ 函数的定义域换成 $\hat{\mathcal{U}}^{\mathcal{P}}$ 的，定理3.2、3.4、3.5和3.6仍然成立。这从推论3.1和引理3.6之后的备注可以推断出来。

3.5　命名效用和善

尽管经济环境相包括的信息比效用可能性集更多，但是就分配正义的目的而言，这些信息还是不够。比如说，我们还尤其需要关于"效用表示什么"和"我们所讨论的资源是什么"的信息。亚里和巴尔－希勒（Yaari and Bar-Hillel，1984）为了阐明该问题做了一些实验。

实验之一是给163个学生提出如下问题：琼斯和史密斯必

须在他们之间分配 12 个葡萄柚和 12 个鳄梨的总禀赋。琼斯可以从一个葡萄柚中吸收 100 毫克的维生素 F，但从鳄梨中什么都吸收不到；史密斯能够从一个葡萄柚或者一个鳄梨中吸收 50 毫克的维生素 F。因此，他们的“营养函数”可以表示成：

$$v_J(x,y) = 100x, \quad v_S(x,y) = 50x + 50y,$$

其中 x（y）表示葡萄柚（鳄梨）的消耗量。该问题的“效用”可能性集如图 3.3 所示。学生们需要从下面五种水果分配方法中选出最公平的一种：

J（6，6）	S（6，6）	等分
J（6，0）	S（6，12）	基于强帕累托集的纳什解
J（8，0）	S（4，12）	最大最小值
J（9，0）	S（3，12）	等分的纳什解
J（12，0）	S（0，12）	功利主义，从（0，0）获得的纳什解，以及 EDWE

115

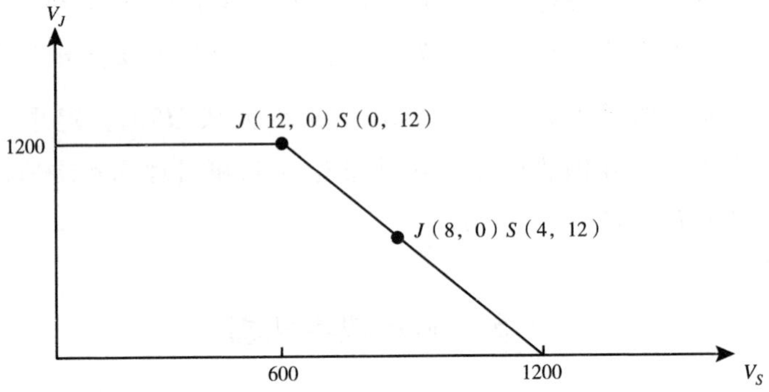

图 3.3

图中，“强帕累托集的纳什解”在效用空间上的威胁点为（600，0）；“功利主义”将效用总和最大化；“EDWE”是瓦尔拉斯均衡，其中将水果等分是初始禀赋位置。

82% 的学生选择最大最小值解，这样做可以使两人的效用相等。

在第二个问题中，葡萄柚和鳄梨的社会禀赋仍然是（12，12）。这次，效用函数是“效用币值”（money metric utility）。琼斯喜欢葡萄柚，愿意为每份葡萄柚支付 1 美元，但他不喜欢吃鳄梨。史密斯两种水果都喜欢，并愿意为每种水果支付 0.5 美元。因此他们的“效用”函数就同第一个问题的效用函数一样了。我们让学生从五种解中挑选一种。这次 28% 的学生选择最大最小值解，24% 的学生选择了等分的纳什解（同样也是等分的卡莱－斯莫若丁斯基解），35% 的学生选择了威胁点（0，0）的纳什解。

注意在这两个问题中经济信息都是相同的，也就是说资源禀赋和效用函数都是一样的。不同的是效用衡量对象的名称——在一个问题中它是某种客观的需求，在另一个问题中我们可以认为它是一种味觉的满足。

在第三个问题中，两种水果的社会禀赋仍然是（12，12）。现在我们知道每个葡萄柚含有 100 毫克的维生素 F，每个鳄梨含有 100 毫克的维生素 G。琼斯需要维生素 F，但是他需要 0.5 毫克的维生素 G 来帮助他吸收每毫克维生素 F。史密斯需要维生素 G，并且能够直接吸收。因此他们的“效用”函数是： 116

$$v_J(x,y) = \min(100x, 200y)$$

$$v_S(x,y) = 100y$$

结果表明，该问题的效用可能性集与前两个问题的一样。该问题与第一个问题在“效用表示什么（需求）”这一点上相同，但它们在经济环境上有差异。这次，只有 37% 的学生选择最大最小值解（或等分效用）。有 38% 的学生选择位于点（0，0）的纳什解，这就相当于图 3.3 中的效用可能性集的“角点”。[这种水果的分配结果是 J（12，6）S（0，6）。]

第一和第二个实验表明，在学生的公平观念中，效用衡量的对象会对学生如何理解正义产生重要影响。第一和第三个实验表明经济环境很重要（具有相同“名称”的问题产生相同的效用可能性集，最后却形成不同的公平性选择）。有人可能会说，学生的反应是没有经过仔细思考的，也就是说他们不是严格意义上的正义论学者，并且被本不相关的差别误导了。举例来说，第三个问题中的分配 J（12，6）S（0，6）可以按如下方式理解：因为葡萄柚对史密斯不产生效用，如果琼斯不能得到所有 12 个葡萄柚就会形成浪费。但是如果琼斯拿到了 12 个葡萄柚，他就需要 6 个鳄梨来辅助吸收（不然也就浪费了），因此琼斯拿到了（12，6），同时史密斯拿到了剩下的（0，6）。在第一个问题中不存在类似的浪费可能，因此使用了另一种标准，即“等分效用”。所以学生们看起来都选择了“焦点”标准，如果存在浪费的可能性，那么作为焦点，避免浪费与等分相比更为重要。

因此，也许与其说亚里和巴尔－希勒的实验具有规范性，不如说其具有预见性，因为它们说明了社会如何选择资源分配，而不是社会**应该**如何分配资源。但我仍然认为善的作用对理解分配正义很重要，因此学生对第一和第二个问题的不同反应是切题的：当涉及需求时，大多数学生都赞同要使需求得到公平的满足；然而当涉及的对象是味觉满足时，学生就找不到这样清晰的焦点。事实上阿玛蒂亚·森的功能性活动和可行能力理论（见第 5.1 节和第 5.6 节）采用的也正是这个观点。善能够在很多方面赋予人们以功能，并且其中某些功能性活动也许比
117 另外一些更有价值（举例来说，获得足够营养要比味觉的满足更有价值）。对于森来说，善的名称很重要，因为具体的善与具体的功能性活动相联系。在本节的剩余部分，我将研究在环境理论中引入善的名称后将会发生的情况。

我们假定存在已命名的善（named goods）的一个无限集 $\mathcal{N}$。**已命名善的环境**是一个数组 $\mathcal{E}=\langle N, n, \bar{x}, u, v\rangle$，其中 N

是基数 n 所构成的$\mathcal{N}$的一个（有限的）子集，$\bar{x}\in\mathbf{R}_{+}^{n}$是 n 个善的总禀赋，u 和 v 分别是两个个体关于这些善的效用函数。我们用 $\Sigma^{(N)}$表示已命名善 N 的环境集，其效用函数是单调、连续的凹函数，其中 $u(0)=0$，且满足条件（3.1）。同时，我们用 $\Gamma^{(N)}$表示 $\Sigma^{(N)}$的子集，该子集的效用可能性集是完全综合的。在所有有限的$N\subset\mathcal{N}$上，令 Σ 是 $\Sigma^{(N)}$的并集，Γ 是 $\Gamma^{(N)}$的并集。

如果将我们的分配机制定义在定义域 Σ 或者 Γ 上，那么对两个拥有相同经济信息但不同善集的环境 $\langle N, n, \bar{x}, u, v\rangle$ 和 $\langle M, n, \bar{x}, u, v\rangle$，该机制指定的分配可能不同。因此我们的分配正义理论能够将善的功能考虑在内，就如在亚里和巴尔－希勒的试验中那些学生所做的那样。

既然善都已被命名，那么我们必须改进之前的公理使之符合我们的直觉。举例来说，新资源单调性公理为：

资源单调性公理（RMON*） 令$\mathcal{E}=\langle N,n,\bar{x},u,v\rangle$和$\mathcal{E}'=\langle N,n,\bar{x}',u,v\rangle$是两个经济环境，且 $\bar{x}'\geq\bar{x}$。那么有 $\mu_F(\mathcal{E}')\geqq\mu_F(\mathcal{E})$。

这样，我们的直觉仅仅告诉我们，如果两个环境包括完全相同的善集，那么效用单调性成立。

资源分配的跨维度的一致性公理（CONRAD*） 令$\mathcal{E}=\langle N\cup M, n+m,(\bar{x}, \bar{y}), u, v\rangle$ 为一个环境，其中 $N\cap M=\varnothing$，$u, v\in\hat{\mathcal{U}}^{(n+m)}$。同时，令$((\hat{x}^1, \hat{y}^1), (\hat{x}^2, \hat{y}^2))\in F(\mathcal{E})$，其中每个 y 类善 $j=(n+1, \ldots, n+m)$ 至多只被一个代理人喜欢。定义 u^*，v^*如下： 118

$$\forall x\in\mathbf{R}_{+}^{n},\qquad \begin{aligned} u^*(x) &= u(x,\hat{y}^1) \\ v^*(x) &= v(x,\hat{y}^2) \end{aligned}$$

如果 $u^*(0)=v^*(0)=0$，那么 $u^*, v^*\in\hat{\mathcal{U}}^{(n)}$，并且在这种情况下考虑可接受的环境 $\mathcal{E}^*=\langle N, n, \bar{x}, u^*, v^*\rangle$。如果 $\mathcal{A}(\mathcal{E}^*)=\mathcal{A}(\mathcal{E})$，那么 $(\hat{x}^1,\hat{x}^2)\in F(\mathcal{E}^*)$。

新的 CONRAD* 公理也必须包括的前提是，在环境$\mathcal{E}$和$\mathcal{E}^*$中，善集 N 是相同的。

帕累托最优公理和对称性公理在新的定义域上都具有很显著的形式，让我们称之为 PO* 和 Sy*。定义域公理 D^{Σ} 意味着，分配机制 F 是一个完全对应，从本质上来说是一个函数，其针对的对象是Σ里每个具有已命名善的环境，D^{Γ} 表示的含义与之类似。在新的定义域上，我们的确能够做些工作来重新表达平等主义定理 3.2。

定理 3.7 $D^{\Gamma} \cap \mathrm{CONRAD}^* \cap \mathrm{PO}^* \cap \mathrm{RMON}^* \cap \mathrm{S}_y^* = \{E\}$。

证明：

1. 令$\mathcal{E}_1 = \langle N, n, \bar{x}, u^1, v^1 \rangle$ 且$\mathcal{E}_2 = \langle M, m, \bar{y}, u^2, v^2 \rangle$。我们首先证明如果 $N \cap M = \emptyset$，那么要么 $\mu_F(\mathcal{E}_1) \geqq \mu_F(\mathcal{E}_2)$ 成立，要么 $\mu_F(\mathcal{E}_2) \geqq \mu_F(\mathcal{E}_1)$ 成立。

2. 假设在第一步中两个不等式都不成立。构建卷积$\mathcal{E}_1 \wedge \mathcal{E}_2 = \langle M \cup N, m+n, u^*, v^* \rangle$，其中 $u^*(x,y) = \min(u^1(x), u^2(y))$，$v^*(x,y) = \min(v^1(x), v^2(y))$。根据引理 3.2，$\mathcal{A}(\mathcal{E}_1 \wedge \mathcal{E}_2) = \mathcal{A}(\mathcal{E}_1) \cap \mathcal{A}(\mathcal{E}_2)$。运用证明定理 3.2 的方法，我们可以发现前后矛盾之处，所以步骤 1 中的主张成立。

3. 现在我们设$\mathcal{E} \in D^{\Gamma}$，$\mathcal{E} = \langle N, n, \bar{x}, u, v \rangle$ 是任意满足 $\mu_F(\mathcal{E})$ 不是一个相等效用点这一条件的环境。令 $E(\mathcal{E}) = (a, a)$。选择一个对称性环境 $\mathcal{E}' = \langle M, m, \bar{y}, w, w \rangle$，从而使 $\mu_F(\mathcal{E}') = (a,a)$（根据 Sy^* 可得），并且 $M \cap N = \emptyset$（根据 D^{Γ} 这是可能的）。根据步骤 1 可得，要么 $(a,a) \geqq \mu_F(\mathcal{E})$ 成立，要么 $\mu_F(\mathcal{E}) \geqq (a,a)$ 成立。如果第一个不等式成立，那么因为 $(a,a) \in \mathcal{A}(\mathcal{E})$，且 F 为帕累托最优，所以 $\mu_F(\mathcal{E}) = (a,a)$。如果第二个不等式成立，那么 $\mu_F(\mathcal{E}) = (a,a)$，再一次与已知条件矛盾。该定理证毕。

通过类似的方法，我们能够证明其他定理在已命名善的经
119 济环境定义域上也成立。

如果我们在确定分配时允许考虑善的名称，定理 3.7 对福利平等主义者来说似乎是一个具有说服力的观点。但是我将表明事实并非如此。存在争议的是定义域公理 D^{Γ}，我认为该公理强得令人难以接受。定义域公理主张，对**任意**的善的有限集 N 和**任意**效用函数 u 和 v（以及对于任意资源向量 $x \in \mathbf{R}_{+}^{n}$），存在一个“可能的世界”，在这个世界里，两个个体对善 N 的效用函数分别为 u 和 v。但是如果这个说法成立，我们关于“善的名称对分配正义有意义”这一道德上的直觉就是错误的。这是因为如果我们认为善的名称应该有意义，那是由于我们相信在足够低的消费水平上，某些善（面包、住所）总是比一些其他善（苏格兰威士忌、鱼子酱）重要。[①] 善的名称之所以重要，是因为一些善可以满足需求，而另一些善只能满足欲望。如果存在人类的基本需求，那么我们就不能说对于**任意**善集，**任何**可能的偏好顺序对人类来说都是可行的。

具体来说，假设在一个包含四种善的（食物、住所、快艇、快车）环境中，两个个体分别具有的效用函数为 u 和 v，u 和 v 反映了人们对待这些善的正常态度：食物和住所在消费低于一定水平时是必不可少的，也就是意味着如果必需品的消费水平足够低的话，为了获得哪怕少量的必需品，多少快艇和快车人们都会愿意拿出来交换。现在来假设另一种环境包含同样的已命名善，但是在这个环境中人们认为快艇和快车是必需品，而住所和面包是奢侈品：在这个环境中的效用函数 u^* 和 v^* 只是简单地对善重新排列，也就是说，$\{1, 2, 3, 4\}$ 存在一个排列 σ 满足 $u^*(x) = u(\sigma(x))$，$v^*(x) = v(\sigma(x))$。理论上这两个环境都在我们的定义域中，但实际上第二个环境并不存在，因为

① 如果我们规定在基本善消费水平较低时，奢侈品与基本善间的边际替代率总是很大，我们可能得出这一点。对于这个观点的进一步详细说明请见第 5.7 节。

人类的天性排除了其存在的可能性。

我会在第 5 章用阿玛蒂亚·森的功能性活动主张对此进行重述。森认为人类的某些功能性活动是实现任何可能的人生计划观（保证充分的营养、良好的居住条件、能够自由活动等）的必要前提。相应地，我们需要用某些资源来进行这些功能性活动。如果效用衡量的对象是一个人在实现人生计划或保持总
120 体幸福方面所取得的相对成就，那么一个人消费了这些资源却没有得到任何效用是令人难以信服的陈述。也就是说，对于某些既包括了“基本”资源又含有某些奢侈品的善集，假定它们偏好顺序的定义域为无界显然是错误的。

因此，定义域假设 D^{Γ} 排除了在模型中我们根据善的名称本应该拥有的认识。某些善在实现人们的愿望方面比其他善起更加基础的作用，但该假设告诉我们，我们不可能在可能世界的集合中对善进行区别。

让我们把之前经济环境条件中的定义域假设 $D^{\hat{\Gamma}}$ 与 D^{Γ} 进行比较。前一个假设表明，存在与任意信息的数组〈n, $\hat{x}$, u, v〉相对应的经济环境条件。这意味着，对于任何数组〈n, $\hat{x}$, u, v〉，总存在某个大小为 n 的善的集 N，从而使$\mathcal{E}$ = 〈N, n, $\bar{x}$, u, v〉为一个可能的世界。这部分是可能的。定义域假设 $D^{\hat{\Gamma}}$ 令人难以接受的部分如下：如果碰巧存在两个与经济信息〈n, $\bar{x}$, u, v〉相关的可能世界，也即存在另一个善的集合 N^*，从而使$\mathcal{E}^*$ = 〈N^*, n, $\bar{x}$, u, v〉也是一个可能的世界——该公理迫使分配机制将$\mathcal{E}$和$\mathcal{E}^*$作为同形对待。形式上讲，定义域公理 $D^{\hat{\Gamma}}$ 包含了对善的匿名处理方法。正是为了避免 $D^{\hat{\Gamma}}$ 对善的名称的不敏感，我们转而考虑已命名善的经济环境条件。虽然后来在包含已命名善的环境的定义域上，该定义域公理被用来证明定理 3.7，但正是出于同样的原因，该公理是不能被接受的！

我们应该注意到，在我们的讨论由纳什型定义域公理 U 转

移到有关经济环境条件的定义域公理 $\hat{\mathrm{D}^{\Gamma}}$ 时，就会出现这样的问题。U 的主张是，任何（S，d）都描述了一个可能的世界。由于真实世界包含经济信息，这意味着，对于在 $\mathbf{R}^2_+$ 中的任意综合凸集 S，存在用**某个**经济信息数组 $\mathcal{E} = \langle n, \bar{x}, u, v\rangle$ 描述的一个可能世界，其中 $\mathcal{A}(\mathcal{E}) = S$。当我们的讨论从纳什公理的谈判理论转移到经济环境时，我们需要用来保留表征性结论的定义域公理主张，**任何**信息数组 $\mathcal{E}' = \langle m, \bar{y}, u', v'\rangle$，只要其满足 $\mathcal{A}(\mathcal{E}') = S$，它就必然是一个可能的世界。很明显这是一个比 U 更强的公理，但我认为它还没有强到不可接受。

如果定理 3.7 的定义域假设强到令人难以接受，我们能不能用一个更合理的定义域公理重新构建定理 3.7 的论证呢？事实上，我认为这是可行的。因为如果要证明定理 3.7，机制 F 所 121
在的定义域 Δ 在如下的操作中必须是封闭的：

（1）如果 $\mathcal{E}_1$ 和 $\mathcal{E}_2$ 在 Δ 中，那么 $\mathcal{E}_1 \wedge \mathcal{E}_2$ 也在 Δ 中；

（2）如果 $\mathcal{E}_1 = \langle N, n, \bar{x}, u^1, v^1\rangle$ 和 $\mathcal{E}_2 = \langle N, n, \bar{x}, u^2, v^2\rangle$ 在 Δ 中，且 $u^1 \geqq u^2$，$v^1 \geqq v^2$，那么在 Δ 中存在 $\mathcal{E}_3 = \langle n+2, N \cup \{r, s\}, (\bar{x}, 1, 1), U, V\rangle$，其中 r 与 s 是不在 N 中的某对善，且 $U(x,1,0) = u^1(x)$，$U(x,0,0) = u^2(x)$，$V(x,0,1) = v^1(x)$，$V(x,0,0) = v^2(x)$；

（3）如果 $\mathcal{E} \in \Delta$，那么存在 $\mathcal{E}^* \in \Delta$，其中 $\mathcal{E}^*$ 的效用函数是在 $\mathcal{E}$ 中的效用函数的"扁平式扩展"；

（4）对于任何正数 a，在 Δ 中存在一个对称的环境，使得（a，a）是一个帕累托最优的点。

如果（1）~（4）都成立，那么所有证明定理 3.7 必需的构造都可行。现在设 Δ 为一个由环境构成的域，环境中的善都已被命名，所有的环境都为可接受的（例如，牛奶和房屋在效用函数中视为奢侈品，苏格兰酒和鱼子酱都视为必需品，这样的环境在 Δ 中不存在）。以 $\bar{\Delta}$ 来表示"封闭"Δ，也就是包含 Δ 为子集的最小定义域，在该定义域中（1）~（4）都是成立的。我们的问题是：如果在 Δ 中的所有环境都是可接受的，那么在 $\bar{\Delta}$ 中是否也同样成立呢？如果成立，那么我们可以将定理 3.7 的定义域公理记为 $D^{\bar{\Delta}}$，并且在可接受的域中重构该定理。

我认为答案为肯定的。我对条件（2）（3）（4）都没有异议：这些条件中的“封闭”从来都不会要求我们接受会使善的名称变得无意义的环境。让人感觉比较微妙的是条件（1）。令 $\mathcal{E}_1=\langle N, n, \bar{x}, u^1, v^1\rangle$，$\mathcal{E}_2=\langle M, m, \bar{y}, u^2, v^2\rangle$，$M\cap N=\emptyset$，两个环境都在 Δ 中。我们必须证明 $\mathcal{E}=\langle M\cup N, m+n, (\bar{x}, \bar{y}), u^*, v^*\rangle$ 为可接受的环境，其中 $u^*(x,y)=\min(u^1(x),u^2(y))$，$v^*(x,y)=\min(v^1(x),v^2(y))$。这里我继续使用与分配正义的应用最相关的“效用”的解释，也即用 $u(x)$ 表示用资源束 x 实现人生计划的（期望）程度或可能性。在 $\mathcal{E}_1$ 中，第一个个体艾伦的人生规划观与定义在善 N 上的效用函数 u^1 有关。在 $\mathcal{E}_2$ 中，第一个个体贝齐的人生规划观与定义在
122 善 M 上的效用函数 u^2 有关。上述条件（1）的可接受度取决于一种假设的可接受程度，在这种假设中存在一个可能的世界，在该世界中，第一个个体的效用 u^* 定义在善集 $M\cup N$ 上。假定在个体卡门生活的世界中，善集为 $M\cup N$。卡门有两个人生目标，第一个目标与艾伦的目标一致，第二个目标与贝齐的目标一致。卡门以达到这两个目标的最低程度来衡量自己实现人生计划的成功程度（她给自己设定了相当严格的标准）。在具有的善集为 $M\cup N$ 的世界中，她的效用函数为 u^*。这个故事表明，构建两个环境的卷积，如果这两个环境都应该是可接受的，卷积所产生的新环境也是可接受的。因此可以得出结论：在定理 3.7 中，我们可以用公理 $D^{\bar{\Delta}}$ 来替代公理 D^{Γ}，这使我们拥有一个主张平等福利（至少在作为人生计划的实现程度或可能性时）的定理，在该定理下，我们可以直觉上认为，在实现人生愿望的过程中，一些善就是比其他善更重要。

我将该讨论的技术部分概括如下：

定理 3.8 令 Δ 为任何已命名善的环境的定义域，并在条件（1）~（4）中令 $\bar{\Delta}$ 为 Δ 的封闭。那么

$$D^{\bar{\Delta}} \cap \mathrm{CONRAD}^{*} \cap \mathrm{PO}^{*} \cap \mathrm{RMON}^{*} \cap \mathrm{Sy}^{*} = \{E\}$$

3.6 结论

在第 2.5 节中，我对应用纳什谈判理论研究分配正义的合理性提出了质疑：纳什理论仅依靠隐晦地提出福利主义这样一个不可接受的强公理，就用少量具有说服力的公理，完成了对解的特征的有力描述。福利主义表明，为了实现分配正义，只有效用可能性集是重要的，因此掌管正义的部门（Ministry of Justice）能够抛开那些产生这些效用可能集的经济信息（如资源和个体的效用函数）。我们可以从两个方面来看待福利主义令人难以接受的强度：其一，它排除了许多只能根据经济信息才能界定的分配机制（如所有资源的平均分配，或者从等分出发的瓦尔拉斯均衡）；其二，看似合理的纳什型公理实际上比它们在直觉上给人的印象更强。

在本章中，我试图通过重构纳什类型的特征化结果来回应
这一质疑，但是我仍将先验的经济信息考虑在内，而没有假定 123
福利主义的相关公理。事实上，福利主义作为一个**定理**是从“经济基础”中推导出来的。只有在前提看上去距离结论足够“远”时，这样的推导才具有吸引力：我认为这个定理的核心 CONRAD 公理与福利主义的距离就是这样一个合适的距离。（我在前文中已提到，激发 CONRAD 形成的另一个因素将会在第 7 章中作为重点给出。）这章的特征化结果运用了“实质性”公理，这些公理比第 2 章中的公理要弱，但是这里使用的定义域公理要强过第 2 章。

但是，紧接着又有第二个异议，它针对将可能世界作为经济环境条件建模的合理性。在现实中，善都是有名称的，人们用善来满足自己的需求和欲望，不同善通过不同的方式影响人们的“个体生产函数”。这个新的质疑认为，善的名称可以表达善的作用，这对于分配正义来说是非常重要的，因为我们可以通过善的名称了解人们对于这些善的需求程度。事实上，斯坎伦（Scanlon，1975）已经在其《偏好与紧迫性》（“Preference and Urgency”）一文中，从分配正义的角度讨论过欲望的满足和需求的满足之间的区别。所以我们在不对善做匿名处理的前提下重构了一个重要的表征定理。问题是这一表征结果（定理3.7）需要更强的定义域公理作为支撑。我认为该定义域公理无视了以下事实：某些善较之另一些善满足了人们更为紧急的需求。

我接下来疑问的是，我们是否有可能在一个更小的定义域上重新建立定理3.7，该域只承认已命名善的环境，在这样的环境里，善从来不会以不合常理的方式满足人们的渴求。我最后建立了定理3.8来说明答案为“是”，它是目前最具有道德吸引力的平等福利观点。

但是，人们不应该满足于目前的公理化分析。我们仍然可以提出质疑，认为定义域假设 $D^{\bar{\Delta}}$ 太强。举例来说，该假设要求我们承认存在一种可能的世界，在该世界中善的数量比宇宙中原子的数量还要多。下一步我们或许可以尝试构建一个定义域的表征定理，这些定义域由已命名善的环境组成，环境对于善的数量有一个合理的上限。但据我推测这并不可行，因为如果
124 在商品空间的维度上设限，我们有可能总是能够构建一个机制，它满足定理3.8的（非定义域）公理，但是却没有将效用等分。（这个具有挑战性的练习就留给读者了。）

这给我们留下了那些启示？在本章中，我们已经循序渐进地对可能世界的抽象表示增加信息。为了使理论在道德直觉上

真实有效，我们将其定义在了这类环境中。在这个过程中，我们必须使用定义域公理来保留纳什型理论的表征结果，但该公理的适用度在逐渐减少。甚至我们在结尾处小心构建的环境（定理3.8）也是相当抽象的：它们排除了所有个人的信息，这些信息很可能对分配正义非常重要。如果我们进一步按照这个思路研究下去，在我们所研究的环境中增加更多的信息，我相信我们只能保留那些“好”的表征结果，因为我们运用的定义域公理不能表示促使我们增加信息的直觉。出于本章和前一章已经证明过的原因，我们将会失去那些简洁有力的表征结果。

数学告诉我们一些很重要的东西：如果一个论证从少数清晰有力的公理中推断解或机制，那么这样的论证无法给出分配正义的简单规则。哲学上的正直要求我们不局限于对社会选择理论以及公理化的谈判理论的“简单特征化描述”。 125

4 功利主义

4.1 引言

功利主义也许是最古老的社会选择理论，用边沁的话说，其信条即社会应当为最大多数人寻求最大幸福。但若没有进一步的界定，这个表达是不完整的，因为它同时主张两个对象的最大值。如果人口规模是固定的，功利主义则建议人们选择可获得最大利益的社会选择。为该说法辩护的观点如下：社会中所有个体都应该被平等对待，这种平等的实现依靠在社会计算中给予每个人的个体幸福相等的权重，这意味着正确的社会决策应当最大化个人效用的总和。我们将在第 4.6 节中讨论人口规模的选择。

但是，这种平等主义理由并不意味着正确或者公正的社会状态必然使效用总和最大化。为什么平等地对待每一个社会个体需要加总他们的效用？为什么不提倡可以将个体效用平等化的社会选择？或可以给予个体最公平机会的选择？正如森（1992）所提出的，每一个关于公平的现代理论都始于如下的前提：在某些方面必须公平对待公民。

在本书中，我将功利主义的观点界定为“公正的社会选择（至少当人口规模固定的时候）将最大化个人效用之和”。应当强调的是，常被哲学家定义为“功利主义”的概念在本书中被称为“福利主义”。福利主义主张，评价社会状态公正与否仅需
127 要了解该状态分给个体的效用。比如很多关于功利主义的哲学

讨论都涉及“令人厌恶”的偏好。如果找到了一个最大化社会福利的决策，我们是否需要将一些人（如在第1.3节中提到的森的饥饿的虐待狂的例子）从他人的痛苦中所得到的快乐计算在内？请注意，这个问题对不局限于（我们的）功利主义的任何福利理论都很重要。我们不会进一步涉及“虐待狂”的偏好，因为我们仅仅研究分配正义问题，其中，我们假设所有的个体对于资源或者商品分配的偏好都是自我关涉的。另一个双重使用功利主义的例子可见哲学家们对罗尔斯观点的采用。罗尔斯认为他的作品就两个方面而言是反功利主义宣言：首先，他提倡基本善（primary goods）的指标最大化，而不是效用；其次，他提出只从个人福利的最低水平着眼，而不是总和。第一点从总体上使罗尔斯的正义观与福利主义形成对比，第二点专门与（我们的）功利主义形成了对比。哲学文献以及罗尔斯本人的著作都认为这两点表达了对功利主义的反对。

哲学方面对功利主义中的福利主义观点的异议建立在如下前提之上：快乐可由个体效用衡量，并且某些东西应该和快乐一样可以被用来评价状态的好坏。但是如果我们赞同现代观点，认为效用函数仅是个人偏好的表示，那么这一对福利主义的反对就不是很恰当，因为个体对某一资源束的偏好可能并不是因为这个资源束给了他更多快乐，而是因为（比如说）这样做使他有更多机会去过有意义的生活。如果这样理解，福利主义就不再是社会价值的享乐理论。值得注意的是，就如我之前提到的，在第2章中提到的对福利主义的反对与森对虐待的反对性质不同，它们提出福利主义排除了许多分配机制，而这样的排除是没有明显的依据的。最后，在功利主义目标中加总的效用函数甚至并不需要成为主观幸福的计量方式，它们可以测量个体的某些客观特征，比如预期寿命。

现代观点认为效用函数只是偏好顺序的一个数值表示。基于此观点，功利主义的意义是什么？或者换句话说，取总和

$\sum u^i(x)$，其中，u^i 是个体 i 的效用函数，x 代表社会选择，这样
128 做的意义何在？只有当效用函数衡量的对象具有了人际可比性，这样的加总在解释社会福利时才有价值。例如，假设 $u^i(x)$ 表示个体 i 在状态 x 的预期寿命，$\frac{1}{H}\sum u^i(x)$ 是所研究的问题中社会的平均预期寿命水平，人们很可能会提出，最好的状态就是可以最大化平均预期寿命的状态。用 u^i 衡量预期寿命时，我们需要其具有什么样的可测度性和可比性呢？我们只允许通过形式为 $\Phi=(\varphi, \varphi, \ldots, \varphi)$ 的单调转换，来对 $u=(u^1, \ldots, u^H)$ 进行变换，其中对于某正数 a，$\varphi(z)=az$（这与寿命计量单位为年、数十年或小时无关）。这样的转换既保留了效用差又保留了效用比，所以，说一个人比另一个人的预期寿命多六年，或者某人的预期寿命为另一人的三分之二，这都是有意义的。布莱克贝和唐纳森（1982）称这种可测性为“比例大小完全可比性”（ratio-scale full comparability），这种变化群可称为 G^{RFC}。注意这是一个比基数完全可比性更强的信息假设，它允许类型 Φ 在 $\varphi(z)=az+b$ 上变换，在该变换中，效用比例并没有保持不变。毋庸置疑，RFC 为一个比基数单位可比性更强的信息性要求，它允许将零点任意指派给每个个体。我们在第 1 章中提到，只要效用为基数可测且单位可比，那么功利主义的概念就具有一致性。在下一节中，我们将看到，当信息变少，功利主义将不再保持一致性。

当具有 CUC（基数单位可比）信息时，功利主义是一致性概念，也就是说功利主义给出了一个定义完善的社会状态排序，无论从信息上可接受的集合里选择哪一种效用分布都不影响该排序。但并不能仅因为这一点就认为 $\sum u^i(x)$ 是有哲学意义的。为了说明这一点，以上面的例子为例，假设有两个人，他们的预期寿命由 $u^1(x)=10x-3$ 和 $u^2(x)=75-x$ 给出，其中 x 在区间 $[1, 8]$ 上任意取值，且预期寿命以年计量。（所以平均预期

寿命的最大值在 $x=8$ 且年龄为 72 时可得。）我们假设有转换 $\tilde{u}^1=2u^1$ 和 $\tilde{u}^2=2u^2$。预期寿命（当然）在 $x=8$ 处达到最大，而且平均预期寿命为 144 个半年，个体预期寿命的比例和差值仍保持不变。但是，假设做这样一个变换：$\bar{u}^1=u^1+1000$，$\bar{u}^2=u^2-600$。当然，解仍然保持不变（$x=8$），但是这样会丢失一些之前对我们有意义的信息：一个人的预期寿命是另一个人的一定比例的说法将不再成立。

上述讨论得到这样一个结果：只有当效用观念以某种有意 129
义的方式人际可比时，功利主义对正义来说才是一个有意义的概念。预期寿命就是这样的一个效用观念。稍微再抽象一些，不同选择给予个体不同机会以实现人生计划，所有个体的偏好顺序代表他们对机会大小的认识，并且这些机会的大小在个体之间是可以比较的，比如取决于正的**线性**转换（和预期寿命的例子一样），或取决于一个正**仿射**变换（我们称其为基数完全可比性），也许甚至是基数单位可比性（允许对任意个体指定零点）。我们必须以某个这样的效用观念展开论述，该观念能允许我们有意义地评论社会上的平均效用 [即$\frac{1}{H}\sum_{i=1}^{H}u^i(x)$]。这一点看上去似乎很明显，但是我们将看到，在本章引用的一些经济学文献中，许多关于功利主义的讨论到最后讨论的都不是功利主义，因为它们并没有以这样的效用概念为基础。由于我采纳的功利主义原则提倡的状态将最大化个体的平均效用或者总效用，这里效用代表的是加总后有意义的个人属性，我引用的文献与评价功利主义原则是无关的。

哲学上对功利主义的第二点主要质疑针对其对不平等的不敏感，比如将两种效用分配（1，99）与（50，50）判定为无差异。针对社会选择文献中已有的功利主义论点，本章的一个主要结论为，即使为不公正所造成的人生影响而感到不安的道德观察者，他也没有理由去修正他们功利主义观点。事实证明，功利主义的定理并没有动摇人们通常因不平等而产生的反感。这一点目前看来似乎是矛盾的，但我希望在本章的结尾通过我的说明它能变得合理。

4.2 马斯金定理

目前为止，我们已经看到了两个关于功利主义的定理：定理1.4及与它在经济环境条件下的表述定理1.8。两个定理都要求社会选择函数遵循基数单位可比性。在很多情况下，这是不够的。例如，假设X为社会选择的集合，$u^i(x)$是个体i在社会
130 状态x下的预期寿命。假设我们要求社会选择函数F遵循比例大小完全可比性（见第4.1节）及定理1.4的其他条件（WP*，I*，U*，和AN*）。可以就此确定功利主义吗？肯定不能。例如，如果效用被限定为非负的，那么根据$\sum(u^i)^2$的值对社会状态进行排序的函数满足这些定理和比例大小完全可比性。所以对于预期寿命问题，定理1.4不适用，因为它对社会选择函数要求过多。换句话说，即使当衡量预期寿命的效用做无意义的转化时，这些指示仍然是不变的。总之，如果社会目标是在人口中最大化平均预期寿命，那我们需要像定理1.4这样的表征定理，但是“基数单位可比性”将被“比例大小可比性”代替。关于群G^{RFC}的不变性前提要比关于群G^{CUC}的不变性前提弱得多，因为后一个群更大。所以当定理1.4没有强化其他公理时，我们失去了社会福利函数的唯一确定性。

无论效用怎么定义，我们允许的变换群取决于效用的可测性特征。接下来的结果清楚地表明，基数单位可比性是使功利主义保有一致性的最弱信息要求。

命题4.1 设F^{ut}为功利主义社会选择函数，效用分布的定义域不受限制，并且假设排序$F^{ut}(u)$关于群G的效用转换是不变的，其中，构成G中的转换除了在有限个数的点外，其分量

函数都是连续、单调、且可微分的。那么，$G\subset G^{CUC}$。

证明：

1. 设 $\Phi\in G$，$\Phi=(\varphi^1，\varphi^2，\dots，\varphi^H)$。我们必须表明存在数字 a，b^1，…，b^H（$a>0$），从而对于 $i=1$，…，H，$\varphi^i(z)=az+b^i$。

2. 我们从 $H=2$ 开始证明给定结果。F^{ut} 由伯格森－萨缪尔森社会福利函数 $W(x^1,x^2)=x^1+x^2$（其中 x^i 被视为效用数）表示。由假设知，W 的无差异曲线与 $W\circ\Phi$ 的无差异曲线一样，即对于任意数值 k'，都有数值 k 使集合 $I(k')\equiv\{(x^1,x^2)\mid x^1+x^2=k'\}$ 与集合 $I^{\Phi}(k)=\{(x^1,x^2)\mid\varphi^1(x^1)+\varphi^2(x^2)=k\}$ 相等。定义 $\psi^1(z)=\varphi^1(z)-\varphi^1(0)$ 和 $\psi^2(z)=\varphi^2(z)-\varphi^2(0)$，并注意对于 $i=1，2$，$\psi^i(0)=0$。 131

3. 设 x^1 为任意数值，同时令 $(x^1,\bar{x}^2)\in I(k')$，我们可以记为 $\bar{x}^2=k'-x^1$。由于 $(x^1,\bar{x}^2)\in I^{\Phi}(k)$，可以进一步记为 $\varphi^1(x^1)+\varphi^2(k'-x^1)=k$，或

$$\psi^1(x^1)+\psi^2(k'-x^1)=k-\varphi^1(0)-\varphi^2(0) \tag{4.1}$$

等式（4.1）在 x^1 处为恒等式。将取值 0 和 k'代入（4.1）中的 x'，我们可以得到

$$\psi^1(k')=\psi^2(k') \tag{4.2}$$

但该式对于任意数值 k'都成立，所以 ψ^1 和 ψ^2 的确是同一个函数，称为 ψ。

4. 所以我们可以将（4.1）写为

$$\psi(x^1)+\psi(k'-x^1)=k'' \tag{4.3}$$

该式除了有限个数的点之外都可微。对（4.3）求微分可得

$$\psi'(x^1)=\psi'(k'-x^1) \tag{4.4}$$

我们可以自由地选择任意 x'和 k'，所以式（4.4）表明 ψ'是一个常数，也就是存在正数 a，从而使

$$\psi'(x^1)=a \tag{4.5}$$

对（4.5）积分可得 $\psi(x^1)=ax^1+b$。但 $\psi(0)=0$，所以 $b=0$。因此

$$\psi(x^1)=ax^1 \tag{4.6}$$

的确，由于 ψ 的连续性，(4.6）对**所有** x^1 都是成立的。

5. 由 ψ^i 的定义可得

$$\varphi^1(z)=az+\varphi^1(0)$$
$$\varphi^2(z)=az+\varphi^2(0)$$

132 所以 $\Phi\in G^{CUC}$。

6. 我们可以通过如下方式证明 $H>2$ 时该命题成立：令 $I(k')=\{(x^1,x^2,\ldots,x^H)\mid\sum x^i=k'\}$。已知存在一个数值 k 使 $I^{\Phi}(k)=\{(x^1,\ldots,x^H)\mid\sum\varphi^i(x^i)=k\}$ 与 $I(k')$ 相同。现在令整数 j 为 $1<j\leq H$，同时对于 $i\neq1$，$i\neq j$，令 x^i 为任意值 $\bar{x}^i$。这样我们便知集合 $\{(x^1,x^j)\mid x^1+x^j=k'-\sum_{i\neq1,j}\bar{x}^i\}$ 和 $\{(x^1,x^j)\mid\varphi^1(x^1)+\varphi^j(x)=k-\sum_{i\neq1,j}\varphi^i(\bar{x}^i)\}$ 是相同的。但这些集合的形式为 $\{(x^1,x^j)\mid x^1+x^j=k''\}$ 和 $\{(x^1,x^j)\mid\varphi^1(x^1)+\varphi^j(x^j)=k'''\}$。步骤 1～5 的论述表明对于某些 $a>0$，$\varphi^1(x)=ax+\varphi^1(0)$ 和 $\varphi^j(x)=ax+\varphi^j(0)$ 成立。但是 j 为任意值，从而对于所有的 i 我们有 $\varphi^i(x)=ax+\varphi^i(0)$，因此确定 $\Phi\in G^{CUC}$。

这个命题的内容表明，除非在我们探讨的问题中效用至少满足基数单位可比性，我们不能将功利主义当作实现公正的一种选项。但是我们可以根据问题要求更多，正如预期寿命这个例子所示。我发觉很难想象一个相对 G^{CUC} 不变的效用概念，所以对于我来说，定理 1.4 和 1.8 似乎不是令人信服的功利主义观点。

但是，我能够设想完全可测且可比的效用［即效用分布 u 可由 $\Phi=(\varphi,\varphi,\ldots,\varphi)$ 转换，其中 $\varphi(z)=az+b, a>0$］，

比如以“度数”这样的单位来衡量的效用。我们可以用“摄氏”或“华氏”测量状态 x 允许人们实现人生计划的程度，称这样的变换群为 G^{FC}。当然，这是一个比基数单位可比更强，但比比例大小完全可比更弱的信息要求。由马斯金定理可知，功利主义有表征化的描述，在这样的表述中，之前的效用概念完全可测且可比。我们在第 1 章的社会选择框架中探讨这一点。现在我们必须给出两个新的公理。

连续性公理（CONT） 假设 F 是伯格森－萨缪尔森社会福利函数 W：$\mathbf{R}^n \to \mathbf{R}$。当且仅当由 W 产生的排序 $\mathbf{R}^n$ 是连续的，F 才为连续函数。①

无差异个体影响消除公理（EL） 令 u^1，$u^2 \in \mathcal{U}$且 $M \subseteq H$。假设 $u^{1i} = u^{2i}$对于所有 $i \in M$ 和 $j \in H \setminus M$ 成立，并且对于所有的 x， 133
$y \in X$，$u^{1j}(x) = u^{1j}(y)$和 $u^{2j}(x) = u^{2j}(y)$成立，则 $F(u^1)$ 和$F(u^2)$是 X 上的相同排序。

EL 表明如下成立：假设我们为个体的子集 1，…，M 固定效用函数 u^1，…，u^M，进一步假设（在 $H \setminus M$ 中的）所有其他个体在所有可能的状态中都是无差异的，则社会排序应当只取决于个体 1，…，M 的效用函数。所以无差异个体的效用水平与社会排序无关。

强帕累托最优公理（SP^*） 令 u 为效用分布。如果 $u(x) \geq u(y)$，那么在排序 $F(u)$ 下，x 优于 y。

我们现在可以规定：

定理 4.1（马斯金，1978）② 如果 F 满足 U^*，SP^*，I^*，AN，CONT，和 EL，同时遵循基数完全可比性（即对群 G^{FC}保持

① 虽然如果 F 是连续的，便存在连续的伯格森－萨缪尔森社会福利函数表示 W，W 却不一定是连续函数。

② 为了与第 1 章中的定理保持一致，这个定理的陈述某种程度上和马斯金定理不同。

不变），那么 F 为功利主义。[即当且仅当 $\sum u^i(x) \geqq \sum u^i(y)$ 时，$xF(u)y$ 成立。]

证明：

1. 由 U^*，I^* 和 SP^* 可知，F 可以由伯格森－萨缪尔森社会福利函数 W 表示；由 CONT 可知，我们可以视 W 为连续函数。由 EL 知，当 $\mathbf{R}^m$ 的对应分量固定时，W 在 $\mathbf{R}^{n-m}$ 上形成的排序独立于这些分量 m 的固定水平。由德布鲁（1954，定理 3）的定理可知，这些事实足以证明 $F(u)$ 的函数形式为 $\sum g^i(u^i(x))$。根据 SP^*，函数 g^i 严格单调。根据 AN，g^i 类函数都是相同的，记为 $g^i = g$。由 CONT 可知，g 是连续的。我们必须证明 g 是线性的。我们可以根据完全可以性选择 $g(z) = z$。

2. 根据完全可比性，我们可以选择满足 $g(0) = 0$ 和 $g(1) = 1$ 的 g。令 ε 的为在区间（0，1）中满足 $2g(\varepsilon) = g(1) + g(0)$ 的数值。由 g 的连续性和单调性可知，ε 存在且唯一。由于 $2g(\varepsilon) + (H-2)g(0) = g(1) + (H-1)g(0)$，我们可知 $(\varepsilon, \varepsilon, 0, \ldots, 0) I (1, 0, \ldots, 0)$。所以对于 $a > b$，完全可比性意味着

134 $$((a-b)\varepsilon + b, (a-b)\varepsilon + b, b, \ldots, b) I (a, b, \ldots, b)$$

因此：

$$2g((a-b)\varepsilon + b) = g(a) + g(b) \quad a \geq b \tag{1}$$

3. 令 $a = 1$，$b = 0$，我们可以由（1）得出：

$$g(\varepsilon) = \frac{1}{2} \tag{2}$$

令 $a = 1$，$b = \varepsilon$，可以得出：

$$g((2-\varepsilon)\varepsilon) = \frac{3}{4} \tag{3}$$

令 $a = 2 - \varepsilon$，$b = 0$，可以得出：

$$g(2-\varepsilon)=\frac{3}{2} \tag{4}$$

令 $a=2-\varepsilon$，$b=1$，可以得出：

$$g(\varepsilon-\varepsilon^2+1)=\frac{5}{4} \tag{5}$$

由 g 的单调性［由（3）～（5）可知］可得：

$$\varepsilon-\varepsilon^2+1>(2-\varepsilon)\varepsilon$$

在（1）中取 $a=\varepsilon-\varepsilon^2+1$ 和 $b=(2-\varepsilon)\varepsilon$，我们可以得到：

$$2g([(\varepsilon-\varepsilon^2+1)-(2-a)\varepsilon]\varepsilon+(2-\varepsilon)\varepsilon)=g((2-\varepsilon)\varepsilon)+g(\varepsilon-\varepsilon^2+1) \tag{6}$$

（6）可以简化为：

$$g(-2\varepsilon^2+3\varepsilon)=1$$

由单调性和 $g(1)=1$ 可得

$$-2\varepsilon^2+3\varepsilon=1$$

从而可得 $\varepsilon=\frac{1}{2}$。

所以式（1）表明，对于 $a\geq b$， 135

$$g(\frac{1}{2}(a+b))=\frac{1}{2}(g(a)+g(b)) \tag{7}$$

由对称性可知（7）对于所有 $a, b\in\mathbf{R}$ 都成立。由式（2）可得 $g(\frac{1}{2})=\frac{1}{2}$。取 $a=1$，$b=\frac{1}{2}$，由（7）可得 $g(\frac{3}{4})=\frac{3}{4}$。取 $a=0$，$b=\frac{1}{2}$，（7）表示 $g(\frac{1}{4})=\frac{1}{4}$。用这种方式，我们可以得出，对于任何整数 n 和 k，$g(k/2^n)=(k/2^n)$。由于数集 $\{k/2^n\}$ 在 $\mathbf{R}$ 上为密集，对于所有的 z，g 的连续性表明 $g(z)=$

z，结论得证。

正如我说过的，对于功利主义，定理4.1比定理1.4更加具有说服力。定理4.1中容易引起争论的地方在于其连续性，因为连续性排除了功利主义中的一种平等主义主张，该主张被称为“词典式最小”（leximin，全称为 Lexicographic minimum）规则。我应当先定义只有两个人的社会的词典式最小排序 L。我们假定当且仅当 $\min(a^1,a^2)>\min(b^1,b^2)$ 成立，或者 $\min(a^1,a^2)=\min(b^1,b^2)$ 并且 $\max(a^1,a^2)\geq\max(b^1,b^2)$ 成立时，$(a^1, a^2)L(b_1,b_2)$ 成立。这可以自然的方式扩展到人数 $H>2$ 的情形。假定两个效用向量 $a=(a^1, a^2, \ldots, a^H)$ 和 $b=(b^1, b^2, \ldots, b^H)$。首先从小到大重新对这些分量进行排序，把重新排序的向量称为 $\tilde{a}=(\tilde{a}^1, \ldots, \tilde{a}^H)$ 和 $\tilde{b}=(\tilde{b}^1, \ldots, \tilde{b}^H)$。设 j 为 $\tilde{a}^j\neq\tilde{b}^j$ 的第一个上标。当且仅当 $\tilde{a}^j>\tilde{b}^j$ 时，a 词典式最小优于 b（否则 b 词典式最小优于 a）。所以，当且仅当向量 $\tilde{a}$ 和 $\tilde{b}$ 相同时，两个效用向量是词典式最小无差异的。

词典式最小排序 $\mathbf{R}^H$ 是不连续的。前文提到，当且仅当其上下等值集都封闭的时候，排序才为连续的（这意味着可以用一个连续的伯格森－萨缪尔森社会福利函数表达）：与点 $a\in\mathbf{R}^H$ 有关的排序 R，其上等值集定义为 $\text{up}(a)=\{b\in\mathbf{R}^H \mid bRa\}$，下等值集定义为 $\text{lo}(a)=\{b\in\mathbf{R}^H \mid aRb\}$。考虑点序列 $(\frac{1}{n}, \frac{1}{n})$ 可以得出词典式排序 L（在 $\mathbf{R}^2$ 上）是不连续的。这些点中每一个都严格优于（0，1）[因为 $\min(\frac{1}{n},\frac{1}{n})>\min(0,1)$]。但是它们收敛于点（0，0），而不在（0，1）的上等值集中 [即(0，0)次于（0，1）]。

效用的词典式最小排序是平等主义的一个自然衍生概念，因为它主张选择可以使最穷的人变得尽可能富裕的社会状态，然后
136 使次穷的人变得尽可能富裕，以此类推。所以定理4.1中的连续

性原则消除了一种平等主义主张——这说明一些无害的“技术”假设并不是完全无害的。事实上，如果我们从定理 4.1 去掉 CONT，用序数完全可比性（OFC）代替完全可测可比性，并包含最小公平公理（见推论 1.1），我们可以得到词典式最小化的一个表征描述①（见迪阿斯普里蒙特和杰维斯，1977，定理 7）。

从词典式最小的角度来看，社会选择的连续性和平等主义是相互抵触的。另一方面，词典式最小的非连续性同样是从分配正义角度反对平等主义的一个主要论据。为了说明这一点，同样设想一个只有两个人的社会，并且对于 $n=1$，2，…效用向量的序列由 $((n-1)/n,n)$ 给出。根据词典式最小规则，所有这些向量都（社会性地）次于效用向量（1，1）。换句话来说，第二个人的效用量不可能补偿社会，因为第一个人的效用量低于 1，甚至低于一个任意小的量。

正如我之前所证明的，作为功利主义的论据，当效用被假设为比例大小可比时，给出一个公理化的表征描述仍是推荐做法。布莱克贝和唐纳森（1982）表明，在定理 4.1 中，如果比例大小可比性（RFC）被完全可比性（FC）代替，则所谓的序列 r 的整体平均值就是一类社会选择函数的特征。如果效用被限制为非负，则这一类函数可以由形式为 $W(a^1,\ldots,a^H)=(\sum ra^h)^{1/r}$ 的伯格森－萨缪尔森社会福利函数表示，其中 r 为正数。所以如果只有比例大小完全可比性得到认可，那么刻画功利主义的特征还需要运用更多的公理。

总而言之，依据我的判断，如果要将功利主义当作分配正义问题的解，定理 4.1 是我们所具有的最具有说服力的论证。定理 1.4 的说服力不够，因为从分配正义的角度来设想一个有意义并且对于所有的基数单位可比转换不变的效用概念是比较

① 另外，函数 $W(a^1,\ldots,a^H)=\min\{a^1,\ldots,a^H\}$ 是平等主义的连续函数，但是它不满足强帕累托最优性。

困难的。如果存在一个表征定理令之前的效用观念只是比例差异可比（ratio-and-difference comparable），则会为功利主义提供一个（比定理4.1）更具说服力的论据。所以，令人信服的论证
137 应该假定绝对可比性和可测性，这使人们认为效用的作用是衡量具有人际可比性的满意度，并且效用之和对应于社会满意度的总和——当然，这是古典的功利主义观。

如果我们用“绝对可测和可比”代替定义 4.1 前提中的“完全可测和可比”，则如同证明第一步所示，社会选择函数恰好包括了可由伯格森－萨缪尔森社会福利函数表达并形如 $\sum g(u^i)$ 的函数，其中 g 是严格递增的。这些便是“一般化的功利主义”函数；注意这样的社会选择函数可能具有极度反不平等性，而功利主义通过选择 g 为足够凹的函数来避免这种情况。但是这一类函数同时可以通过选择 g 为足够凹的函数来包含极度平等厌恶的函数。

本节讨论的这些定理选择了一个抽象的集合 X 作为社会选择的集合，所以它们会因为没有模型化资源分配问题这样的原因被质疑。但是，我们可以采用第 1.5 节中的方法，即使用 COAD 公理，同时将工作重心转向经济环境的定义域，从而在经济环境中构造定理 1.4 的类似定理。

4.3 海萨尼和迈尔森的表示定理

海萨尼（1995）在其一篇非常有名的论文中为功利主义提出了一个非常不同的论述。海萨尼从一组个体 H 开始，这组个体对抽彩具有冯·诺依曼－摩根斯坦偏好 u^{*h}。令抽彩具有 m 个奖项，$m \geq 2$；一个抽彩可以看作概率向量 $p=(p^1, \ldots, p^m)$，p^i 是得到奖项 i 的概率。把这个抽彩集称为 L（不要跟上文中的词典式最小排序混淆）。我们可以指定抽彩的效用为 $u^{*h}(p)$，u^{*h} 是 h 在分布 u^* 中的效用函数。海萨尼希望推导出一个关于 L 的

社会偏好排序。他认为，如果假定对抽彩的个人偏好排序遵循冯·诺依曼－摩根斯坦公理是合理的，那么假设对 L 的社会偏好排序也遵循该公理同样合理。他进一步提出一个帕累托最优公理：如果所有个体偏好抽彩 p 而不是抽彩 q，那么社会也是如此。值得注意的结果是，对于某些实数 $\{a^h\}$，这两个公理意味着社会排序的形式必须为 $\sum a^h u^{*h}$，也就是说，社会必须通过加权的功利主义原则对社会状态（抽彩）排序！ 138

海萨尼对这个定理最开始的证明是不正确的，但从那之后，许多作者都为该定理提供了不同形式的正确证明：见多莫特（Domotor，1979），博德（1981，1985），费什本（Fishburn，1984），库勒恩和蒙金（Coulhon & Mongin，1989），哈蒙德（1992），威马克（1993），和周（Zhou，1994）的研究。这些证明依赖于不同版本的分离超平面定理（Separating hyperlane theorem）。对于“海萨尼聚合定理”（Harsanyi aggregation theorem）理解最透彻的是威马克（1991），他同样列出了一系列关于该定理的各种版本。为了更加具体，我将海萨尼聚合定理表述为如下形式。

定理 4.2（威马克 1991，定理 8）　设 R^h 为个体 h（$h=1,\ldots,H$）对 L 的偏好排序，设 R 为“社会”对 L 的偏好排序，设所有这些偏好排序都满足冯·诺依曼－摩根斯坦公理。设 R^h 由冯·诺依曼－摩根斯坦效用 u^{*h} 来表示。

（a）如果满足帕累托无差异条件（对于所有 h，由 pI^hq 可推出 pIq，其中 I^h 和 I 是与 R^h 和 R 相关的无差异关系），则存在数 $a^h\in\mathbf{R}$，从而使 R 由函数 $W(u)=\sum a^h u^{*h}$ 表示。

（b）如果满足强帕累托最优条件（对于所有 h，pR^hq 成立，对于某些 h 由 pP^hq 可推出 pPq，其中 P^h 和 P 是与 R^h 和 R 相关的严格偏好关系），则 a^h 可能全部选定为正数。

（c）如果也满足独立期望（Independent Prospects），则根据一个正比例因子，$\{a^h\}$ 是唯一的。

定义 4.1　当且仅当对于每个 h 都存在一对抽彩 p^h，$q^h\in L$，

从而对于所有 $j \neq h$，$p^h P^h q^h$ 和 $p^h I^j q^h$ 成立时，分布 $(R^1, \ldots, R^H)$ 和抽彩集 L 满足**独立期望**。

如果对于任意个体 h，存在两个奖项（或社会结果），它们的不同仅在于个体 h 的收获或感觉，同时假设个体的偏好总是自我关涉的，那么满足独立期望。

定理 4.2 具有一个很有吸引力的特征，该特征是我们目前讨论过的社会选择定理都缺少的：它并没有要求效用曲线的定义域是无限制域。由于它只假设了一种形式，它被称为独立形式分布。正如我在第 2.1 节中提到的，阿罗社会选择理论和纳什谈判理论中的无限制域公理从哲学角度来看都存在一定的问
139 题，因为它们都要求考虑无限可能的世界，而这样的世界是基本不存在的。说得更具体点，如果我们将社会选择理论看成是对规划者的一个指导，只有当规划者认为他遇到的分配问题的形式可能是定义域中的任何问题形式时，该指导才有意义。但是这样就会出现无限制域公理太强的问题。我们并不需要进一步讨论该问题就可以发现海萨尼定理显然是可以不被这一隐含的质疑影响的。

定理 4.2 的确是一个既有趣又惊人的数学结论。但作为功利主义的论据，它依然在两个方面受到批评。第一类批评由戴蒙德（Diamond）在 1967 年提出，他认为即使个体对于 L 的偏好遵循冯·诺依曼 - 摩根斯公理，也不代表社会对于 L 的偏好也遵循该公理。为了证明这一点，设 H 包含两个个体，L 由两个奖项的抽彩构成，记为（A，0）和（0，A）。假设 A 为一个不可分割的物品，在（A，0）中第一个个体得到了该物品，在(0，A)中第二个个体得到该物品。现在 L 包含概率向量集 p =（p^1，p^2)：在抽彩 p 中，第一个人得到奖项 A 的概率为 p^1，第二个人得到奖项 A 的概率为 p^2。假设从社会的角度来看，结果（A，0）和（0，A）一样好——社会不偏好其中任何一种，我们写作（A，0）~（0，A)，其中“~”代表社会无差异。“混合

物”$\alpha p+(1-\alpha)q$ 代表抽彩（$\alpha p^1+(1-\alpha)q^1,\alpha p^2+(1-\alpha)q^2$）。为了使其更易理解，我们可以用 $pX+qY$ 来表示“社会状态为 X 的概率为 p，社会状态为 Y 的概率为 q”这一抽彩。根据冯·诺依曼和摩根斯坦的独立性公理，我们可得：

$$\frac{1}{2}(\mathrm{A},0)+\frac{1}{2}(0,\mathrm{A})\sim\frac{1}{2}(\mathrm{A},0)+\frac{1}{2}(\mathrm{A},0)=(\mathrm{A},0)$$

但是这意味着通过扔硬币来决定把 A 给谁的分配（上述数学表达式的左边的抽彩）和直接把 A 给第一个人的分配是社会无差异的，这是一个令人不悦的结论！的确，依靠扔硬币来决定比人为决定是更公平的。

在我看来，戴蒙德的陈述削弱了定理 4.2 的道德说服力。爱泼斯坦和西格尔（Epstein & Segal，1992）提出了这样一个问题：如果有一个公理比冯·诺依曼－摩根斯坦独立性公理更弱，并且该公理会阻止戴蒙德所举情形发生，当我们只要求社会偏好满足这一公理时，将会产生什么结果？他们提出两个可替代
独立性的公理，称为混合对称和随机化偏好。我们返回之前的表 140
示，其中 L 中的抽彩是概率向量 p。在下面的讨论中，R，P 和 I 分别表示社会偏好顺序、它的严格子关系、它的无差异子关系。

混合对称性公理（MS） 如果 pIq 成立，则对于任意 $\alpha\in[0,1]$，$(\alpha p+(1-\alpha)q)I((1-\alpha)p+\alpha q)$ 成立。

随机化偏好公理（RP） 如果 pIq，且若存在个体 h 与 j 使 pP^hq 和 qP^jp 成立，则（$\frac{1}{2}p+\frac{1}{2}q)Pp$ 成立。

注意 MS 和 RP 在戴蒙德的例子里都非常具有吸引力：事实上，RP 告诉我们混合 $\frac{1}{2}(1,0)+\frac{1}{2}(0,1)$ 社会严格优于（1，0）或（0，1），这就是我所说的应该出现情形。

当且仅当 $W(\bar{u}^1,\ \ldots,\ \bar{u}^H)=\sum_{h=1}^{H}\sum_{j=1}^{H}a_{hj}\bar{u}_h\bar{u}_j+\sum_{h=1}^{H}b_n\bar{u}_h$，其中 a_{hj} 和 b_h 均为实数，且对于所有 h、j，$a_{hj}=a_{jh}$ 时，将关于

$\mathbf{R}^H$ 的伯格森－萨缪尔森社会福利函数定义为**二次**函数。我们会得到下面的定理：

定理 4.3（爱泼斯坦和西格尔，1992） 令关于 L 的个体偏好 R^h 满足冯·诺依曼－摩根斯坦公理，并且令关于 L 的社会偏好 R 满足强帕累托性、连续性①、MS 和 RP，则 R 可表示为二次、严格递增、拟凹的伯格森－萨缪尔森社会福利函数。

对定理 4.3 的证明使用了丘、爱泼斯坦和西格尔（Chew, Epstein and Segal, 1991）用过的二次偏好的表示定理（representation theorem）。定理 4.3 是对戴蒙德质疑的一个有力回应，但它很显然不再是功利主义的论据。

但是，对于定理 4.2 和定理 4.3 还有第二种反对，该观点认为两个定理都不是有意义的古典功利主义的论述②。为了更好地
141 理解这一观点，我们最好简要回顾一下冯·诺依曼－摩根斯坦效用函数的内容。我们从包含 M 个奖项的抽彩集 L 开始，假设每个个体对这组抽彩都有一个**序数排列**，记这些奖项为 x^1，…，x^n。固定 L 的一个序，称其为 R。如果 R 可由一个效用函数表示，那么它可以由无数效用函数来表示——如果 u 是这样一个效用函数，同时 φ 是将实数映射为其本身的任意严格单调映射，则 $\varphi \circ u$ 也是 R 的效用表达。现在假设关于 L 的偏好顺序 R 满足冯·诺依曼－摩根斯坦公理。我们可以证明 R 有一个特别的效用表示 u^*，u^* 具有下述线性特质：对于任何抽彩 p，

$$u^*(p) = p^1 u^*(1,0,\ldots,0) + p^2 u^*(0,1,0,\ldots,0) + \ldots + p^n u^*(0,0,\ldots,0,1) \quad (4.7)$$

---

① 之前的连续性要求在给定抽彩偏好排序时，上、下等值集为闭的。

② 该问题首次出现在海萨尼（1975，1977b）和森（1976，1977，1986）的一次论文交流中，它不完全是以这种形式被提出的。布莱克贝、唐纳森和威马克（1980）指出，海萨尼的功利主义不能确定为古典功利主义，这个问题和威马克（1991）的讨论相似。

这也就是说抽彩 p 的效用等于"确定预期"效用的概率加权平均值，其中"确定预期"的选择确定为 n 个奖项（或结果）中的一个。的确，可以证明，经仿射变换之后，函数 u^* 是唯一的。现在函数 u^* 可以帮助我们分析选择行为，因为我们知道它完全被 n 个数值特征化了，这些数值是 u^* 在 n 个确定预期上的取值。换句话说，如果冯·诺依曼－摩根斯坦公理在不确定下描述选择的特征，那么偏好的形式则非常简单：它们完全由对 n 个数值的选择而确定。

我们目标的一个要点是冯·诺依曼－摩根斯坦效用函数仅仅是对抽彩**序数**偏好的表示。原始偏好排序 R 没有提供关于偏好强度的信息。此外，如果我们有一定数量的个体，他们每个人对抽彩的偏好排序为 R^h，且我们没有任何能让我们进行人际福利比较的信息，那么冯·诺依曼－摩根斯坦偏好也不能使我们用有意义的方式来进行人际比较——如果效用的概念没有包含人际比较福利水平的方法，我们不可能通过数学手段来推导出这样的人际可比性，因为其中的确不包含所需信息。

现在假设我们有一个福利的概念，在该概念中，个体从抽彩里获得的福利是人际可比的。在抽彩 L 空间上，存在对 $u=$ $(u^1, \ldots, u^H)$ 的个体效用函数的选择，其中，效用函数的总和 142
是有意义的。根据命题 4.1，我们知道为了使功利主义有意义，这些表达式经 G^{CUC} 中的某个群 G 转换后必须是唯一的。令 CUC(u) 是 u 的所有 CUC 转换形式的集合——从总和有意义的角度来说，这可能是表示效用分布的最大集合。如果个体对于抽彩的偏好也遵循冯·诺依曼－摩根斯坦公理，则也存在用来表示形为 $u^*=(u^{*1}, \ldots, u^{*H})$ 的个体偏好的选择，该选择由 G^{CNC} 转换后是唯一的，且其分量函数具有期望效用的性质（即遵循等式 4.7）。令 CNC(u^*) 为 u^* 的 CNC 转换集。**现在可能没有**

效用分布同时存在于 CUC(u) 和 CNC(u^*) 中。这两种效用分布在所有给定偏好的序数效用表示中只是极小的一部分。尤其值得注意的是，这意味着定理 4.2 的表达式 $\sum a^h u^{*h}$，也即在 CNC(u^*) 中的效用函数的总和，与 CUC(u) 中效用函数 v^h 的和 $\sum v^h$ 在序数上不等价。换句话说，使得 $\sum a^h u^{*h}$ 取最大值的抽彩并没有使得个体效用**有意义的**总和最大化——即最开始假设的具有人际可比性和可叠加性的福利总和。总的来说，海萨尼聚合定理并不是一个功利主义的定理；相反，就个体的冯·诺依曼－摩根斯坦效用来说，它是一个关于社会偏好表示的完全不同的结论。

由于已有文献并没有完全理解这一点，所以我们有必要用一个例子对此详细解释。假设社会有 65 单位的某种善可以分配给两个人，且必须从两个可能的结果或“奖项”里选择：第一种结果是 $x_1=(1, 64)$，即第一个人得到 1 单位善，剩余的给第二个人；第二种结果是 $x_2=(64, 1)$，即第一个人得到 64 单位善，剩余的给第二个人。（也许这是分配 65 单位善仅有的可能方法。）这两个个体对善的数量具有的冯·诺依曼－摩根斯坦偏好 R^1 和 R^2 由效用函数 $v^{*1}(x)=x^{1/2}$ 和 $v^{*2}(x)=x^{1/3}$ 表示，其中 x 是善的数量。我们已经说明了确实获得的善的数量的效用函数 v^{*i}；但是根据期望效用的性质，我们可以通过函数 $u^{*i}(p)=p^1v^{*i}(x_{1i})+p^2v^{*i}(x_{2i})$ 来表示个体 i 从奖项 x_1 和 x_2 的抽彩 $p=(p^1, p^2)$ 中获得的效用，其中 $x_1=(x_{11}, x_{12})$，$x_2=(x_{21}, x_{22})$。所
143 以如果结果是奖项 i，x_{ij} 就是个体 j 获得的善的数量。因此，u^{*1} 和 u^{*2} 定义在两个奖项的抽彩上。函数 u^{*1} 和 u^{*2} 是个体对抽彩 L 序数偏好的特别表达。

现在我们假设关于两个个体对于抽彩 p 的**人际可比**满意度有一个先行概念——例如，个体 1 在抽彩 p 处的满意水平可以表示为 $u^1(p)=(p^1x_{11}^{1/2}+p^2x_{21}^{1/2})^2$，个体 2 在博彩 p 处的满意度水平由 $u^2(p)=(p^1x_{12}^{1/3}+p^2x_{22}^{1/3})^3$ 给出。我们只需要检查一件事就可以

确定这两个满意度函数是否可行——它们是否各自表示序数偏好 R^i。我们知道 u^{*i}是 L 上偏好顺序 R^i 的表示，并且注意到 u^i 只是 u^{*i}的严格单调转换——对于$i=1$，使用 $\varphi^1(z)=z^2$，对于 $i=2$，使用 $\varphi^2(z)=z^3$ ——因此函数 $u^i(p)$ 的确是 R^i 的表达式。为简单起见，我们假设效用函数 u^1 和 u^2 是绝对可测和可比的，所以 $u^i(p)$ 是满意度的一个具体数量，其单位具有实际意义，不能随意改动。因而存在一个**唯一**的功利主义社会选择函数，表示两个个体从抽彩得到的满意度总量，具体数值由表达式 $U(p)=(p^1x_{11}^{1/2}+p^2x_{21}^{1/2})^2+(p^1x_{12}^{1/3}+p^2x_{22}^{1/3})^3$ 给出。在我们现在的问题中，$x_{11}=1$，$x_{12}=64$，$x_{21}=64$，$x_{22}=1$；此外，我们可以记 $p^2=1-p^1$。这样我们可以将函数 $U(p)$ 记为只与 p^1 有关的函数 $\tilde{U}$，经计算可得：

$$\tilde{U}(p^1)=(8-7p^1)^2+3(1+3p^1)^3 \qquad (4.8a)$$

现在考虑海萨尼表达式$\sum a^h u^{*h}$。根据强帕累托最优性可知，a^1 和 a^2 可以为正数；同时为了不失一般性，我们选择 $a^1=1$，并称 a^2 为 a，则表达式$\sum a^h u^{*h}$变成 $U^*(p;a)=(p^1x_{11}^{1/2}+p^2x_{21}^{1/2})+a(p^1x_{12}^{1/3}+p^2x_{22}^{1/3})$。该式可再次由函数 $\tilde{U}^*(p^1)$ 表示，且经计算可得：

$$\tilde{U}^*(p^1;a)=8+a+(3a-7)p^1 \qquad (4.8b)$$

$\tilde{U}(p^1)$ 在可行抽彩空间上定义了特定社会偏好排序；对于每个 a，$\tilde{U}^*(p^1;a)$ 也是如此。我认为**没有正数 a 能使 $\tilde{U}$ 和$\tilde{U}^*(\cdot,a)$为相同排序**。证明此点非常简单。首先我们假设 $a\geq\frac{7}{3}$。则 $\tilde{U}^*(\cdot,a)$ 在 p^1 上是（弱）单调递增的。我们可以计算 $\tilde{U}$ 的导数 $d\tilde{U}/dp^1=-14(8-7p^1)+9(1+3p^1)^2$。因为 p^1 趋于0，我们发现 $\tilde{U}$ 在 p^1

144 中**严格递减**。所以 $\tilde{U}$ 和 $\tilde{U}(\cdot,a)$ 是不同的偏好排序。我们再假设 $a<\frac{7}{3}$。则 $\tilde{U}^*$ 在 p^1 中严格单调递减；但是由于 p^1 趋于 1，$\tilde{U}$ 在 p^1 中严格递增。所以上文加粗部分的论断得证。

这个例子具体说明了为什么定理 4.2 不能在哲学意义上理解为关于功利主义的定理。如果只知道每个个体对抽彩的序数偏好满足冯·诺依曼-摩根斯坦公理，我们不能得出任何有意义的人际可比性类型。如果我们**可以**独立地进行这些比较，令比较可行的效用函数与冯·诺依曼-摩根斯坦效用仅有如下共性：它们都是对抽彩基本偏好排序的序数表示。认为海萨尼聚合定理和社会应该使其成员的总幸福最大化这一观点有联系是错误的，因为这样做混淆了由基数效用函数所表示的排序。请注意，海萨尼定理是在 1955 年提出的，比令人满意的可测且可比概念的提出早 20 年。我相信，经济学家对海萨尼聚合定理兴趣持续不减的原因是他们对其含义的理解不完全。

同样的评论适用于定理 4.3。该理论的前提是对戴蒙德批判的一个回应，所以从道德角度来看，这个采用二次社会选择函数的定理比海萨尼采用功利主义函数的定理更有说服力。但认为定理 4.3 主张社会应当最大化其成员幸福的二次函数同样是错误的。究竟什么时候最大化个体“效用”的二次函数有意义呢？答案为只有当我们具有的效用先行概念最多只是比例大小可比时，即二次社会福利函数要求的效用概念允许群 G（G^{RFC} 的子集）的转换时①。但是如果我们有分布 $u=(u^1,\ldots,u^H)$，该分布由 RFC 转换来确定，并用来衡量个人满意度，我们没有理由确定 RFC(u) 中的二次函数分布赋予抽彩的排序将与二次函数 CNC(u^*) 相同，其中 u^* 是冯·诺依曼-摩根斯坦偏好的一种形式。所以**如果**爱泼斯坦和西格尔主张**标准**道德观念，即

① 这里我不证明该主张，证明需要与命题 4.1 相似的那类论据。

社会应当考虑社会成员之间不同的资源分配产生的福利水平，他们如下的观点就是不正确的：“[我们的定理表明，] 如果给出 145
合适的帕累托和连续性条件，社会选择过程公平性非常重要这一道德观点（只能）由严格准凹的二次社会函数来表示”（1992：693）。只有效用种类被比例差异可比性或一些更严格的不变条件限制时，二次社会福利在道德上才有意义，而定理 4.3 应用的冯·诺依曼－摩根斯坦效用不是这个类型。

最后，我们讨论迈尔森（Myerson，1981）提出的表征定理。令 S 和 T 是 $\mathbf{R}^H$ 上的凸集，同时 λ 是区间 [0，1] 中的数。我们定义集合 $\lambda S+(1-\lambda)T=\{y\in\mathbf{R}^H\mid y=\lambda s+(1-\lambda)t,\ s\in S,\ t\in T\}$。设$\boldsymbol{S}$为 $\mathbf{R}^H$ 上的综合凸集；如果 S，$T\in\boldsymbol{S}$意味着 $\lambda S+(1-\lambda)T\in\boldsymbol{S}$ 成立，我们说$\boldsymbol{S}$是一个**凸集**。令 F：$\boldsymbol{S}\to\boldsymbol{R}^H$ 为一个**解**，即对于所有 $S\in\boldsymbol{S}$，$F(S)\in S$ 成立。如果对于所有 S，$T\in\boldsymbol{S}$和 $\lambda\in[0,1]$，$F(\lambda S+(1-\lambda)T)=\lambda F(S)+(1-\lambda)F(T)$，我们说定义在凸集合上的解是**线性**的。应该怎么理解线性？假设下一年社会的资源禀赋是多少并不确定。我们有固定的人口数量 H（他们都有固定的冯·诺依曼－摩根斯坦效用）；第二年的总禀赋产生的个体的效用可能性集为 S 的概率为 λ，资源禀赋产生效用可能性集 T 的概率为 $(1-\lambda)$。今天，社会必须从两种状态之中选择明年的资源分配是什么，即社会要在集合 $\lambda S+(l-\lambda)T$ 中选择一个期望效用。线性特性表明解 F 具有下述性质：无论我们是今天选择一个随机分配，还是等到下一年从可利用的资源束中（根据 F）选择一个分配，每个个体的期望效用将是相同的。

那么如果存在向量 $p=(p^1,\ \ldots,\ p^H)\geq 0$，从而对于所有 $S\in\boldsymbol{S}$，$p\cdot F(S)=\max_{s\in S}p\cdot s$ 成立，解 F 在 $\boldsymbol{S}$ 上为**加权功利主义**。也就是说，$F(S)$ 最大化了加权效用 $p\cdot s$ 的和。我们可得：

定理 4.4（迈尔森，1981） 令$\boldsymbol{S}$为 $\mathbf{R}^H$ 中综合凸集的凸集合，同时令 F 是在$\boldsymbol{S}$上的弱帕累托最优线性解，则 F 为加权功利主义解。

146 定理 4.4 的证明涉及一个分离超平面论证。

作为关于分配正义的定理，定理 4.4 有三个缺陷。首先是其福利主义特性。线性假设源于对基本经济环境的诉求。因为该类环境没有被包含在模型中，所以第 2 章提出的对纳什谈判理论的批评在此处也适用。首先，线性公理太强。当什么也没被证明时，该公理就对 F 施加了一个限制——三个“环境”的确可以产生效用可能性集合 S，T 以及 Q，其中 $Q = \lambda S + (l - \lambda)T$，但 Q 不能视作代理人将要以某种概率在明日面对 S 和 T 时的期望效用。第二，权重 p 证明了事情的原委。如果该定理适用于经济环境，那么可以说对于每个个体都存在一个特别的冯·诺依曼-摩根斯坦效用函数的选择，该选择令 F 最大化其冯·诺依曼-摩根斯坦效用的总和。（这并不是非常准确，因为某些 p^h 可能为零。所以一些个体可能在加权功利主义的计算中被忽略。）但是这并没有解释这些特别的选择和任何人际可比性之间的关系——对此处可以适用前文给出的定理 4.2 中的关于功利主义的论据。第三，我们不能认为定理 4.4 中的功利主义和哲学上的功利主义有任何关系，即不能将其理解为某种人际可比效用值总和的最大化。

因而，就像定理 4.2 和定理 4.3 一样，定理 4.4 是一个非常有趣的表示结果。但作为分配正义的一个理论，它与功利主义没有任何联系。

4.4 无知之幕后的功利主义

基于无知之幕背后的灵魂会选择什么社会状态这一问题，海萨尼（1953，1977a）为功利主义提出了第二种完全不同的论证。假设有一个状态集合 X（假定为收入分布），每个状态都有可能被具有 H 类个体的社会选择。同类个体里的成员是相同的，类型 h 在人口中的分数（频率）是 π^h。每个类型对 X 的抽彩的偏好满足冯·诺依曼-摩根斯坦公理。令 u^h 为类型 h 的冯·诺依曼-摩根斯坦效用函数。海萨尼认为社会应当选择状态 x，在该状态下，灵魂会选择成为那些知道他被生为类型 h 的概率是 π^h 的个体。所以灵魂要面对无知之幕后的决策问题，它知道在真实世界中各类型 147
的概率分布，但是不知道在出生抽彩中它会成为哪一类个体。

从灵魂的角度来看，它面对形如（h，x）的“扩展期望”，其中 h 是一种类型且 $x \in X$，即对于任何 h 和 x，它可以在状态 x 下体现在类型为 h 的个人中。令$\mathcal{L}$为对象（h，x）的抽彩集。海萨尼假设灵魂对抽彩的偏好遵循冯·诺依曼-摩根斯坦公理（我们应该询问这些偏好的出处），它们可以表示为关于$\mathcal{L}$的冯·诺依曼-摩根斯坦效用函数 Φ。我们用 $\pi(x)$ 表示$\mathcal{L}$中的抽彩，它给出了结果（h，x）的概率 π^h。那么通过期望效用的特性，我们可以记下：

$$\Phi(\pi(x)) = \sum \pi^h \Phi((h,x)) \tag{4.9}$$

现在海萨尼认为，如果抽彩对于固定的 h（变化的 x），其奖项的形式都为（h，x），对这类抽彩，假设灵魂与类型 h 具有相同的冯·诺依曼-摩根斯坦偏好是合理的。也就是说，在抽彩中，当灵魂想象它自己为 h 类型的个体时，灵魂对 X 的抽彩的偏好应该和 h 类个体相同。海萨尼称这个是“接受原则”（principle of acceptance）。所以对于所有 h 和一些 $a^h>0$ 的（a^h，b^h），如下成立：

$$\Phi((h,x)) = a^h u^h(x) + b^h \tag{4.10}$$

[由于 Φ 与 u^h 是固定的，（a^h，b^h）的选择是完全确定的。] 将（4.10）代入（4.9）可得：

$$\Phi(\pi(x)) = \Sigma \pi^h a^h u^h(x) + K$$

其中 K 是常数。由于灵魂的决策问题要求选择一个 x，从而使得 $\Phi(\pi(x))$ 被最大化，常数 K 是不相关的，因而我们可得灵魂要最大化形式为 $\Sigma \pi^h a^h u^h(x)$ 的函数。说得更明确一些，对于不同个体类型存在冯·诺依曼-摩根斯坦效用函数 $\tilde{u}^h$，$\tilde{u}^h =$

$a^h u^h(x)$，该函数使灵魂选择 x 以最大化 $\sum \pi^h \tilde{u}^h(x)$。但是海萨尼指出，灵魂选择 x 来最大化社会平均效用是功利主义的目标。威马克（1991：293）称该论证为海萨尼公平观察者定理（Harsanyi's Impartial Observer Theorem）。

但是，该论证具有缺陷，因为将总和 $\sum \pi^h \tilde{u}^h(x)$ 理解为人们
148 的某种幸福之和是没有任何意义的，这也说明了为什么定理 4.2 的解释作为功利主义的论据是有缺陷的。我们回到海萨尼论证的第一步，也就是灵魂对抽彩集 $\mathcal{L}$ 具有偏好，尤其是灵魂必须对扩展预期集（$\mathcal{L}$ 中的奖项）$\{(h, x) \mid h \in H, x \in X\}$ 具有偏好。现在灵魂应该如何确定奖项（h，x）优于奖项（j，y）（即个体 h 在状态 x 下优于个体 j 在状态 y 下）？似乎只有两种可能性：要么个体 h 在状态 x 下和个体 j 在状态 y 下的福利水平之间是可以比较的，要么从某种**完美主义**角度认为无论个体如何评价自己的生活，个体 h 在状态 x 下的生活比个体 j 在状态 y 下的生活更有价值。在第二种情况下，我们必须证明为什么灵魂应该坚持这种完美主义观点。我认为假设第一种可能性成立更简单，即灵魂具有一个序数水平可比的效用函数，我们记为 $\boldsymbol{\psi}$，$\boldsymbol{\psi}$ 定义在扩展预期集上。因而表达式 $\boldsymbol{\psi}((h,x)) > \boldsymbol{\psi}((j,y))$ 是有意义的——意指灵魂更愿意成为状态 x 下的 h，而非状态 y 下的 j，因为 h 类个体在状态 x 下要比 j 类个体在状态 y 下的境况更好。我们将注意力转回到以前对效用分布的表示，那么我们可将效用函数 $\boldsymbol{\psi}$ 表示为分布 $\psi =(\psi^1, \ldots, \psi^H)$，其中 $\psi^h(x) \equiv \boldsymbol{\psi}((h,x))$。现在我们将注意力转向社会的平均福利，人们喜欢以和的形式 $\sum_h \pi^h \psi^h(x)$ 表示——然而只有分布 ψ 由基数单位可比的转换界定时，该表示才有意义。因此，$\boldsymbol{\psi}$ 必须既为序数水平可比，又为基数单位可比，这意味着我们能够接受的形式只有 $\varphi(z) = (az+b, az+b, \ldots, az+b)$，$a>0$，$b$ 为实数。也就是说，$\boldsymbol{\psi}$ 必须完全可测且可比（FC）。

我们还没有证明海萨尼的公平观察者定理与功利主义无关。为了证明该观点，我们需要证明不存在形式为 $F(x)=\sum_h \pi^h a^h u^h(x)$ 的函数，在 X 状态中，该函数给出的状态排序与函数 $G(x)=a\sum_h \pi^h \psi^h(x)+b$ 相同，其中 $a>0$，u^h 为最初选定的冯·诺依曼－摩根斯坦效用函数，ψ^h 为完全可测且可比的效用。我们进一步加以例证。令 $H=\{1,2\}$，假设在每一类中只有一个个体，并且假设状态 X 包含所有将一美元分给两人的可能分配。用 $\tilde{x}$ 表示个体 1 取得 x 美元，个体 2 取得 $1-x$ 美元的状态。149
令 $u^1(\tilde{x})=x^{1/2}$，$u^2(\tilde{x})=(1-x)^{1/2}$，并令 $\psi^1(\tilde{x})=d^1x$，$\psi^2(\tilde{x})=d^2(1-x)$，其中 $d^1>d^2$。假设个体 h 的冯·诺依曼－摩根斯坦效用函数为 u^h，并且这与认为完全可测且可比的效用大小由 ψ^h 给出并不矛盾。进一步假设 $\pi^1=\pi^2=\frac{1}{2}$，那么任意表示有意义的社会平均效用的函数 $G(x)$ 都序数等同于 $\frac{1}{2}(\psi^1(\tilde{x})+\psi^2(\tilde{x}))=\frac{1}{2}(d^1x+d^2(1-x))$。由于 $d^1>d^2$，这定义了一个在 $[0,1]$ 内关于 x 严格单调递增的序列。如果该社会要最大化平均效用，那么它会将所有的美元都给个体 1。接下来我们检验形式为 $F(\tilde{x})=\sum_h \pi^h a^h u^h(\tilde{x})=a^1x^{1/2}+a^2(1-x)^{1/2}$ 的函数。由于我们只关心 F 形成的状态排序，且 a^1，a^2 都为正的，我们可以不失一般性地选择 $a^1=1$。这样可得 $F(\tilde{x})=x^{1/2}+a^2(1-x)^{1/2}$，该函数关于 x 的导数为 $\frac{1}{2}(x^{-1/2}-a^2(1-x)^{-1/2})$。注意对任意的正数 a^2，以及所有足够接近于 1 的 x，该值为负。因此，如果 F 为社会目标，将所有的美元都给 x 永远都不会是社会最优选择。由 G 可得，我们已经证明，在状态 X 中加权的冯·诺依曼－摩根斯坦效用不能给出真实的效用排序。

因此海萨尼的公平观察者定理不能证明社会应该选择最大化社会成员平均效用的状态。公平观察者理论是一个表示定理。证毕。

4.5 不确定性前提下个体最优化解释带来的启示

对于一个具有冯·诺依曼－摩根斯坦偏好的个体来说，刚刚给出的推理对于理解个体最优化有非常惊人的启示：期望效用不等同于平均效用！考虑具有相同个体的社会群体中的一个保险问题。假设总共有 s 种状态，任何个体得到收入 x^s 的概率为 π^s。假设对现金奖项的抽彩，所有的个体具有相同的、凹的冯·诺依曼－摩根斯坦效用函数 u。对任意的个体，最优的保险问题要求选择一个向量（M^1，M^2，…，M^S），从而使

$$\sum_s \pi^s u(x^s + M^s)$$

最大化，且满足

150

$$\sum_s \pi^s M^s = 0 \tag{4.11}$$

由于 u 是凹的，该方程意味着消费的完全平滑，即 $M^s = \bar{x} - x^s$，其中 $\bar{x} = \sum_S \pi^s x^s$。我们可以认为，个体通过在每个状态消费其平均收入来最大化其受制约的期望效用。

现在只有在关于收入的抽彩上，效用函数 u 是序数偏好的表示。从与这些状态相关的某些基本数据的平均值来说，表示序数偏好的函数的平均值无法阐释。这就是说，在消费不同收入量时，个人效用或满足度的表达 ψ 很可能基数单位可比，ψ 的任何正仿射变换也同样如此。如果个体在状态 s 下的消费量为 $x^s + M^s$，我们可将他（有意义）的平均消费记为 $\sum_s \pi^s \psi(x^s + M^s)$。在本式中，我们使用加权的 π^s 来计算平均值。由于社会中的个体是相同的，在一个全保且 x^s 收入的频率正好为 π^s 的社会里，我们可以将该总和理解为平均效用。

如果 ψ 也是凹的，在该社会中，最大化社会平均效用问题的解也将要求集中收入并使每个个体恰好消费 $\bar{x}$。因而最大化期望效用和最大化平均效用将会产生相同的结果。然而认为 u 和 ψ 都凹或者都凸是没有道理的。例如我们不难想象对于某些个体，ψ 是凹的（从增加的每一单位的消费中，他们得到的边际满意度是递减的），但 u 是凸的（他们喜欢冒险）。他们可能会选择不投保，但由于具有完全平滑的消费，他们对状态（不是抽彩）的平均满意度达到最大。相反的情况也不难想象：可能由于制定计划很困难，有人不喜欢抽彩的不确定性，可至少在一定范围内，可能是因为在消费中存在“固定成本”部分，他们在收入上有递增的边际满意度。

也许一个稍微不同的例子会使该结论更加明显。假设只有一个个体，在十年中的每天，对于 $s=1, \ldots, S$，他的收入达到 x^s 的概率为 π^s，并且这些事件独立分布（在所有天数里）。在那些收入高的日子里，他可以安排储蓄，在收入低的日子里，他用存款里的钱消费，但他希望既不会有过剩储蓄，也不会长期对外负债。假设对于收入抽彩他拥有冯·诺依曼－摩根斯坦偏好 u，那么他的最优储蓄方案将会由 4.11 中的方程的解给出。 151
现在他从消费收入 x 中得到的跨期可比满意度完全可能由另一个基数效用函数 ψ 给出。如果当他的收入为 x^S 时他安排的消费为 x^S+M^S，由大数定律知，他在这十年中的平均满意度将会非常接近 $\sum_s \pi^s \psi(x^s+M^s)$：只有当 ψ 是满意度的一个跨期可比量时，这个平均值才有意义。正如我所表明的，如果在适当范围内 ψ 和 u 同时为凹或为凸，最大化他平均满意度的储蓄方程不同于最大化他期望效用的方程。

那么，他**应该**最大化什么？我不太确定，但我认为，答案取决于当他回忆的时候感到的是满意还是不满意，以及他的抽彩偏好考虑的是什么。如果他不记得过去的满意度，那么正确的方式当然是最大化期望效用：每天他都应该选择他最偏好的抽彩，且“后见之明”是没有意义的。然而，如果他可以事后回首他的选择和消费，那么出于事后之明，很可能他想要的生活方式就是在十年里最大化他的平均满意度。现在我们可以加上一点，认为他对抽彩的偏好实际上出于这样的考虑：当他带着“后见之明”回顾已做的抽彩选择并展望随后的消费时，他的感受会是怎样。在这种情况下，他应该最大化期望效用。但请注意，正是这种事后之明使我们在实践中看起来不再具有冯·诺依曼－摩根斯坦偏好！我指的是对阿莱（Allais）悖论的理解，该理解与个体的害怕后悔有关，并仅仅同与“后见之明”相关的害怕有关［见鲁姆斯和萨格登（Loomes and Sugden），1982］。所以，如果我们认为个体对抽彩的偏好反映了他在用后见回顾选择时的满意度，那么我们假设他对抽彩的偏好遵循冯·诺依曼－摩根斯坦公理是不明智的。但是，如果我们假定他对抽彩的偏好没有考虑“后见之明”，那么目前还不清楚他是否会最大化对抽彩的偏好；或者相反，他必将既考虑对抽彩的偏好又考虑“后见之明”。可以说的还有很多，但我的讨论就止步于此。

以上讨论的结果为，对于有冯·诺依曼－摩根斯坦偏好的个
152 体，将不确定性前提下的最优化看作是导致内心功利主义的原因是错误的。我认为许多作者，包括我自己在内，都犯了这个错误。[1]

4.6 最优人口规模

严格来说，什么是最优的人口规模并不是分配正义的问题，因为对于任意规模的人口都应该存在一个公平的资源分配。如果两个具有不同人口规模的社会，其资源分配都是公平的，我

① 见罗默（1985），在其中我将各种保险问题描绘成实施“部分功利主义”的问题。根据目前的讨论，我收回这一说法，因此我从德沃金保险提案（本书第7章将讨论该问题）中得到的提示比他的想法更接近功利主义。

认为不能根据其人口规模或总资源禀赋的差异，就进而认为一个社会比另外一个社会更**公平**。不过，我们可以根据两者的人口规模和资源在人口之间的分配方式来评价哪个社会**更好**。古典功利主义认为，最好的（就算不是最公平的）社会应该最大化总效用。这样的社会可能不存在。假设效用绝对可测且可比，每人的效用函数为 $u(x)=x^{1/2}$，其中 x 为某一种善的数量。假设存在 1 单位的善。根据古典功利主义观点，最优人口数量不存在：人数越多越好，尽管随着人数 n 的增加，每一个消费者只能得到极小份的资源。[总效用 $n(\frac{1}{n})^{1/2}=n^{1/2}$ 随着 n 的增加趋于无穷大。]

假设我们定义一个社会状态为一个社会的完整历史，包括住在这个社会中所有人的详细信息、他们消费的资源、他们所享受的效用。假设该效用是绝对可测且可比的。界定效用为零的个人特征为“相对于没有活过的人，个体认为自己的生活状态既不更好也不更差”。这样定义需要一个假设，即所有“中立”的生命从这个意义上来讲都具有相同的效用水平。假设我们有关于该类状态的一个排序 R，R 坚持福利主义，也就是说要根据 R 评价哪种状态更好，我们只需要知道每个生活在两种状态中的个体的效用即可。在这里，个体的效用为他一生的效用。请注意，我们不会像第 1 章那样以个体对状态的排序开始，这 153
一点在之后的讨论中是很重要的。在这里，个体从他生活的社会中获得效用，但他们对状态没有偏好顺序。这里，社会排序 R 没有实质性：也许它反映了我们关于什么样的社会才是好的社会的观点。

应该注意，由于 R 遵从福利主义原则，生活在之后历史的个体的社会贴现被排除了，因为个体活在什么期间不是福利信息。但是生命晚期的个体贴现是允许的，因为在这个模型中没有计算个体终身效用的公式。

尤其值得一提的是，R 还产生了 R_n，R_n 是关于 n 个个体生活过的所有状态的排序。设每个 R_n 都是功利主义的，也即 R_n 由伯格森－萨缪尔森社会福利函数 $W(\bar{u}^1, \dots, \bar{u}^n) = \Sigma \bar{u}^n$ 表示。因而 R 就是布莱克贝和唐纳森（1984）所谓的“相同数量功利主义”：如果两个社会具有数量相等的人口，那么效用总和较大的社会更好。仅此一点并不能告诉我们 R 如何比较两个人口数量不同的社会，也就是说，我们不能从排序 R_n 的信息中推断出 R 为古典功利主义。但是下面的公理可助我们推断出古典功利主义：

帕累托人口原理（PP）　对与任意的正整数 n，以及任意向量 $\bar{u} \in \mathbf{R}^n$，$(\bar{u},0) I \bar{u}$ 成立，其中 I 是 R 的无差异子关系。

PP 表明，如果一个生活中立的个体加入人口数量为 n 的社会，那么两个社会是无差异的。

相同数量功利主义加 PP 即为古典功利主义。设 $\bar{u} \in \mathbf{R}^n$ 和 $\bar{\bar{u}} \in \mathbf{R}^m$ 为两个状态的效用向量，其中 $m = n + 1$。令 $\bar{v} = \frac{1}{n} \Sigma \bar{u}^h$ 和 $\bar{\bar{v}} = \frac{1}{m} \sum \bar{\bar{u}}^h$ 为两种状态的平均效用，且假设 $n\bar{v} \geq m\bar{\bar{v}}$，现在以 $(n, \bar{u})$ 表示一种状态，其中 n 表示生活在该状态中的个体数，u 为他们已获得效用的向量。设 1_n 为所有分量都为 1 的 $\mathbf{R}^n$ 中的向量。那么我们有 $(n,\bar{u}) I_n (n,\bar{v}1_n) I (m,(\bar{v}1_n,0)) R(m,\bar{\bar{v}}1_{n+1}) I_n (m,\bar{\bar{u}})$，其中第一组无差异成立的原因为 R_n 的功利主义性，第二组成立的原因为 PP，后两个序无差异的原因为 R_m 的功利主义性。由 R 的传递性可得 $(n, \bar{u}) R(m, \bar{\bar{u}})$。通过归纳法，我们可以用该推理表明，根据古典功利主义准则，R 可以为人口数为任意 n 与 m 的两种状态排序。

现在，我们丢开 R_n 为功利主义的假设，重新假设对于每个 n，R_n 由一个严格准凹、严格单调的伯格森－萨缪尔森社会福利
154 函数表示。因此对于任意的 n 及分量不都相等的向量 $\bar{u} \in \mathbf{R}^n$，状

态（n，$\bar{v}1_n$）比状态（n，$\bar{u}$）更优，其中 $\bar{u}$ 的平均效用为 $\bar{v}$。假设 PP 成立，ε 为任意（小的）正数，那么

$$(n+1,\frac{n\bar{v}+\varepsilon}{n+1}1_{n+1})P(n+1,(\bar{v}1_n,\varepsilon))P(n+1,(\bar{v}1_n,0))I(n,\bar{v}1_n)$$

由归纳法可知，对于任意整数 m，我们有

$$(n+m,\frac{n\bar{v}+m\varepsilon}{n+m}1_{n+m})P(n,\bar{v}1_n)$$

但我们可以令 m 足够大，且 s 足够小，从而使 $(n\bar{v}+m\varepsilon)/(n+m)$ 任意地趋近于 0。这意味着总有一个拥有很多人的社会，其中每个人都是递增地比没有活下来的人更加富裕的，并且相比于每个人都活得有价值的社会（n，$\bar{v}1_n$），这是一个更优的社会！这正是帕菲特（Parfit，1984）所谓的矛盾的结论。准确地说，当且仅当对于任意的状态 x，以及任意（小的）正数 $\delta>0$，状态 y 优于状态 x，且在 y 中没有人获得大于 δ 的效用时，**矛盾的结论**成立。

布莱克贝和唐纳森（1984）还有布莱克贝、波塞特（Bossert）和唐纳森（1993）致力于探寻一个既可以避免矛盾的结论又具有道德说服力的方法。他们从上述关于状态 X 的排序 R 开始讨论。对于任意的向量 $\bar{u}\in\mathbf{R}^n$，通过描述 n 人生活在既定状态下的终身效用，他们定义了“均匀分布等值效用”（equally-distributed-equavalent utility）为数 $\bar{v}$，这使 $\bar{v}1_nI_n\bar{u}$ 成立，其中 I_n 为 R_n 的无差异子关系。（同上，如果 R_n 为相等数量功利主义，$\bar{v}$ 为 $\bar{u}$ 的分量的平均值。）定义函数 $\bar{v}=\Upsilon^n(\bar{u})$，该函数将均匀分布的等值效用分配给任意 $\bar{u}\in\mathbf{R}^n$ 的效用向量。

定理 4.5（布莱克贝和唐纳森，1984）如果 R 为匿名且福利主义的，R_n 为连续的，那么存在在其第二分量上递增的函数 W：$\mathbf{Z}_{++}\times\mathbf{R}\rightarrow\mathbf{R}$，从而对于所有的 $\bar{u}\in\mathbf{R}^n$ 和 $\bar{\bar{u}}\in\mathbf{R}^m$，$\bar{u}R\bar{\bar{u}}\Leftrightarrow W(n,\bar{v})\geq W(m,\bar{\bar{v}})$，其中 $\bar{v}=\Upsilon^n(\bar{u})$ 且 $\bar{\bar{v}}=\Upsilon^m(\bar{\bar{u}})$（$\mathbf{Z}_{++}$ 为正整

数集)。

W 被称为“社会评价函数”(social evaluation function)。定
155 理 4.5 表明 R 的表示十分简单：我们只需要知道两种状态下的人口数量以及均匀分布等值效用就可根据 R 对它们进行排序。

布莱克贝和唐纳森(1984)引入了另外两个公理。第一个公理为某种分离性公理。设 N 为状态 x 下个体集合 M 的一个子群。设 $u = (\bar{u}^1, \ldots, \bar{u}^n, \bar{u}^{n+1}, \ldots, \bar{u}^m)$ 是所有人在状态 x 下的效用，其中根据匿名性我们可以假设子群 N 由个体 1，…，n 组成。设 $\bar{v} = \Upsilon^n(\bar{u}^1, \ldots, \bar{u}^n)$。我们可以得出 $(\bar{v}1_n, \bar{u}^{n+1}, \ldots, \bar{u}^m) I \bar{u}$ 成立。该公理为**人口替代原理**(PS)。第二个公理是帕累托人口原理的一般化：

临界水平人口原理(CLP)　对于所有的 $n \in \mathbf{Z}_{++}$ 和 $\bar{u} \in \mathbf{R}^n$，存在一个数 α 使 $(\bar{u}, \alpha) I \bar{u}$ 成立。

我们立刻可以发现，如果 $\alpha > 0$ 的话，CLP 加上相同数量功利主义可防止产生矛盾的结论。设 R_n 由功利主义的伯格森－萨缪尔森社会福利函数 $\sum_{i=1}^{n} \bar{u}^h$ 表示，且令 ε 为(小的)正数。然后利用我们在前几段中使用过的推理，可得：

$$(n+1, \frac{nv + \alpha + \varepsilon}{n+1} 1_{n+1}) I_{n+1} (n+1, (v1_n, \alpha + \varepsilon)) P(n, v1_n)$$

根据归纳法，对于任意的正整数 m 和正数 ε，我们有

$$(n+m, \frac{nv + m(\alpha + \varepsilon)}{n+m} 1_{n+m}) P(n, v1_n)$$

但随着 m 趋于无穷大，上一个数学表达式的左方效用并不趋于 0。事实上该效用以 α 为上界。

我们有：

定理 4.6(布莱克贝和唐纳森，1984)　设定理 4.5 的前提成立，另外设 PS，CLP 和强帕累托成立。那么存在严格递增的连续函数 g，$g(0) = 0$，该函数使社会评价函数 $W(n, \bar{v})$ 序数等

同于 $n(g(\bar{v})-g(\alpha))=\sum_{i=1}^{n}(g(\bar{u}^{i})-g(\alpha))$。

如果 g 为恒等函数且 $\alpha=0$，那么 R 为古典功利主义排序。如果 $\alpha>0$（且 g 为恒等函数），那么对于每个 n，R_n 是功利主义 156
的，但 R 被称为“临界水平功利主义”。我们已经了解到，临界水平功利主义（当 $\alpha>0$ 时）防止了矛盾结论的产生。就定理 4.6 的一般情形而言，布莱克贝和唐纳森称 R 为“临界水平一般化功利主义”。

布莱克贝、波塞特和唐纳森（1993）等人以多种方式扩展了上述成果。他们研究的状态比刚刚描述过的状态包含更多的信息。设 M 为矩阵，其列表示时期，行表示个体。M 的分量 m_{ij} 给出了个体 i 在 j 时期的效用。如果个体 i 在 j 时期不存在，那么 m_{ij} 则为空格。举例如下：

	1	2	3	4	5	6
艾伦	10	-2	3	1		
贝齐			2	2	-5	17
查理		4	0	-1		
迪克	14	10	-5			
伊莲		3	0			

在本矩阵中没有人生活的期间超过四期，状态集 $\mathcal{M}$ 包含所有有限行数和列数的矩阵 M。在任何一行中，非空元素由不多于 T 个元素的连续字符串（最大可行的生命期为 T）组成。假设 $\mathcal{M}$ 的排序 R 是给定的。此外在状态 M 中，每个人 i 被赋予绝对可测且可比的效用函数 u_l^i，u_l^i 并被定义在 $\mathbf{R}^l$ 中的向量上。$u_l^i(\bar{u})$ 为个体 i 在经历 l 期的生活后获得的效用，其中单一期间的效用由向量 $\bar{u}$ 给定。注意到终身效用与 i 什么时候活着无关。布莱克贝、波塞特和唐纳森的福利主义假设认为，$\mathcal{M}$ 的排序 R 仅取决于生活在该状态中的个体的终身效用。这一点排除了生

活在历史晚期的人效用的社会贴现，但没有排除个体贴现。

引进的关键公理为**死者效用的独立性**（IUD）。在状态 M 中，t 时期的死者包括所有在 t 之前结束生命的人（即从 t 开始，他们所属的行都是空行）。给定两种状态 M^1 和 M^2，设 N^1 和 N^2 为在每种状态中存在的个体的名字。定义 $D_t(M^1, M^2)$ 为
157 $N^1 \cap N^2$ 中的在 t 之前死去的成员。分别去掉在 M^1 和 M^2 中与集合 $D_t(M^1, M^2)$ 的人员有关的行，构成新的矩阵 M_t^1 和 M_t^2。公理 IUD 表明，如果在 M^1 和 M^2 中，$D_t(M^1, M^2)$ 的每个成员具有相同的终身效用，那么 R 对矩阵 M^1 和 M^2 的排序方式必须与其对矩阵 M_t^1 和 M_t^2 的排序方式相同，这一点必须对所有的 t 都成立。因此在两个历史时期 M^1 和 M^2 中，如果在 t 时期的死者的生命长度相等，那么在对 M^1 和 M^2 排序时，他们是可以忽略的。

通过假设公理 IUD，没有借助于公理 PS 或 CLP，布莱克贝、波塞特和唐纳森就再现了定理 4.5 的结论，这一点值得注意。

定理 4.7（布莱克贝、波塞特和唐纳森，1993） 当且仅当 $\mathcal{M}$ 的排序 R 以一个社会评价函数 $W(n, \bar{v})$ 作其特征时，R 满足强帕累托性、匿名性、连续性和 IUD。该社会评价函数与 $n(g(\bar{v})-g(\alpha)) = \sum_{i \in N}(g(\bar{u}^i) - g(\alpha))$ 序数相等，其中，g 为连续的递增函数且 $g(0) = 0$。

（因而 $\bar{u}^i$ 为个体 i 的终身效用，且 $\bar{v}$ 为个体数为 n 的状态 M 的均匀分布等值效用，其中个体的终身效用由 $\{\bar{u}^i\}$ 给出。）

因而临界水平的一般功利主义以“终身福利主义”和以上所列的公理为特征。我们可以得出推论：当且仅当 $\alpha > 0$ 时才能避免矛盾的结论。

尽管 CLP 不是定理 4.7 的前提，我们仍然可以得出定理 4.7 的公理暗示着 CLP。因此对于 $\alpha > 0$，只有在我们同意 CLP 公理为有用的公理时，矛盾的结论才可以避免。然而这并不是一个

明显具有道德吸引力的假定。斯科拉（Sikora，1978）是帕累托人口原则的提倡者之一。我认为，通过引入个体对状态的偏好，可以用如下方式来论证帕累托人口原则（回想本节第二个段落中的告诫）。考虑两种状态 $x=(\bar{u}^1, \ldots, \bar{u}^n)$ 和 $y=(\bar{u}^1, \ldots, \bar{u}^n, \varepsilon)$，其中 ε 为正且很小。我们不失一般性地根据匿名性假定两种状态中的前 n 个个体相同，并且在状态 y 中存在另一个个体亚当，他的终身效用为 ε。如果我们要求亚当在两种状态间做出选择，他将选 y。我认为这表明效用 ε 的意义就是对亚当来说，生命是有价值。现在对于所有相关的其他个体来说，状态 x 和状态 y 之间无差异，因为在两种状态下他们获得的效用相等。（注 158
意，这并不意味着他们的**消费**是相等的，因为与一个生命价值很小的个体共处一世会产生负效用，而在状态 y 中前 n 人的效用之和很可能包括了负效用！“个体的”福利主义不要求自我关涉的偏好。）因此，如果社会排序关于个体在状态上的偏好遵循帕累托最优，它应该偏好 y 而非 x。[①]（这并非根据强帕累托最优得出，因为活在状态 x 和状态 y 中的个体集是不同的。）在 ε 趋于 0 时考虑极限情况，如果社会排序是连续的，这意味着状态 $z=(\bar{u}^1, \ldots, \bar{u}^n, 0)$ 至少应该在社会排序上与 x 一样。现在使用相同的证明方法，但从 $y'=(\bar{u}^1, \ldots, \bar{u}^n, -\varepsilon)$ 出发，我们可以得出 x 在社会排序上至少与 z 一样。因而 x 与 z 在社会上是无差异的，这正是帕累托人口原理。此外，定理 4.7 的原理暗含矛盾的结论。

因此我不认为“矛盾的结论”这个名称名副其实。正如我曾经说过的，在布莱克贝和唐纳森（1984）以及布莱克贝、波塞特和唐纳森（1993）的分析中，状态的社会排序 R 并不是个体偏好的加总。个体（在某种状态下，他们可能活着，也可能

① 准确地说，我还必须添加一个公理，该公理规定没有两个状态中的个体的偏好在比较 x 与 y 时应该被忽略。

没有）对状态没有偏好。在上个段落中，我已经建议他们应该被赋予偏好。如果他们有偏好，社会排序 R 应该反映这些偏好。如果是这样的话，帕累托人口原则可得证，它与定理 4.7 的原理一起暗示 R 必须具有一般性的功利主义性质，也即 $\alpha = 0$。简言之，功利主义不成立，因为没有证据可以表明 g 应该为恒等函数。

最后，我认为“生活在历史晚期的个体的效用没有社会贴现”的陈述从道德上讲是正确的。在我们自己的规划中，这并不意味着我们不应该贴现个体将来的效用：这种贴现可能是合理的，但这仅仅因为未来的生活是不确定的。在本节讨论过的模型中，不确定性不是一个问题。对于一个必须从可供选择的计划中做出选择的社会来说，其中的社会决策问题值得用社会选择方法来研究。其中每个计划从目前的角度来看都形成一个
159 未来可能状态的概率分布。

4.7 结论

我已证明，当人口固定时，功利主义最具有说服力的论据是定理 4.1。尽管该定理涉及一个抽象的社会状态集合，在经济环境领域内，如果我们使用第 1.5 节提出的方法，也许可能得到相似的结论。因此我们可以认为定理 4.1 的前提与 COAD 公理一起暗示了社会对资源的分配应该最大化所有公民的总效用。正如我们在定理 4.1 的证明中了解的那样，公理 U^*，SP^*、I^*、AN、CONT 和 EL 表明，社会排序从布莱克贝和唐纳森的角度来看必须为“一般化的功利主义”，即 F 必须由形式为 $\sum g(\bar{u}^h)$ 的伯格森－萨缪尔森社会福利函数表示，其中 $\bar{u}^h = \bar{u}^h(x)$，且 g 为严格单调递增函数。完全可测且可比的不变性假设使 g 为线性和功利主义的。正如我们所看到的，如果效用比例大小完全可比，那么，极度反对不平等的社会选择函数（这

些社会选择函数根据$\sum(\bar{u}^h)^{1/r}$来为状态排序，r为一个很大的正数，功利主义不具有这种性质）是可以接受的。因此我们可以说，上面列出的6个公理之所以足以描述功利主义的特点，是因为关于效用的现有信息不够丰富。例如只根据完全可测性和可比性，我们不能辨别任何生活在贫困线以下或生活苦难的个体。在福利主义理论中，做出这样的辨别需要将一定的效用水平与贫困或苦难相联系。但是，当效用为完全可测且可比时，一般化的效用水平已经没有任何意义。如果我们不能辨别贫穷和苦难，功利主义对效用不均等的不敏感就不是那么令人困扰了。

正如我已经说过的，也许对功利主义最有力的道德批评是“功利主义对个体效用不平等的不敏感”，比如对于两个人，其效用对（1，99）和（50，50）在社会上是无差异的。如果效用为完全可测且可比，这确实令人烦扰，因为刚才描述的两个分配可以对应如下情形：在第一种情形中，其中一人几乎挨饿（效用为零与饥饿有关），而另一个为富豪；在另一情形中，两个人都适度富裕。在效用具有的信息只是基数单位可比时，这样的辨别是不可能的——我们甚至不能说，在（1，99）的情形 160
中，第一人比第二人糟糕。因此，一个反对不平等的观察者没有理由对定理1.4和1.8感到困惑。但是他可能出于某种原因对定理4.1感到困惑，虽然他对不平等的最强烈反对使他没有理由因该定理感到焦虑，因为在探讨苦难或者贫穷问题时仅看效用之和并不能解决问题。确实，当反对不公正的观察者同意一组合理的公理时，以及当效用信息具体到可以表示苦难和贫穷的概念时，本章中的定理都不要求他采用功利主义。当总资源禀赋不足以使每个人都获得某一最低限度的功能性活动或机会时，[①] 一

① 在公理CLP中，一种很有吸引力的做法是设α为某一福利水平，该水平能够保证最低水平的功能性活动。

些平等主义者（包括我在内）主张平等不是最基本的道德目标，而是一种公平共享稀缺资源的方法。一旦所有人都达到这一最低水平，平等分配剩余资源的要求就不太重要了。由于定理 4.1 的功利主义不认可任何种类的绝对效用水平，这与“工具性平等主义”观点不矛盾。

话虽如此，我仍要指出，即使对于一个反对不平等的观察者，在某些情况下，甚至当效用为完全可测且可比时，他也可能提倡功利主义。下面的例子可以说明此点，该例的详细讨论可见罗默（1993a）的研究。在此例中，**个体**集包含不同的国家；**状态**集包括一个国际机构的卫生服务资源的不同分配；作为从机构获得的卫生资源的函数，个体的**效用函数**显示了婴儿在该国的存活率（1 减去婴儿死亡率），且效用函数完全可测可比。在这个问题中，我们比较词典式最小和出生人口加权的功利主义［即由 $\sum p^h u^h(x)$ 引发的排序，其中 p^h 为在 h 国出生的人口数］。[①] 词典式最小要求该机构在婴儿死亡率最高的国家中
161 分配卫生资源，以使最高婴儿死亡率尽可能低。但出生人口加权功利主义要求机构以最小化世界婴儿死亡人数的方式来分配其资源。我认为一个反对不平等的观察者肯定会偏向后者。

我们可以把前两段的要点简洁化。平等主义者批评功利主义忽视了个人之间的界限，因为它只关心总效用，却根本不关心效用在个人之间是如何分配的。但有些时候，对于平等主义者来说，个体之间的界限**应该**被忽略，例如当这些界限对个体做出在道德意义上具有随意性的区分时（这很可能发生在“个体”就是国家的情况中）。因此，一个人是否支持功利主义，取决于个体的**名称**、效用函数和模型中的社会状态。

与森、布莱克贝、唐纳森和威马克一样，我也认为海萨尼

① 出生人口加权的功利主义不是福利主义的社会选择规则。它取决于国家的出生人数，这些人数不能从描述状态的效用数上重新获得。

的功利主义定理与在伦理学中争议性很强的功利主义学说没有任何关系。海萨尼聚合定理仍然是一个著名的数学结论，并且对于道德和分配正义来说，他的公平观察者定理作为无知之幕方法的前罗尔斯表述是非常重要的。

最后，布莱克贝、唐纳森和波塞特为避免帕菲特的矛盾结论的产生，提出了临界水平的一般化功利主义。他们还进一步证明，只要用合理的公理集限制关于人口不同的社会的偏好顺序，他们的提议涉及了所有可行的偏好顺序。因此现在我们对如何避免矛盾的结论有了一个精确的描述——在定理 4.7 中令 α 的取值大于 0。但我提出了一个质疑：如果选择接近于 0 的 α 在伦理上是首选的话，我们就要质疑帕菲特的直觉，即在具有许多人的世界中，每个人的生活都几乎不值得一过。162

5 基本善、基础偏好和功能性活动

5.1 反功利主义

约翰·罗尔斯（1971，1975，1980，1982，1985）和阿玛蒂亚·森（1980，1985，1987，1992，1993）提出的理论一方面回应了功利主义，一方面回应了把形式的机会平等视为分配正义的充要条件的理论。形式的机会平等在此可理解为接受教育、获得工作、雇用人才等方面不存在法律障碍。

罗尔斯坚信不同人对于“善的概念”（“conceptions of the good”）有无数种理解方式。用我们的话说，相关效用是人际不可比的。然而，他认为无论怎样理解善，个人所需的“社会基本善”（primary social goods）是可以进行比较的。他尤其认定有一个社会基本善向量的指标，通过这些指标，我们可以比较不同个体享有善的“数量”。正义的要求之一就是通过一些制度安排，使那些享有最少社会基本善的个体的社会基本善份额（指标）达到最大，或者说，使所有经济机制中所有个体的最小社会基本善的束最大化。他将这些道德要求称为“差别原则”
163 （difference principle）。①

森认为罗尔斯关注的最大化对象不正确。对福利和善的所有概念来说，重要的不是某些**善**，而是**善**对人们的**作用**。善赋予人们不同的功能，例如四处走动、保持健康、识文断字，

---

① 然而平等的自由是罗尔斯对正义的要求，这种正义在词序上优于差别原则。

等等。森认为，正义要求在所有经济体制下使所有个体可得的**功能性活动**（functionings）向量最大限度地“平等化”。他将这些个人可得的功能性活动集合称为个人的可行**能力**（capability），因此他的理论可以概括为“可行能力平等论”。为了更好地定义这种观点，我们应该对功能性活动向量集进行排序。

这两种理论有四个相同之处。在我看来，作为实现分配正义的提议，它们算是“表亲”：（1）它们都不是福利主义观点。它们最大化的不是效用，而是某种“客观”标准——一个是基本善，另一个是可行能力。（2）它们都是平等主义观点。（3）它们都不主张最后结果的分配，并且无论是基本善还是功能性活动都可以使个人按自己的意愿取得成就，因此这两种理论都给个人责任留了一定的空间。在社会基本善或功能性活动实现了平等化的前提下，如果一人明智地使用了他的资源并且抓住了机会，而另一人浪费了他的资源和机会，对于两人行为所造成的不平等结果，正义不会给予补偿。（4）与形式的机会平等相比，它们呼吁的机会平等概念更为激进。前者只要求人们在法律上拥有平等的教育、工作机会，这种公平与个人的种族、家庭出身、天资、才华和残疾这些随机分布的特质无关，但这种平等还不够。真正的机会平等要求补偿个体间的差异。罗尔斯认为这种机会平等可以通过平等化社会基本善实现；而森认为要通过可行能力平等来实现。

两个观点在前三点上与功利主义不同。功利主义是福利主义的非平等主义观点。传统的功利主义要求最大化最终效用，与第三点不符。这标志着个人责任问题首次出现在我们的研究中，该问题在剩余的章节中将越来越突出。如果要在当代分配正义理论中挑出最重要的理念，被选中的观点应该是个人责任合理地限制了结果的平等程度。

这里我简单地提一下科姆（1972）的平等主义理论。科姆 164

没有受罗尔斯观点的影响，他认为社会最优分配应该是使最贫困的人尽可能富裕的分配。但科姆仍用“公正”一词来形容令所有人境况完全相等的分配。然而科姆的研究没有我上面列举的第一、第三和第四个特点。事实上，在寻找所有需求的共同本质从而衡量其平等程度的问题上，科姆提出的解决方案是一个截然不同的解决方案①。

5.2 基本善、福利和平等

在《正义论》一书中，罗尔斯列举的基本善基本种类包括权利与自由、机会与权力、收入与财富（罗尔斯，1971：92）。后来他又区分了五类基本善（1982：162）：（1）基本自由，包括交往自由、自由权等；（2）移居和选择职业的自由；（3）拥有权力、特权和重大职权的职位；（4）收入和财富；（5）自尊的社会基础。最后一点可以定义为“基本制度中对公民必不可少的那些方面，因为它们关乎公民是否能够清楚地意识到自身作为道德人所具有的价值，能否认知自己的最高利益，并自信地推进自己的目标”（1982：166）。罗尔斯指出，在(1)和(2)中列出的善的平等化必须是完全的，且应该词典式优于其他类型的基本善。也就是说，他主张首先选择一个政治经济制度，在被选择的制度下，前两种基本善可在最大程度上被平等地供应给所有公民，然后再选择能使最不利群体的其他三类基本善指标最大化的经济资源分配方案和政治经济机制。

首先我们应该注意到社会基本善同经济资源和商品的区别。只有收入（和财富）是常规意义上的私人善。我认为我
165 们最好将第三和第五类基本善视为地方性的公共善。任何一

① 不幸的是，如果不是因为科姆的著作只有法语版本，其研究本应得到更多来自英美社会科学界的关注。

套经济和政治制度将不同程度地为不同位置上的在职者提供权力、特权和自我价值感。这些“善”不是分配给公民的私人的善，而是体现在制度中。当个体到这些制度中担任职位时，他们“消费”了这些善。我们用 I 来表示社会**政治经济制度的集合**，用$\mathcal{T}$表示可行制度的集合。包含于集合 I 中的定位 l 表示制度中个人可能担任的职位，因此 l 可以是“市议会的议员、地方家庭教师协会的主席、一家工具和模具工厂的工人”，集合 I 中的定位表示为 l_1，l_2，…，l_N。每一个定位都与向量 $q^I(l)$ 相关，该向量表示位置 l 代表的非收入特性，如这些职位带给在职者的权力、特权、自主性，等等。这些向量与担任职位的个体是谁无关。

如果我们认为就个人而言第三、四、五类的社会基本善是向量 $q^I(l)$ 和收入，那么我们就是罗尔斯观点的追随者。此外，在任人唯贤的前提下，每个人都可以自由地选择职业、职位和工作时间，因此个人“消费”的社会基本善是他职业和劳动选择的一个功能，因为职业的选择（至少部分地）决定了他的定位 l，并且职业和劳动的选择至少部分决定了他的收入。

不幸的是，在职业选择和基本善的关系上，罗尔斯的看法很模糊。他明确指出，职业和工作时间的选择自由由第二种社会基本善保障。但是这些并不妨碍社会设计诱使人们工作时间过长的税收计划，以增加可以被再分配给穷人的税收。此外，如果社会没有将工作和休闲作为基本善，那么它**必定**会采用这种税收计划［详见豪和罗默（1981）的讨论］。更进一步来讲，罗尔斯必须承认在任何复杂的社会里，劳动市场都是必要的，因此个人的收入将会取决于他的职业和劳动选择，当然也取决于税率表。所以说如果不知道个体的劳动贡献，我们甚至不能确定他享有的社会基本善的向量。因此我假设劳动应该被算作一种基本善，并假设社会基本善指标为 $q^I(l)$、m 和 L 的加总，其中 m 代表收入，L 代表劳动力。定义通用向量（$q^I(l)$， 166

m, L) 为 x, m 是 L 和 l 的某种功能，并且由市场和税收计划共同决定。[①]

罗尔斯没有解决如何找到一个指标的问题。尽管很多人都掩饰了这个问题，但我同意阿内逊（1990b）的看法，即在罗尔斯的理论中这是一个关键问题，因为它使罗尔斯认为自己不是一个福利主义者。阿内逊认为，这个指标如果不是建立在至善论的观点之上（这种观点认为，基于基本善对客观衡量个体幸福的贡献，存在一个总计社会基本善的正确方式），就是建立在基本善对人生计划实施的促进作用上。在第二种情况下，这个指标将因人而异，并且与每个人的福利观念相关联。阿内逊认为罗尔斯肯定不会赞同第一个观点，因为罗尔斯认为他的正义理论容纳了不同关于善的概念——对这种观点而言，任何对至善论的鼓吹都是不搭界的。但是如果第二个观点被采纳的话，福利主义就会回归，因为个人拥有的社会基本善数量的衡量取决于依靠这些善他多大程度地实现了人生计划。我认为阿内逊对罗尔斯的批判大体上是正确的，但是他认为罗尔斯的理论必须是福利主义理论，这一点并不成立。

我认为在快乐的含义、基本善和人生计划成就间的关系和衡量基本善的客观指标这三个问题上，罗尔斯的观点是不一致的，尽管他没有要求衡量基本善的指标应该与福利相当。关于基本善和完成人生计划之间的关系，我们可以引用罗尔斯的原话：

---

① 科恩（1995a）对罗尔斯给予职业选择词典式优先性的做法进行了评论，并且批判了豪和罗默（1981）没有将此点纳入讨论的做法。但是科恩没有认识到，除非将休闲的价值考虑在内，就算职业和劳动的选择是自由的，社会制定出来的税收计划还是可能造成人们工作时间过长的情况。或者说，如果劳动和休闲不是基本善，但其对人生计划的完成非常重要，那么一个人拥有的基本善数量与他的人生计划实施程度不会单调相关。我将在后文说明罗尔斯明显认为这种关系是单调的。

> 我这里提到的基本善是每一个理性人都需要的东西。167
> 不管一个人的具体计划是什么，我们假定他对某些事物偏好更多而非更少。拥有更多善的人，无论他们有怎样的目标，他们在实现想法和推进目标时能够取得更大的成功。(1971：92)

关于快乐，罗尔斯写道：

> 当一个人在（或多或少的）有利条件下起草的合理的人生计划能够（或多或少地）成功执行，他就觉得很快乐，并且他有理由相信他能实现自己的想法。因此当我们的合理计划能够顺利开展时，我们就觉得很快乐；当更重要的目标得以实现时，我们有理由相信我们的好运将会持续下去。(1971：548)

就第二段引文而言，我相信罗尔斯认为效用函数衡量的是快乐，或者衡量的是个人人生计划的完成程度（下文我将对此点做更为具体的说明）。现在假定这个程度由函数 $u^h(q^l(l), m, L)$ 衡量，也就是说，个人人生计划完成的程度是第三、四、五类基本善与个人选择的劳动和休闲的函数（我忽视了基本善中的第一类和第二类，因为由于其词典式优先性，它们的水平已经被设定，因此我们不再讨论它们）。当然，罗尔斯不提倡取函数 u^h 的最大最小值，他只要求取社会基本善某个指标的最大最小值。我们设想一个一般情况，也就是 $(q^l(l), m, L)$ 的指标取决于个人，称之为 $\mu^h(q^l(l), m, L)$。现在我们假定两个社会基本善向量 x 和 x' 满足 $\mu^h(x) \geq \mu^h(x')$ 且 $u^h(x) < u^h(x')$。这表示个体 h 在 x 上享用的基本善至少和其在 x' 上享用的基本善一样多，但是在 x' 上他的人生计划的实施要好于 x 上的。我认为这违反了第一段引文中的最后一句话。因此情况应该是这样的：对

于所有的 x 和 x'，

$$\hat{\mu}^h(x) \geq \hat{\mu}^h(x') \Rightarrow u^h(x) \geq u^h(x') \qquad (5.1)$$

参照第一段引文中的最后一句话，（5.1）的逆命题也成立。因此函数 μ^h 与函数 u^h 序数相等，也就是说有增函数 φ^h：$\mathbf{R} \to \mathbf{R}$
168 使 $u^h = \varphi^h \circ \mu^h$。从一般情况来看，我们没有理由认为对于两个个体 j 和 h，u^h 和 u^j 也序数相等，因为每个人都有不同的人生计划，并且这些计划因为社会基本善的投入其实施的程度也不同。因此指标 μ^j 和 μ^h 在序数上不相等。如果假设它们相等，即假定有令 $\varphi \circ \mu^j = \mu^h$ 成立的单调函数 φ，则

$$u^h = \varphi^h \circ \mu^h = \varphi^h \circ \varphi \circ \mu^j = \varphi^h \circ \varphi \circ (\varphi^j)^{-1} \circ \varphi^j \circ \mu^j = \varphi^h \circ \varphi \circ (\varphi^j)^{-1} \circ u^j$$

上面的式子表明 u^h 和 u^j 序数相等，这和假设矛盾。

我们已经表明个人基本善的指标与其快乐的量度序数相等，可这些指标本身的序数通常并不相等，它们因个体的不同而不同。因此罗尔斯声明，只需使用单一的基本善指标的做法不是前后一致的做法。

罗尔斯只要求基本善的指标序数可测且完全可比。我称 $\mu = (\mu^1, \ldots, \mu^H)$ 为**广义的基本善指标**（generalized index of primary goods）。罗尔斯要求形式为“$\mu^h(x) > \mu^j(y)$”的函数具有如下含义：h 在 x 分配中比 j 在 y 分配中拥有更多的基本善。因此如果所有的分量函数都被同样的单调函数转换，那么 μ 就是一个很好的指标。然而我们不能说 u^h 可以取代 μ^h，当然我们可以记下 $\mu = ((\varphi^1)^{-1} \circ u^1, \ldots, (\varphi^H)^{-1} \circ u^H)$，因此 μ **取决**于个体对于快乐的理解。但是这并不意味着罗尔斯的理论是福利主义，因为他的理论依赖于效用数**以外**的信息：要计算罗尔斯最大最小分配，我们需要知道 $\varphi = (\varphi^1, \ldots, \varphi^H)$ 和 u。因此我认为罗尔斯的观点前后不一致，阿内逊的结论也不完全正确。实际情形恰好介于二

者之间：罗尔斯的基本善概念应该取决于个体对善的理解，但是单单知道这些概念是不够的。

接下来我将解释衡量快乐的效用函数 u^h 的可能含义。假设给定的人生计划在个体生命结束之前能不同程度地被落实，其中“程度”的取值介于 0 和 1 之间，我们将这个计划的完成程度表示为 δ。再给定一个社会制度的集合 I 和相关“资源”的分配情况，我们仍无法确定人生计划的完成程度。设可以表达这种不确定性的概率测度为 $\Pi^h(.;x)$，它的定义域为样本空间 169
$[0, 1]$。也就是说，对于 $[0, 1]$ 之间的一个可衡量子集 D，个体 h 利用社会基本善的“分配” x 实现人生计划完成程度 $\delta \in D$，这一事件的概率为 $\Pi^h(D;x)$。这样，个体 h 的**人生计划期望完成度**，即基本善消费（包括花费的劳动或努力）的函数由下式给出：

$$E^h(x) = \int_0^1 \delta \pi^h(\delta;x)d\delta$$

这里我已经假设 $\Pi^h(.;x)$ 有一个密度函数 $\pi^h(\delta;x)$。现在 $E^h(x)$ 还不是个体 h 的效用，因为 h 对于风险的态度还没有被考虑到。h 对由概率测度表示的抽彩有特别的偏好，且效用可以用函数 $\nu^h(\Pi)$ 来反映。（这里我们没有理由认为这些偏好满足冯·诺依曼-摩根斯坦公理。）我坚持认为 h 的（罗尔斯）效用函数可以表示为

$$u^h(x) = \nu^h(\prod{}^h(.;x))$$

在 ν^h 满足冯·诺依曼-摩根斯坦公理的情况下，我们可以记下：

$$u^h(x) = \int_0^1 \nu^h(\delta)\pi^h(\delta;x)d\delta$$

让我们考虑一个特殊的情况，其中所有人对抽彩都有冯·

诺依曼－摩根斯坦偏好，并且他们都是风险中性的。那么从上面 $u^h(x)=E^h(x)$ 可知，一个人在风险 x 中的快乐等同于他的人生计划期望完成度。那么现在对于罗尔斯，假设 $\mu^h=u^h$ 不再有吸引力，因为按照这样的假定，基本善的平等化就意味着使每个个体的人生计划完成程度相同。但是罗尔斯很清楚一些人相比其他人愿意选择更昂贵或更有野心的人生计划，这些人也为这样的人生计划选择负责，并且社会没有罗尔斯式义务去使
170 那些选择有野心的人生计划的个体的人生计划期望完成度和其他个体相同。① 我们在这样的情况下知道的是，$\mu^h(x)$ 必须与 $E^h(x)$ 序数相等，以及存在着一个单调的 φ^h 使得 $E^h(x)=\varphi^h(\mu^h(x))$。在罗尔斯理论被明确定义之前，它必须包含一个规则说明 $\varphi=(\varphi^1, \ldots, \varphi^H)$。

我们重述一下这个问题。罗尔斯相信社会的职责就是将社会基本善平等化，而不是人生计划的完成程度，因为每个人都应为其人生计划的选择负责。由于这个原因，跟那些人生计划要求的收入较低的人相比，需要大笔收入才能实现的人生计划的选择者在分配中不应获得更多基本善。确实，罗尔斯说过社会基本善的补充使人们能够去**选择**他们的人生计划，但我没有在讨论中模型化这一点（相反，我把个体的人生计划当作一个给定的条件）。我们已经证明，如果社会基本善能够提高每个个体人生计划的期望完成度（这是罗尔斯的要求），那么所需的社会基本善指标就必须与他们的效用（人生计划）函数序数相等。罗尔斯的提议是不完整的，因为他没有确定单调函数的分布 φ，而该函数对广义基本善指标的定义是必要的。与普遍情况相反，

① 例如，罗尔斯认为自由人第三个方面的特征如下："他们被视为有能力对他们自己的目标负责，并且这影响到如何评价他们不同的索求……公民被认为应该可以根据他们合理期望调整他们的目标和愿望"（罗尔斯，1985：243）。他还写道："考虑到他们能够期望的必要工具，公民和机构应该为修改和调整自己的目的和愿望负责"（罗尔斯，1982：170）。

在该理论中，基本善指标（或指标分布）的选择问题不是只在脚注中才被提到的。阿内逊在该点上对罗尔斯的评价是正确的，但是他不该将罗尔斯的观点归结成福利主义，尤其不该归结为平等化（最大最小化）福利。也许我们还可以进一步改进基本善指标的选择应与福利或人生计划的期望完成度序数相等这一理论。但如果个人不是风险中性者，期望完成度就不能等同于福利。因为指标不需要从反映福利水平的信息中获得，这样的理论不会是福利主义的。对于罗尔斯来说，他的任务是不借助至善论标准，或者某些人生计划相对其他人生计划的固有优越 171
性，就找到这样的指标。

5.3 罗尔斯的最大最小化（差别原则）

罗尔斯对于差别原则提出了两个论点。第一个论点希望说明只有最大化最不利者得到的基本善指数的资源分配才是公平的。第二个论点是通过引用无知之幕和原始状态来将该观点正式化的特别尝试。

巴利（1989：213～214）明确地总结了第一个论点。罗尔斯通过逐步深化机会平等这一概念来继续展开讨论。作为保护私人财产权的体制，“天赋自由制度”（natural liberty）允许每个人都有权通过与他人交换其所有物获益，但这种制度只保障了形式上的机会平等。人们可以凭借自己出生时就拥有的禀赋（包括继承的财产）获利，但是区别待遇应该是不被允许的。在“自由主义平等”（liberal equality）的体制里，个人可以凭借自己的天资获益，而不是仅仅凭借继承的收入和财富获益，因此具有同等天资的人都应该面对相同的前景。罗尔斯将这称为“机会的公正平等”（fair equality of opportunity）。在“民主平等”（democratic equality）的制度里，个体可能既不因继承的财富或家庭出身，也不因他的天分和运气获益。所有这些特征（包括天分和天生残疾）都是随机的。因此罗尔斯认为基本善指标的平等是必要的。但是也许这样一个基本善平等化的制度是没有效率的，因为从帕累托最优的角度上看，也许会存在为每个人提供的基本善指标比平均分配更高的资源分配方案。这样，罗尔斯把注意力从平等转移到了最大最小化分配。在最大最小化分配中，他将词典式最小分配作为最优考虑（罗尔斯，1971：83）。

除了我们刚才已经讨论过的关于基本善指标的选择，该论点（至少）还有三个缺点。第一个缺点是该论点的一个隐含假定，即基本善的“自然”分配在罗尔斯式再分配不存在的情况
172 下出现。“自然”分配与具有道德随意性的个人特点和禀赋相关。虽然我们可能认同家庭背景、天资和遗产等是道德随意的，但也有并非如此的因素，例如自由选择的努力。我们可以想象，罗尔斯必然会要么反驳说没有自由选择（个人自主付出且应负道德责任的努力）这样的因素，要么反驳说这样的努力只有在当我们从基本善分配问题转移到人生计划的完成问题时才有意义。有人［例如巴利（1989：225）］主张，所有因素（包括努力）都是随机的（举个例子，努力程度也取决于家庭、文化和基因等，而这些都具有道德随意性）。但是如果这样的话，我们无法确定罗尔斯的最大化对象为什么是基本善指数，而不是快乐，或者说人生计划完成度。如果包括人生计划选择的所有事物都具有随意性，或者说在某种意义上都是由超出自身控制的力量所决定，那么正义的资源分配应当平等化（最大最小化或词典式最小化）个人计划的完成度，因此，为了保证一致性，罗尔斯似乎应该提出，“努力”和责任意识只在我们将焦点从基本善分配转移到实现人生计划（当然，这包括人生计划的选择）的这一过程中才发挥作用。

第二个缺点是从个人特征的道德随意性到基本善**平等**之间的过渡。这里我的重点是平等，而非基本善，福利上的平等也是这样。我认为罗尔斯为此过度提出的唯一论据建立在原始状

态基础上，我将在后文中论述这一点。但是这里我们自己的分析能帮助理解罗尔斯的观点，特别是定理 1.7 和定理 1.9 对最大最小化提供了支持，这很可能也是罗尔斯的意图。这些定理是能被运用于经济环境中的，而资源的分配正是经济环境中的问题。定理 1.7 的公理加上最低限度的公平公理一起意味着最大最小化，而定理 1.9 本身就是最大最小化的论点。

如果要在罗尔斯法庭之友的案例中引用这些定理的话，那么我们必须解释一些作为基本善广义指标的效用函数 u（见 5.2 节）。定理 1.7 的论证和定理 1.9 的论证有两个不同点。前者要求社会选择相对分布 u 的所有序数水平可比转换保持不变，而后者没有这样要求，因为定理 1.9 适用的指标 u 绝对可测且可比。另外，定理 1.7 利用的是最低限度公平公理，而定理 1.9 利用的是资源的单调性。然而这两个定理有一个相同处：它们都依赖于 COAD 定理。 173

虽然罗尔斯自己认为只需要序数水平可比的基本善指标就足够了，但我更偏好定理 1.9，因为即使在指标分布绝对可测且完全可比（AFC）的假设中，从它也能推导出最大最小化。此外，使用 AFC 性质的基本善广义指标就必须用资源的单调性来替换最低限度公理。从罗尔斯的观点来看，我认为资源的单调性是无可非议的：如果在两个社会中的个体相同，但是其中一方的资源禀赋占优另一方的资源禀赋，那么所有人享有的基本善指标都应该不少于那个拥有更多资源禀赋的社会中的基本善指标。

因此定理 1.9 对最大最小化的论证仅要求满足 COAD（我认为其他定理也是无可非议的，但连续性除外，因为它排除了词典式最小原则）。现在 COAD 定理可以被理解为对以下要求的模型化：在规定常规且可交换资源的分配时，社会选择的规则应该充分考虑到天分和家庭文化环境分布的道德随意性。具体来说，我们设个体 h 的境况（我指已经列出的那些基因和环境因素）用向量 $r^h \in \mathbf{R}^n$ 表示，个体拥有的基本善为他获得的常规资源向量 $x^h \in \mathbf{R}^m$ 和环境资源向量 r^h 的函数。特别地，他的基本善指标可以表示成函数 $u^h(x^h, r^h)$。为了区分道德随意的特质 r^h 和罗尔斯假定的属于个人责任范畴的人生计划，罗尔斯的社会选择规则 F 必须考虑到整个向量（x^h，r^h），或者整个社会的向量（x，r）。事实上，如我们假设罗尔斯不愿意对他的理论进行修正（可能因为他认为这样做就意味着破坏传统家庭或者如此类的前提，以及认为基因的转变或天分的重新分配是不可能的），那么“资源” r^h 是不能重新分配给个人的。因此赞同罗尔斯观点的规划者事实上必须考虑将向量 r 固定，这样，他的职责就是考虑一个简化的问题，在该问题中只有常规资源被分配，并且基本善的“简化模式”指标由 $\hat{u}^h(x^h) \equiv u^h(x^h, r^h)$ 给出。COAD 认为考虑该简化问题的规划者对常规资源 x 和 y 根据分布
174 $\hat{u}$ 做的排序，与其在“延展的”问题中用分布 u 对分配（x，r）与（y，r）的排序相同。因此，COAD 就保证了不管规划者是否明确考虑环境资源的向量，他对可转让资源的分配的排序必然相同。

我想补充的是，COAD 公理不仅仅局限于此，因为在其适用的经济环境中，善没有被命名，因此我们并没有办法从常规资源中辨清到底哪些资源代表基因和家庭影响。不管“r”是环境资源还是常规资源，COAD 都保证了所有情况的跨维度的一致性。因为定理 1.9 是最大最小化的一个严密的论证，当向量为 r 的有关资源是常规资源时，我们也必须接受跨维度的一致性；并且当资源空间为 $\mathbf{R}^{m+n}$ 时，我们认为 $r=(r^1, \ldots, r^H)$ 是罗尔斯式分配。那么 COAD 可被解释成为一个实现信息简单化的公理，因为它认为，如果我们知道一些基本善已经进行了罗尔斯式分配（例如通过一个资金充足的大中小学体系实现教育服务的分配），我们就可以在决定其他基本善的罗尔斯式分配是什么时忽略教育。

对罗尔斯第一个论点的第三点质疑为第 5.4 节的主要内容。

我们现在从原始状态的角度讨论罗尔斯关于差别原则的第二个论点。在巴利的术语里，第一个论点试图令无差别原则成为“作为公道的正义”的范例，而第二个论点则试图建立一个“作为互利的正义”的差别原则。也就是说，公正的资源分配意味着在社会契约选定的分配中，个体不知道自己在实际社会中的状态或定位，但在制定社会契约时，虽然没有人知道他将来会怎样，他们应该知道社会中的环境和基因因素的实际分布情况。这里又出现一个问题：即使我们可能会假设他们知道人生计划和其他所有资源的联合分布情况，但罗尔斯假设他们不知道其无知之幕后的人生计划是什么。但是如果人生计划不是随意的，那么为什么坚持道德正确性的个体要制定不知道人生计划是什么的社会契约呢？为什么他们不应该知道他们付出努力的倾向，或者个人具有道德责任的努力是哪些呢？毕竟无知之幕只保护个体不受随机特点的信息影响。我 175
不认为罗尔斯为这些问题提供了令人满意的答案。随意与非随意的个人特征的区分在之后罗纳德·德沃金、理查德·阿内逊和 G. A. 科恩的政治哲学讨论（本书第 7 章和第 8 章的话题）中才开始有价值。

罗尔斯提出，无知之幕论断并不是为了使他的正义论更为严格和公平，因为该论断还假定体现正义的社会契约在某种程度上由具有自我关涉的偏好的个体制定。我同意巴利的观点（1989），即罗尔斯的论断是错误的。我们可以通过其他方式严密地论证公平，该方式可以不借助于无知之幕背后的社会契约（我在前文已暗示过此点），并且我相信该论证与罗尔斯的公平观点更加一致。

尽管如此，在本节的余下部分，我们还是把重点放到关于契约论的讨论上，并探讨差别原则是如何出现在这样的背景下。我们还着眼于罗尔斯建议中的“最大最小化”这一方面，而不是假定个体由于无知之幕不了解他们的人生计划。在第 4 章中，我已经提出海萨尼的主张，即无知之幕后的个体将会选择功利主义的资源分配，是错误的。但是又该怎么解释他们对最大最小化分配的选择呢？

第一种回应简单而有力。在罗尔斯的原始状态中，所有的灵魂都是一样的，它们之间没有差异。但如果代理人是相同的，他们的社会契约就是无关紧要的，因为对于此类代理人，最优的只是（对于分配方式或经济制度的）选择。也就是说，在罗尔斯设定的原始状态下，社会契约论的问题变成了一个决策问题，一个个体（代表性灵魂）的最优化问题。

我会引入社会中的一个特别案例，我希望用该案例推翻罗尔斯的观点，即差别原则在原始状态下是代表性灵魂的最优决定。我猜想，实际社会由不同的个体组成，每个个体依靠不同的能力获取收入（消费善）。只有两种善会对个体产生影响，
176 即休闲（leisure）和可生产的消费善（consumption good）。我们可以用个人的实际工资 w 来反映他们不同的能力，w 就是个体用一单位劳动力（比如说一个小时的工作）生产的消费善的数量。我假设消费善只能由劳动力生产，并且个人关于善和劳动（或者休闲）的效用函数因个人能力的不同而不同。效用函数用 $u(y, L; w)$ 来表示，这里 y 表示消费善的份额，L 表示已付出的劳动力，u 在三个自变数中都是连续的。实际能力（即真实工资）根据一个实数的紧凑区间 Ω 上的概率测度 G 分配［因此对于 Ω 中的一个可测子集 W，$G(W)$ 是现实社会中工资为 $w(w \in W)$ 的个体的比重］。

我们可以用（u，G）来定义效用函数的分布。我假设这个函数至少序数水平可比，也就是说 $u(y^1, L^1; w^1) > u(y^2, L^2; w^2)$ 有意义。在第 4.4 节中我已经提出除非效用至少序数水平可比，否则无法在无知之幕后选择分配。我同意 $u(y, L; w)$ 衡量了人生计划的完成度或期望完成度，但我不会像罗尔斯那样认为 u 是基本善的一个指标。如果无知之幕背后的灵魂不知

道个体人生计划在实际社会中的分配情况，这也许是合理的，但是我看不出有任何理由认为道义上的正确性（即原始状态）就意味着不应该让他们了解该信息。代表自我关涉的个体利益的灵魂会关注人生计划的实现，而不仅仅是基本善。

在我刚才定义的模型中，唯一的可转让资源是消费善。那么我们可以认为，无知之幕背后的问题就是税收计划 τ 的选择问题。我将进一步假定 τ 只取决于个人的工资收入，也就是取决于他产生的消费善数量（所有这些简化仅仅意味着我们研究的是一种特殊情况）。如果税收计划为 τ，一个人的产出是 y，那么他所需支付的税金为 $\tau(y)$。一旦税收计划 τ 实施，在现实世界中，由真实工资 w 表示的个人将会选择付出 L 单位的劳动来最大化 $u(wL-\tau(wL),\ L;\ w)$。将 $L(\tau;\ w)$ 定义为该最大化问题的解，然后我们就可以在税收计划 τ 中定义个体 w 的间接效用为：

$$v(\tau;w)=u(wL(\tau;w)-\tau(wL(\tau;w)),L(\tau;w);w) \quad (5.2)$$ 177

可行税收计划 τ 的集合可定义为集合 T。T 为某个预先设定的更大集合的一部分，它是完全可再分配的，并且可以令政府收支平衡，即它满足：

$$\int_{\Omega}\tau(wL(\tau;w))dG(w)=0 \quad (5.3)$$

设想拥有如下四个特点的可行税收计划 τ 的子集。

（1）存在数值 $\bar{u}$，使得 $\{w \mid v(\tau;\ w)<\bar{u}\}$ 的概率测度 G 为零；

（2）对于所有 $\bar{\bar{u}}>\bar{u}$，集合 $\{w \mid v\ (\tau;\ w)\}<\bar{\bar{u}}$ 的概率测度 G 为正；

（3）为了满足（1）与（2），集合 $\{w \mid v(\tau;\ w)\}\leqslant\bar{u}\}$ 的概率测度 G 很小；

（4）$\bar{u}$ 是具有特点（1）~（3）的最大值。

假设存在一般税收计划的集合，在它之中至少有一个税收计划满足特点(1)~(4)，它的拓扑结构是足够的，我们将该集合记作 T^*。这些税收计划都是罗尔斯式的，因为它们使最不利的群体尽可能地富有，并且使该群体的人口规模尽可能地小。

这种方法的优点是使我们能够忽略那些“小”的公民群体，因为它们是概率测度为 0 的集合。罗尔斯指出他笔下的那些最不利群体的人口数量并非无关紧要——这类群体的收入不到收入中位数的一半（罗尔斯，1971：98）。根据这种概率测度理论，测度为 0 的个体集可以不计。在罗尔斯式的税收计划中，福利低于 $\bar{u}$ 的个体是存在的，但这些人是能够忽略不计的小群体。

每一个 $\tau \in T$ 都在实线上形成概率测度，该测度表示无知之幕后灵魂的福利概率。为了使该点更明确，我们定义对于任意 $\tau \in T$ 和任意实数 s，$W(s;\ \tau) = \{w \mid \nu(\tau;\ w) = s\}$。对任意实线上的勒贝格可测集合 S，有如下的定义：

178 $$\gamma(S;\tau) = G(\bigcup_{s \in S} W(s;\tau))$$

$\gamma(\cdot\ ;\ \tau)$ 表示实线上的概率测度；对任意可测实数集 S，$\gamma(S;\ \tau)$表示当采用税收计划 τ 时，福利水平为 S 的社会比重。从无知之幕之后的灵魂的角度来说，如果选择的税收计划为 τ，$\gamma(S;\ \tau)$ 表示灵魂成为福利水平为 S 的个体的概率。

因此，从无知之幕之后的灵魂的观点来看，任意 τ 都形成一种抽彩，用概率测度 $\gamma(\cdot\ ;\ \tau)$ 表示。灵魂面临的决策问题即选择众多抽彩中的一个。如果要选择抽彩，灵魂必须对这些抽彩有偏好排序。如果它选出的抽彩与罗尔斯式的 τ^* 有关，那么与其他所有的抽彩相比，它更偏好于 $\gamma(\cdot\ ;\ \tau^*)$。这意味着它极其厌恶风险（下文将拓展开来叙述）。罗尔斯并未为这一厌恶风险的偏好提供有力证明，我也不能提供。

灵魂很有可能具有偏好，甚至是形成选择最大最小化税收计划的冯·诺依曼-摩根斯坦偏好。例如我们可对灵魂的偏好作如下定义：灵魂对所有罗尔斯式税收计划是中立的，对其他税收计划也是中立的，不过它对前者更为偏好。如果 $\tau \in T^*$，用 $\rho(\gamma(\cdot;\tau))=1$ 定义抽彩上的函数 ρ；如果 $\tau \notin T^*$，则用 $\rho(\gamma(\cdot;\tau))=0$ 定义。对任意介于 0 和 1 之间的 ρ，如果 $p\gamma(\cdot;\tau^1)+(1-p)\gamma(\cdot;\tau^2)$ 是介于 $\gamma(\cdot;\tau^1)$ 和 $\gamma(\cdot;\tau^2)$ 之间的抽彩，则定义 $\rho(p\gamma(\cdot;\tau^1)+(1-\rho)\gamma(\cdot;\tau^2))=p\rho(\gamma(\cdot;\tau^1))+(1-p)\rho(\gamma(\cdot;\tau^2))$。$\rho$ 是抽彩上的效用函数，表示遵循冯·诺依曼-摩根斯坦公理的抽彩偏好，该偏好会选择罗尔斯式的税收计划。

对于代理人的理性，经济理论中的常规定义假定代理人对自己要选择的物体有偏好。这种理性假设并没有告诉我们代理人对抽彩应该有怎样的偏好。我们可假设无知之幕之后的灵魂是风险中性的，因此它希望最大化福利抽彩的预期值，也就是说，税收计划的效用函数为：

$$\rho(\tau) = \int s d\gamma(s;\tau) \tag{5.4}$$

而这里令 $\rho(\tau)$ 最大化的 τ 值当然一般不是罗尔斯式税收计划。 179

举例 我们或许应该用一个例子尽可能地具体化这一点。假定 $u(y, L; w)=y-L^2/2$（在这种情况下，效用不取决于 w），w 在区间 [0, 1] 均匀分布。假定可能的税收计划的集合是线性的，$\tau(y)=cy+d$，$0\le c\le 1$。在税收计划 $cy+d$ 下，实际工资为 w 的人们会通过选择劳动供给 $\hat{L}=w(1-c)$ 使效用最大化。通过引入可行性约束（5.3），我们经计算可得 $d=-(c(1-c)/3)$。因此预算平衡的税收计划可以用 $cy-(c(1-c)/3)$ 表示，这样我们可以用参数 c 验证一个税收计划是否可行。基于这些设定，我们可以用以下的式子表示“选择可以尽可能让效率最低的人更好的税收计划”：

$$\max_{c}\min_{w}\left\{w^{2}(1-c)-\left[c(w^{2}(1-c))-\frac{c(1-c)}{3}\right]-\frac{w^{2}(1-c)^{2}}{2}\right\} \qquad (5.5)$$

求解（5.5），我们可以得到最优税收计划$\hat{c}=\frac{1}{2}$。也就是说，在线性条件约束下，罗尔斯式的税收计划将会设定边际税率为50%。

现在让我们计算无知之幕下之后风险中性的灵魂会选择的税收计划。用 c 表示 τ，我们计算间接效用函数：

$$v(c,w)=\frac{w^{2}(1-c)^{2}}{2}+\frac{c(1-c)}{3}$$

因此期望效用为：

$$\int_{0}^{1}v(c,w)\,dw=\frac{1-c^{2}}{6}$$

当 $c=0$ 时，上面式子的值最大。因此风险中性的灵魂不会选择重新分配。

我主张的不是无知之幕的灵魂应该是风险中性者，而是我
180 们不能武断地认为灵魂因其对风险的厌恶才选择罗尔斯式抽彩。理性假设不足以帮助我们确定灵魂对抽彩的偏好。海萨尼的公平观察者定理（第4.4节）也面临同样的问题（尽管这不是海萨尼功利主义观点的主要问题）：我们没有办法只依靠理性去选择等式（4.4）中的常数 a^{h} 和 b^{h}。

总结一下，人们的人生计划和为此而付出努力的意愿可能具有道德随意性特征，也可能不具有随意性特征。如果它们是随意的，灵魂在原始状态对它们一无所知，但知道它们在社会中是如何分布的。但所有的灵魂都处境相同，社会契约因此被分解成个人最优化问题。对于这样的灵魂来说，罗尔斯税收计划的选择是不理性的，因为似乎没有理由赋予灵魂风险规避的

偏好。另一方面，如果个体的人生计划和努力的选择在个人责任的范畴下，那么无知之幕背后的灵魂应该知道它们将成为的个体的人生计划和努力倾向，但是不知道它们将来会拥有的其他资源（这些资源的分配具有随意性）是什么。这在本质上是德沃金提出的分配正义问题，也是第 7 章的主题。

还有一种情况可以使无知之幕后的灵魂选择罗尔斯式税收计划，即在无知的情形下，也就是在不知道现实生活中的特征的概率分布时，代表性灵魂要做出决定的情况。一些关于无知情况下的决策问题的文献主张可能效用的最小值最大化［例如见米尔诺（Milnor，1954）和马斯金（1979）］。这一做法在这里无疑是不合理的，因为我们没有理由要求处在原始状态的个体不知道实际社会中人生计划和境况的分配情况。断言在无知情况下最大最小化是解决问题的理性策略的做法也是有争议性的［见奈瑞（Nehring，1995）］。

最后我要讲的是个人责任问题，因为我认为此问题决定了罗尔斯体系的前后一致性。如上面第 5.2 节中的模型一样，人生计划的期望完成度取决于个体 h 采取的行动、他选择的位置 l 和劳动（或努力）L。就像他在人生计划选择方面明确宣称的那样，罗尔斯显然希望为个人应负的责任留下探讨的 181
余地。他的第一个关于社会基本善平等化的论断就取决于这些善的任意性这一决定性因素。但是如果罗尔斯认为人生计划的选择也是个人应当负责任的选择，那么为了保证一致性，他似乎必须认为这种责任也适用于职业和劳动（或努力）的选择，或者更确切地说，他要承认这些选择在一定程度上不是随意的，而是取决于其需要负责任的自我意志。[①] 但是这样的话，社会基本善的分配将不被认为具有随意性，因此将它们平等化的理由不再成立。可供选择的似乎不包括影响基本

① 科恩（1989）提出了这个观点。

善消费的劳动和职业。我已经在第 5.2 节中详细解释过劳动量可选性的问题，它是导致罗尔斯式税收计划具有惩罚性的主要原因；在职业选择这方面，这与罗尔斯对社会基本善第二方面的定义矛盾。

出于以上的原因，我认为罗尔斯的体系前后矛盾，并且它不能够在保持其主要元素不变的条件下被重构为一个具有一致性的模型。这些主要元素包括：（1）基本善的指标的增加必须能够提高实现人生计划的可能性；（2）个人人生计划的选择是个体自己的责任；（3）个人拥有的基本善取决于社会选择（税收计划）和具有随意性的个人特征；（4）正义需要平等化的是具有随意性的特质造成的结果，而不是没有随意性的特质产生的结果。从（2）（3）（4）的内容我们可以推断出（5）：正义需要社会基本善的平等化，而不是人生计划期望完成度的平等化。要素（1）的必要性并非来自以上三段论，而是来自罗尔斯中立性，即基本善的概念必须与所有人生计划的推进一致。在不动摇罗尔斯体系基础的情况下，相对次要的一些元素是可以改变的，它们涉及基本善指标是个性化特征还是对所有人相同，以及劳动是不是基本善等问题。我已论证元素(1）的保留要求基本善的个性化，并且也要求劳动与休闲是基本善。但是如果选择职业的自由和劳动与休闲都是基本善的话，保留要素（3）的唯一途径就是不把职业选择和劳动与休闲当作
182 个人责任，而是认为它们由任意分配的特点决定。但是我认为这与要素（2）是不一致的。这种不一致不会通过上面三段论表现出来，但是如果我们试图解释为什么人生计划的选择在个人责任范围内而职业和劳动的选择却不在，这种不一致就会变得很明显。在人生计划的完成中，或是在理解许多（大多数的？）人生计划时，职业和劳动的选择难道不是最重要的成分？如果这些选择与个人意志无关，那么哪些选择又是有关的？

5.4 科恩的批判

在罗尔斯的理论体系中，这种假定的不一致忽视了社会基本善平等化和最大最小化分配之间的区别。科恩（1995a）最近提出，在罗尔斯的理论中，从平等化到最大最小化的转移是站不住脚的。这个观点在第 5.3 节的开头部分就已经提到：基本善要求的平等化是由它们的随意性推导出来的，而最大最小化基于的观点是任意分配的帕累托改进都应获得赞同。在第 1 章中我确实认为帕累托最优对正义是必不可少的：难道公民不该拥有对社会选择提出帕累托改进的自由？科恩不同意这样的看法。他认为平等化和最大最小化之间的区别看起来似乎是一个小问题，但事实并非如此。事实上，他认为这涉及对正义的深层次理解。在本节中，撇开上一节的问题不谈，我将主要关注科恩的观点。

该观点主要取决于两个分配集合之间的区别。第一个分配集我继续把它叫作 X，它是社会的可行分配。这里的“可行”是指在自然和技术上是可能的。为了使这一概念更精确，可以把 X 设想为全知全能的规划者执行的分配：他很准确地知道每个人的能力和技术，并且能够促使每个人都尽其所能做任何事。第二个分配集叫作 Y，是事实上社会能够采用的分配。当然，由于规划者（政府）知识的局限性、规划者的权力、市场分散经济活动的必要性、为保护个人隐私和自尊心而实施的可行税收
再分配计划的有限性（举个例子，在社会里，我们可以认为一 183
个人的纳税责任不取决于他的智商，因为低智商的人如果因为其智力原因获得补贴就会自尊受损），以及一些需要用于确保其他基本善（选择职业的自由、结社自由，等等）的其他限制，Y 是 X 的子集。最后一点（也是很关键的一点），我们假定 Y 取决于个人面对政府税收计划时所选择的自我关涉的行为。我们可以认为在给定的税收计划下，每个个体都通过计算其职业和劳

动的选择使人生计划的期望完成度达到最大化。

我们可以在 X 中找到使最不利群体的基本善指标最大化的分配 x^*。在所有可以接受的社会税收计划中，有这样一个 τ^*，该计划在 Y 中的分配 y^* 中可以使最不利群体的基本善指标最大化（举例来说，我们可在上一节的例子中计算 τ^*）。罗尔斯视 y^* 为公正分配。科恩认为，为了保持一致性，罗尔斯必须将 x^* 也视为公正分配。

具体来说，y^* 的成就一般在于激励拥有天分的个体运用其宝贵的能力实现社会利益。这样的激励通常基于他们比不利群体拥有更多（很可能多得多）基本善指标这一事实。罗尔斯认为这些差异在道德上合乎情理：事实上他明确指出当收入差别改善了最不利群体的处境时，这种差别是公正的。这就是差别原则。特别是那些拥有在分配上具有随意性特质（例如先天能力或者某种家庭背景）的个体，他们会在 y^* 中比起其他不那么幸运的个体得到更多的收入和社会基本善。科恩坚持认为如果将这种分配视为公正的分配，那么我们违背了该观点早先的论断，即天资分配的随意性意味着正义需要基本善的平等化。此外，在 y^* 中具有天分的高收入个体不需要自己主动迎合正义的条件，也就是说，社会应该努力安排资源的分配以使最不利群体得到最大利益。在 y^* 中，这些（比其他人）有更多天分的个体只用实现他们自己的效用最大化。正义要求他们采取能够尽可能补偿那些最不利群体的行动，否则他们就是在凭借以运气为基础的随机特质获取更多基本善。虽然科恩也许会建议政府选择 τ^* 来满足 y^*，但是他并没有说这种分配是公正的——至少他不同意罗尔斯认为它是公正的观点。

在分配 x^* 中，我们找不到激励性奖励。如果个体的行为都
184 是无私的，但一些人最终还是拥有更多基本善，这完全是因为没有合理的制度安排使最不利群体得到更大的基本善指标。因此在 x^* 中，一些人可能会得到更多的税后收入，因为他们需要

更多消费以维持他们的天资或者劳动力。关键在于 x^* 比起 y^* 更具有平等主义性质。

对于科恩来说，自我关涉的行为与罗尔斯的正义是矛盾的，因为正义需要公民之间互相友爱；但是如果拥有天分的人在面对因某些随意性特质而生活贫困的个体时欣然选择富足的生活方式，那么这种友爱就是不存在的。那些具有天分的高薪者不能一边与低天分的穷人称兄道弟，一边对他们说："如果社会将我的个人所得税提高 10%，我会选择更少的工作，这样你们从失业救济款中得到的收入将会下降。因此，政府不应该提高我们的税率。"但是这种友爱是罗尔斯正义论不可或缺的一部分（科恩，1992）。

5.5 科姆的基础偏好

大约与罗尔斯同时代的瑟奇－克里斯托·科姆（Serge-Christophe Kolm，1972）出版了自己的平等主义正义论。他书中题为"正义"的第三部分的开篇句为："从本质上来讲，所有的人都有同样的需求，同样的品位，同样的愿望。毫无疑问，我们需要进一步解释这一论断。"（1972：79）这个观点与罗尔斯关于所有人的基本善需求都共有一个核心的观点并没有什么不同，但是比起罗尔斯，科姆使用了一种更加接近笛卡尔哲学（或者某些人口中的还原论）的方式。他认为如果两个人有不同的偏好，那也是有原因的，有一些因素导致了他们偏好上的差异。我们将这些"因素"称为偏好的对象，并就此扩展偏好定义的空间尺度。如果在新扩展的偏好空间中，他们的偏好仍然不同，那么肯定有什么原因造成了这样的情况。科姆认为，通过将这些因素添加到"商品"空间，最终在高维度的商品拓展空间上，我们最终可以将两个个体的偏好用完全相同的方式表示。但是没有证据可以证明这个断言。

在数学意义上科姆是正确的。豪（1987）证明了下列定理：

在一个商品空间里有 n 种善，如果拥有 H 个个体的集合的效用函数是单调连续的非负凹函数，那么在一个有 $n+H$① 种善的空
185 间里，每个人的效用函数可以表示成一个凹的、单调的、连续的效用函数的映射。事实上，相比科恩的观点，豪的定理在某些方面涵盖的内容更多，在另一些方面涵盖的内容更少。它的内容更多，因为它将 H 中的每个人都表示成消费了一单位的个人善，并且该善在低维空间 $\mathbf{R}^n$ 的形态正好是个体偏好的善（见本页的脚注①，单位向量 e^h 给予每个个体 h 一个单位的个人化的善 h^{th}）。它在另一方面比科姆的观点涵盖的内容更少，因为科姆提出加入原始商品空间的额外的“善”完全抽象，而豪的定理没有提到这点。我们不能够将这些善表示成“突触联系、内啡肽、法国文化”，等等。

需要注意的是，尽管罗尔斯提出基本善概念的部分原因是不同的人生计划的不可比，科姆认为个体差异是短暂的，而且如果按照他的方式一直推理下去，不同的关于善的概念事实上是完全可比的。

如果所有人在基础偏好上的消费向量是在同一个基础偏好排序的无差异曲面上（如果我们使用豪的理论，在 $\mathbf{R}^{n+H}$ 上），科姆将这样的资源分配定义为公正的分配。这只是一个定义，而不是一个定理；它的吸引力应当源于个体在本质上相同的这一事实。从这点来看，或许我们可以说，科姆主张平等的福利。但是平等主义是必要的，这并不是因为根据某种意义上的公正，所有的人都应该感到同样快乐，或者他们有相等的人生计划完成度，而是因为所有的人在本质上都是同一个人。因此条件的

① 设 $\{u^h \mid h=1,\ldots,H\}$ 是一个连续的、凹的、非负增函数（CCNI）集合，该集合将 $\mathbf{R}^n_+$ 映射到 $\mathbf{R}$，并且满足条件（3.1）。那么对于所有的 $h=1,\ldots,H$ 和所有的 $x\in\mathbf{R}^{n+H}$，存在着一个 CCNI 函数 ν：$\mathbf{R}^{n+H}_+\to\mathbf{R}$ 使 $u^h(x)=\nu(x, e^h)$ 成立，这里 e^h 是 $\mathbf{R}^H$ 的第 h 个单位向量。

平等属于正义即公正这一正义观，但这里的公正是一个对称的概念，即相同的人应该得到相同的对待。科姆认为因为所有人都处于同一个水平上，效用在基础偏好的基础上具有人际可比性（1972：123）。

科姆的讨论并没有涉及人生计划责任和个人情况的随意性这两个问题，而这两个问题在罗尔斯的分析中很重要。 186

科姆关于正义和帕累托效率的论断与科恩对于罗尔斯的批判在某些方面（第5.4节）具有共性。某种（可转让善的）分配使所有个体的基础偏好处在同一个无差异曲面（也就是将效用平等化），并且只有这样的分配是公正的。科姆认为这样的可行公正分配可能不存在，或者可能有一个最可行的公正分配，但这种分配（在帕累托意义上来讲）没有效率。他写道："正义可能不会发生的，人生必然是不公正的""正义可能是低效的，效率必然意味着不公正"（1972：83）。

由于可能不存在可行的公正分配，或者最公正的分配可能是低效的，科姆定义了**可实践的公正**（practical justice）。当一种分配是词典式最小分配时，这种分配是可实践的公正分配，因此科姆分清了公正分配和社会最优分配之间的区别。即使完全公正的分配可能存在，这种社会最优分配（或词典式最小分配）可能不是完全公正的。科姆所做的区分正是科恩对于罗尔斯的要求，即区分正义（条件的完全平等）和社会最优性（词典式最小）。

约翰·布鲁姆（1993）明显反对科姆的"基础偏好"。他认为我们必须区分人们偏好的对象和其偏好的成因。我们将商品（偏好的对象）的空间设为 $\mathbf{R}^n$，设有个体集合 H，其中个体 h 对商品向量 $x \in \mathbf{R}^n$ 的偏好可以写成 $u(x;\ \eta^h)$，并且对于所有的 h，η^h 是 $\mathbf{R}^m$ 里的一个向量，因此 u 是科姆的基本效用函数。η^h 代表个体 h 的个人特征向量，这些特征使他对商品束 x 有偏好，该偏好由效用函数 $u^h := u(\cdot;\ \eta^h)$ 表示。布鲁姆指出，认为 u 代

表每个个体在空间 $\mathbf{R}^{n+m}$ 上的偏好排序是错误的。因此为了使问题具体化，假定 $m=3$，这三个维度分别为“文化、健康、内分泌平衡”。也就是说，一个人的文化、健康状态和他的内分泌平衡决定了他在其他商品空间 $\mathbf{R}^{n}$ 上的偏好排序。现在个体 h 很有可能在“扩展的”商品空间 $\mathbf{R}^{n+m}$ 上**有**一个偏好排序，该空间的后三部分分别衡量文化、健康和内分泌平衡，但是偏好排序不是 u 给定的。举例来说，h 可能偏好消费（x，η^{1}）而不是（x'，η^{2}），也就是说，他可能更偏好拥有个人特征 η^{1} 并消费 x，而不是拥有特征 η^{2} 并消费 x'。但是该说法并不等于说拥有特征 η^{1} 的
187 个体对 x 的偏好用 $u(x;\eta^{1})$ 表示。实际上，仅仅知道 $u^{h}(\cdot)=u(\cdot;\eta^{h})$ 并不能帮我们了解 h 在商品空间 $\mathbf{R}^{n+m}$ 上的偏好顺序。

$\{u^{h}\}$ 可以用函数 u 表示，但是这并不意味着所有的个体对于扩展的消费束都有相同的偏好。此外，我们不能从式子 $u(x;\eta^{1})=u(x';\eta^{2})$ 推出个体 1 消费 x 与个体 2 消费 x' 一样好：从函数 u 中我们无法得出个体幸福的人际可比性。科姆对这一点可以做出如下回应：虽然只靠豪的定理我们无法凭空假设人际可比性，一个人的幸福**程度**实际上可以用他的基础效用函数 u 来衡量（我认为这是个合理的论断），因此 u 可被赋予人际可比性。也就是说，人们可以认为一个人的境况（η）可以决定他从商品得到的幸福程度（x）。

不管 u 是否能够衡量人际可比的幸福，科姆认为商品的平等分配即正义的这一论断是不正确的。正如布鲁姆表示的那样，科姆提出的对称性（即所有人在扩展空间上有相同偏好）实际上是不存在的。如果当消费了 x 时，任何一个境况为 η 的人都可能拥有幸福函数 $u(x;\eta)$，是否因为如此我们就可推理出幸福程度应该平等化？这是一个另外的问题。平等的幸福可能仍是有吸引力的，但是科姆没有对此做出进一步论证。

5.6 功能性活动和可行能力

森（1980）认为，在反对福利主义上，罗尔斯有点在另外一个方向误入歧途。罗尔斯反对福利主义有三点理由：第一，有些人从“冒犯性偏好”获得福利（例如从其他人的痛苦中得到快乐）；第二，一些人拥有“昂贵性偏好”；第三，人们对福利有数不胜数的多样理解。前两个理由解释社会为何不明确地尽量将递增的社会福利函数最大化，第三个理由说明比较不同人的福利水平是一种徒劳的尝试。森虽然没有明确反对这一点，但他认为基本善不是合适的最大化对象。问题的焦点在于善对个体有什么作用，善除了不能提供特质化福利外可以为个体做以下事：使个体摆脱病困困扰、获得充分的营养、四处活动、 188
拥有自尊、参与社区活动，并且获得幸福（森，1993：36）。[1]森将这些“所做和所是”称作**功能性活动**。罗尔斯的理论因为将重点放在这类善上而具有“拜物主义”的缺陷（森，1980）。如果能够平等地供应制度意义上的各类基本善（特权、权力和自尊的社会基础），那么罗尔斯就要求，剩余的基本善，也就是收入，也应该被平等化。但是森认为这是错误的，收入不应该被平等化，而是应该以能使个人平等地从事功能性活动为分配前提。一个残疾人通常应该比健全的人需要更多的收入，但这在罗尔斯的理论中是不被认可的。

科恩（1993）把个体从功能性活动中享有的对象称为**“中期福利”**（midfare），中期福利是介于“善”和“福利”之间的概念。正如罗尔斯所提出的基本善，中期福利也是每个人都想要的东西，因此可以看作对人生计划概念的一种扩充。森提议

---

① 森并不赞同罗尔斯关于快乐的定义，即一个人在完成他的人生计划的过程中所享受的状态。对森来说，幸福是一种愉快的感觉。

分配正义就是使个体的中期福利水平平等化。

然而，除了在应使什么实现最大化这点不同之外，森的提议与罗尔斯的主张还有其他方面的不同。在讨论这些不同之前，我要先指出，我们从第 5.2 节的分析中获得了一种方法可解决森和罗尔斯之间的争论。我们已知罗尔斯的两个观点，即人生计划的概念数不胜数和基本善促进人生计划的完成，这两点相加意味着广义的基本善的指标 $\mu=(\mu^1, \ldots, \mu^H)$ 的存在。我们可以简单地认为 μ^h 是一种功能性活动，这种功能性活动可以将资源向量转换成个体 h 的功能性活动指标。这样一来，罗尔斯的最大化对象就成了人际可比的功能性活动指标！这并不是说找到函数 μ^h 是一件很简单的事：对某些功能性活动来说，善和功能性活动之间的关系是直接的；但是对于另一些功能性活动来说，在这一关系中还存在着一些主观因素（如快乐、自尊）。不过在原则上，这种解决方法使罗尔斯的理论以森的批判为基础进行了改进。

然而，这个解决方案并没有完全解决森和罗尔斯之间的分歧，因为对森来说，“自由”很重要，而这种自由在罗尔斯的理论中没有被明确提到。森将一个人的**可行能力**定义为个体已有
189 功能性活动的向量集合。设每个个体具有一定的收入和财富。个体可以将收入转化成不同的功能性活动向量，所有向量的集合为他的可行能力。简单来说，森并不要求功能性活动指标的平等化，而是要求在个体间将这些向量的**集合**平等化。他没有对可行能力集合的等价关系这个问题做详细说明。设想有这样的两个个体：安德烈可利用的功能性活动向量只有一个；而鲍勃的可行能力包含很多功能性活动向量，其中（对于他来说）最好的那个功能性活动向量刚好与安德烈的那个功能性活动向量相同。森可能会认为鲍勃的境况比较好。① 为什么呢？因为鲍

① 我使用“可能”是因为如果他们“最好的向量”相同，则存在两人的可行能力相当的可能性。

勃拥有更多选择的自由。可以进行选择的自由对于森来说具有非工具性的价值（即选择可以使一个人得到他自己最偏好的东西），而这个价值体现在个人可行能力的选择范围内。从这个角度来看，森的立场与斯坎伦（Scanlon，1988）是相似的。斯坎伦认为选择对个体具有非工具性价值（也就是他所谓的选择的“示范性”和“象征性”价值）。为了说明对个人可行能力的关注与他实现的功能性活动向量之间的差异，我们可以考虑将参与绝食运动的富人与缺钱买食物而正在挨饿的穷人进行对比。两人可能处于相同的营养水平，但是前者相比后者明显有更大的可行能力。在该理论中，可行能力才是重要的。

在我迄今为止的介绍中，森的理论尝试为不同的“善的概念”提供一个比罗尔斯的基本善更好的“公分母”。但森的理论不限于此。他关心的不仅是“冒犯性偏好”与“昂贵性偏好”，而且还关心在截断机会的条件下的偏好，即“受虐待的奴隶、顺从的家庭主妇、失意的失业者、没有希望的贫困者”的偏好（森，1987：11）。这些人的人生计划过于微小（他们很容易满足），如果在社会计算中只考虑他们自己感受到的福利会令他们拥有太少。因此，森还关注那些有“廉价性偏好”的个体，他们的偏好形成于贫困之中。[①] 把重点放在功能性活动上将大大有 190
助于使这些偏好类型得到应有的关注，甚至有可能比在想象中它们会得到的关注还要多。科恩（1993）对狄更斯小说里的人物小蒂姆进行了案例分析。小蒂姆不能走路，但是他天生性格阳光。他只需要很少就能实现他的人生计划，或者说就能得到快乐。但是森认为小蒂姆应该从掌管正义的部门那里得到轮椅，即使这种补偿可能使他比其他人更快乐。（但是森在这里的问题是他把“快乐”视作了一种功能性活动。出于这个原因，小蒂姆不应该得到轮椅，因为轮椅会使他比其他人拥有更多功能性

---

① 这种关注最早见于埃尔斯特（Elster，1979）关于内生性偏好形成的讨论。

活动或可行能力指标。我们将在下文回到这个问题。)

森认为人们的境况可以用很多方式衡量，而且不存在唯一的最佳衡量方式。他区分了幸福、生活水平、快乐、能动性成就和富裕这几个可用于衡量的概念。最简单的概念是富裕或财富，森对这样的拜物主义衡量方法是持批判态度的。幸福可以通过个人享有的功能性活动向量来衡量。生活水平不仅仅通过财富来衡量，还要由一些功能性活动来衡量。森写道，如果一个政治犯被释放到很远的国家，可能我的幸福水平提高了，但生活水平却没有提高。我们不能确定通过囚犯的释放，个人的哪种功能性活动可以得到改善，但是这一例子告诉我们幸福应该包括一些自我关涉的特征，而生活水平却不包括。相比罗尔斯，森认为快乐没有那么重要，它只是一种愉快的感觉。个人的“能动性目标”是其希望实现的愿望，这也是罗尔斯人生计划的同义词。罗尔斯认为人生计划的完成是快乐的指标。

基于以上多种衡量人们利益的方法，森认为不存在单一构成的分配正义。他还明确指出掌管正义的部门至少有四个目标。我们可以一方面分清幸福和能动性目标之间的区别，一方面分清成就和成就的自由的区别。这两个方面的“笛卡尔积”产生了四种可能的平等化对象：幸福的实现、追求能动性目标的自由，等等。森不认为对这四个方面的社会关注可被加总。但是出于实践目的，我们可以以这四个方面的平等化程度或水平为基础，将可供选择的社会状态部分地排序。

我要对森的理论提出五个方面的批判。正如我上面提到的，
191 (1) 作为功能性活动之一的快乐在某种程度上削弱了功能性活动向量独立于个体自身福利感受的程度。这不一定是坏事，但是我们要注意到，由于快乐成为一个功能性活动，小蒂姆将不能得到轮椅。“冒犯性偏好”与“昂贵性偏好”的满足也将产生快乐，这使我们走了以功能性活动为焦点时我们本可避开的弯

路。(2) 森还没有提供一个功能性活动指标。如果增加了个人的功能性活动指标绝不会减少他实现能动性目标的可能性，那么就像在分析罗尔斯基本善时所做的那样，我们可以推断个体的功能性活动指标应该是表示其能动性目标偏好的效用函数的一个单调转换。因此应该存在功能性活动的广义指标，并且不同人的功能性活动指标是不同的。同样，这个功能性活动指标失去了能动性目标偏好的独立性，这一点与罗尔斯理论是一样的。(3) 即使给定了功能性活动指标，森没有提供可行能力集合的等价关系，这种关系可以使我们做出某人的可行能力要好于其他人的判断。他正确地指出，对于许多社会政策问题，由集合包含关系提供的部分排序就已经足够（也就是说，如果有 S 和 T 两种可行能力，并且 $S \subset T$，那么 T 就是更大的可行能力）。但是我们并不总是有这样的集合包含关系，尤其是当我们关注的两个个体来自不同的文化时。但反对平等主义的相对主义观点认为，可以在这种情况下比较哪种可行能力更多。（“正义部门的部长先生，当你说孟加拉国的乞丐的可行能力并不比普林斯顿的教授更差时，你又是谁呢?”）等价的可行能力越大，这个理论的平等主义元素就越少。(4) 森就罗尔斯“给予最不利群体利益的优先权”的极端做法做出了批判（森，1992：146），但是在他的理论中没有提出明确的社会目标。他提到了可行能力的平等化，但是没有准确地讨论平等化目标以便促使他处理最大最小化和词典式最小化问题。如果森没有使用最大最小化原则，而是交替使用了最不利群体的福利增加和其他目标，那么他应该告诉我们其他的目标是什么以及他是如何判断这种交替的。(5) 对能动性责任的处理在本质上是罗尔斯式的，但根据阿内逊和科恩关于此问题的近期看法，它是不充分的。个人被视为无需对他们的机会（由他们的可行能力衡量）负责，但是必须对功能性活动向量的选择和他们的能动性目标（生活计划）负责任。在现实中，可能出现的情况是他们的能动性目标由社会确定，这使他们无法为此负责。 192

与此相反，个体可能对他可行能力中的部分功能性活动向量负责任，尤其当快乐和自尊被认为是功能性活动时。[①]（个体有可能会因其自尊心而为目标的实现确立不切实际的高要求吗?)

森明确地回应了以上第二点和第三点的批判，他认为我们最多只能得到功能性活动向量和可行能力的部分排序，力求提供一个完整排序以完善理论是愚蠢的笛卡尔主义尝试。继续用这个比喻，森认为他自己是分配正义理论家中的海森堡（Heisenberge)，也就是说他坚持没有普遍适用或者唯一的分配问题的答案。他可能是对的，但经我估计，这是一个未经证实的说法。当他写到一些困难的问题一般没有正确的答案时，他使人感到他经常把“迫不得已而为”当作“自愿而为”。科学的说法应当是这些答案是存在的，只是我们现在还不清楚它们是什么。我不认为现阶段的分配正义论已经完善到可以让我们拒绝这种假设。

5.7 基本善还是功能性活动的平等：一种替代方法

当提到平等化或者最大最小化基本善或者可行能力时，我们会自然地假定一个人拥有的基本善指标和可行能力是序数可测且完全可比的（OFC)。在本节中，我将提出另一种方法，这

① 科恩（1993）对森的理论提出了另一个批判，即森在理论中使用了一个含糊不清的“可行能力”的概念。科恩认为可行能力有一个“运动”的内涵，暗示了一个人通过他的意志和实际行动可以达到的程度，这不同于一些功能性活动的被动概念。一个婴儿尽管没有使自己获得营养、为自己穿衣和保护自己的“可行能力”，但是仍然可以得到充分的营养、温暖和庇护。此外，科恩认为森使用的“可行能力”既包括“运动”的可行能力，又包括被动的可行能力。森（1993）对科恩提出的关于不一致的批判做出了回应。通过使用森（1993）定义的可行能力并像森一样用“自由”指代个体采取行动的能力，我已经尽量避免这种争端。

种方法不要求明确计算基本善和可行能力的指标，但是要求通 193
过使用效用函数的信息来计算个体对产生基本善和功能性活动的资源的需求程度。这一方法仅需要知道偏好的序数不可比信息。当然，仅知道序数不可比的偏好信息是需要成本的，但是即使不求助这些人际可比的指标，我们也可以朝着可行能力平等化迈进一大步。

从现在开始，我更倾向于对功能性活动的分析，因为我认为相比于“基本善”，这个概念更适用于我将在下文中展示的模型。假定 R 为功能性活动集合，其中第 r 种功能性活动用 Y_r 表示。进一步假设有两种资源，其中一种可以影响功能性活动，而另一种不可以。因此，居住空间、保健服务以及教育服务可能对功能性活动有一定的影响，但是游艇、钻戒和苏格兰威士忌却没有。我们把第一种资源称作“基本”资源，第二种叫作“次要”资源，并将资源空间划分为基本资源的 n 维空间和次要资源的 m 维空间。接下来继续将可行的资源分配集合表示成 $X \subset \mathbf{R}^{H(m+n)}$（$H$ 代表个体），并将 X 中的普通元素记为（x，y），这里 $x \in \mathbf{R}^{Hn}$ 代表基本资源的分配情况，$y \in \mathbf{R}^{Hm}$ 代表次要资源的向量。将（基本）资源与功能性活动之间的函数关系定义成 $Y_r^h = F_r^h(x)$。还有一点值得重点注意的就是基本资源和次要资源的划分对所有的个体都是一样的。次要资源可能会促进某些人生计划或能动性目标的完成，但是不是全部的人生计划；或者个体也可能多多少少想要一些次要资源，但它们可能对人生计划的完成不产生什么作用。

接下来我将继续假定每个个体 h 对他可能得到的资源束（x^h，y^h）有一定的偏好，偏好反映了他可用这些资源来实现的人生计划完成度。这里对这些偏好还有一些限制。首先，偏好不取决于所有向量（x，y），而只取决于（x^h，y^h）。也就是说，偏好是自我关涉的。这要求一个比森的功能性活动定义更为狭义的概念，因为“自尊”和“在公众面前安然自若的能力”作为功能性活动可能取决于社会中的其他人的做法。其次，假定 h 的偏好可以用可分的效用函数 $u^h(x^h, y^h) = v^h(x^h) + w^h(y^h)$ 表示。函数 u^h 表示序数不可比偏好：函数的任何单调转换都有这
194 些职能，但用这种可分形式的表达可以更好地帮助分析。我们可以将 v^h 作为消费基本必需品时得到的快乐（罗尔斯对快乐的理解见第 5.2 节），视 w^h 为特殊商品贡献的快乐。我们还可以将 v^h 看作效用函数的简化形式 $\tilde{v}^h(Y_1, \ldots, Y_R)$，其参数项为功能性活动，并且 $v^h(x) = \tilde{v}^h(F_1^h(x), \ldots, F_R^h(x))$。需要注意的就是，这种资源的划分符合福利型国家的实践，因为这些国家致力于保障个体最低的住房、教育、营养和健康消费。我们甚至可以说功能 v^h 对所有人都是一样的，但是这样做是不必要的。

让 x_i 和 x_{-i} 分别代表向量 $x \in R^n$ 的第 i 个分量和由 x 构成但却不包括分量 x_i 的 $(n-1)$ 维向量。下面我将假设：

对所有的 h，v^h 是单调且二阶连续可导的严格凹函数，

如果 $x_{-i} \neq 0$，那么 $\lim\limits_{x_i \to 0} v_i^h(x) = \infty$， (5.6)

在此处，v_i^h 是 v^h 的第 i 个导数，

以及

w^h 是单调且一阶连续可导的单调凹函数，并且对于所有 j，

$w_j^h(0)$ 是有限的，

其中 w_j^h 是 w^h 的第 j 项的导数 (5.7)

特别地，考虑基本资源与次要资源的边际替代率 $m_{ij}^h(x, y) = v_i^h(x)/w_j^h(y)$。设 $M^h(x, y)$ 为矩阵 $(m_{ij}^h(x, y))$。通过 (5.6) 和 (5.7) 可知，当 x_i 趋于零时，$m_{ij}^h(x, y)$ 变为无穷大。这表示基本资源之所以是基本的是因为其数量接近零时，个体将愿意以任意多的次要资源交换很少数量的基本资源。为什么会这样？也许如果基本资源为零的话，一些功能性活动就会是零（例如，零住房服务意味着在雷雨天气出现时没有庇护所），并且如果所有功能性活动为零，人们就无法存活下来或者不能做

任何事情。这些资源是我们真正需要的。当然，在抽象的一般偏好中，我们无法对需求和欲望进行严格分割。我认为，如果我们知道哪些是基本资源，哪些是次要资源，那么边际替代率 195
就会有这样的属性。（我不承认非凸性。在使用基本资源发挥其作用之前，个体可能需要一定门槛数量的基本资源。）

自然地，我们可以认为当一个人开始致力于用收入购买次要资源时，他的基本资源已经得到满足。更具体地说，我们可以通过基本资源相对次要资源的边际替代率来在分配中衡量一个人基本资源的匮乏程度（或者功能性活动的匮乏程度）。设 $\|\ \|$ 是 $\mathbf{R}^n$ 上的范数，并且 $M_j^h(x, y)$ 是矩阵 $M^h(x, y)$ 的第 j 个纵列。设 $\mu^h(x, y) = \min_j \| M_j^h(x, y) \|$。这些都显示当一个效用函数为 $v^h(x) + w^h(y)$ 的个体消费 (x, y) 时，$\mu^h(x, y)$ 可衡量他基本资源的匮乏程度。这可以简单衡量他为了换取基本资源而愿意付出的对他来说价值最高的次要资源。

定义 5.1 设可行分配的集合为 X。当且仅当其满足帕累托最优和如下条件时，分配 $(x, y) \in X$，$((x^1, y^1), (x^2, y^2), \ldots, (x^H, y^H))$ 是**可接受的**：

$$\min_{(x,y) \in X} \max_{h \in H} \mu^h(x^h, y^h)$$

因此最不利个体的基本资源匮乏指标（μ^h）是最大的，一个合理的分配应使这些群体尽可能得益（将 μ^h 最小化）。

还需注意的是，尽管我已经通过可分的表示和条件（5.6）、（5.7）限制了偏好的范围，一个可接受的分配完全是一个序数分配：它只取决于边际替代率，而边际替代率只是无差异曲线的性质。此外，福利在假设中并非人际可比。

对于下面的定理来说，对范数施加一些限制条件是有助于分析的。也就是说，

令 v^1，$v^2 \in \mathbf{R}^n$ 且 $v^1 \geq v^2$，则 $\| v^1 \| > \| v^2 \|$ （5.8a）

令 v^k 是一个矢量的序，这样对一个特定的分量

196 i，$v_i^k \to \infty$，则 $\| v^k \| \to \infty$ (5.8b)

例如由欧几里得范数可知，这两个条件都能被满足［但是比如上界范数就违背了（5.8a），忽视特定分量的范数违背了(5.8b)］。

为了进一步研究环境，我假定一些通用品生产投入的数量或者说效用为固定的。设 r 为已用投入的数量，根据线性生产函数 $x_i = r$ 且 $y_j = r$，这些投入品可以用来产生任意 $m + n$ 的消费资源。这样，帕累托最优分配就会按照任何一种方式 $r =$ （r^1，…，r^H）将所有投入品分配给公民，并且允许每个公民都可以自己选择如何使用其对生产消费资源的投入。因此公民 h 需要解决这样的问题：

$$\max\ v^h(x) + w^h(y)$$
$$\text{其中} \sum_i x_i + \sum_j y_j \le r^h \tag{5.9}$$

最后的分配是帕累托最优分配，并且所有帕累托最优分配都是按照线性生产函数产生的。这样，对于资源投入量为 r 的代理人 h，我们将其个人最优解表示为($x^h(r)$，$y^h(r)$)。

引理 5.1 对于任意 $r^*>0$ 和任意满足（5.6）的函数 v，由以下 $n+1$ 个方程组成的方程组均存在唯一解（x_1，…，x_n，λ^*）：

$$v_i(x) = \lambda, \qquad i = 1, \ldots, n$$
$$\sum_i x_i = r^*$$

当我们改变投入资源的禀赋时，如此定义的函数 $x_i(r)$ 和 $\lambda(r)$ 均可导，并且 $\lambda'(r) < 0$。

证明：

1. 对 $v(x)$ 求最大值：

$$\max\ v(x)$$

197

$$\text{其中} \sum_i x_i \le r^*$$

根据 ν 的连续性和其定义域的紧凑性，上式可解，且 ν 的严格凹性使该解唯一，用 x^* 表示。

2. 根据库恩－塔克（Kuhn-Tucker）定理，对于 x^*，存在一个非负数 λ^*，使：

$$v_i(x^*) - \lambda^* \leq 0 \qquad (i = 1, \ldots, n)$$

$$x_i^*(v_i(x^*) - \lambda^*) = 0 \qquad (\text{对于所有的 } i = 1, \ldots, n)$$

对于某个 i，如果存在 $x_i^* = 0$，那么就违背了上面的不等式之一，因为 $v_i(x^*)$ 会变成无限的。因此 $x^* > 0$，从而对于所有的 i，$v_i(x^*) = \lambda^*$。这说明该方程组有解。因为该方程组的解与步骤 1 中最大化问题的解有关，根据库恩－塔克定理和 v 的凹性，最大化问题的解唯一，因此该方程组的解必然也为唯一解。

3. 因此在（$n+2$）个变量（x，λ，r）中，（x^*，λ^*，r^*）为以下 $n+1$ 组方程的解：

$$\begin{aligned} v_1(x) - \lambda &= 0 \\ v_2(x) - \lambda &= 0 \\ &\cdots \\ v_n(x) - \lambda &= 0 \\ x_1 + \ldots + x_n &= r \end{aligned}$$

根据隐函数定理，如果下列雅可比矩阵为非奇异的，那么可导函数 $x(r)$ 和 $\lambda(r)$ 是上面的方程式在 r^* 邻域的唯一解。

$$J = \begin{bmatrix} v_{11} & v_{12} & \ldots & v_{1n} & -1 \\ v_{21} & v_{22} & \cdots & v_{2n} & -1 \\ \ldots & & & & \\ v_{n1} & v_{n2} & \ldots & v_{nn} & -1 \\ 1 & 1 & \ldots & 1 & 0 \end{bmatrix}$$

4. 我们可以运用比较简单的符号将雅克比矩阵记为：

198

$$J = \begin{bmatrix} H & -\vec{1} \\ \vec{1} & 0 \end{bmatrix}$$

其中 H 为 v 的海森矩阵。根据 v 的严格凹性可知，H 为负定矩阵。但是：

$$(x', y)\begin{bmatrix} H & -\vec{1} \\ \vec{1} & 0 \end{bmatrix}\begin{pmatrix} x \\ y \end{pmatrix}$$

$$= (x'H + y \cdot \vec{1},\ -x' \cdot \vec{1})\begin{pmatrix} x \\ y \end{pmatrix}$$

$$= x'Hx + yx \cdot \vec{1} - yx \cdot \vec{1} = x'Hx < 0$$

由以上推理可知 J 同样为负定矩阵并且为非奇异矩阵。因此存在可导函数 $x(r)$ 和 $\lambda(r)$。

5. 注意步骤 1 中的价值函数 $V(r^*)$ 具有严格凹性，因为解（x，y）为唯一解，我们可得 V 的可导性以及 $V'(r)=\lambda$。而 λ 同样可导，所以 V 为二阶可导函数，$V''(r)=\lambda'(r)$。由 V 的严格凹性可得 $\lambda'(r)<0$（我们同样可以在步骤 3 的等式中对 r 求导并利用 H 矩阵的负定性得出 $\lambda'(r)<0$）。

用 **1** 表示 $\mathbf{R}^n$ 中的向量（1，1，…，1），并令 $\delta = \|\mathbf{1}\|$。

引理 5.2 用 r 表示一个个体所能分配到的投入资源量，该个体的效用函数 $\mu^h(x, y)$ 满足条件（5.6）和(5.7)。$\mu^h(x^h(r), y^h(r))$ 为 r 的严格递减函数，并且当 r 为 $\bar{r}^h$ 时，该效用函数递减至最小值 δ。

证明： 当 r 取较小的值时，(5.9) 的解将对应一个较大的拉格朗日乘数 $\lambda(r)$。根据（5.6）可知，当 r 的取值趋向于 0 时，$\lambda(r)$ 将趋于无穷大。因此，根据（5.7），当 r 的取值足够小时，$y^h(r)=0$；根据引理 5.1，$\lambda(r)$ 随着 r 的增加递减，当 r 递增至 $\bar{r}^h$ 时，$\lambda(\bar{r}^h)=\max_j w_j^h(0)$。当 $r \le \bar{r}^h$ 时，$y^h(r)=0$。当 $r>\bar{r}^h$ 时，$y^h(r) \neq 0$，且由（5.9）的库恩-塔克条件可知，当 $r \ge \bar{r}^h$

时，矩阵 $M^h(x^h(r), y^h(r))$ 的某列向量为向量 1。所以对于 $r \geq \bar{r}^h$，$\mu^h(x^h(r), y^h(r)) = \delta$。

引理 5.3 用 $(r^1, \ldots, r^H)$ 表示 H 个代理人中的投入资源的分布状态。对于所有的 h，只有满足 $r^h \geq \bar{r}^h$ 的分配方式才是可接受的。 199

证明：如果对于所有的 h，$r^h \geq \bar{r}^h$，那么其对应的效用对于所有 h 将满足 $\mu^h(x^h(r^h), y^h(r^h)) = \delta$。由引理 5.2 可知，与之相关的分配方式都是可接受的。

定理 5.1 在一个由 H 个公民组成的社会里，设社会偏好由可分的效用函数 μ^h 表示，μ^h 满足（5.6）和（5.7）。设 $\| \ \|$ 为满足（5.8）的范数。设现有的资源量为效用，那么：

（a）如果当所有个体都至少消费一种次要资源时存在一个帕累托最优分配，那么所有可以令每个个体都至少消费一种次要资源的分配方式都是可以接受的，其他的分配方式几乎都是不可接受的。

（b）如果当所有人都能消费某种次要资源时不存在帕累托最优分配，那么存在唯一的可接受分配，即所有人都不消费次要资源的分配。这种分配方式与范数的选择无关。

证明：

（a）部分：设个体 h 使用的投入资源量为 r^h（该资源量体现在个体的消费束中）。在所有人消费某种次要资源的分配中，$\max_h \mu^h(x^h, y^h) = \delta$。根据引理 5.2，$\delta$ 为 μ^h 所能取的最小值，所以这种分配方式是可接受的。的确，只有令所有的 h 都满足 $r^h \geq \bar{r}^h$ 的分配方式才是可接受的分配。在这些可接受的分配方式中，使个体 h 的次要资源消费为 0 的分配满足 $r^h = \bar{r}^h$。这样的分配在可接受的分配集合中构成了零测度集合［通过在 $\mathbf{R}^H$ 的 $(H-1)$ 维单形上的向量 $\boldsymbol{r} = (r^1, \ldots, r^H)$ 的统一度量形成］。

（b）部分：我们知道 $\sum \bar{r}^h \geq 1$，否则就会存在一个帕累托最优的分配方式使得每个个体都消费一种次要资源。因此，除非$\sum \bar{r}^h =1$，对于个体h任何分配方式都将满足$r^h < \bar{r}^h$。现在我们假设$\sum \bar{r}^h >1$。根据引理5.2可知，如果$r^h < \bar{r}^h$，$\mu^h(x^h(r^h), y^h(r^h)) > \delta$。因此，任一分配方式都将满足$\max \mu^h > \delta$。

假如存在一种分配方式（x，y），它所对应的μ^h并不完全相等。令$k^* = \mathrm{argmax}_h \mu^h$，$k_* = \mathrm{argmin}_h \mu^h$。已知$\mu^{k^*} > \delta$。由引理5.1（因为$k^*$没有消费任何次要资源，$\lambda^{k^*}$是$r$的递减函数）和关于范数的条件（5.8a）可知，如果有一部分资源从k_*转移到k^*，那么μ^{k^*}将会减小。因此分配方式（x，y）将是不可接受的。

因此，任何可接受的分配方式都必须使μ^h的取值相等，并
200 且在取相等值时，μ的数值大于δ。我们可以通过归纳法由社会的个体数量证明存在这样的分配，并且该分配为唯一的。假设$H=2$，即社会上只存在两个人。如果我们把全部的次要资源都分配给了个体1，那么$\|\mu^1\| < \|\mu^2\|$［这里运用了（5.8b）］。如果我们把所有的次要资源都分配给了个体2，那么结果正好相反。由μ^h在r中的连续性可知，存在满足$\|\mu^1\| = \|\mu^2\|$的分配。并且由引理5.1（在r的取值范围内，μ^h具有严格的单调性）可知，该分配方式是唯一的。因此假设在个体数量为H的社会中存在一种分配方式使得所有的μ都相等，我们必须证明在$H+1$个个体组成的社会中也存在这个分配。在后一种社会里，设所有的投入资源等于1，把r分配给第一个人，剩下的$1-r$分配给其余的H个人。由归纳法假设可知，存在一个唯一的分配方式，在把资源禀赋$1-r$分配给H个代理人之后，对应的$\mu^2, \mu^3, \ldots, \mu^{H+1}$均相等。因为$\mu$是（$1-r$）的函数，用$\hat{\mu}(1-r)$表示该相等值。第一个个体所对应的$\mu$的取值为$\mu^1(r)$。我们知道，当$r$趋向于0时，$\mu^1(r)$将趋向于无穷大；当$r$趋向于1时，$\hat{\mu}(1-r)$将趋向于无穷大。因此，我们可像之前一样得出，存在

取值 r，从而使 $\mu^1(r) = \hat{\mu}(1-r)$，并且相等值必须大于 δ。根据引理5.1，这个 r 是唯一的。

最后，让我们回到 $\sum \bar{r}^h = 1$ 的情况，此时将存在一个唯一的可接受的分配，即对于所有 h 满足 $r^h = \bar{r}^h$ 的情况。因为如果 $r^1 < \bar{r}^1$ 而 $r^2 > \bar{r}^2$，那么 $\| \mu^2 \| = \delta < \| \mu^1 \|$。这个结果是不可接受的，因为一个可接受的分配方式将对于所有的 h 满足 $\| \mu^h \| = \delta$。

定理5.1表示可接受的分配为第4.7节中的工具性平等主义者所提倡的分配。对于这些人来说，平等只是在资源不充足的情况下才具有吸引力的目标。我认为定理5.1与罗尔斯和森的想法一致：他们关心的并不是资源在一般情况中的分配，而是一个资源相对稀缺的世界中的资源分配。他们认为如果不能令每个个体都拥有足够多的基本善向量或功能性活动向量，从而使他们能够从不同人生计划中做出有意义的选择，那么应该尽可能地平均分配基本资源，或者换一种说法，平均化基本资源的匮乏程度。如果一个人选择利用其一部分的投入资源去生产或换取次要资源，那么我们就说这个人拥有足够多的基本资源。定理5.1暗示着两种可能性：第一种可能性是我们生活在一个资源充裕的社会里［(a)部分］，因此每个个体都有可以消费的次要资源；第二种可能性是社会资
源相对稀缺，并不是每个人都能消费次要资源［(b)部分］。在 201
第一种情况下，只要能使所有个体都消费次要资源的分配方式都是可接受的，即使在这些分配方式中，个体的效用（人生计划的完成或能动性目标的实现），特别是最小效用，将包含一些很不平常的变化。但是这些效用变化都不是罗尔斯或者森的理论所关心的问题。当投入资源相对稀缺时，也就是说没有分配方式使所有的人都能消费次要资源时，只存在一种可接受的分配方式，那就是所有人都不消费次要资源。没有人可以通过剥削他人而消费奢侈品，这种现象将不可能存在。

最后，我发现在某些方面，上述模型对森的观点的表述不够充分或不够准确。由于该模型以效用的可分性假设为基础，所以显得不充分。除了提到每个个体利用其投入资源来选择功能性活动的一个向量进行生产，该模型并没有涉及可行能力集的表示，因此不能忠实反映森的观点。在模型中，个人被定义为追求能动性目标的代理人，但该模型没有表示森对与之相对的能动性自由的关注。那么该模型对于冒犯性偏好、昂贵性偏好和“顺从的家庭主妇和绝望的穷人”过于卑微的偏好的适用性又如何？我曾经假设个人偏好是自我关涉的，所以忽略了冒犯性偏好。但是我认为这个模型可以很好地处理奢侈性偏好和过于卑微的偏好，因为它不需要涉及效用**水平**。但是当所有人消费同样的商品，其中一个个体所获得的效用明显低于其他个体时，该模型就难以很好地处理昂贵性偏好的问题。在顺从的家庭主妇（廉价性偏好）问题上可得出类似的结论（消费同样的商品，其中一个人所获得的效用高于其他人）。但是在以上分析中效用的水平并没有发挥任何作用。

5.8 结论

我认为罗尔斯和森的理论可以被比喻为一对表兄弟，因为在第5.1节列出的属性中，它们共有四个。反过来，它们又不同于德沃金、阿内逊和科恩（按年代顺序排列）的平等主义理论：后三人的理论主要关注个体责任，罗尔斯和森对该问题的陈述较少且缺少一致性。罗尔斯的著作（1971）在20世纪的英美政治哲学中仍然处于非常重要的地位，因为它使分配正义进入了哲学和社会科学的讨论范畴。必须指出的是，科姆（1972）
202 也采取了类似的研究方法，但比起罗尔斯，他的方法包含更多的数学元素和更少的哲学分析（事实上，科姆专著的第一部分就题为“形式上的伦理学”）。继罗尔斯和科姆之后，人们开始很自然地讨论公理化的分配正义问题，因此“价值”的差异变成了原始假定条件的差异。正如阿罗的社会选择理论和纳什的博弈论，罗尔斯在政治哲学方面首创了一种方法论，并且虽然他们三人的个别结论（分别是社会选择的不可能性、谈判问题的纳什解和基于初始状态的平等主义）在经过更深入的分析后似乎都不怎么令人信服，但他们的观点具有持久的价值。罗尔斯首次从一系列显然可接受的假设条件中推导出平等主义，这一成就具有尤其深刻的意义。

我认为森通过找到介于产品获取机会和福利之间的一种人类优势改进了罗尔斯的理论。森为社会政策创造的“幸福”或“中期福利”的概念十分有用，例如，联合国开发计划署（UNDP）发表的年度人类发展报告就计算了世界上每个国家的人均功能性活动指标。大多数功能性活动的客观性质使得统计任务变得切实可行，并且根据联合国开发计划署所说的“人类发展指数”将这些国家进行排名，这个排名明显不同于人均国民生产总值的排名（森将会把后者的指标视为商品拜物主义指标）。此外，正如森告诉我们的，人类发展指数比起人均国民生产总值可以更好地衡量经济发展。

罗尔斯、科姆和森的理论奠定了平等主义的科学基础。本
章中涉及的对这些理论的批判并不能动摇它们的重要性。 203

6　新洛克学派和自我所有权

6.1　诺齐克的分配正义论

罗伯特·诺齐克（1974，第七章）的分配正义论与之前讨论过的理论不同，因为它认为分配的正义绝大程度上取决于分配是如何进行的。首先，诺齐克要求定义“获取的正义”（justice in acquisition）：满足什么条件的获取才会是公平的？其次，他还要求对“转让的正义”（justice in transfer）下定义：在什么条件下个体间的转让才是公平的？诺齐克（1974：151）将这些概念与以下有关资格的观点联系起来：

1. 如果一个人按照获取正义原则来获取资格，那么他有资格得到该所有物。
2. 如果一个人按照转让正义原则从其他有资格拥有的人的手中获取资格，那么他有资格得到该所有物。

他还补充：

3. 除非（反复）实践以上两种原则，任何人都无资格得到所有物。最后，当且仅当每个个体都有资格得到他的所有物时，分配是公正的。

当然，这一切都以“转让的正义”和“获取的正义”的定义为基础。比如按照诺齐克的定义，礼物的赠予就是公平转让
205 的例子，而持枪抢劫不是公平的转让。这样看来，同样的分配可能是公平的，也可能不是，这要视分配如何进行而定（如果我给你一大笔我有资格拥有的钱，那么你就公正地拥有了这些

钱；但是如果你用枪威胁我把钱给你，那么你就不是公正地拥有这些钱）。

事实上，诺齐克后来放宽了他提出的第三点。他承认过去的不公正行为可以通过再分配行为抵消。这样，公正的分配不必是一系列公正分配的加总（如第三点暗示的那样）。今天的美国政府可以这样补偿美国原住民的现存后裔，从而弥补历史上的欧洲殖民者给他们的祖先所造成的不公侵害。这个为了达到公平再分配而建立反事实假设的过程是极其复杂的。

很容易发现，诺齐克的方法跟我们所研究的关于公平的其他理论处于正交关系。诺齐克的兴趣并不在于社会福利函数的最大化，因为他认为效用的功利主义分配是否公平取决于分配是如何进行的。诺齐克详细地讨论了他的公平概念中的“未成形的”性质。不管是对于基本善或者机会，还是对于边际效用，或者是按照“从对应的 X 到其对应的 Y”的说法进行分配，公平并没有使任何要素平均化。对他而言，获取正义和转让正义原则应该对个体的自由加以限制，在限制的范围之内，一切情况都是被允许的。

据我所知，还没有人对诺齐克的一般理论（也就是上面所总结的三点）进行过仔细的分析。重要的批评文献关注的是诺齐克如何看待获取的正义的构成，而对他如何定义转让的正义却很少讨论。诺齐克以洛克的论断开始论述。洛克提出，只要个体留下足够多并且同样好的资源给别人，那么他就有资格拥有自然世界中还未成为私有财产的适当的一部分。这是一个极其严格的条件，这个条件否决了所有人占有稀缺自然资源的权利。诺齐克对此进行了修正，修正后的观点既与洛克的意图保持了一致，又保留了更多的“占有”的自由：只要某项占有没有使其他人的境遇比这部分资源未被私人占有时更糟糕，那么对未被私人占有的自然物的部分占有就是公平的。例如，当我占有了一些未被私有的资源，并用它来生产一种其他人不会制作的药物，然后将其以一定价格卖出，并使吃药的人比不吃此药的人

206 有更佳的状态，那么这项占有就是公平的。如果自愿性市场是“转让的正义”的一种情况，那么诺齐克对“获取的正义”的提议就明确地允许了公平但是高度不平均的分配的存在。我们可以想象按照诺齐克式的公平过程，我们将会看到一个全部自然资源都被占有且资产、收入和福利分配高度不平均的世界（诺齐克认为赠予及继承都是公平获取的一种情况）。当代人没有可以占有的自然资源并不是问题，因为如果过去的占有被禁止，他们的处境将会变得更差。因此，诺齐克为高度不平均的资本主义制度建立了看似有力的辩护：这并不是说真实的资本主义是公平的（因为资本主义的历史充满了抢劫、种族灭绝和奴役），而是说我们在这些资本主义制度中看到的分配方式并不是先验不公平的。这样的资本主义（在这里我排除了抢劫、种族灭绝和奴役等对资本主义而言非实质性的因素）并不会引发不公平的分配。事实上，诺齐克愿意维护的是比实际的资本主义拥有更少限制的纯粹的资本主义：垄断不是违反行为，未经所有社会成员赞成的税收作为一种再分配是不必要的，同时雇佣关系中的歧视也不会先天地被禁止（因为一个所有者能够选择那些可以使用他的物质生产资料的人）。

对诺齐克来说，国家从“他人对自己财产的非自愿性占有是不公正的”这一观点来定义其最小职能。因此，不能强迫我以纳税的方式为公共产品提供经费，而我是否从这些公共产品中受益并不重要。[1] 当然，如果大家都同意纳税，没有谁的权利会遭到侵犯：一个人可以合法地决定不执行他持有的某项权利。

在继续探讨批评文献之前，我们需要注意诺齐克关于获取的正义的规则确实与洛克十分不相同，所以诺齐克基于洛克理论改进后的观点是有争议的。诺齐克的占有的前提条件和“先

① 阿内逊（1991）已经注意到这个观点和诺齐克的占有的前提条件是明显不一致的。虽然你以前可能拥有这块土地，我可能会强制否定你对一块土地的所有权，前提是这样做你可以过得更好；但是国家不可以强制你付税，即使你通过享用其提供的公共产品而过得更好。也可参阅科恩（1986）的论述。

到先得”的说法十分相似。设想一个社会由A、B两个个体组成，且两个个体都生活在多个时期。起初，在外部世界中有一 207
单位未被占有的资源。让我们假设在每个时期，A和B醒来时都具有了不一样的才能。具体来说，在所有的奇数时期，只有A能够将这一资源转化成可以为两人都提供福利的产品；而在所有的偶数时期，只有B具有该才能。该资源不被使用时，A和B的福利水平为零。让我们假设在时期1，A占有这一资源，并且在时期1和之后的所有时期中，他会在他和B之间分配生产出来的产品，使B得到效用ε，而他自己得到效用1-ε，此处ε是个很小的正数。根据诺齐克的观点，A的占有是公平的，因为如果该资源不被占有的话，B拥有的所有福利为零。假使“历史”改为从时期2开始，那么只有B能够将这一单位资源转换成产品，这样他就能占有资源，并使A获得效用ε，自己得到效用1-ε，并在之后的每个时期都如此。这也是诺齐克式的公平。相反，洛克的占有前提不允许任何个体占有这个物品。这并不是意味着这个资源不被使用，而是说A和B必须就产品的处置达成一致意见。诺齐克的前提条件允许“先到先得”，而洛克则不允许这样。

6.2 对诺齐克的质疑

科恩创造了“自我所有权”（self-ownership）一词来描述诺齐克怎样看待人们对自身的所有权：

> 每个人都是他自己的拥有者，这在道德上是合理合法的。他在道德上拥有自我所有权，就如同一个奴隶主在法律上拥有对奴隶的完整所有权；并且他在道德上被赋予了对自己的支配权，就如同奴隶主在法律上被赋予了对其奴隶的支配权（科恩，1986：109）。

特别地，自我所有权的假定认为在道德上，个人有权利用自己的能力来使自己受益，只要他不侵害其他人的利益。要用哪种方式使用不属于他自身且不被其他任何人拥有的资源，才算满足无害原则呢？诺齐克认为无伤害的底线取决于资源未被占用或者处于公用的情况下其他人获得的福利。吉巴德（1976）、科恩（1986，1995b）和葛瑞鲍姆（Grunebaum，1987）都提出诺齐克选择的底线就算可能没有明确的错误，它至少也是主观武
208 断且无法令人信服的。

吉巴德（1976）提出了他称为“严格的自由主义立场”（hard libertarian position）的概念，即每个人都有平等的权利来使用所有的东西。没有人事先拥有排除其他人使用他生产的产品的权利。在没有建立起关于财产权的社会契约的情况下，这会导致吉巴德所说的“悲惨人生”的出现：没有人会有清理土地和种植粮食的动力；一个农民甚至都不能从道义上阻止其他人进入他清理的土地拿走粮食，因为其他人对粮食也拥有所有权。吉巴德争论道，在这种情况下，社会成员将要进行谈判，从而建立起某种产权的观念，因为在建立起产权的概念之前，每个人都有权利使用所有资源及产品。他提出，一个“类似福利状态”的东西将会从这一谈判的过程出现。残疾人，也就是不能通过改变外部世界来获取自己所需的善的个体，不会同意在外部世界建立这个让他们无法得到自己所需产品的产权体系。根据吉巴德的观点，某种再分配税收将会伴随“严格的自由主义权利”而诞生。

吉巴德指出洛克和诺齐克的观点“一个人有权利做任何可以使自己获益的事，只要该行为不会让其他人的状况更糟糕”是站不住脚的，因为本质上它混淆了“权利”和“福利”两个概念。（对某一块未被私有的土地的）占有并不会确切地改变物理世界，但是它会影响别人的权利，因为它意味着别人对已被占用的资源（土地）不再具有使用权。因此占有的举动只有在别人同意放弃这项权利时，在道义上才是被许可的。如果每个人都有权

利占有未被占有的土地，那么没有人有权利在未经别人许可的情况下占有这一块土地。

因此，根据吉巴德的说法，“严格的自由主义权利”或者洛克主义权利导致了一种可以被描述为联合所有权的个人与外部世界的关系：没有单个个体可以在未经其他人允许的情况下占有外部世界的一部分。

科恩（1986，1955b）有类似的看法，但是和吉巴德不同，他的结论不是从自我所有权推导而来。诺齐克假设外部世界在被私人占有之前从道义上讲是未被占有的，而科恩提出该假设是主观臆断的。毕竟我们考虑的不是外部世界法律意义上的状态而是其道德意义上的状态，正如根据洛克的说法，自然状态下的人是在道义上自我所有的，而不是在法律上自我所有。为什么不假设外部世界被所有人联合占有，而要假设其未被占有呢？

科恩（1995b，第三章）也指出诺齐克从两方面改变了洛 209
克的前提条件。第一个改动是用“至少使其他人同样富足”来替代“为其他人留下充足并且同样好的资源”，科恩同意这个改变是对洛克理论的一个很好修正。然而，第二个改变却在很大程度上削弱了洛克的理论，因为改变后的论点的底线是当外部资源未被占有时而非当外部资源以其他方式被合理利用时个体的状态。根据科恩的推测，将洛克的前提一般化为外部资源稀缺的情况，这个做法可能等同于认为“只要对外部世界的某一部分的占有没有使任何人的境遇比他在其他不容忽视的情况中时更糟糕，该占有是公平的”。他接着又指出，在这种前提条件下，几乎不存在公平的经济体系，因为总会存在不可忽视的其他情况可以使某个个体境况更好。经总结他认为洛克主义无法替产权辩护。

葛瑞鲍姆（1987：80～85）对诺齐克底线的反对与科恩的反对本质相同。葛瑞鲍姆提出，为什么不把在私人占有发生之前的外部世界当作公有的呢？他举了一个例子：一个从一艘失事的轮船上逃出的船员登陆并开发了一个荒岛。然后，一队探险者来到了岛上。尽管这个船员可能应得到一些开发岛屿的补偿，但并没有理由认为他对岛屿拥有永久的并且可继承的权利。

我已经讨论到的对诺齐克理论的批判都是很保守的，因为它们都没有质疑对自我所有权的假定。相反他们质疑了诺齐克提出的对外部资源的私人占有：或认为其主观臆断（科恩和葛瑞鲍姆），或者认为其与自我所有权是矛盾的（吉巴德）。科恩指出该类异议足以证明大规模再分配的合理性，因为它质疑了个人对一切物品拥有合法产权——因为所有的物品都是由另外一种东西生产的，而这样东西又是被其他某种物品生产出来……以此类推，最终的那种物品肯定是从外部世界（法律意义上）未被私有的一部分中占有而得。吉巴德从严格的自由主义权利推导出再分配的福利状态，这是很新颖的做法。当然，更普遍的方式是认同罗尔斯的观点，即个人特点的分配很大程度上具有随意性，并以此为基础否定自我所有权的道德吸引力，从而直接证明再分配的正确性。在第 6.5 节中，我将简明地分析自我所有权假定的道德性。

210 讨论新洛克学派分配正义的文献很多，我们这两个短小的章节并不能对其一一回顾。对此有兴趣的读者可以去查阅瓦尔德伦（Waldron，1988）和斯蒂娜（Steiner，1994）的论著。

6.3 对外部世界的联合所有权

如果在外部资源稀缺的情况下，对洛克主义的前提条件的正确概括是对外部世界的联合所有，或者如果这个推论是有吸引力的，那么，就如同吉巴德和科恩提出的那样，分配问题就转变为谈判问题。值得一提的是，如下例所示，联合所有权可以取消任何形式的自我所有权。假设在一个只有两个人的世界，有一类消费品 x。x 可以通过劳动力和外部的技术生产，① 其生产函数为 $x = sL$，其中 L 代表已使用的劳动力数量，s 代表工人的技术水平。(更广泛地说，$x = \sum s^i L^i$，其中 L^i 是具备 s^i 技术水平的工人所提供的劳动力数量。) 在这个例子中，技术是被联合占有的外部世界的一个特征。这两个工人都被赋予一单位的劳动力，并且分别具备了技术水平 s^1 和 s^2。假设在双方没有就如何分配生产收益达成一致的情形下，不会有产品被生产，也没有人会进行任何消费。让我们假设这两个工人在产品和闲暇上拥有相同的冯·诺依曼－摩根斯坦效用函数 $x^{1/2}(1-L)^{1/2}$。由于具体性原因，如果我们采取纳什谈判解来解决这个谈判问题，那么无论我们认为技术是否为私人所有，该问题的解都相同，即能最大化产品效用的分配（因为威胁点给予他们每个人数量为零的效用）。就像这个纯粹的经济学典例展示的一样，只有当个体不会从自身的自我所有权获取效用时，在劳动力被联合占有而不是私人占有的情况下解才相同。

我们可以用如下方式来计算这个问题的纳什解。从威胁点最大化效用的乘积可以表示为选择 x，L^1 和 L^2 来使：

$$\max x^{1/2}(s^1L^1 + s^2L^2 - x)^{1/2}(1 - L^1)^{1/2}(1 - L^2)^{1/2}$$

$$\text{其中} \quad L^1 \le 1 \text{ 且 } L^2 \le 1$$ 211

有一点是明确的，即对任意的 L^1 和 L^2，我们必须选择

$$x = \frac{s^1L^1 + s^2L^2}{2}$$

通过代入上式，并且分别对 L^1 和 L^2 的目标函数提取导数，我们可得两个线性等式。只要此劳动力分配是内部分配，我们可得到以下的解：

① 还可以认为生产需要一块联合拥有的土地，但是土地不出现在生产函数中。

$$L^1 = \frac{3s^1 - s^2}{4s^1},\ L^2 = \frac{3s^2 - s^1}{4s^2}$$

现在假设 $s^1 \le s^2$。技术水平低的工人总是比技术水平高的工人工作量小。如果 $s^1 < s^2/3$，那么解的结果显示技术水平低的工人没有进行工作，但是我们知道产出被平均享用，这是一种带有报复性质的福利状态。

对于一个拥有很多成员的社会，谈判理论没有太大帮助（我们对 n 个人的非合作谈判问题还没有一个有力的解决方案）。核心概念也没有太大用处：如果外部世界是联合所有的，那么当一个参与者的联盟从这个博弈中退出，它只是带走了其成员的劳动力，而对于其他却只能束手无策。因而可知，这个核心是庞大的。

除了谈判理论，另一种方法是像在第 2 章和第 3 章中那样运用公理使问题特征化。这些定理要说明的并不是谈判问题的实质，而是“自我所有权”以及“联合所有权”所需要的一些最小性质。何维·莫林（Hervé Moulin）和我（1989）尝试建立了如下模型：假设一类经济环境条的形式为 $e = \langle u, f, s^1, s^2 \rangle$。$f$ 代表生产函数，把（$s^1L^1 + s^2L^2$）效率单位的劳动力转化为一个单一的消费品 x。假设这两个人的效用都以由善和闲暇束定义的 u 来衡量，并且这两个人分别具有 s^1 和 s^2 的技术水平。**机制**指使经济环境条件与其中可行的分配方案联系在一起的映射。让 $\mathcal{D}$ 来代表一类经济环境，其中 u 关于 x 递增，关于 L 递减，s^1 和 s^2 是任意的非负数，f 代表劳动力效率单位中非增的规模报酬［也就是说，如果 L 是劳动力的效率单位，那么 $f(L)/L$ 就是非增
212 长］。$F^i(e)$ 代表在机制 F 中将劳动力和产品分配给个体 i，我们对机制 F 的运行状况施加以下限制：

定义域公理（D） F 的定义域是 $\mathcal{D}$。

帕累托最优公理（P） F 是帕累托最优的。

自我所有权公理（SO） 如果 $s^1 \ge s^2$，那么 $u(F^1(e)) \ge$

$u(F^2(e))$。

技术单调性公理（TM）设 $e=\langle u,f,s^1,s^2\rangle$，$e^*=\langle u,g,s^1,s^2\rangle$，其中 $g\geq f$。那么有 $(u(F^1(e^*)),u(F^2(e^*)))\geqq(u(F^1(e)),u(F^2(e)))$。

弱势保护公理（PrI）设 $e=\langle u,f,s^1,s^2\rangle$，$e^*=\langle u,f,s^1,s^1\rangle$，且 $s^2\geq s^1$，则 $u(F^1(e))\geq u(F^1(e^*))$。

在这个模型中，我将效用理解为一种完全可测且可比的福利。下面所推导出来的结果只需要这个条件。在这样的理解下，公理 SO 认为技术水平更高的工人比技术水平低的工人得到的福利（稍）多。相反，如果我们认为 u 代表人际不可比的序数偏好，那么 SO 就表示在解中技术水平较高的工人不会妒忌技术水平较低的工人。①

公理 SO 不需要完全概括自我所有权的内容，它只是自我所有权的必要条件。公理 TM 是对联合所有权的一个要求。在这个范畴内，无论联合所有权的含义是什么，它应该包括 TM 公理陈述的内容，即如果一个社会比另一个社会更富足，但是在这两个社会中的个体是相同的，那么在那个更富足的社会中的个体不会过得更差。这显然不能看作外部世界联合所有权的**一般化**要求。假设在一个社会中，成员亚当具备一种可将沙粒转化为青霉素的罕见才能，而在另一个拥有相同个体的社会，青霉素是一种丰富的自然资源，我们可以合理推测，不管联合所有权需要什么条件，亚当在资源更充足的社会中的境况会更糟糕。因此，我要做一个更严格的表述：在经济环境的定义域$\mathcal{D}$内，公理 TM 是合理的。 213

最后，PrI 认为弱势的成员［即因弗姆，该词源于科恩关于艾勃（Able，“有能力的”）和因弗姆（Infirm，“体弱的”）的寓言］不应该因为与能力更强的成员共处而遭受痛苦。也就是说，在体

① 关于这一点，我要感谢卡门·比法（Carmen Beviá）。

制 F 下，他至少不应该过得比当其他人同他能力相当时更差。无论是基于联合所有权还是自我所有权，我都不能证明 PrI，但是在道德层面上，它本身无论是对于我还是对于其他人，还是颇具吸引力的。

设$\mathcal{D}(u)$为$\mathcal{D}$的子类，该类环境中的效用函数都被给定为 u。我们用 D(u) 表示定义域公理“F 定义在$\mathcal{D}(u)$ 上”。我们有：

定理 6.1 对于任何的 u，存在满足公理 D(u)、P、SO、TM 和 PrI 的唯一机制，也就是在最高可行水平上使所有人的效用相同的平等主义机制。

证明：

1. 给定 s^1 和 s^2，并让环境$\mathcal{D}(u, s^1, s^2)$ 的组成部分 (u, s^1, s^2) 固定不变。我们首先证明在$\mathcal{D}(u, s^1, s^2)$上 F 是单调效用路径机制（参照定义 2.3）。设 $e^1=\langle u, f^1, s^1, s^2\rangle$ 和 $e^2=\langle u, f^2, s^1, s^2\rangle$ 为两个该类型的环境，并定义 $f=\max(f^1, f^2)$。注意 f 也有非增的规模报酬，所以 $e=\langle u, f, s^1, s^2\rangle$ 是$\mathcal{D}(u, s^1, s^2)$中的环境。通过 TM 可知，对于 $i, j=1, 2$，因为 $f\geq f^2$，$u(F^j(e))\geq u(F^j(e^i))$。但是 $F(e)$ 在 e^1 或 e^2 中是可行的分配（因为 e 中的任何分配在 e^1 或 e^2 中都可行）。假设在 e^1 中 $F(e)$ 是可行的，那么根据 P 以及不等式 $u(F^i(e))\geq u(F^i(e^i))$，当 $j=1, 2$ 时，$u(F^j(e))=u(F^j(e^1))$。因此对于 $j=1, 2$，$u(F^j(e^1))\geqq u(F^j(e^2))$，这表示 F 是$\mathcal{D}(u, s^1, s^2)$ 上的单调效用路径。

2. 对于所有的 L，设 $f_\alpha(L):=\alpha$，并且 f_α 的规模报酬（对所有的非负的 α）是递减的（把技术 f_α 看作上天的赐予）。根据 SO 和 P，$F(\langle u, f_\alpha, s^1, s^1\rangle)=((\alpha/2, 0), (\alpha/2, 0))$。现在令 $s^2>s^1$。当 f_α 是生产函数时，两个个体都没有在帕累托最优分配下付出劳动力。由 PrI 可知，$F(\langle u, f_\alpha, s^1, s^2\rangle)$ 必须给予第一个人至少 $\alpha/2$ 单位的产品。根据 SO，在 (u, f_α, s^1, s^2) 中，

第二个个体必须得到至少 $\alpha/2$ 单位的产品。因此，$F(\langle u, f_\alpha, s^1, s^2\rangle) = ((\alpha/2, 0), (\alpha/2, 0))$。那么如果我们令 s^1 和 s^2 固定不变，在 $\mathcal{D}^M(u, s^1, s^2) = \{\langle u, f_\alpha, s^1, s^2\rangle \mid a \geq 0\}$ 这类环境中，F 是平等效用机制。 214

3. 但是 $\mathcal{D}^M(u, s^1, s^2) \subset \mathcal{D}(u, s^1, s^2)$，并且我们也证明了这个不等式左侧的子集定义了一个单调效用路径，也就是平等效用路径。因为 F 是 $\mathcal{D}(u, s^1, s^2)$ 上的 MUP，在这个定义域内，该机制被确定为平等效用机制。

备注：

1. 当生产函数的规模报酬为非递减时，一个稍更复杂的证明也可以证明该结果（莫林和罗默，1989）。如果我们添加限制条件 $f(0) = 0$，这个定理也是成立的。因此在上面的证明中，我们不必假设技术为天赐的。然而，这个给定的证明在生产函数是凹函数时是不成立的，因为在证明第一步的最大化操作下，凹函数的定义域并不是封闭的。规模收益非增的函数的定义域严格地大于凹函数的定义域。

2. 也许有人会认为在两个个体效用函数相同的经济环境条件下分析问题是一种限制，但事实并非如此。这个定理表明，即使 F 被定义在一个更大的定义域上，只要它在两人效用函数相同的子域内满足列出的公理，那么在子域里面它必须使效用相等。所以，在该子域里，更高的技术水平并不会转化成更高的效用。这足以说明联合所有权加上 PrI“胜过”自我所有权。

3. 定理 6.1 推断出一些对外部世界的自我所有权和联合所有权的弱要求。如果想要施加更强的要求，那么就很有可能产生一种不可能性。比如，我们加强了 SO，使之表述为技术水平更高的个体得到的效用会（严格地）更大，那么就不存在可以满足这些定理的分配机制。

4. 这个定理适用于拥有多个个体的环境（莫林和罗默，1989）。

6.4 洛克对经济环境的一般化

吉巴德、科恩和葛瑞鲍姆［值得一提的是还有阿内逊（1991）］都认为诺齐克对洛克的外部世界资源稀缺这一前提条件的一般化是
215 不充分的。这些作者也都反对洛克的前提条件，因为他们（除了科恩[①]）主张的外部世界的联合所有权不允许个人占有外部世界的一部分，即使他留下了“足够多并且同样好的资源与其他人共享”。设有一个某种自然资源数量无限多的世界，在该世界中有两个个体，并且其中一个没有用资源创造福利（弱势的因弗姆）的能力。在联合所有权下，他可以禁止另一个个体（强势的艾勃）使用任何的资源，除非他自己实现了丰衣足食。当然，在洛克主义的前提条件下不会出现这种情况。

我们也许会问：在资源稀缺的世界，是否存在可以自然地一般化洛克前提的方法，并且这个办法比起诺齐克对洛克的一般化要更加平等，而且该方法中的自我所有权在外部世界为联合所有时会变得更为有力？在第 6.2 节中对诺齐克的批评有些极端，因为它们把对外部世界的联合所有权看作是未被私有的外部世界的一种选择方式。也许还有其他的分配机制可以一般化洛克的想法（相关批评中的分配并不能做到这点）但（在另一方面）又不像诺齐克那么激进。

为了研究这个问题，我们需要研究形式为 $\langle u^1, \ldots, u^H, s^1, \ldots, s^H, f\rangle$ 的这类经济环境，其中有一种通过劳动力（用效率单位度量）并依靠技术 f 和外部世界生产的产品。社会成员 h 被赋予一单位的劳动力（因此用效率单位度量应该是 s^h 单位的劳动力），并且效用由产品和闲暇束定义。我们可

① 科恩反对联合所有权，因为联合所有权会禁止个人在没有其他人同意的情况下占有外部世界的部分，即使为了生存这种占有可能是必要的。

以认为外部资源是一个湖，f 则就是捕鱼的技术。一些捕鱼者每小时捕的鱼比其他人更多——这可以被总结为不同的“技术”水平。

有一个组合情况可以满足洛克的前提条件，即当 f 的规模报酬（在劳动力效率单位中）恒定不变或者递增时。当为恒定收益时，个体捕鱼的能力不受其他人的捕鱼数量影响；在规模报酬递增的情况下，如果其他人也在捕鱼，给定个体的捕鱼数量将会增长。在 f 为恒定收益的情况中（也就是说，在效率单位下，f 是劳动力的线性函数），有一个自然的洛克主义解，即允许每个捕鱼者在湖中想捕多少就捕多少。如果效用对每个捕鱼者是严格半凹的，那么就会有唯一解，该解为帕累托最优解。每个人为其他人留下了足够多并且同样好的资源，并且也为自己提供了最好的福利。确实，任何其他的帕累托效率分配都会 216
使某些人的处境比之前更糟糕，所以我们可以认为这种分配方式是唯一的洛克主义分配。

设环境类型的形式为 $\langle u^1, \ldots, u^H, s^1, \ldots, s^H, f\rangle$，其中 u^h 是准凹函数，在 x 上递增，在 L 上递减，f 是凹函数，并用 $\mathcal{D}$ 来表示该类环境。

假设 f 是严格凹函数。当一个捕鱼者使用这个湖的时候，他没有给其他人留下同样好并且足够多的资源。在这个例子中有一个自然的均衡概念：当每个捕鱼者的策略是他在湖上所付出的劳动力时，就达到了博弈的纳什均衡。我们来更精确地表述一下。令 $L=(L^1, \ldots, L^H)$ 为 H 个捕鱼者所付出的劳动力，那么总共的效率单位劳动力为 $s \cdot L \equiv \Sigma s^i L^i$。总捕鱼量为 $f(s \cdot L)$，捕鱼者 i 得到的鱼数量为 $(s^i L^i f(s \cdot L))/(s \cdot L)$，也就是说，我们假设每个捕鱼者在付出一效率单位的劳动力时他们捕到一条鱼的可能性相等。定义 $(s \cdot L)_{-i} = \Sigma_{j \neq i} s^j L^j$。那么我们可以有：

定义 6.1 对于环境 $(u^1, \ldots, u^H, s^1, \ldots, s^H, f)$，一个**无限制共有所有权下的均衡**（equilibrium under unrestricted common ownership）是分配 $((\bar{x}^1, \bar{L}^1), \ldots, (\bar{x}^H, \bar{L}^H))$，该分配对于所有的 h 满足：

1. $\bar{L}^h$ 为 $\max_L u^h\left(\frac{s^h Lf\ ((s \cdot \bar{L})_{-h} + s^h L)}{(s \cdot \bar{L})_{-h} + s^h L}, L\right)$ 的解

2. $\bar{x}^h = \frac{s^h \bar{L}^h f\ (s \cdot \bar{L})}{s \cdot \bar{L}}$

第一种情况表示，考虑到除了 h 以外的其他个体的行为，h 选择的劳动力使其效用最大化。我把这个叫作**无限制共有所有权**下的均衡，这是因为当资源为无限制的共有所有时，与**联合所有**相反，每个参与者都可随心所欲地使用该资源。[①]

如果 f 为凹，u 准凹，那么无限制的共有所有权均衡始终存在。（当最优响应函数为准凹函数时，这可以直接从纳什均衡的标准定理中得出。）如果 f 是严格凹的，那么该均衡就不是帕累
217 托最优：我们可将此例视作“公地悲剧”。一个稀有资源的共有者可能会过度使该资源，对“过度使用”的定义是以“如果每个人有组织地使用更少资源，那么所有人的境遇都会更好”这一条件为基础。在真实生活中有很多从“无限制的共有财产”过渡到共有财产的例子［奥斯特罗姆（Ostrom），1990］。为了实现比共有所有权均衡帕累托更优的分配，这些资源的共有者达成协议来规范资源的使用。换句话说就是对使用资源施加一些限制。一个简单的办法是使“湖”私有化并将其交给企业经营，在该企业中赋予每个捕鱼者公司的股份，股份要与其在无限制的共有所有权均衡下的（效率单位的）劳动力份额相同。下一个命题将说明对于具备财产权概念的私人所有制经济，其瓦尔拉斯均衡帕累托优于无限制的

① 下面我会介绍“无限制共有”所有权和“共有”所有权的区别。

共有所有权均衡。

定理 6.2 对于环境 $\langle u^1, \ldots, u^H, s^1, \ldots, s^H, f\rangle$，设 $(\bar{x}, \bar{L}) = ((\bar{x}^1, \bar{L}^1), \ldots, (\bar{x}^H, \bar{L}^H))$ 为无限制共有所有权均衡，其中 f 是凹函数。定义一个私人所有制经济，其中有一个拥有技术 f 的私人企业。在该企业中捕鱼者 h 拥有的股份等于 $s^h\bar{L}^h/s \cdot \bar{L}$。设 $(\hat{x}, \hat{L})$ 为该经济体的瓦尔拉斯均衡。那么对于所有的 h，$u^h(\hat{x}^h, \hat{L}^h) \geq u^h(\bar{x}^h, \bar{L}^h)$。

证明：

1. 在共有所有制下的给定均衡中，设 $\bar{X}$ 为总产出。设 $\hat{X}$ 为在瓦尔拉斯均衡下的总产出。我们知道，在共有所有权均衡下，效率单位的劳动力跟获得鱼的数量成正比，这暗示：

$$\frac{\bar{x}^h}{\bar{X}} = \frac{s^h\bar{L}^h}{s \cdot \bar{L}} \tag{1}$$

设 p 为瓦尔拉斯均衡下产品的价格，其中效率单位劳动力的工资率被标准化为 1。给（1）式两侧同时乘以 p，从两侧同时减去 $s^h\bar{L}^H$，我们得到：

$$-s^h\bar{L}^h + p\bar{x}^h = \frac{s^h\bar{L}^H}{s \cdot \bar{L}}(p\bar{X} - s \cdot \bar{L}) \tag{2}$$

2. 因为该企业在瓦尔拉斯均衡下追求利润最大化，我们可知 $p\hat{X} - s \cdot \hat{L} \geq p\bar{X} - s \cdot \bar{L}$。由（2）可得：

$$p\bar{x}^h \leq s^h\bar{L}^h + \frac{s^h\bar{L}^h}{s \cdot \bar{L}}(p\hat{X} - s \cdot \hat{L}) \tag{3}$$ 218

（3）式右边第二项就是在瓦尔拉斯均衡下个体 h 得到的利润份额。因此（3）意味着在瓦尔拉斯价格下，$(\bar{x}^h, \bar{L}^h)$ 对于 h 是可行的选择（也就是说，它满足了个体的预算限制）。

3. 因此 $u^h(\hat{x}^h, \bar{L}^h) \geq u^h(\bar{x}^h, \bar{L}^h)$ 得证。

因此，使湖私有化并且分给每个捕鱼者一定的企业股份，股份的份额等同于其在无限制的共有所有权下所付出的劳动力份额（效率单位），这样做产生了帕累托最优分配。在该分配中，每个人至少和他在拥有无限制的共有所有权时过得一样好。

然后我们可以在$\mathcal{D}$上定义一个 F^{ND} 机制：F^{ND} 机制为经济环境指定了与企业所有权份额 $s^h\bar{L}^h/s\cdot\bar{L}$ 有关的瓦尔拉斯均衡分配，其中 $\bar{L}$ 是与任意公共所有权下的纳什均衡有联系的劳动力向量。F^{ND}叫作**纳什主导者**（Nash dominator）机制。[①] F^{ND} 是一种将凹技术函数一般情况（在恒定规报酬情况下）的洛克主义解一般化的一种方法。（很明显，如果 f 代表恒定报酬，那么 F^{ND}就是自由进出解。）

斯勒维斯特（Silvestre）和我（罗默）（1989）提出了在定义域$\mathcal{D}$一般化洛克主义解的其他三种可能解。这些解需要满足以下条件：（1）它们与线性经济体中的自由进出解一致；（2）它们为帕累托最优。为方便起见，我把这些条件的第一部分表述成一个公理：

线性经济中的自由进出公理（FALE）当 f 是线性的，机制 F 与自由进出（或洛克主义）解保持一致。

我们把这三个解分别表示为 F^{EB}（同等利益解）、F^{P}（成比例的解）和 F^{CRE}（恒定等值收益解）。

同等利益解是与管理这个湖的企业利润平均分配相关联的渔业经济的瓦尔拉斯均衡。因此这个湖再次被私有化了，但是每个公民都得到了等额的企业股份，而不是像在纳什主导者解中那样得到与其“过去的”劳动力份额相等的股份。我们把这个解称为
219 “同等利益”的原因如下：设（$\bar{x}$，$\bar{L}$）为相等份额的瓦尔拉斯均衡，其中 p 是均衡价格向量，每效率单位的劳动力对应的工资是效用。同样地，我们可以说个体 h 的一单位劳动力（不是效率）

---

① 纳什主导者机制最早由罗默（1989）提出。

对应的工资是 s^h。因此，在均衡价格下，个体 h 对鱼和闲暇的消费束的值是 $p\bar{x}^h+s^h(1-\bar{L}^h)$。在生产开始之前，$h$ 只拥有 s^h 单位的劳动力（但没有鱼）。因此，他在均衡的**所得**是 $p\bar{x}^h+s^h(1-\bar{L}^h)-s^h=p\bar{x}^h-s\bar{L}^h$。但是他的预算限制（在瓦尔拉斯均衡下）可以写作 $p\bar{x}^h-s\bar{L}^h=\frac{1}{H}\bar{\Pi}$，其中 $\bar{\Pi}$ 是这个企业的均衡利润。那么所有人的所得都是相等的（以瓦尔拉斯价格度量），这也就是同等利益。因此我们如下定义 F^{EB}：作为一个机制，它将所有与劳动力私人所有和人均企业股份有关的瓦尔拉斯分配与$\mathcal{D}$中的任意环境相关联。当然，F^{EB}是帕累托最优机制，并满足 FALE。

莫林（1990）为同等利益方案提供了一个有趣的描述。在第 3.2 节中我们讲到的当且仅当 $z\in F(e)$ 并且 z'对 z 为帕累托无差异时，$z'\in F(e)$，一个将经济环境映射到可行分配中的对应 F 是**完全**的。莫林的定理也用到了以下两个公理：

一致下层界限公理（ULB）设 $e=\langle u, s, f\rangle$，并且 $(\bar{x}, \bar{L})\in F(e)$。那么 $u^i(\bar{x}, \bar{L})\geq \max_{L^i}u^i(\frac{1}{H}f(Hs^iL^i), L^i)$。

暂时地假设所有人都与个体 i 相同：那么对称的帕累托最优解要求当 $L^i=\max_{L^i}u^i(\frac{1}{H}f(Hs^iL^i), L^i)$ 时，每个人得到分配 (x^i, L^i)。因此 ULB 意味着对于每个个体，其在 e 中的机制 F 下的状态至少应该与他在一个假想经济的“对称”均衡中的状态一样好，这个假想经济体由 H 个与他完全相同的个体组成。那么，每个人应该（弱）受益于“偏好外部性”，也就是由于每个人偏好不同而产生的 e 中的福利盈余。杰维斯（Gevers，1986）首先用“完全的个人理性”这个描述引入了此概念。

技术收缩一致性公理（TCC）令 $e=\langle u, s, f\rangle$，$e'=\langle u, s, g\rangle$，$g\geqq f$。当且仅当由 $z\in F(e')$（z 在 e 中是可行的）可得出 $z\in F(e)$ 时，解 F 满足 TCC。

TCC（莫林称为“IIA”）是纳什的收缩一致公理的一种变

形（见第 2.2 节）。请注意 e' 的效用可能性组合包含 e 的效用
220 可能性组合。

定理 6.3 ［本质上是莫林（1990）的定理 1］ 设 F 为 $\mathcal{D}$ 上满足 ULB 和 TCC 的完全解。那么，对于所有的 $e \in \mathcal{D}$，$F^{EB}(e) \subseteq F(e)$。此外，F^{EB} 是完全的，并且满足 ULB 和 TCC。

ULB 应该是一种很有道德吸引力的特质。完全性（帕累托无差异）是福利主义的一个较弱的说法。TCC 没有明显的道德正当性。该定理认为 F^{EB} 是在 $\mathcal{D}$ 内满足这些公理的“最小”分配机制。

定理 6.3 的证明：

1. 设 $\bar{z} = (\bar{x}, \bar{L})$，$\bar{z} \in F^{EB}(e)$，其中 $e = \langle u, s, f \rangle$。设 F 是满足 ULB 和 TCC 的完全解。我们必须证明 $\bar{z} \in F(e)$。

2. 设 $\bar{z}$ 由效率劳动力的瓦尔拉斯真实工资 w 支持，其中产出（鱼）的价格为 1。设 Π^* 为企业在相等分配均衡下的利润。定义生产函数 $g(l) := wl + \Pi^*$，其中 l 是效率单位的劳动力。请注意因为 Π^* 是瓦尔拉斯价格下的最大利润［也就是说，对所有的 l，$f(l) - w(l) \leq \Pi^*$］，所以 $f \leqq g$。定义经济环境为 $e' = \langle u, s, g \rangle$。

3. 请注意 $\frac{1}{H} g(Hl) = wl + \frac{1}{H}\Pi^*$。因为 $(\bar{x}^i, \bar{L}^i)$ 最大化了满足 $x^i \leq ws^i l^i + \frac{1}{H}\Pi^*$ 的 $u(x^i, L^i)$（根据相等分配均衡的定义），我们有

$$u^i(\bar{x}^i, \bar{L}^i) = \max_{L^i} \{u^i(x^i, L^i) \mid x^i \leq \frac{1}{H} g(Hs^i L^i)\}。$$

4. 设 $z' \in F(e')$。根据 ULB 可得：对于所有 i

$$u^i(x'^i, L'^i) \geq \max_{L^i} u^i(\frac{1}{H} g(Hs^i L^i), L^i)$$

从第三步我们可得：对于所有 i

$$u^i(x'^i, L'^i) \geq u^i(\bar{x}^i, \bar{L}^i)$$

5. 请注意 $\bar{z}$ 在 e' 中确实是可行的，因为

$$g(\Sigma s^i\bar{L}_i) = w\Sigma s^i\bar{L}_i + \Pi^* = f(\Sigma s^i\bar{L}^i) = \Sigma\bar{x}^i$$

而上式由 $\Pi^*=f(\Sigma s^i\bar{L}^i) - w\Sigma s^i\bar{L}^i$ 推出。另外，$\bar{z}$ 确实是在 e'中的（1，w）价格的等分瓦尔拉斯分配。想要证明这一点，首先请注意利润与技术水平为 g、价格为（1，w）的 Π^* 是相同的。因此，如果存在利润的平均分配，在 e'中劳动力 L^i 以价格（1，w）供给时，个体 i 的预算是 $ws^iL^i + \frac{1}{H}\Pi^*$，这与 e 中的预算相同，并且在 e'中 $\bar{z}$ 是瓦尔拉斯式的。那么在 e'中 $\bar{z}$ 为帕累托最优。 221

6. 因此由第四步可得：对于所有 i

$u^i(x'^i, L'^i) = u^i(\bar{x}^i, \bar{L}^i)$

也就是说 $\bar{z}$ 与 z'帕累托无差异。由 F 的完备性可得 $\bar{z}\in F(e')$。

7. 但是因为在 e 中 $\bar{z}$ 是可行的，由 TCC 可得 $\bar{z}\in F(e)$。因此可以证明 $F^{EB}(e)\subseteq F(e)$。

8. 对 F^{EB}满足相关公理的证明留给读者作为练习。

备注：莫林（1993）没有假设 F 是完全的。相反，他假设 u^i 是严格准凹函数。那么 z 和 z'的帕累托无差异（见证明的第六步）使他能够得出结论 $\bar{z}=z'$，并且 $\bar{z}\in F$（e'）。

为了理解**成比例的解**（F^P），请注意在恒定收益经济的洛克主义解中，渔民付出的效率单位劳动力与他们捕捞到的鱼的数量成比例。这个分配成比例的特征可以在$\mathcal{D}$上与帕累托效率同时存在吗？或许让人吃惊，答案是可以的。

定理 6.4 （罗默和斯勒维斯特，1989，1993）对于$\tilde{\mathcal{D}}$内的每个环境，都存在一个帕累托有效分配（$\hat{x}$，$\hat{L}$）从而对于所有的 i 和 j：

$$\frac{s^h\hat{L}^h}{\hat{x}^h} = \frac{s^j\hat{L}^j}{\hat{x}^j}$$

一般情况下该定理的证明就不在此重复了；相反，我们应该对接下来更为简单的结果表示满意。设$\tilde{\mathcal{D}}$为$\mathcal{D}$的子类。在这个环境的子类中，对于这个经营湖泊的企业的任何股份分配，其瓦尔拉斯均衡是唯一的。我们可以证明：

定理 6.4* 对于$\tilde{\mathcal{D}}$中的任何环境，存在帕累托有效分配$(\hat{x},\ \hat{L})$，该分配对于所有的 h，j：

$$\frac{s^h\hat{L}^h}{\hat{x}^h} = \frac{s^j\hat{L}^j}{\hat{x}^j}$$

证明：

1. 设 $e\in\tilde{\mathcal{D}}$被给定。设 $\theta=(\theta^1,\ \ldots,\ \theta^H)$ 为该企业所有
222 权份额的任意分配。根据假设可知，存在一个唯一的与份额分配相关的瓦尔拉斯均衡，称为瓦尔拉斯分配 $(x(\theta),\ L(\theta))$。定义 $\eta^h=(s^hL^h(\theta)/(s\cdot L(\theta)))$。定义映射 ζ 为从单形 S^{H-1}①映射到它本身，即 $\zeta(\theta)=\eta$，ζ 是一个连续的映射，并且根据布劳威尔（Brouwer）定理，它有一个固定点，我们将其称为 $\bar{\theta}$。

2. 我认为与企业初始份额 $\bar{\theta}$ 相关的瓦尔拉斯分配存在比例属性。设 $(\bar{x},\ \bar{L})$ 为该分配，p 为鱼的均衡价格。那么在均衡分配时个体 h 的预算限制是：

$$p\bar{x}^h + s^h(1-\bar{L}^h) = \bar{\theta}^h(pX - s\cdot\bar{L}) + s^h = \frac{s^h\bar{L}^h}{s\cdot\bar{L}}(pX - s\cdot\bar{L}) + s^h \qquad (1)$$

可以简化为

$$\frac{\bar{x}^h}{s^h\bar{L}^h} = \frac{x}{s\cdot\bar{L}}$$

这样定理得以证明。证明的关键，也就是（1）中的第二个等

① 单形 S^{H-1}是$\{p\in\mathbf{R}^n_+ \mid \Sigma_i p_i=1\}$。

式，可以从 ζ 的定点 $\bar{\theta}$ 的定义中得到。[①]

恒定等值收益解 F^{CRE} 在分析上不那么容易定义：它的魅力来自下一个定理。我们必须在更大的定义域 $\mathcal{D}^+$ 上分析这个结果，该定义域包括 f 代表非递增规模效益的情况。

定理 6.5 在定义域 $\mathcal{D}^+$ 上，存在满足 FALE、帕累托最优和技术单调性的唯一机制。

证明：

1. 固定分布（u，s）=（u^1，…，u^H，s^1，…，s^H），将任意
非增的规模报酬生产函数 f 与（u，s）关联形成环境子类
$\mathcal{D}^+(u, s)$。通过定理 6.1 证明的第一步可得，F 在 $\mathcal{D}^+(u, s)$ 223
上必然为单调效用路径机制。

2. 现在考虑 $\mathcal{D}^+(u, s)$ 的子类 $\mathcal{D}^{+,L}(u, s)$，它包括线性生产函数的环境。由 FALE 可知，F 为 $\mathcal{D}^{+,L}(u, s)$ 上的自由进出解。但是这在 $\mathcal{D}^{+,L}(u, s)$ 上产生了单调效用路径。因此这个机制完全是在 $\mathcal{D}^+(u, s)$ 上被确立的。

通过第二步的证明，我们可以对 $F^{CRE}(e)$，$e \in \mathcal{D}$ 定义如下：如果 $e = \langle u, s, f \rangle$，考虑线性经济 $\{\langle u, s, \beta \rangle \mid \beta \geq 0\}$，其中"$\beta$"代表线性生产函数 $f(L) = \beta L$。在这些线性经济中，确定存在这样一个线性经济，其中自由进出分配产生一个效用分配，该效用分配在效用可能性集 e 的帕累托边界上。定义 $F^{CRE}(e)$ 为 e 中产生该点的分配。

CRE 机制是由马斯－柯莱（1980）发现的。与定理 6.5 相类似的一个描述性定理首先由莫林（1987）证明。

我已对四种机制 F^{ND}、F^{EB}、F^P、F^{CRE} 进行了介绍，这些机制是对线性经济中的自由进出（洛克主义）解的保证效率的一般

① 不幸的是，这个证明没有被一般化到瓦尔拉斯均衡存在的凸的经济环境中，因为这个类似的映射通常并没有连续性。更细致的论述请参阅罗默和斯特维基特（1993）的讨论。

化。线性经济中的自由进出解拥有以下四个属性：它的（弱）帕累托最优主导着纳什解（事实上两者是一致的），所有的公民享有相等的收益，捕鱼者消费的鱼与其花费的劳动力效率单位成比例，并且它自身是线性经济（所以如其定义，这个分配是恒定等值收益的）。第二、第三和第四个属性分别在定义域$\mathcal{D}$（或者$\mathcal{D}^+$）上只有唯一解；除了 F^{ND}外还有其他的解具有第一个性质，但是 F^{ND}有特殊的历史动因使它在一些现实情况中会更具有政治竞争力。

我并不是说这些机制是可以促使劳动力私有权（自我所有权）和外部世界的**联合**所有权被一起实现的备选方案，因为我们已经讲到，如果湖泊是被联合所有的，那么技术水平为零的个体将仍然可以通过谈判从该湖得到捕鱼收入。一旦财产权的存在被允许，那么在这些权利下，个体将会被赋予任何可通过谈判获得的东西。在这四种机制中，只有等值收
224 益机制可以将鱼转移给那些“弱势的”个人。但是，我认为每个机制都有资格为与自我所有权一起成为资源稀缺世界里**共有**所有权问题的理性解。① F^{ND} 是可以自发改进并且无限制的自由进出解（也就是说，在无限制的公共所有权下达到均衡）的有效机制。F^{EB} 使个体在交易前的分配中收益相等，收益由效率价格衡量，换句话说，该机制认为公民权就意味着在市场经济中对社区共有资产产生的盈余的人均份额有所有权。F^{P} 实现了“社会主义”宣言“能者多劳”：依照这种说法，个体（捕鱼）收入的价值与他付出的劳动力（在效率价格）的价值成比例。最后，在 F^{CRE} 机制下，每个个体在自由进出解中得到的效用等于他将在某个线性经济中得到的效用；或者说，F^{CRE} 是唯一满足两个基本属性（FALE 和帕累托效率）的机制，它同时也满足技术单调性这一关于湖泊共有所有权的引人注目的假设。不幸的

① 这稍微改动了罗默和斯勒维斯特（1989）的观点。

是，这些机制都不“包括”其他机制。也就是说，对于四个机制中的任意两个机制 F^i 和 F^j，它们的关系在环境 e 中为 $F^i(e) \not\subset F^j(e)$。

回想一下，F^{ND}、F^{EB} 和 F^P 都可被描述为在湖泊产权的某些特定分配中形成的瓦尔拉斯分配。在 F^{ND} 中，湖泊的份额按照从无限制共有产权时期开始计算的“历史”劳动力份额分配；在 F^{EB} 中，居民权被看作给予所有公民对该湖的相等份额；在 F^P 中，个体拥有的该湖盈余的份额与其**现在**的劳动力份额是一致的。F^{CRE} 不能用湖泊份额的概念进行简单表达。

最后，有一种对成比例机制的表述可以展示它的一种可以说很有吸引力的属性。假设向捕鱼者团体提议分配 $y=(x, L)$。如可以得到和 y 中的份额相同的总产出，一些捕鱼者将愿意增加（或者减少）他们的劳动力供给。（当然，如果一个捕鱼者增加了他的劳动力供给，其他人保持不变的话，总产出将会改变。）但是，如果一个捕鱼者增加了他的劳动力，那 225
么只有让其他人也这样做才是公平的。这就促生了以下的定义：

定义 6.2 当且仅当对所有 $L(1+\varepsilon)$ 是可行劳动力分配的 ε（为正或者为负），如果在 $\bar{x}^h=(x^h/X)f(s \cdot L(1+\varepsilon))$ 时没有个体 h 认为 $(\bar{x}, L(1+\varepsilon))$ 优于 y，$y=(x, L)$ 是**康德式稳定**（Kantian-stable）分配。

如果一个分配同样幅度地增加或者减少个体的劳动力供给从而使他们获得的产出份额与他们在 y 中获得的相同，没有捕鱼者会喜欢该分配。对康德的援引来自于绝对命令的概念：只有你愿意让别人做同样的事时，你才可以这么做。

我们有：

定理 6.6 令 e 代表一种经济环境，其中 f 是可微分的凹函数，并且 u 是可微分的拟凹函数。那么 $F^P(e)$ 存在于环境 e 中的帕累托最优康德式稳定分配中。

证明：

1. 我们首先证明所有分配（x，L）$\in F^P(e)$ 是康德式稳定分配。因为（x，L）是成比例的，如果所有的捕鱼者增加或者减少的劳动力供给比例为 ε，对于个体 h 产生的新分配是 $\bar{x}^h = (s^hL^h/(s\cdot L))f((1+\varepsilon)s\cdot L)$，并且 $\bar{L}^h = L^h(1+\varepsilon)$。我们知道（$x$，$L$）是一个与企业的份额 $\theta^h = s^hL^h/(s\cdot L)$ 相联系的瓦尔拉斯分配。设在这个分配中，鱼的瓦尔拉斯价格为 p。

2. 要证明 $u^h(\bar{x}^h,\bar{L}^h) \le u^h(x^h,L^h)$，我们只需说明 h 能够支付$(\bar{x}^h,\bar{L}^h)$的瓦尔拉斯均衡价格就足够了。换句话说，我们只需证明：

$$p\left(\frac{s^hL^h}{s\cdot L}f((1+\varepsilon)s\cdot L)\right)\le\frac{s^hL^h}{s\cdot L}(pf(s\cdot L)-s\cdot L)+s^hL^h(1+\varepsilon) \quad (1)$$

通过在瓦尔拉斯均衡中使利润最大化，我们可得 $pf'(s\cdot L)=1$，或者

226

$$p=\frac{1}{f'(s\cdot L)} \quad (2)$$

将（2）代入（1），我们发现（1）可简化为：

$$\frac{f((1+\varepsilon)s\cdot L)-f(s\cdot L)}{s\cdot L}\le\varepsilon f'(s\cdot L) \quad (3)$$

情形①：$\varepsilon>0$.

在这一情形中，（3）等价于下式：

$$\frac{f((1+\varepsilon)s\cdot L)-f(s\cdot L)}{\varepsilon s\cdot L}\le f'(s\cdot L) \quad (3')$$

但是（3′）对任意凹函数都成立：它说明 f 在点（$s\cdot L$）的导数至少和 $f(s\cdot L)$ 与 $f((1+\varepsilon)s\cdot L)$ 之间的弦的斜率一样大。

情形②：$\varepsilon<0$

在这个情形中，（3）式等价于下式：

$$\frac{f((1+\varepsilon)s\cdot L)-f(s\cdot L)}{\varepsilon s\cdot L}\geq f'(s\cdot L) \qquad (3'')$$

该式对任意凹函数成立。

这证明了这个定理的第一个方向。

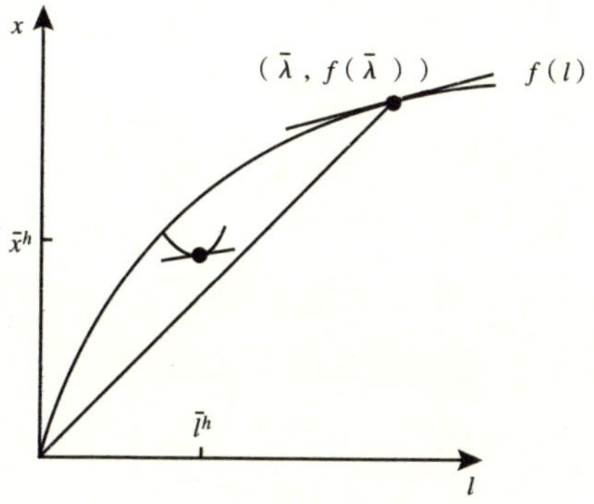

图 6.1

3. 我们将会在图 6.1 的帮助下证明逆命题。我们很容易分析以鱼（x）和劳动力**效用单位**为自变数的效用函数。那么，令 l 为 227
劳动力效率单位的数量，并且定义 $v^h(x, l)=u^h(x, l/s^h)$。那么 v^h 也同样是一个代表 h 偏好的效用函数。

假设（$\bar{l}$, $\bar{x}$）是有效率的康德式稳定分配，而且不在 $F^P(e)$ 中。那么存在使（$\bar{l}^h$, $\bar{x}^h$）不在连接原点和点（$\bar{x}$, $f(\bar{\lambda})$）的线段上的 h，其中 $\bar{\lambda}=\Sigma\bar{l}^h$ 是在（$\bar{l}$, $\bar{x}$）上付出的总的劳动力的效率单位，如图 6.1 所示。请注意，既然（$\bar{l}$, $\bar{x}$）是有效率的，图中的两条切线是平行的（依据效率劳动力 MRS = MRT）。在（$\bar{l}^h$, $\bar{x}^h$）上的无差异曲线与 v^h 有关。

4. 为了证明（$\bar{l}$, $\bar{x}$）不是康德式稳定的，我们需要说明存在一个小的正数 ε，它表示 h 主张增加的劳动力供给的幅度。如果所有的劳动力供给都从（$\bar{l}$, $\bar{x}$）增加了 ε，那么在定义康德式稳定性的试验中，h 的新的分配是：

$$\tilde{x}^h = \frac{\bar{x}^h}{\bar{X}}(\bar{X} + \varepsilon\bar{\lambda}f'(\bar{\lambda}))\,,\ \tilde{l}^h = (1+\varepsilon)\bar{l}^h$$

其中 $\tilde{x}^h$ 的等式是一阶近似的（回想一下 $\bar{X} = \Sigma\bar{x}^h$）。因此，

$$\Delta x^h \equiv \tilde{x}^h - \bar{x}^h = \frac{\bar{x}^h}{\bar{X}}(\bar{X} + \varepsilon\bar{\lambda}f'(\bar{\lambda})) - \bar{x}^h$$

并且 $\Delta l^h = \tilde{l}^h - \bar{l}^h = \varepsilon\bar{l}^h$。

如果对取值较小的 ε，我们可以证明 $\Delta x^h/\Delta l^h > f'(\bar{\lambda})$，那么如图所示，在分配˜中，$h$ 在（$\bar{l}^h$，$\bar{x}^h$）将位于其无差异曲线之上，这与（$\bar{l}^h$，$\bar{x}^h$）是康德式稳定的矛盾。如图所示，这个结论要求 v^h 在（$\bar{l}^h$，$\bar{x}^h$）是可微分的。

5. 因此我们只需说明：对于取值较小的 $\varepsilon > 0$，

$$\frac{\bar{x}^h}{\bar{X}^h}(\bar{X} + \varepsilon\bar{\lambda}f'(\bar{\lambda})) - \bar{x}^h > \varepsilon\bar{l}^h f'(\bar{\lambda}) \tag{4}$$

我们很容易说明不等式（4）等价于：

228

$$\frac{\bar{x}^h}{\bar{l}^h} > \frac{\bar{X}}{\bar{\lambda}} \tag{4'}$$

但是（4′）是成立的（见图 6.1）。那么，在图 6.1 的例子中，该定理得证。$\bar{x}^h/\bar{l}^h < \bar{X}/\bar{\lambda}$ 的另一种情况也可以类似的方式证明（选择 $\varepsilon < \theta$）。

如果为了检验康德稳定性而提议的假想实验体现了一种很有吸引力的公平性，那么一个康德式稳定的分配是一个参与者都有道德地采取行动的博弈均衡。没有人会倡议偏离康德式稳定分配且所有人都可随心所欲地改变行动（劳动力供给）的转变。这意味着我们可以像定义纳什均衡一样定义**康德均衡**，除了用一个不同的反事实假设来代替纳什均衡中的假设。当一个参与者考虑是否需要在给定的分配中改变他的劳动力供给时，他不用假定在这个分配中其他人保持他们的供给不变（纳什均衡），但是他需要假

设他们劳动力供给的改变幅度与他自己将改变的幅度相等（康德均衡）。那么这个适当可微的环境的成比例的解恰好就是他们的康德均衡。

莫林（1990）对 F^P 给出了一个与定理 6.5 不同的对称的公理化描述；但是这些公理不像康德稳定性那样拥有伦理学的诠释，所以在此我不会重述他的理论。

6.5 实施

在社会选择理论中，很多文献都研究了社会选择规则何时可以被分权。这个分权（decentralization）概念最早由马斯金（1977，1985）提出，它意味着就像社会成员可达成博弈的均衡一样，由规则制定的分配方案可由如下方式实现：设 F 为社会选择规则——在我们的例子中是一个在定义域$\mathcal{D}$中为每个经济环境条件分配可行的分配方案集合的机制。让我们给定 $(s, f) = (s^1, \ldots, s^H, f)$——我们现在应该考虑变化分布 u。给定 (s, f)，环境的可行分配的集合就确定了（独立于 u）。定义一个**博弈形式**为 $\gamma = (T^1, \ldots, T^H, \varphi)$，其中 φ 是一个将 $T^1 \times T^2 \times \ldots \times T^H$ 映射到可行分配集合的函数。T^h 是结构无限制的抽象集合。现在将 T^h 视为下述博弈中个体 h 的策略集。每当参与者提议一个 229
策略 $t^h \in T^h$，就可确定一个策略向量 $t = (t^1, \ldots, t^H)$，因此可确定一个可行分配 $\varphi(t)$。这为每个个体 h 产生了一个效用 $u^h(\varphi^h(t))$。因此，用博弈论的方式表达，对于某个个体 h，我们有一个定义在策略空间 $T = T^1 \times \ldots \times T^H$ 上的支付函数 π^h，该函数由 $\pi^h(t^1, \ldots, t^H) = u^h(\varphi^h(t^1, \ldots, t^H))$ 给定。那么 $(T^1, \ldots, T^H, \varphi, u)$ 定义了一个非合作博弈。当且仅当对于所有分布 u，博弈 $(T^1, \ldots, T^H, \varphi, u)$ 的纳什均衡确切地取决于分配

$F((u, s, f))$，我们说这个博弈形式（T^1，…，T^H，φ）从**纳什意义上实施了**机制 F。

设想一个博弈形式 γ 实施了一个给定的机制 F。那么我们可以认为 γ 在用以下方式使机制 F 分权：一个规划者通告了 γ 并且规定每个人必须宣布其在 T^h 中的策略，最后选择的分配应该是 $\varphi(t)$。我们假设参与者宣布的策略的集合组成博弈的纳什均衡。那么分配 $F((u, s, f))$ 就被实施了。这个“分权”点意味着规划者不必知道分布 u 就可开始实施 F。

纳什意义的实施有两种一般化方式。第一种存在于纳什均衡之外的其他概念的使用中，比如占优策略均衡（dominant strategy equilibrium）。占优策略中的实施是比纳什均衡中的实施是更具有竞争力的分权概念，因为占优策略的均衡将会自然发生（每个参与者只是声明其最优策略，且这与其他人的策略无关），而除非每个人知道其他人的偏好，参与者很难找到纳什均衡。第二种一般化要求假定博弈形式，尤其是博弈的外延性形式比战略形式包含更多信息。然后我们就可以要求在子博弈完美纳什均衡中的实施，或者在各种改进的均衡概念中的实施机制。大致来说实施理论的最基本结果是：在占优策略均衡中几乎没有机制可以被实施，有很多机制可以在纳什均衡中被实施，几乎所有的机制都可以在外延性博弈的子博弈完美纳什均衡中实施。

我们将讨论在第 6.3 节提到的四种机制的可实施性，但不
230 加以证明。在纳什均衡中，F^{EB} 和 F^{P} 可以被实施，F^{ND} 和 F^{CRE} 不能。莫林证明在二阶博弈中，F^{CRE} 可以在子博弈完美纳什均衡中被实施。①

关于 F^{ND}，存在一个更强的结论：

定理 6.7（罗默，1988） 在$\mathcal{D}$上不存在可以帕累托占优共有所有权均衡且可以在纳什均衡中实施的有效机制。

---

① 莫林在 1994 年 4 月 4 日同我进行私人书信来往时提到了此点。

这个定理否定了诺齐克将分配正义与对国家最小职能的道德要求联系在一起的做法。根据诺齐克的理论，一个捕鱼者可以合法地占有原本由多个捕鱼者共同使用的湖泊，只要他向其余每个捕鱼者保证他可让他们至少保持湖泊被共有时的生活状态。这意味着由私有制决定的分配规则应该被描述为帕累托占优于无限制共有所有权下的均衡机制 F。如果该机制同时是帕累托最优的，那么这个定理认为从纳什式实施的意义上来说，它是不能被分权的。如果我们把国家对社会成员“参与”博弈的干预视为最小，那么为了保证对湖泊的私人占有在诺齐克意义上是公平的，我们还需要国家最小职能之外的更多条件。

这个结论需要用以下事实进行调和：如果在共有所有权下不同的公民在湖上付出的“历史”劳动力份额是公开的，那么国家就可用一个简单的办法来监管对该湖的私人占有——要求每个捕鱼者被给予运营该湖的企业的份额，该份额与他过去付出的劳动力份额（效率单位）一样多。问题是在纳什式实施的故事中，博弈形式的设计者并不知道过去的劳动力份额。

我要报告的最后结果与机制在有许多公民的“大”环境中的实施有关。该结果建立在马科斯基和奥斯托伊（Makowski and Ostroy, 1992）的定理之上，定理详细阐述了在有限种类的经济中，帕累托有效率并且可在占优策略下被实施的分配机制。可以证明的是，在一个与$\mathcal{D}$相似但是由种类有限的渔民构成的“渔民”经济中，在占优策略中唯一可以被执行的机制是利益平 231
等机制［见罗默（1987a）的论证］。

这一节中的叙述十分粗略，因为我认为目前的实施理论对于分权问题不是很有说服力。首先，社会成员为了“实施”社会选择规则而被要求参与的博弈通常是很复杂的，不能理想化地认为这些博弈可以在现实的大型社会中被用来实施分配。第二，与抽象理论中的规划者相比，现实的政府和“规划者”通常拥有更多可用于“实施”分配规则的关于个体的信息。比如说，即使规划者不知道每个个体的偏好和禀赋，他们通常知道偏好和禀赋在人口中的分布——至少，他们可以经常观察需求和供给曲线。出于以上两点，现实生活中的实施会比理论中更艰难（根据第一点），也更简单（根据第二点）。

6.6 自我所有权的道德合理性

科恩对自我所有权的概念和理论做了区分：前者的定义可见第6.2节的开头，后者认为自我所有权是道德正确的。在本章中我引用过的对新洛克主义学派的批评都没有挑战这个理论（至少在目前已展开的论述中），它们只是通过质疑诺齐克的“获取正义原则”抨击了他的非平等主义结论。在当代政治哲学著作中，对自我所有权理论最明显的质疑来自罗尔斯的著作。对于依靠（无论是由基因还是由环境多样性形成的）运气获得的个人特质，罗尔斯否定了个体从中获取收益的权利；而诺齐克认为运气也是获得资产的合法方式，因此继承也是一种公平的获得财产的方法。（从遗产接收者的角度考虑，它是一种运气；而从赠予者的角度考虑，它是自我所有权的一种执行。）这样，诺齐克就宽恕了年轻继承者获得的极不平等的优势。

尽管基因和环境的运气在道德上的不合理性可能会使一些人相信自我所有权理论是错误的，但是由于涉及强迫性器官移植的假定情况，很多人都没有被这一观点说服。假设有一个国家
232 强制每个视力良好的公民参加一个抽签，国家会强迫被抽中的人捐献自己的一只眼睛给一个盲人。那么许多人都会反抗这样的一种抽签，这种反抗可以看作一种对自我所有权理论的支持。

但是，对这种出自本能的对自我所有权的支持，还是有很多反对观点。首先，对自我所有权理论的否定并不意味着需要接受捐献眼睛的抽签结果。或许需要否定的可能只是个体保留

自己所有收入的权利（也就是说，允许的只是征税行为）。如果自我所有权的理论认为自我所有权的概念在道德上是正确的，那么它应该主张一个个体在道德上合理地对自身拥有所有奴隶主对其奴隶拥有的权利。对这个理论的否定即是“一个人对自身拥有所有权利……”在道德上是不合理的。这并不是说“一个人对自身毫无像奴隶主对奴隶那样的权利”在道德上是正确的。事实上，如下观点与对自我所有权理论的否定是一致的：一个人对其自身所拥有的权利，特别是按照自己的意愿支配自己身体的权利，只是奴隶主对其奴隶所拥有的权利的一部分。①

之前提到有人认为对捐眼抽签的反感证明了自我所有权的正当性，而我在上文对该看法给出了一个“逻辑学回应”。对这个问题的“激进回应”是罗尔斯主义理论，即由于运气的随意性，当其他人都没有好眼睛的时候，一个人在道德上就没有拥有一双好眼睛的权利。②（在我想象的情形中，失明的人并不是因为自己的错误而变成这样。）科恩（1995b，第十章）提出了一种与“激进回应”和“逻辑学回应”都不同的观点：他并没有（像激进回应那样）质疑对捐眼抽签法的反对，但是他认为人们反感的并不是对自己眼睛所有权的侵犯，而是其他的因素。科恩提议设想一个人生来就没有眼睛的世界，但国家为每一个婴儿植入了人造的眼睛。一些人成年后因为不是自己的错误而失明，但重新给成年人植入人造眼睛是不可能的——只有在另一个成年人的身体中长出的眼睛才可以被成功移植。因此，这个国家为了这些成年盲人组织了一次捐眼抽签。科恩
说，如果一个人在一个人们生来就有眼睛的世界里抵制捐眼抽 233
签，他很可能也抵触另外一种捐眼抽签。但是第二种情况中，

① 奴隶主事实上并不总是有权支配奴隶的身体，因为对奴隶谋杀通常不被允许。

② 我并不是说罗尔斯本人支持这种观点，而是说该结论与他在著作中的观点是一致的。

这种抵触不是因为自我所有权产生，因为国家保留对所有人造眼睛的所有权，即使它们已被植入人体。但即使如此，一个人对于捐眼抽签的感受也很难改变。科恩相信这个例子说明这种对捐眼抽签的抵触之情的根源，可能不是对自我所有权理论的信服，而是对“人生中的剧烈的干扰”的一种反应。事实上，许多抵触捐眼抽签的人会认为把自己的一只眼睛（更不用说两只了）卖给其他人是可怕的，并且也会支持抵制这种买卖的立法。但是，我们可以认为这样的立法否认了人们是他们眼睛的合法拥有者吗？

读者不应忽视（科恩也这样指出）的是，我们关于强奸和卖淫的法律虽然不像捐眼抽签那样具有想象力，但是却带有类似的暗示。在道德上，我们把强奸（强制占有他人的性器官）看作一种错误，这表明我们把个人视作他们性器官的合法拥有者；但是卖淫的非法性又暗示我们没把个人看作他本身的合法拥有者。这个关于性器官和眼睛的类比是不完善的，因为卖淫可能牵涉到负外部性而眼睛的市场却不会：卖淫会产生一种社会看法，那就是女人是物品，但是在眼睛的市场中不会有对眼睛的卖方产生类似的看法。然而，这不妨碍我们认为，大众对待强奸和卖淫的态度表示否认自我所有权和肯定身体整体性是一致的。

6.7 结论

我的讨论集中在对诺齐克公平理论的两种批评上。第一，他的获取正义理论的道德前提认为在个人对外部世界的资源产权建立之前，从道德的层面讲，这些资源应该被看作是未被占有的。但是我们同样也可以这样反驳：从道德方面讲，原始的自然资源是被所有人联合拥有的，或者是被共同拥有的。第二，我们也可以质疑自我所有权理论本身。

洛克的前提条件比诺齐克的要强很多，因为相比诺齐克，他在更少的情形中允许对原始自然资源的私人占有。在捕鱼者 234
的经济中，洛克的前提条件只主张当湖泊面积无限大时，个人有按照自己意愿来捕鱼的权利。这一章的经济分析研究了如何借助湖泊面积有限的案例（也就是当捕鱼的回报递减的时候），将洛克关于资源分配的伦理理论一般化。我们描述了四种资源分配的机制，每一种都是洛克提议的一般化。更确切地说，在还能给在其他人留下足够多和同样好的湖面的前提下，每一种机制都给出了洛克分配（“线性经济中的自由进出”），且每种分配都是帕累托最优。所有这四种机制都明显比诺齐克的理论传达了更多的平等情形，因为诺齐克的理论允许第一个来的人占有湖泊，然后这个人可以用工资雇用其他的捕鱼者作为工人，而他自己占有利润。我不是说这个私人占有机制将确实会使每个捕鱼者比之前定义的四种机制过得更糟糕——会是这样吗？我把这作为一个有助益的练习这留给读者（假设湖泊的拥有者和捕鱼者都是价格的接受者，那么这个机制就会是瓦尔拉斯均衡，在此均衡下，该湖由一个外来者所有）。

四个机制都没有对自我所有权提出质疑——确实，FALE 定理体现了自我所有权。但是自我所有权的理论是可以被质疑的，就像罗尔斯做的那样。最后，我们还需注意科恩关于捐眼抽签的理论。一般认为，否认自我所有权就等同于允许对身体部位进行强制抽签。科恩认为这种普遍的看法是不对的，这点很重
要。 235

7 福利平等与资源平等

7.1 引言

在20世纪80年代初，罗纳德·德沃金（1981a，1981b）（在诺齐克之后）为分配正义理论的进步做出了又一个重大贡献，一直到80年代末，他的观点都在学者们关于分配正义的辩论中扮演着重要角色。德沃金假定正义要求个体的同等待遇，并提出待遇应该怎样被测度的问题。他考虑了两类可能被平等化的对象性：福利和资源。我说“类”是因为福利可以以多种方式理解，资源也一样。在其第一篇短文中，德沃金首先提出福利平等在道德上是没有吸引力的，然后他提出，任何修改福利平等概念以使之更有吸引力的企图，最终都只能得到一个在逻辑上不连贯的概念。在第二篇短文中，德沃金提出了实现资源平等的方法，并且证明这样的平等是定义分配正义的正确方式。

德沃金的著作引入了更加尖锐的焦点问题，即个人责任的问题，这一问题在罗尔斯和森的著作中尚处萌芽状态。德沃金提出，正义要求补偿个人，但只补偿那些并非他们自身原因所致但又妨碍他们实现人生价值的那些不利方面。由于个人行动或信仰而引起的个人处境方面的差异不属于正义关心的范畴。
237 并且，德沃金认为只要个体认同其偏好，他们就应该为偏好负责。[①] 他对福利平等的反感以及他对于资源平等的明确提议都以

① 其中不包括人们不愿意拥有的强烈的欲望和成瘾性嗜好。

该观点为基础。就像我在第5章所说的，允许个人责任存在的想法在罗尔斯和森的著作中也出现过，只不过当时它还不成熟。在深入分析分配正义中责任的重要性后，可知这确实是德沃金的原创性所在，也是其贡献如此重大的原因。

下面，我将首先回顾德沃金反对福利平等的言论，然后对其部分观点提出反驳。接着，我将介绍他对资源平等的提议并批判它。最后，我将对我自己的批判加以评论。

7.2 德沃金论福利平等

德沃金的论证以一个例子开始。假设一对父母有四个孩子：一个是盲人，一个是拥有昂贵性偏好的花花公子，第三个是需求简单的诗人，第四个是需要昂贵材料的雕塑家。父母应该怎样划分自己的财产？福利平等也许会要求把最大的一份给花花公子，但是这样似乎不对。这个例子迫使我们考虑以下几个问题：福利反映需要与欲望的程度，自愿培养的昂贵性偏好需要纳入考虑的程度，还有不同善的概念的内在价值（雕刻相对于玩乐）。德沃金用此例说明，福利平等，至少简单意义上的福利平等，不是分配正义的一项有吸引力的原则。父母应该不划分财产来使孩子们（从幸福感的角度上来说）过得同样好。

即使假定福利人际可比（如果它不可比，这当然会与福利平等的概念相矛盾），福利主义作为一种分配正义的方案，它至少还有两个特别的问题，即“廉价性偏好”的问题——例如用森的例子来说明，就是“被虐待的奴隶”和“顺从的家庭主妇”的问题——和昂贵性偏好的问题。不能将两个问题视作同一枚硬币的两面，因为廉价性偏好只有当它不是自主培养形成时才成为一个问题，而昂贵的偏好只有当它被主动培养时才是一个
问题。为了说明此点，请想象拥有廉价性偏好的人自愿地培养 238
了廉价性偏好，拥有昂贵性偏好的人因为不可抗拒的因素形成

了昂贵性偏好。如果我们使人们对那些偏好负责，并只对那些自愿培养的偏好负责，那么在刚才界定的社会里，通过分配资源来促使福利平等的做法将不会如此明显地缺乏吸引力。

但是，如果廉价性偏好是生存策略的需要（如顺从的家庭主妇），并且有些人故意为自己培养昂贵的爱好，那福利平等似乎将成为双重不公。

德沃金的下一步策略是尝试用和修改朴素的平等福利方案解决这两个问题。他的最终结论是他的尝试失败了，他还推测（完全没有经过证明）任何这样的企图都必定失败。这就是他反对福利平等的所有理由。

德沃金考虑过各种不同的福利概念。我将着重谈论其中两个，它们在我看来似乎是最合理的，并且也是我在本研究中经常用到的。它们是德沃金所谓的“相对成功”和“总体成功”。前者是个体人生计划已被实现的程度，后者是人生的总体成功度。要区分这两者的不同，你可以设想一个计划成为音乐教师的个体。他本来想成为一个钢琴家，但是从现实情况看他不具备成为钢琴家的天赋。结果他成为一个培养了许多有成就的学生的音乐老师。此人已取得高度的相对成功，但其总体成功的程度不算高。如果他选择了成为一个音乐教师的计划，他的成功令人钦佩；但是相对于他希望取得的成就（钢琴家）来说，他的成就还是很低的。德沃金关于相对成功和总体成功的衡量升华了我之前提到的人生计划完成度的概念。正如我已指出的，这样做的一个优点是它提供了一个绝对可测且可比的福利尺度。

选择一个成功的度量并不能解决廉价与昂贵性偏好的问题。也许“仅有卑微需求的诗人”不管从相对还是整体的角度来看，只要拥有其父母一小部分遗产就会认为他的人生是成功的；而“有昂贵性偏好的花花公子”从这两个角度看，即使其拥有父母的大部分财产，他也将认为自己很失败。假设两种偏好都是自

239

主培养的偏好，我们应该因为这个理由把更多资源从诗人转交给花花公子吗？德沃金认为当然不是。所以他提出了以下的解决办法。他说，一个人，当且仅当他比其他人有更多**合理**理由对自己的处境**感到遗憾**时，他才有理由认为与他人相比其生命几乎是不成功的（德沃金，1981a：216）。该提议听起来不错，但是它依赖于找到一个可衡量遗憾合理度的方法的可能性。如果让我们假设诗人和花花公子每人继承了他们父母同样多的财产，我们的直觉是他们都不该有合理理由对自己的状况感到遗憾，也不会比自己的兄弟姐妹更有理由为自己的境况感到遗憾。我们怎样才能更精确地陈述此问题？

德沃金指出，在计算一个人的遗憾是否合理时，我们必须将一个人的情况与其他人做比较。例如，如果没有站得住脚的理由来说明为什么她没有杰克那样丰富的资源，吉尔有合理的理由感到遗憾。资源分配站得住脚就意味着分配是公平的。因此，这也就是说，当且仅当资源公平分配时，任何人都没有合理的理由感到遗憾。要交代什么构成合理的遗憾，我们首先需要一个公平资源分配的概念，因此我们不能用合理遗憾的概念**定义**公平的资源分配！而且德沃金还提出，除了使用合理遗憾的概念，再没有其他办法修改平等福利以使其成为可以接受的道德观念。因此，德沃金说，为福利平等提供一个具有说服力的定义的尝试是徒劳的，或矛盾的。在这一点上，也许值得引用德沃金的原文，因为这是他第一篇论文的中心论点：

> 任何关于总体成功的平等的论述，如果不能使合理遗憾的概念（或某种类似的想法）成为关键，那就不是分配平等的明智理论……但任何想使这一想法成为关键的论述，必须在其对总体成功的平等的描述中包括关于公平分配的假设，这意味着总体成功的平等不能用来证明或构成公平分配理论。（德沃金，1981a：217）

这不是德沃金对福利平等的最后抨击。在后文中，为了使
240 论点更完善，他假定刚才描述的福利平等在概念上不连贯的“证据”是错误的，并假定存在具有连贯性的相对或绝对成功平等的定义。在这一点上（1981a：228～240），他试图从主动培养昂贵性偏好的角度反对福利平等。例如，德沃金描述了路易斯的例子：路易斯生活的社会被假定已通过资源分配实现了福利平等。路易斯目前有适度偏好，现在他有培养昂贵性偏好的可能性。德沃金写道，路易斯应该有两个选择：保持他目前的偏好，或在保持同样的资源的情况下改变他的偏好，这样有可能降低其相对成功率（也许还有绝对成功率，因为他对有价值生活的构想必将随着其偏好的变化而变化）。“如果他有第三种选择，”德沃金写道，“使他能够在牺牲他人又不牺牲自己的享受的前提下过比其他人更昂贵的生活，并自然地认为这样的生活的总体成功度大于其他两种选择，这样是很不公平的”（1981a：237）。

你也许会发现，如果社会采纳平等化总体成功度的资源分配方式（为了方便论证，假设这种想法是连贯的），那么将没有人有动机培养昂贵性偏好。因为一旦资源已通过正确的方式分配，这样做很有可能使该个体将比以往拥有更少的全部成功。由于同样的总资源禀赋（这里，我们假定一个固定的资源禀赋）在居民间分配，但在他们中有一个人比从前更难满足，所以平等化（或者词典式最小化）后的总体成功度的新水平将低于以前。因此，在总体成功平等的社会中，那些自愿培养昂贵性偏好的人要么是不理智的，要么因为这样做他们的生活会更美好（或他们认为会更好），但这一点因为某种原因无法由总体成功度体现。但是后一种可能性似乎与人生总体成功的定义相矛盾。因此，在这样一个社会里，培养昂贵性偏好是不合理的。虽然许多经济学家倾向于假定个人不偏向于这种非理性，但在这个假设上构建分配正义理论是

不明智的。因此，自愿培养昂贵性偏好和非自愿地培养廉价 241
性偏好的问题仍然很重要。

7.3 对德沃金反对福利平等的中心论点的反驳

为了便于讨论，我会接受德沃金福利平等理论需要一个关于合理遗憾理论的论点，但是我要反对他的以下观点：合理遗憾理论需要一个公平资源分配的先验理论，因此它自身无法形成关于公平分配的理论。在我的论证中，我会提出一个具体的资源分配，我声明该分配将不会给任何人留下合理遗憾的理由。我将在第 8 章论述这部分内容。

设想一下下面的程序：我们假设我们知道（依据生命科学和社会科学）什么样的境况会对个体人生计划观的形成，或者是其对成功人生的定义有影响。这些境况可能包括一个人的家庭背景（教育、财富、兄弟姐妹的数量），他的种族、民族、文化背景，他的健康状况（身体和精神），以及他的才智或天赋（假设这些不同于我之前提到的境况）。“境况”这个词在第 5 章中出现过，一个人所处的境况就是他面临外部和内部的环境；个体无法控制境况，但境况却会影响个体的行为和信仰。一旦境况的清单被编制出来，那么在社会中的每个个体就可以被表示为一个境况的向量，一个描述他所处境况的数值清单就如此界定了。

下一步将社会分割为各个阶层，每个阶层的人共享相同（或大致相同）的境况函数。为了更好地论证，我们假设这样做是可行的，因此阶层的个数要远远小于个体的总数，也就是说每一阶层由巨大数量的个体组成。因此在美国社会，一个阶层可以定义如下：在工人阶级家庭中成长的非裔新教徒，他们的父母只有小学的教育水平，有三个或更多的兄弟姐妹，其身体和精神状况都很健康，智商在 95 到 105 之间——这将是一个大阶层。我们将这些阶层称为 T^1，T^2，…，T^N。

我们必须考虑德沃金强调的重要事实：因为受到构成其所
242 处环境的资源的影响，一个人对总体成功和相对成功的观念是内生的。（这的确是顺从的主妇和被虐待的奴隶的问题。）我将聚焦于一种外部资源的分配，该种分配使任意阶层 T^n 的所有成员都将拥有同样的配额。将这种分配方式叫作 Δ，它的基本元素可以用向量 $x=(x^1, \ldots, x^N)$ 代表，其中 x^n 是一个表示在适当商品空间里的资源向量。任意分配 $x \in \Delta$ 都导致总体成功的观念在每个 T^n 里分配，并且我假设，总体成功度在每个阶层的推论的分布可由阶层成员的已得资源配额实现。我将在一个阶层里的总体成功观念集合称为它的**类型**集合。因此，与阶层 T^n 和分配 x 相联系的是类型集合 $\{t_x^{n1}, t_x^{n2}, \ldots, t_x^{nM^n}\}$，其中在阶层 T^n 里有 M^n 种类型。阶层 n 里的类型 t_x^{nh} 在分配 x 下取得的总体成功度表示为 $d^{nh}(x)$。（为了简洁起见，我将压缩人们从获得资源到实现某种程度的成功之间的过程。在这个模型中，只要个体“选择”了成功人生的观念，流程就会结束。）阶层内的类型是内生的——它们取决于阶层成员获得的资源，正如本段第一句所说的那样。一般来说，我还应该将 M^n 写成 x 的函数，但为简单起见我就不这样做了。

与给定阶层 n 和某一给定 x 相联系的还有对类型的**分配**。因此，设 $\pi^n(x)=(\pi^{n1}(x), \ldots, \pi^{nMn}(x))$，在这里 $\pi^{nh}(x)$ 是 x 分配下类型 h 在阶层 n 中的比重。T^n 的成员在分配 x 下的全部成功度的平均值是 $\sum_h \pi^{nh} d^{nh}(x) \equiv d^n(x)$。我们可以将 $d^n(x)$ 作为阶层 n 中的个体在 x 下预计将取得的总体成功度，在这里，我们将把阶层中的个体分类视为随机过程。

假设有使 $d^n(x^*)$ 对每个阶层 n 都相等的分配 $x^* \in \Delta$。我认为这种分配就不会使任何人有合理的理由感到遗憾。

将个体指定为亚当。我将首先证明，与阶层中其他人的人生相比，亚当没有合理的理由感到遗憾。界定阶层的境况的清单已被选定，所有不在个人责任范围内的境况因素都已被计入。因此，**阶层内**人生计划或成功观念的不同完全是个人责任上的差异：这些差异纯粹是由个人的自主选择造成的。同一个阶层里的所有个体一开始都拥有同样的外部资源束，所以 $\{d^{n1}(x)$， 243
$d^{n2}(x)$，…，$d^{nM^n}(x)\}$ 之间数值的不同完全是由个人的自主选择造成的。因此，要证明以下说法，即与阶层里的另一个个体夏娃的人生相比，亚当可以因为其取得的总体成功度较小而合理地对他的人生表示遗憾成立，我们需要的条件是在原始的境况清单中不包括一项他和夏娃间的显著境况差别。人们一定会因为某些项目未列入清单而感到遗憾，但我认为他们没有合理的理由为此感到遗憾，因为这份清单的选择使用了现在最好的科学知识。

我们在下一步必须问的是，在与其他阶层中的某个人比较时，亚当是否有合理的理由对他的人生感到遗憾。正如我刚才提出的，与自己阶层里的其他成员相比，亚当没有合理的理由感到遗憾，新提出的问题相当于问在分配 x^* 下，与另一个阶层——比如说阶层 m——的待遇相比，亚当是否有合理的理由对他的阶层感到遗憾。但是阶层 m 中的个体在 x^* 下预期总体成功度恰恰就是 $d^m(x^*)$。根据假设，$d^m(x^*) = d^n(x^*)$。我的结论是，与阶层 m 相比，在阶层 n 中没有人有理由为他们的待遇感到遗憾。

简而言之，一个人没有合理的理由为没有与同一阶层中的其他人拥有同等的待遇而感到遗憾，因为在同一阶层中所有成员得到了同样的外部资源束。而根据境况清单的编制标准，个体与同阶层的兄弟姐妹的其他差异要么与他的人生计划概念不相关，要么他自己应该负责。一个人没有理由为本阶层与其他阶层的待遇不同感到遗憾，因为在 x^* 下，所有阶层的预期总体成功度是相同的。

在这一假设的构建中，我忽视了一些不应该被忽视的问题：

个体有理由为自己没有处在另一个阶层而感到遗憾，这不仅可能以另一阶层的平均总体成功度为依据，还可能以另一阶层全部成功程度的其他分配特征为依据（例如方差）。我在这里假设当面对不确定性时人们只关心预期的相对成功，这相当于他们对相对成功有风险中性的冯·诺依曼－摩根斯坦偏好。我们还可以通过令副词“合理地”承载更多的意义来避免这一问题，即只要在两个阶层中对相对成功的预期是相同的，一个阶层的
244 成员没有任何合理的理由为自己没有处于另一阶层而感到遗憾。

我认为，前面所提供的假设对于自愿获取的昂贵性偏好进行了充分处理，但没有涉及非自愿形成的廉价性偏好。前者的情况为一个个体在相对于同一阶层的其他人而言总体成功的机会较低，这是因为在资源给定的情况下，他自愿采用比其他人更昂贵性偏好：正如我前面提到的，他没有合理的理由来为此感到遗憾。为了说明廉价性偏好仍然是一个问题，我们只需要指出该假设不排除出现一个“顺从的主妇”阶层的可能性。通过树立被“削减”的成功观，她们可以达到同其他阶层相同（平均）程度的总体成功。通过这一点，我们可以最终注意到，一些人可能因为看似有昂贵性偏好而实际上并没有，而受到不公对待。假设在“顺从的主妇”的阶层中，有部分个体可以自己克服卑微的阶级性并恢复未被削减的对成功的定义。在分配 x^* 下，她们已取得的总体成功程度将低于其阶层的平均水平，也因此低于社会平均水平。形式上，她们是拥有昂贵性偏好的人，但这只是因为与她们作比较的是其他拥有廉价性偏好的人。依据合理遗憾的概念，我们可以直观地讲，“顺从的主妇”阶层的成员的确有理由感到遗憾，尽管正式的调查并不会形成这一断言。

我声称已经通过这一节的构造反驳了德沃金的主张，即尝试去定义合理遗憾概念会令分析陷入循环，因此无法界定连贯的总体成功的平等概念。但是，就如最后一段所表明的，本节

生成的合理遗憾的概念虽然是连贯的，但是由于成功的观念的可能被削减，它的道德说服力还不够强。我相信如果一个人的福利是对他自己价值的衡量，内在的成功观念的问题——那些根据一个人获得的或期望获得的资源而确定的观念——对任何分配正义的福利主义方法仍然是致命的软肋。

7.4 德沃金关于资源平等的定义

德沃金的第二篇论文致力于阐明资源平等的定义，它作为分配正义问题的一种解是具有吸引力的。罗尔斯的差别原则和 245
森的可行能力平等原则都可以被视为资源平等的理论，在这些理论中资源被定义为帮助人们实现自己人生计划或取得成功的事物。罗尔斯认为，当人们得到的社会基本善是相等的时候，资源的平等性就实现了；而森认为当功能性活动向量集平等时，资源的平等就会实现。罗尔斯和森都强调他们关于资源平等的定义同福利平等，或成功实现人生计划，或森的术语中的能动性目标之间存在区别。这是他们同德沃金的共同点。而德沃金对个人所处的境况和其偏好与志向的区分比罗尔斯和森都要仔细。责任问题已在其理论中居于中心位置，而在罗尔斯和森的著作中它仅仅居于起步阶段。

下面介绍一个有吸引力的资源平等概念的形成过程中的关键问题。如果每一个人在社会中是相同的——他们同其兄弟姐妹产生于同一受精卵，有同样的父母，在同样的环境中成长——那么一个有吸引力的资源平等的概念将使每个人平等分享社会的外部资源。然而在现实生活中，人们远远不能达到相同的程度，而且他们因为不同的境况（其中包括不同的遗传和社会因素）而拥有不同的偏好和志向。人们可能会认为，个体在偏好和志向上的不同完全取决于他们的不同境况，如果这样的话，那么一个人的所有方面都将会归因于“境况”的类型。

但是至少在目前，我们应当遵循德沃金的观点去设想，即境况的差别没有完全解释个人之间的差异，因此还存在一种另外的分类，在这里我们将之标记为“偏好和志向”。一个人的境况可以看作他资源禀赋的一部分，由一些环境特征构成，这些环境特征会影响他实现人生计划或者是满足偏好的能力。德沃金认为一个有吸引力的资源平等概念应该在人与人之间实现全面的资源平等，这包括传统的外部资源和“境况”资源的平等，这是德沃金的中心观点。但是许多与境况有关的资源（如基因、父母、是否残疾、天分）无法在人与人之间流通。因此这个问
246 题就变成了如何分配可交易的外部资源，才可以实现全面的资源平等；或者是什么样的外部资源的分配，才可以适当补偿人们境况资源束的差异。

让我们首先考虑一个交换经济中的简单例子：在社会中有一个给定的善的总禀赋，成员对这些善有不同偏好。定义资源的平等性的第一种途径就是将它定义为资源等分，其中每个个体都得到了所有的外部资源中相等的一份。但是，这是不具有吸引力的，因为通常它不是帕累托有效率的。另一种途径认为资源的平等性存在于从平等资源的初始分配中得来的瓦尔拉斯分配。我之前把它称作“等分的瓦尔拉斯均衡（EDWE）分配”或者第 6.3 节中的同等利益解。（德沃金定义资源平等的第二种途径确实是 EDWE 分配的集合，他用一个有趣的故事描述了 EDWE 分配，故事与一个岛上失事船只的幸存者有关，他们通过拍卖分割资源，其中每人都用在等额的初始禀赋中作为货币的“贝壳”来为资源出价。）但是如果像德沃金那样认为残疾可以被看作一种资源的缺陷，这个概念也是不具有吸引力的，因为这些缺陷在 EDWE 分配中被忽略了。在这个纯粹的交换经济中，让我们把残疾看作阻碍人们有效率地将外部资源转化成为福利或者成功人生因素的要素。

为了将残疾纳入考虑范围，第三种途径牵涉到一个假想的保险市场。假设对一个人的残废和偏好作区分可能是有意义的。

假设所有人都位于一个“单薄的”无知之幕后，每个人都知道他自己的偏好（总体成功或者人生计划的概念）但是不知道他的残疾情况。（对于罗尔斯，这个幕是薄的，而在罗尔斯幕后，灵魂不知道他的偏好）。然而，所有人都知道残疾在现实生活中的分布（而不知道残疾和偏好的联合分布）。在幕后，所有人都用初始分配的等额的贝壳（计量单位）购买外部资源，并同时购买关于天生残疾的保险。在有未定权益市场的市场经济中，就会存在一个均衡，在这个均衡下人们购买保险合同，它保证当他们在现实世界中患上各种各样的残疾时，向他们补偿各种外部资源。特别地，这个在单薄的无知之幕后的市场经济的均衡将会形成一个现实世界中的外部资源的分配，其中现实世界仅仅是一种可能的在无知之幕后面的未来世界状态。德沃金将 247
这一现实的分配定义为实现资源平等性的分配，其中残疾也被认为是资源，并被纳入考虑范围之内。①

通过注意他对两种运气的观点，即“选项（option）运气”和“原生（brute）运气”，人们就可以理解为什么德沃金将上述分配看作一个公平的资源分配（或者是他所谓的“平等的”分配）。选项运气是通过赌博得到的结果，而在原生运气中没有赌博的因素。被闪电击倒但没有抵御该灾难的保险就是一种原生运气；而被闪电击倒但是存在抵御该灾难的保险，不管你有没有加入保险，这都是一种选项运气（在可以购买保险的时候没有购买就是在进行一种赌博）。那么保险市场的出现就将原生运气事件转化为选项运气事件。德沃金的观点是公平要求人们

① 这个对德沃金的保险市场的总结比起他自己的总结显然是更易理解而且更加简洁的。我相信我没有错误理解他的意图。德沃金对于幕后保险市场的这个有些复杂的表述，是一个聪明的但是没有受过经济学训练的哲学家的产物。他努力想要发现一个微妙的经济学想法，那就是存在未定权益市场的经济体的均衡。我也应该补充一下德沃金没有用“无知之幕”这个词，甚至反对它的使用。但是我认为这个词很传神地表达了他的理论。

承受选项运气的后果，因为人们自己决定了是否投保以抵御灾害。然而，原生运气是一种随意的（因此也是不公平的）分配资源的方法。那么不能通过投保来抵御并因此不会获得补偿的残疾是原生运气事件，也是不公正的事件。这个假想的保险市场就为幕后的“灵魂”将原生运气转化成选项运气。对于那些现实社会中的残疾人，德沃金这样定义公平的补偿：如果保险是有效的，并且他们也知道残疾的风险，他们将会购买保险以获得相应的补偿。

德沃金的资源平等理论比罗尔斯和森的方法对个体的偏好有更大的依赖。德沃金对不能投保的偏好（除了暂时的情况）和可以投保的境况特别作了明确的区分。所有的个体在单薄的
248 无知之幕后都有相等的机会来购买相同的保险，因为每个人都知道残疾在现实世界中的真实分布，每个人都有相同的初始分配。保险范围的不同只是由于偏好的不同，而个体对于他们的偏好是有责任的（假设他们认同这些偏好）。

对于德沃金的观点，我有两点需要强调。第一，他将“偏好和意愿”放在了人们应该负责任的东西的分类中。德沃金总结道：结果应该是意愿敏感的而不是禀赋敏感的，其中禀赋是资源和境况的组合，而意愿只代表由偏好所指引的自愿性选择。德沃金确实同意存在一种人们不需要负责的偏好，即强烈的欲望（cravings）。就像人们定义的那样，强烈的欲望是人们不想拥有的渴望，因此它不属于人的本质特点。在薄幕之后有一个可以供人们购买保险抵御强烈的欲望的市场。但是，除了强烈的欲望，个体应该对他的其他偏好负责任，不管它是不是主动培养的，**因为这是他欣然接受的偏好**。

但是这个用黑体字表示的责任的标准当然是有问题的。确实，就像德沃金在第一篇文章中谨慎提出的观点，人们所采用的成功观念受他们所拥有的资源和境况的影响（如果不是由其决定）。如果一个人不对他的境况负责，那么他还应该为他因为

境况而采用的偏好负责吗？考虑一下那些顺从的家庭主妇，她们有着过于卑微的意愿的。德沃金认为她们应该为偏好负责。这是明智的吗？

托马斯·斯坎伦（1986）给出了一个相关且看起来合情合理的例子。假设有这样的一种人，他采用的宗教生活方式只需要有极少的世俗的善的供给。他信仰该宗教的原因只是他父母选择让他这样做，而且父母在他很小的时候就给他灌输这样的思想。现在他认同而且也欣然地接受了这些信念。如果掌管正义的部门给他提供的资源与其他人的所得资源一样多，这种做法肯定是错误的。

但是我认为我们不能用斯坎伦这一有说服力的例子来一般化德沃金的观点，即一个人如果欣然接受并认同他的偏好，他就应该为其负责。虔诚的信徒和家庭主妇之间存在重要的区别：
如果我们给前者更多资源，他对自己总体成功程度的评价不会 249
提高；但是如果我们给把同样的资源给后者，她对自己总体成功程度的评价将会提高，并且她会认为“我所得的远远超过了应得的数量”。确实，由于前者的偏好，掌管正义的部门无法提高这个虔诚信徒的人生总体成功程度。

第二点问题如下：即使我们接受了德沃金对偏好和境况的区分，保险机制是否能够使资源（当外部和周围的资源都包含在内时）完全充分地等分？假设德沃金的观点“人们对他们的偏好负责”是正确的，我认为由此可得如果在假想的保险市场中，一个人选择为残疾投保，而另一个人没有，在现实世界中两个人都得了残疾，那么他们得到了平等的待遇。但是比较难以界定的是另一种情况。有两个个体有相同偏好并对残疾相同投保，但是其中一人残疾，而另一人没有，比较一下两人的情况。这个保险合同当然需要这个健全人付款给残疾人（就是说，前者支付保险金，而后者得到赔付），这在现实中会以转移支付或赋税的形式实现。但是，在我看来资源是否在两者之间被恰当地均等化了这一点是不明确的。毕竟，他们有相同的偏好，采取了同样的行动。他们最后状态的**差别**是因为原生运气吗？这难道不是一个道德随意性上的差别吗？确实，他们对于总体成功的定义是一样的，他们为达成目标而采取的行动也是一样的。那么这个案例是不是说明人生的总体成功度的平等**就是**我们应该要求的那种平等呢？所有主张人生总体成功度的平等不是一种正确的平等的观点，都以一个事实为基础，即人们对于总体成功有不同的定义，有些成功容易实现而有些很难。但是这个差别在此例中不存在。那么，难道资源的平等性应该要求在现实生活中有同样的成功观念并且采取同样行动的个体有相同的总体成功程度吗？如果答案为是，这个保险机制就不能实现一种有吸引力的资源平等。

最后，我们回到差异性天赋的问题。我们可以简单地将天赋看作残疾的反面。但是，德沃金却不这样看，因为他写道“天赋和志向之间的关联……是比志向和残疾之间的关系更密切
250 的”（1981b：316）。志向与人们的渴望相关，但是天赋与残疾都被看作是资源。德沃金说一个人的人生计划更多被他的天赋影响，而不是残疾，这是一个值得质疑的心理学命题。在构建无知之幕时，德沃金一方面同意将偏好与残疾分开是可以接受的，而另一方面他却认为将天赋和偏好分开是不可以接受的。所以在假想的保险市场中，人们是不可以为缺少某种才能投保的。每个人都知道他们幕后的天赋。那么，作为一种资源的天赋，要怎么补偿它的不平等性呢？德沃金提议说，尽管人们都知道他们幕后的天赋，但是我们假定他们不知道他们的天赋会带来什么收入。用经济学的语言表示，我们可以说与天赋有关的劳动力的工资是随状态而变化的，它们依存于这个世界的真实状态。人们**可以**通过投保来预防的情况只有收入过低。

尽管设想个体的人生目标与他的天赋无关这一做法明显缺乏可信度，但是我发现这个观点没有比将残疾与人生目标分开的做

法更不可信。并且在德沃金的模型中有一个严重的不平等问题。正如我写道的，通过假定有一个社会状态的概率分布，并假设工资视状态而定，我们可以将“个人不确定其天赋将会带来的收入”这个陈述模型化。现在假设有两个人，其中一人的天资禀赋占优于另一人：安德烈在每一种天赋上都比鲍勃更有才华。同时假设安德烈和鲍勃有同样的偏好。现在安德烈对自己的投保（针对收入过低这件事）将少于鲍勃，并且他们有同样的偏好（特别是对风险的偏好）。那么鲍勃将会有更少可在其他事物上花费的“贝壳”（幕后的计量单位）。因此，毫无异议，鲍勃将会比安德烈过得更差——在每一种可能的状态下都更糟糕。但是这并不是不同的偏好或者志向导致的后果，而是由对资源的不当交易造成的。然而，这个保险机制被认为可以“使资源平等化”。

安德烈和鲍勃的例子并不是罕见的个例：它其实是一个资源平等主义理论应该关注的天赋不平等的中心例子。在现实中，有些人拥有一些天赋，使他们无论在什么状态下都比其他人挣得更多。如果这样的天赋是因他们无须负责的基因或在他们无须负责的环境影响下形成，资源平等主义的标准应该修正这个不平等。但是如果天赋被认为是德沃金的幕后的个体的一部分， 251
个体的保险机制就不会完成这个修正。

人们也许会提出另一种解决天赋不平等问题的方法，这种方法在某种意义上与德沃金的方法完全相反，即允许个体购买他人天赋的产权。因此在单薄的无知之幕之后，人们知道他们的天赋，但是不拥有它们：任何人天赋的劳动力都可以用贝壳的初始禀赋购买。这等同于在初始分配中等分天赋，因为每个人都有与其他人相等的一份天赋劳动力。德沃金把这种体制称为“对有才之人的奴役”，并且在此基础上反对这样做。我没有基于这个原因反对该体制，因为将它称为奴役是不当的：在这种体制下，每个人都对其他个体有能力得到的收入拥有产权，而不是对其他个体本身拥有产权。这种产权形成了一种不是从一开始就令人反感的税制。

尽管我不同意德沃金关于以上产权分配是对有才之人的奴役的观点，我们都同意这种分配不会实现“资源平等”。论证如下：假设卡尔和亚当对闲暇和善（或者取决于他们闲暇和善消费的总体成功观念）有同样的偏好，但是亚当拥有与天赋高度有关的劳动力，而卡尔的天赋很平庸。在市场中，亚当的劳动力要求的薪水比卡尔的高。现在如果亚当想要花费闲暇，他必须购买它——他必须依照自己的意愿购买自己潜在劳动力的使用权——因为这个商品会被拍卖。那么亚当的处境可描述为非自愿地对自己的闲暇拥有了昂贵性偏好。最终，他会比卡尔过得更糟，而卡尔可以更低的价格购买他的闲暇。但是如果亚当和卡尔只是在他们的资源禀赋（包括天赋）上有差异，那么资源的平等性应该赋予他们相同的福利——所以天赋的平等不是实现资源平等的理想办法。

7.5 资源平等的公理化描述

如果说我在第 7.4 节中已经揭示德沃金的理论未能令人满意地修正处境资源的不平等性，但在此情况下它却继续主张人们应
252 该为他们的偏好负责，那么我们现在的问题应当为是否还有更好的办法。在本节，我将运用在本书第 3 章中提到的方法来研究这个问题。[①]

我们应该在问题的定义域 $\hat{\Gamma}^P$ 内展开讨论：如在第 3.2 节中定义的，这是 $\hat{\Gamma}$ 的一个子域，它的效用函数可根据 $\hat{u}^P$ 得到（见第 3.3 节）。那么这个定义域内的一个典型的元素是 $\langle n, \bar{x}, u, v\rangle$，其中 u 和 v 可以被看作对人生总体成功度的度量，它们的取值介于 0 到 1 之间，是已消费资源的函数。资源向量 $\bar{x}$ 现在必须

① 与我在其他著作（罗默，1986a，1987b）中使用的方法一致。

被看作既包括内部资源又包括外部资源。该子域是一个没有生产的经济环境条件的定义域，所以在这个领域内，我们只能研究纯粹的交换经济中的资源平等主义问题。（我们将很快看到残疾在这一定义域上是怎样被模型化的。）

我们的问题是找到一个分配机制 F，该机制对每个 $\mathcal{E} \in \hat{\Gamma}^P$ 指定了一种资源分配（或者这种分配的集合），在指定的分配下可以实现资源的彻底平等。像在第 3 章中那样，我们应该假设 F 是一个完全对应，其本质上就是一个函数。这个假设并不是无害的，因为正如我在第 3 章已指出，完全性就是帕累托无差异的假设，即如果两个分配都给出了同样的效用对，只要其中一个人被 F 选中，那么两种分配都被 F 选中了。那么在完全性假设中就有一个福利主义的弱元素。

我应该立刻提醒读者的是，德沃金的保险机制不是一个在定义域 $\hat{\Gamma}^P$ 上可定义的机制，因为这个原因，本节严格地讲算不上一般化德沃金理论的尝试。为了这样做，我们展开分析的定义域的环境应当包含一种效用函数，该效用函数可以表达个体对资源抽彩的偏好。但是我已经表明函数 u 和 v 可看作对人生计划完成或者是总体成功程度的（绝对可测且可比的）度量。这就是说，为了将德沃金的保险机制作为一个特殊的例子纳入，我必须分析形式为 $e = \langle n, \bar{x}, u, U, v, V, \Pi \rangle$ 的环境条件，其中 u 和 v 定义如上，U 和 V 是个体对资源 $\bar{x}$ 的抽彩的偏好的表示，Π 是社会状态以及状态的概率分布的集合，其中每一个状态由个体之间资源的特定分配构成。保 253
险机制可以定义在这类环境上。①

通过接下来的例子，我将展示这个保险机制的一个不好的特征。假想我们有一个只有一种善的环境，这种善被称为玉米，总共有 1 单位。假设两个个体安德烈和鲍勃对玉米的抽彩有相

① 为了使总体成功和保险机制模型化，我们需要两个不同的效用函数。在我原来关于这个话题的讨论中，我没有完全理解这一点。

同的冯·诺依曼－摩根斯坦偏好，用 $U(x)=x^{1/2}$ 表示。这个例子不涉及残疾，只涉及（安德烈和鲍勃需要负责的）偏好和玉米。假设有两种可能的状态：要么安德烈得到所有玉米，要么鲍勃得到所有玉米，两种情况的发生概率都为 $\frac{1}{2}$——这描述了 Π。他们的凹的风险偏好已给定，安德烈和鲍勃将完全投保，他们会签订一个合同，合同要求最终在现实世界，每个人都拥有 $\frac{1}{2}$ 单位的玉米。设 F^D 为德沃金的保险机制。无论 u 和 v 是什么样的函数，我们有 $F^D(e)=(\frac{1}{2},\ \frac{1}{2})$，其中 $e=\langle 1,\ 1,\ U,\ u,\ U,\ v,\ \Pi\rangle$。

现在假设我们发现以上的公式化表述事实上错误地表示了实际的环境。安德烈和鲍勃风险偏好看起来是 U，但事实上他们每个人的偏好都由两种善——玉米和作为内部资源的内啡肽——定义。事实上，如果我们将内啡肽看作一种资源，那么安德烈和鲍勃对玉米和内啡肽的束会有相同的风险偏好，形式为 $W(x,\ E)=x^{1/2}E^{1/2}$。安德烈被赋予了 4 单位的内啡肽，鲍勃只有 1 单位（$\bar{E}^A=4$，$\bar{E}^B=1$）。当只考虑玉米抽彩的时候，这就为每个个体产生了风险偏好 U。为了使资源（玉米和内啡肽）完全平等化，我们需要考虑一个有两种资源（玉米和内啡肽）的环境条件，而且在现实世界中内啡肽和玉米的分配是未知的。既然该世界只有两个个体，我们假设所有四件事发生的可能性是一样的：每个个体最终都会如上面所说的那样有 50% 的可能性得到所有的玉米，在无知之幕之后每个个体都会有 50% 的机会得到更大份额的内啡肽，每件事的发生概率都是独立分布的。那么就有四种状态，每种状态发生的可能性都是 $\frac{1}{4}$。如果我们以（$(x^A,\ E^A)$，$(x^B,\ E^B)$）表示一种状态中的分配，其中 x^j 和 E^j 分
254 别代表 j 在出生抽彩中所得的玉米和内啡肽配额，那么四个发生

概率相同的状态（按照它们的初始分配）为：

状态 1　　((1，4)，(0，1))

状态 2　　((1，1)，(0，4))

状态 3　　((0，4)，(1，1))

状态 4　　((0，1)，(1，4))

因此我们可以将这个环境表示为$e^* = \langle 2, (1, 5), u, W, v, W, \Pi^* \rangle$，其中$\Pi^*$表示四种状态，每一种发生的可能性都是$\frac{1}{4}$。为了推算$e^*$上$F^D$的运行，我们必须估算面对抽彩$\Pi^*$时安德烈和鲍勃写下的合同。现在，在真实情况被揭开之后，两人间唯一的可交易资源为玉米——在那时，每人手头的内啡肽都不再变化。每个个体在无知之幕之后的状态相同，所以我们把保险问题写作普通代理人的决策问题，代理人必须在这四种状态下选择使“他的”期望效用最大化玉米的配置。于是，决策变量可以写作（x^1，x^2，x^3，x^4），其中x^i是在状态i发生时安德烈的玉米消费量。由于偏好遵从冯·诺依曼－摩根斯坦公理，那么对于无知之幕背后的安德烈，他的问题是选择（x^1，x^2，x^3，x^4）来使以下式子最大化：

$$\frac{1}{4}W(x^1,4)+\frac{1}{4}W(x^2,1)+\frac{1}{4}W(x^3,4)+\frac{1}{4}W(x^4,1)$$

其中

$$x^1+x^4=1$$

$$x^2+x^3=1$$

考虑到均衡的条件，限制必须采取以上形式。状态 1 和状态 4 只是对两个个体进行了排列，状态 2 和状态 3 也是这样。因此在均衡状态，在状态 4 中安德烈最终消费的玉米必须是鲍勃在状态 1 中最终消费的玉米，状态 2 和状态 3 也可得出类似的结论。

我们可以这样改写这个决策问题：选择x^1，x^2来最大化

$$2(x^1)^{1/2}+(1-x^1)^{1/2}+(x^2)^{1/2}+2(1-x^2)^{1/2}$$

255 其中对于 $i=1,2$，$0\leq x^i\leq 1$。

这个问题的解是 $x^1=\frac{4}{5}$，$x^2=\frac{1}{5}$，$x^3=\frac{4}{5}$，$x^4=\frac{1}{5}$。这意味着最后得到更大内啡肽份额的个体（在现实情况下，这个人会是安德烈）在德沃金保险机制下还会得到$\frac{4}{5}$的玉米！那么在这个保险机制下，“残疾人”鲍勃的境遇比他在我们没有试图想要去“补偿”他的残疾的时更糟糕，因为他将在后种情况中得到一半的玉米①。产生这个结果的直觉来自这样一个事实：无知之幕后的灵魂在最大化其期望效用时会令它可能成为的各类个体的边际效用相等。由于鲍勃在消费 x 中的边际效用是 $1/2\sqrt{x}$，安德烈在消费 y 中的边际效用是 $1/\sqrt{y}$，安德烈肯定会比鲍勃得到更多的玉米。

对于这种保险机制实现了一种具有吸引力的资源平等主义的观点，我相信这个例子可为其带来致命打击。② 我们应该注意

① 我们可以回顾一下布鲁姆（1993）关于区分偏好的对象和偏好的原因的警告（见第 5.5 节）。在安德烈和鲍勃的故事中，内啡肽是偏好的对象，而不仅仅是一个特定的对玉米偏好的原因。在我最初的表述中（罗默，1986），我没有做出这个区分。如果内啡肽仅仅被看作是玉米被偏好的原因，那么我们不能认为无知之幕背后的安德烈或鲍勃的灵魂对以上提到的四种状态具有偏好排序：当内啡肽水平不同时，它不能为玉米和内啡肽的束排序。

② 范·帕里基斯（1995，第三章）批评了我对保险机制的攻击，因为他认为个体不应当被模型化为最大期望效用的追求者，相反，在德沃金的无知之幕后，他们会采取规避风险的最大最小化规则。范·帕里基斯事实上没有能够在风险规避性和极端风险规避性之间做出区分：一个有凹的冯·诺依曼－摩根斯坦效用函数的个体是风险规避者，他事实上十分反感风险。那么这个期望效用假设（也就是冯·诺依曼－摩根斯坦公理）允许建模者赋予个人任意高的风险规避性。如果举例来说，我们规定安德烈和鲍勃对玉米和内啡肽的冯·诺依曼－摩根斯坦偏好的形式是 $w(x, E)=x^{1/n}E^{1/n}$，其中 n 很大，那么安德烈和鲍勃将会十分反风险，尽管保守的结果是在保险机制下鲍勃最后获得的玉米比安德烈少。但是我们应该知道有大量的文献批评冯·诺依曼－摩根斯坦独立性公理。范·帕里基斯对德沃金以及他自己关于公平的积极主张，也就是正义为未被支配的多样性的观点，进行了批判。我将在附录中提出这一点。

到这个例子一点也不违反常情：我们假设了两个个体对抽彩有相同的柯布－道格拉斯的冯·诺依曼－摩根斯坦偏好，这绝不是一个罕见的选择。不管资源平等主义的含义是什么，它至少需要使鲍勃在环境 e^* 中得到的玉米不少于其在环境 e 中的情况：因为在 e 中，鲍勃被认为对一种偏好有责任，而之后在 e^* 中该偏好由需要补偿的残疾引起。但是 F^D 在 e 中给予鲍勃的可交易资源（也就是玉米的数量）是要多于其在 e^* 中给予鲍勃的。 256

让我们现在回到环境的定义域 $\hat{\Gamma}^P$，并且关注在该定义域内的资源平等主义意味着什么。在 $\hat{\Gamma}^P$ 中，我们无法讨论抽彩。那么我们该怎样表示内部资源，比如说内啡肽呢？我们可以用下面的方法。让我们复述安德烈和鲍勃故事以及他们不同的内啡肽水平。假设对所有的 $x>0$，$u(x)>v(x)$：对于所有的给定的正的玉米的水平，安德烈的人生全部成功程度比鲍勃的人生全部成功度更高。我们假设$\mathcal{E}=(1, 1, u, v)$。现在我们知道鲍勃不太成功的人生与低水平内啡肽导致的残疾有直接关联。安德烈有 4 单位的内啡肽而鲍勃只有 1 单位。在新环境中，个体对三种资源拥有偏好：玉米（x），安德烈的内啡肽（E^A），和鲍勃的内啡肽（E^B）。这样的话安德烈的成功函数是 $w^A(x, E^A, E^B)$，鲍勃的是 $w^B(x, E^A, E^B)$，成功函数表示了个体对于内啡肽的依赖性。另外，我们可以推测在 $\mathbf{R}^2$ 上有函数 w，该函数满足 $w^A(x, E^A, E^B)=w(x, E^A)$，$w^B(x, E^A, E^B)=w(x, E^B)$，并且事实上 $u(x)=w(x, 4)$，$v(x)=w(x, 1)$。也就是说，定义在玉米上的成功函数 u 和 v 源于定义在玉米和内啡肽定义域的成功函数。那么对于玉米和内啡肽，安德烈和鲍勃两人都有“相同”的成功函数 w，但是他们不能有效消耗对方的内啡肽。因此我们可以将此新环境表示为$\mathcal{E}^*=\langle 3, (1, 4, 1), w^A, w^B\rangle$。在$\mathcal{E}^*$ 中，有三种善，即玉米、安德烈的内啡肽和鲍勃的内啡肽，它们由禀赋的向量（1，4，1）给定，对这些善的偏好由 w^A 和 w^B 给定。如果我们坚持分配机制 F 是帕累托最优的，那么它必须把所有的安德烈的内啡肽给安德烈，把所有的鲍勃的内啡肽给鲍勃，因为安德烈无法从鲍勃的内啡肽中获得效用，鲍勃也无法从安德烈的内啡肽中得到效用。但是这个机制也需要（以一种还没有
257 详细说明的方式）考虑到这样一个事实，那就是通过适当地调整玉米在两人间的分配，安德烈得到的内啡肽的份额很大，而鲍勃得到的内啡肽的份额很小。

以上就是为内部资源建模的方法：根据定义 3.1 的精确说法，它们代表只有一个个体喜欢的资源。一种内部资源（在这里是一种消费天赋）只能由一个个体“消费”，因此，如果需要实现帕累托最优，机制会将该类资源的全部赋予相关个体。

让我们首先要求一个资源平等主义机制为帕累托最优。

第二，我认为不管资源平等主义意味着什么，它应该至少包括以下的含义：如果当考虑到分配问题时，所有个体都是相同的——也就是说，u 和 v 是同样的函数——那么每个人都应该得到这个资源束的一半。请注意这就是经济的对称性公理 Sy（见第 3.3 节）。安德烈和鲍勃在上述的$\mathcal{E}^*$中是不同的：他们有不同的偏好 w^A 和 w^B。特别地，如果在$\mathcal{E}$中这两个人是相同的，这意味着不存在关于内部资源的讨论，因为就像我解释的，那时这两个人的偏好将不同。这个 Sy 定理并不是毫无意义的——比如，当人们有相同的天赋、残疾和偏好时它就适用。这种情况下，我们可能忽略了内部的资源，而只表示他们由外部善定义的偏好：对称性要求机制对外部资源等分。由于定义域假设要求“效用”函数为凹，所以它是一个帕累托最优分配。正如我在第 7.4 节中讲到的，当所有个体相同时，总体成功的平等就是资源平等主义的要求。

第三，我认为不管资源平等主义意味着什么，它应该至少要求资源单调性（RMON）。如果我们比较两个世界，其中的两群人拥有同样的总体成功的函数。在世界 1 中的资源向量（弱）占优于世界 2 中的资源向量，那么资源平等主义应该要求在世

界 1 中所有个体的总体成功度都高于世界 2 中相对应的个体。这当然也适用于“内部”资源上的增加。因此，如果安德烈在世界 1 中的内啡肽比在世界 2 中更多，但是安德烈和鲍勃的偏好以及鲍勃在两个世界中的内啡肽是一样的，那么鲍勃在世界 1 中应该至少得到与他在世界 2 中同样多的玉米。这是一个很强公 258
理，但是它应该与资源平等主义的意思一致。但请注意比起要求人们在世界 1 中获得的每种资源都至少与他在世界 2 得到的资源的一样，RMON 是一个更弱的公理。

最终，我提出 F 满足 CONRAD。这是证明过程最复杂的命题：它的证明需要引用安德烈和鲍勃的故事。我将会说明 CONRAD 抑制了我之前提到的保险机制的反常性（使得鲍勃在内啡肽被看作资源时比只有玉米是资源时情况更加糟糕）。再次考虑上面几段定义的这两个环境 $\mathcal{E}=\langle 1, 1, u, v\rangle$ 和 $\mathcal{E}^*=\langle 3, (1, \bar{E}^A, \bar{E}^B), w^A, w^B\rangle$。根据帕累托最优，我们知道 F 必须将所有的 $\bar{E}^A$ 给安德烈，将所有的 $\bar{E}^B$ 给鲍勃；所以我们可以写作 $F(\mathcal{E}^*)=((\hat{x}, \bar{E}^A, 0), (1-\hat{x}, 0, \bar{E}^B))$，其中 $\hat{x}$ 是分给安德烈的玉米的数量，这个数我们还没有给定。现在两种内啡肽都至多被一个个体喜欢。我们可以考虑被 CONRAD 限制的环境，该环境通过给定上述内啡肽的分配和计算受限制的效用函数得到。但是既然 $w^A(x, \bar{E}^A, 0)=w(x, \bar{E}^A)=u(x)$，$w^B(x, 0, \bar{E}^B)=w(x, \bar{E}^B)=v(x)$，对 $\mathcal{E}^*$ 的 CONRAD 限制（通过固定内啡肽的水平得到）就是环境 $\langle 1, 1, u, v\rangle$，即 $\mathcal{E}$。因此 CONRAD 要求对玉米的分配在 $\mathcal{E}$ 和 $\mathcal{E}^*$ 中是一样的，即 $F(\mathcal{E})=(\hat{x}, 1-\hat{x})$。特别地，安德烈和鲍勃将在 $\mathcal{E}^*$ 和 $\mathcal{E}$ 中一样经营。这或许说得有点远了——我将在后文再展开此点。此刻，让我们简单地说 CONRAD 阻止了反常情况的发生：当残疾被包含进资源平等的管辖内时，满足 CONRAD 的机制 F 并不会像保险机制可能的那样伤害残疾人。

我们现在援引定理 3.2：如果 F 满足了以上的公理，那么 F

必须是使效用（总体成功程度）相等的机制（回想第 3 章第 121 页的备注，注意在定义域 $\hat{\Gamma}^P$ 内，定理 3.2 成立）。因此就像我已经提出的，任何有吸引力的资源平等主义概念都会渐渐变为福利平等主义。

斯坎伦（1986）对这个观点（即把定理 3.2 应用到资源平等问题中）进行了批判，我认为其大部分批判都是有说服力的。他的评论本质上包括两点。第一点是帕累托有效和资源单调性
259 的假设强加了资源平等性的“福利主义”观念。帕累托有效性主张如果一个分配能给所有人带来更多效用，那么它比另一个分配更好。但是斯坎伦问道：如果一个分配是资源平等主义的，为什么我们应该用效用去度量分配的好坏？资源单调性认为如果一个世界的资源比另一世界多，每个人都应该在第一个世界得到更多的效用。但是斯坎伦说，为什么要把效用当成衡量资源多少的标准呢？可能会有比它所产生的效用更适当的度量资源的尺度。

我确实将提出一种更合适的尺度。资源平等主义者并非不关心福利，但斯坎伦相信，正义只与“部分”福利有关，也就是具有道德随意性的部分。不严谨地说，对于因非道德随意性特征和人们行为而产生的人际间的福利差别，德沃金提出了一种使那部分福利“相等”的方法。因此，资源束的“大小”应该用其产生的福利的“道德随意性部分”的程度来衡量。比如说，它可能是资源束传递给个体的功能性活动向量，或是其带来的基本善向量。例如如果我们选择了前者，那么我们可以考虑用一个环境中的效用函数去度量个体的功能性活动水平（假设这可以用一个数字来表示）。如果对这些公理重新进行适当阐述，那么定理 3.2 可以阐述为资源平等主义要求平等化所有人的功能性活动水平。

斯坎伦提出的第二点与 CONRAD 公理有关。在关于 CONRAD 的论证（3.3 节）中，我们称$\mathcal{E}^*$为初始环境，$\mathcal{E}$为延

伸环境。斯坎伦正确地指出，一个给定的初始环境有很多的延伸环境，但是没有理由去断言在某一延伸环境中出现的“新资源”事实上是原始环境中的隐藏资源（如我上面讲的关于内啡肽的故事）。但是CONRAD强迫资源分配在初始环境和延伸环境下保持“一致性”，无论“新资源”是否事实上是初始环境中的隐藏资源。因此CONRAD给资源分配施加的一致性比在安德烈和鲍勃故事中说明的还强。我同意这个批判。这跟我在第2.5节中对纳什型的公理化谈判理论的批评属于同一类批判。CONRAD公理施加的一致性，比激发公理形成的直觉所允许的还要多。

斯坎伦的第二点批评要求我们模型化初始环境中被“实际隐藏”的善，并重新构造一个更弱的CONRAD公理，这个版本 260
的CONRAD只要求延伸环境中的“新资源”在初始环境中被确实隐藏了的情况下，初始环境与延伸环境保持一致性。我对如何做到这一点已经做了讨论（罗默，1987）。结论就是定理3.2站不住脚了。

我应该补充一点，斯坎伦也坚持分配正义应该在善被命名的环境中讨论，我认为这是正确的［确实，他写道“关于正义的观点总是牵扯到名称”（斯坎伦，1986：117）］。尤其是如果我们要说明延伸环境中的“新资源”确实与初始环境中的隐藏资源相同，我们必须知道这些善的名称。但是就像我在第3.6节的末尾提出的，如果我们要求我们环境的定义域在代表善的名称以及其他特点方面足够接近现实，那么我们能否保留在第3章中所展示的公理化描述就成为一个值得斟酌的问题。斯坎伦的一般观点是讨论公正需要很强的特征性（“总是牵扯到名称”）；依照我在第3.6节中的说明，这可以被理解为拒绝公理化理论要求的强定义域假设，也因此拒绝该理论的简单结论。

正如我前面所暗示的，我们还可以提出，作为抑制保险机制反常性的假设，CONRAD太强了。因为它要求在机制F下，鲍勃在“初始”环境中的情况和他在延伸环境中完全相同，而不是至少相等。我（罗默，1994：177 ~ 178）已经说明，如果我们用模型的公理来替换 CONRAD 公理，我们也将无法得到定理 3.2 的结论。

7.6 结论

德沃金在 1981 年的文章中通过更加明确地集中讨论责任问题推进了罗尔斯和森所提出的平等主义的概念。他所推崇的平等主义的一般概念试图补偿人们在境况方面（即他们处境中的与自身责任无关的部分）的不平等，但不主张补偿与他们自身责任相关的不平等，包括因为欣于接受某些偏好而产生的不平等在内的有争议的内容。他假想的保险市场是可以实现这个想法的一个工具。但就像我们看到的，这个保险市场的运作与德
261 沃金的资源平等主义要求不符。

为了找到一种好的资源平等机制，我采用了公理化的分析，并且得出资源平等主义最终变成了福利平等主义。这个结论会是德沃金抵触的结论，因为他反对福利平等主义。但是斯坎伦对我的尝试提出了批评：确实，我的不足也存在于纳什型谈判理论对分配正义问题的分析中，而这是我曾经批判过的问题。

至此，我们已经找不到实施德沃金式的资源平等主义的机制了。但是我们要做的不是试图修正德沃金的方法以期望发现一个这样的机制，而是把目光转向那些在 20 世纪 80 年代后期以及 90 年代初期出现的对德沃金看法的批评，这些批评将分配正
262 义问题的讨论又推向了一个新的高度。

8 福利机遇的平等

8.1 重新定位德沃金的观点（一）

德沃金通过划清责任与非责任的界限来区分个体的偏好与资源，用他的话说就是区分意愿与禀赋。[1] 在我看来，这明显需要一个独特的责任观，因为该术语通常意味着与其可控行为有关联的个体情况，如此解释的话，个体可能不对他的偏好负责。偏好可能（并通常）在很大程度上取决于个体所处的外部环境，在偏好形成之前个体对其发展过程无法控制。德沃金可能对此并无异议，但他仍然表示只要个体满意其偏好，他就对其负有责任。在20世纪80年代末期，阿内逊（1989，1990）和科恩（1989）对德沃金的上述观点做出了类似的修正，意在明确区分个体所处环境的两种不同情况。他们都同意德沃金的基本观点，即分配正义存在于受约束的平等主义中：在个体无法对其境况负责任的前提下他们应该是平等的，但因个体负有责任的行为或信仰而导致的待遇差异是允许存在的。 263

在探讨他们的提议之前，我要重申德沃金将偏好置于个人责任的范畴下进行讨论并非没有依据：他和斯坎伦（1986，1988）都认为只要个体认同其偏好并乐于拥有它们，个体就对其负有责任（回忆在第7.4节中斯坎伦提出的关于的虔诚的信徒的例子）。该观点可通过类似于下面的方法来证明。受个体认

---

① 本节的名称引用科恩（1989）书中的第IV部分。

同的偏好与个体对自我的认知密切相关，甚至前者就构成了后者。由于此类偏好是个体自我表达的方式，如果外界认为行为者对自己的行为（选择）不负责任，（实施行为的）个体就会产生羞辱感。斯坎伦（1988）提出，出于非工具性原因，① 个体的选择行为具有一定的价值，因为它可以传递给其他人一种关于他是哪类人的信号（斯坎伦将其界定为选择的“象征性价值”与“示范性价值”）。他还提出，如果信号是有意义的，那么只要他做出的选择与其期待被认同的偏好一致，社会就应当使个体对其选择负责。

但是阿内逊更拥护责任的传统定义，即把个体对其行动或信仰的控制能力作为重点。他的提议既是对德沃金观点的发展又是对其的批判：发展在于他提出了区分个体负责任的情况和个体不负责任的情况的新方法；批判在于他认为只要稍作改良，福利或效用才是需要被平等化的对象，而资源不是。他把自己的观点称为“福利机遇的平等”（equal opportunity for welfare）。设想一棵具有同一主干但有很多路径或分枝的“决策树”，每一分枝代表个体通过选择某些特定的偏好和在人生关键时刻做出决定所得到的效用。经过某一特定时间后，一个给定的路径上会出现各种各样的社会状态，这时分枝又会细分，每一细分分枝描述了如果特定社会状态出现时，个体将会面对的情况。阿内逊写道：

> 然后，我们会加总每个可能的人生道路的偏好期望满意度。通过这样做，我们会考虑到在每一决策点上个体面
> 264 对一系列选择所时对应的偏好。当人们面临相等的决策树时，就达到了福利的机遇平等——每个人在决策树上最优的、次优的……第 n 优选择的期望值都是同样的。个体所面临的机遇的先后排序由他可负担的期望福利所确定。（阿

① 选择的工具性价值在于实现个体最理想的选项。

内逊，1989：85～86）

让我们用选择理论的语言来确切阐述上述观点。在第二句中，阿内逊描述的明显是对于抽彩的偏好；在下一句中他认为分枝“期望”价值相等的“决策树”等价。阿内逊所需的是假定基于抽彩之上的个体效用具有人际可比性；如果亚当和夏娃的决策树分枝同形，也就是就目前而言，亚当决策树上每个分枝的效用与夏娃决策树上对应分枝的效用相等，那么他们的决策树是等价的。然而，由于不同的分枝可能采用不同的偏好，尤其是不同的风险性偏好，因此用于评价分枝的（关于抽彩的）效用函数本身会随着它所评估的分枝变化而变化。

基于简单的假定我们可作如下归纳：（用博弈论的语言来说）决策树由一个路径集合构成，每一棵都开始于根基，终止于末梢。假定在根基处的初始路径数是 n，并进一步设定这些路径代表着不同的人生计划和偏好选择，随后的细分路径全部自然发展（于是我们可以简单地理解为个体在一生中仅能做一次选择，随后的生活历程则取决于随机分布的自然状态）。每一初始路径 n 都与一种基于抽彩的效用函数相对应（第 i 个初始路径的效用函数用于评定随着路径发展的复合抽彩）。初始路径的效用函数具有人际可比性。如果两棵决策树的初始路径数相等，并且在 n 个路径的集合之间存在一个一对一的映射，从而使一棵树上每一路径的效用与另一棵上的对应初始路径效用相等，那么这两棵决策树是等价的。（初始路径的效用评定一般来说涉及计算一个非常复杂的综合抽彩的效用。）

然而即便个体拥有等价的决策树，他们福利的机遇并非平等，因为可能亚当和夏娃对他们决策树的路径所存在情况认知不同，也可能对亚当来说，需要很强的自控力、权力和力量来 265
选择他的第三路径，而夏娃轻易就能选择她的第三路径。所以阿内逊通过考虑两个决策树**实际相等**来完善其定义，这一情况出现的前提是当且仅当亚当和夏娃是相当的，两人都充分意识到（我们假设）其决策树的定义，并且每一路径对亚当的易得程度与相应路径对夏娃的易得程度一致。（阿内逊未使用“易得”一词，我在此以此词预示下文即将提到的科恩的平等主义的概念。）当然，可能需要通过进一步的哲学分析才可以确定在什么时候两树的对应路径才是同样易得的。

阿内逊表示如果已经分配了可转让资源，使任意两个体的决策树实际相等，那么福利机遇的平等就实现了（在此我们先不考虑这样的资源分配是否存在）。他表示罗尔斯和德沃金所有反对福利平等的言论，都不能驳斥他的福利机遇平等观。当福利机遇实现平等化时，普遍情形是亚当和夏娃会选择“不同的”路径（即一对路径由同构型来看，并不是一一对应的映射）：因此按照阿内逊的说法，根据正义的要求，亚当和夏娃在这种情况下不能要求所得福利不均等。

正如我刚才所描述的，阿内逊的立场几乎可以算作福利主义。关于世界，我们所有需要知道的几乎只有与特定资源分配相关的效用数的向量集，其中每一向量标出在此资源分布下个体决策树的初始路径 n 的效用。在此需要的非效用信息是各路径对于不同个体同样易得。由此我们可以立刻发现，由于其福利主义（或近似福利主义）属性，此提议并不能解决“顺从的主妇”的问题。某种资源分配可能给夏娃是很小的资源束，而亚当却能获得很多资源。在此情况下，夏娃人生的所有可情况本质上都是“顺从的主妇”的人生，而在亚当人生的所有可情况中，他都扮演着“花花公子”的角色，如果此刻还要求可能情况的效用同形，这当然是不可能的。因此，通过对个体偏好及其决策树形成的外部环境施加限定条件，阿内逊进一步完善了“福利机遇平等”概念。他写道：

衡量个体福利的最可行的偏好是假定的偏好。我们常常可以见到如下叙述：个体生活的幸福程度取决于其完美的偏好得到满足的程度。如果我在相关信息完全、情绪冷静、思维理智清晰的前提下深入思考自己的偏好，这时形成的偏好就是我的完美偏好。（我们也可以称这些完美偏好为“理性偏好”。）（阿内逊，1989：82～83） 266

在此还有另一个限制。阿内逊区分了最优和次优的完美偏好。做出这种区分是基于一种现实的考虑，即当个体在审慎考察多种偏好时已经有了某些偏好。假设夏娃已经当了几年的音乐教师，她的最优偏好可能是成为音乐会的钢琴家，但她几年来已经习惯了具有稳定收入的钢琴教师的生活，如果她现在去从事一份音乐会钢琴家的职业，她在接下来的岁月里必须勉强糊口度日。因此，考虑到偏好改变的成本，夏娃现在可能宁愿继续做音乐教师，尽管曾经有一段时间如果有机会，她会选择成为音乐会钢琴家。在此，夏娃的次优完美偏好是她的音乐教师偏好。

我认为我们可以对阿内逊的观点进行如下充分阐释：当所有个体的决策树实际相等时，福利机遇的平等就实现了，并且如果个体在平等实现前就已经形成了偏好，每个个体的决策树初始路径 n 对应着次优完美偏好，即对应着个体可能追求的一种人生和与之相关的福利。

我认为在解决将来和过去的不平等问题（过去的不平等要求我们区分最优和次优偏好）上，阿内逊太过急于一步到位。就概念而言，在我的建模中，我设想资源分配可以给“婴儿”（即偏好还未形成的个体）提供一种机会，也就是“在相关信息完全、情绪冷静、思维理智清晰的前提下深入思考（他们）自己的偏好”的机会。因此我们只需考虑阿内逊的最优偏好。我认为这是对阿内逊提议的友好修正，因为我认为次优偏好说不通。如果修正提议成立（此修正是更容易被论证的），阿内逊的

267 研究将会取得更大进展。

下面的原因解释了为什么次优偏好的提议不成立。“顺从的主妇”偏好的形成过程也是形成不一致的认知能力的过程：夏娃学会了满足于（甚至享受）她所处的机会被缩减的情况，因为如果不这样做她会觉得无法忍受。鉴于她已经接受并习惯于现实，改变身份去做议员或律师会令她觉得很奇怪。夏娃已经深信女人应该成为家庭妇女，因此她的次优偏好也会与“顺从的主妇”的角色相关，比如说成为一个每月有一晚和朋友到城里娱乐的家庭主妇。如果上述这些成立，从能否胜任的意义上来讲，次优偏好的提议并没有成功地实现完全意义上的机遇平等。通过夏娃的例子来驳斥阿内逊的观点，即认为夏娃没有对她的偏好深入考虑，可以避免鱼和熊掌不可兼得的问题：如果阿内逊认真探讨人们深入思考的偏好在机会不平等的情形下已经形成的情况，那么他就不能同时赋予个体与其身份不相称的思想自由。

因此我建议对阿内逊的提议做上述修正。在此我要提醒读者，对于阿内逊的主张，即福利机遇平等可以避开罗尔斯、森和德沃金对平等福利的批判，完美偏好（或类似说法）的规定至关重要。正如我所提到的，如果不作此修正，“顺从的主妇”问题就得不到解决。但是在该条件下，个体不可能成为顺从的主妇，尽管一些个体可能会通过自主选择成为主妇，因为在此条件下，人人都会考虑许多其他的选项。

如何解决昂贵性偏好的问题呢？在既定的资源束下，昂贵性偏好产生的福利相对于廉价性偏好较低。如果资源分配形成的决策树实际相等，一些个体会选择昂贵性偏好，因此也选择了福利相对较低的路径，另一些个体会选择廉价性偏好对应的路径，因此也选择了较高的福利。这种福利的不平等是无法补偿的。

在我看来，阿内逊的提议并未涉及冒犯性偏好（通过伤害别人来获得效用的偏好）的问题。

我们继续用选择理论分析阿内逊的提议，这样的做法与阿内逊在其模型中对“理性偏好”问题的处理是一致的，因为他假设了个体在慎重思考选择时的最优能力。个体如何在他们决 268
策树的不同路径中做出抉择呢？他们必须对这些路径具有偏好。（如果他们缺少这样的偏好，而是仅仅在路径中做出随机的选择，那么我们就很难说他们应该为这一过程的结果负责。正如阿内逊所说的，如果人们被认为有义务对选择的路径负责，该选择一定是在深思熟虑后做出的。）这些偏好与和**给定**路径相关的偏好不同。现在我已经假设路径的效用是人际可比的，我也假设个体拥有的路径本身也是可比的。（因此下列说法是有意义的：对于任意的 i、j、p 和 q，个体 i 在路径 p 下得到的效用比个体 j 在路径 q 下得到的多。）这难道不是为每个个体定义了关于路径的偏好排序吗？换句话说，为什么不是每个体都选择与“最廉价性偏好”相关的路径？

首先让我们来精确表述该问题。个体 i 与路径 p 相关的偏好表示为 u^{ip}。当然，如果 i 选择路径 p，计算他选择另一个路径的效用 $q(u^{ip}(q))$ 是可能的，但是他不可能得到这个效用，因为他如果选择 q，就会得到效用 u^{iq}。［因此我坚持认为，如果音乐教师自问他有多喜欢音乐会钢琴家的人生，这种做法是前后一致的（p = 音乐教师的路径，q = 钢琴家的路径）。］我们可以用如下记法来表述 i 和 j 的决策树相等：一对一的映射 φ 把 i 的初始路径集合映射到 j 的初始路径集合上，因此对于 i 的初始路径集合中的所有 p，$u^{ip}(p) = u^{j\varphi(p)}(\varphi(p))$。我规定每个个体 i 对于路径都有一个偏好排序，用效用函数 U^i 来表示，偏好的选择由 U^i 来支配。此外，$U^i(p)$ 并不需要序数等同于函数 V^i，这里 $V^i(p) \equiv u^{ip}(p)$。

如果不同于 V^i 定义的偏好，那么 U^i 可以表示什么偏好？这里我们要引入德沃金对人生的总体成功和相对成功的区分。如果一个人选择的人生对应路径 p，那么这个人可以用 u^{ip} 评估他在人生中获得的**相对**成功。因而 $u^{ip}(p)$ 是选择路径 p 的期望相对成功。U^i 可以用来衡量总体成功。那么在什么情况下，$U^i(q) > U^i(p)$ 和 $u^{ip}(p)$路径 $> u^{iq}(q)$ 才能同时成立呢？假如个体认为当他选择了音乐会钢琴家的路径（q）而不是音乐教师路径（p）时人生会更好，尽管就这两种努力中的成功标准来说，他当音乐教师希望得到的比钢琴家要更多，在这样的情况下，上述情
269 况成立。因此，我认为区分由 U^i 与 V^i 定义的偏好不仅在逻辑上是可能的，而且也是前后一致的。

于是我们假设在阿内逊模型中的个体选择决策路径 p 以使 $U^i(p)$ 最大化。尽管在福利机遇平等的状态下，人们面对实际相等的决策树，他们一般都会有不同的（序数）偏好 U^i。对于他们根据 U^i 所做的选择，社会没有给予补偿，从这个意义上来说，他们必须对自己的偏好负责。没有必要假设 U^i 为人际可比。如果我们假设人们能控制偏好 U^i 的形成，或者出于某些其他原因对其形成负责，那么阿内逊的观点在哲学上是有吸引力的。我认为对于任何可以形成"完美偏好"的条件，我们都可以假定其能够引致总体成功概念 U^i 的自发形成。

对于为什么具有相同决策树的人可能选择不同路径这个问题，科恩（1989）（尽管没有使用这种表示方式）提出了另一种解释。个人选择一种路径而不是另一种，这可能不是因为这种路径提供给他更高的福利或者人生预期成功度，而是因为另一个原因，即它在某些方面更加无私或者高尚。因此拥有同样的决策树的个体可以有不同的偏好 U。社会不应该补偿人们对路径的选择，因为对于他们在道德观上的差异（在本例中由偏好 U 反映），社会不欠他们任何东西。因此，U 偏好的形成是否自发并不是问题的重点。

除了存在问题外，对于修正后的阿内逊提议，我现在要提出一新一旧两种批判。旧批判关注的问题是如果对决策树"追

根溯源”，我们会发现社会状态产生于两种不同的方式（这里我遵循了博弈论在一开始就给出扩展式博弈根源的叙述习惯）：第一种是个人的选择，第二种是自然的选择。阿内逊想让个体对他们的选择负责，但是没有明显理由让他们为自然的选择负责，或者说没有道理不补偿他们因为自然抽彩而承受的恶果。因此有这样一种可能情况，夏娃和艾伦同时选择成为音乐教师，面对作为音乐教师的相同终身抽彩具有同样的期望效用，但是夏娃常走霉运，而艾伦却没有。在阿内逊的理论里夏娃不会得到补偿。我在第 7.4 节里为了批判德沃金的保险机制提出过这个 270
问题，并且在第 4.5 节讨论事前与事后效用时也提到过这个问题。阿内逊只考虑事前效用的做法当然是常规的做法，但是它可能不是符合福利机遇平等要求的最佳选择。

新的批判涉及定义完美偏好的尝试。我考虑的是将形成“婴儿”最优完美偏好的环境。我想表达的并不是不可能给所有的孩子提供资源以让他们在阿内逊所要求的自发状态下思考。相反，我认为偏好的形成从来都不可能满足阿内逊提出的“自发性”。个体的偏好有很大一部分是环境给他的烙印，特别是当他在所处社会环境中观察了别人的偏好之后。阿内逊要求的最优完美偏好的定义在生理上和心理上都是不可能发生的。

根据新的批判，如果要进一步修正已经稍做修正的阿内逊提议，我们需要考虑在给定（由掌管正义的部门分配的）资源的情况下人们构建的决策树。因此假如在资源的分配中人们构建了实际相等的决策树，那么这次分配将被认为可以使福利机遇相等。但是这个定义不能充分解决“顺从的家庭主妇”问题：这个争论在前文和第 7.3 节的倒数第二段中已经被提及。简单总结一下，在新的定义里福利机会平等可能在如下情形中实现：当一些人得到很少资源，并且在其构建的决策树中，所有路径都是以顺从的家庭主妇的偏好和人生计划为基础。

因此我的结论是，虽然阿内逊对德沃金的重新定位值得钦佩，但该尝试没有完全成功。该提议的致命缺点在于尝试在机会充足的条件下构建偏好。完美偏好是一个不切实际的概念：阿内逊的机遇平等观需要一种自发性，如果这种自发性存在，人们岂不是要在没有任何制度因素的条件下思考？显然这是不可能的。在分析过阿内逊的提议并得出了现在的结论后，读者
271 可以追溯并更加深刻地理解德沃金的观点。通过采用斯坎伦的责任观以及在保险机制中应用实际偏好，德沃金的观点回避了阿内逊的福利机遇平等观中的核心问题。

8.2 重新定位德沃金的观点（二）

科恩写道：

> 事实上，德沃金已经为平等主义做了大量的工作，其中包括吸收最具影响力的反平等主义基础：选择和责任的问题。但是对于他这一最重要的贡献，其影响还需要用更加明晰的方式表达。（科恩，1989：933）

科恩提出，“应该区分的是责任和霉运，而不是偏好和资源”（科恩，1989：933）。因此，科恩所表述的自己与阿内逊以及德沃金的区别和我已有的描述有一些不同。我也曾形容德沃金为“区分责任和霉运”的支持者，但他采用的是斯坎伦的责任观；而科恩则保留了责任就是能够控制自己行为的看法，因此科恩认为德沃金区分的不是责任和霉运。在我看来，这只在语义上有微小的差别，对目前的研究，这一差别并不重要。

阿内逊和科恩共同认为，应该被区分的是霉运和个体本可以选择不去完成的行为，这也是令他们联合起来共同反对德沃金的基础。然而，在如何进一步阐释该观点的问题上，他们产生了分歧。科恩提倡的观点是他所谓的“可及优势平等”

(equality of access to advantage)，该观点显示出了他和阿内逊观点在两个方面的区别，即他认为“可及性”优于“机遇”，“优势”优于“福利”。

我们首先论证优势和福利的不同。科恩的关键例证是狄更斯笔下的小蒂姆，这个例证质疑了将福利视作一种优势的做法。小蒂姆瘫痪了，但是性情十分开朗。即使没有轮椅，他的福利水平比一个一般开朗的健全人还要高。根据福利机遇平等观，小蒂姆不应该得到轮椅。但是科恩认为给小蒂姆分配一个轮椅是正义不言而喻的要求。这说明平等主义者认为不只福利是重要的，资源或者功能性活动也是如此。

现在阿内逊可以咬紧牙关认为科恩的直觉是错误的。也许科恩等平等主义者是不专业的，而在思考了福利机遇平等的优 272
点后，他们应该同意小蒂姆对轮椅的需求应该被置于其他人（包括健全的人）希望增加福利的需求后。科恩的案例仍是以直觉作为基础。

但是科恩同意福利也很重要。这里主要的例证是一个双臂完好，但一旦移动胳膊后将承受巨大疼痛的个体。他可以通过支付昂贵的医药费来消除这种疼痛。科恩表示，这个人忍受的不是资源短缺：他可以用双臂做别人都能做的任何事。他所忍受的是非自愿的福利短缺。根据科恩的正义观，这个人有权要求社会给予金钱来购买药物。科恩预见到资源平等主义者可能会回应说：“因为这个人缺少可以抵御疼痛的资源，所以补偿事宜已经就绪。”但是科恩认为这其实引用了福利机遇平等的观点，这种说法仅仅是一种微弱的掩饰。

所以，福利和某些资源都必须被包含在均等化的机遇的范畴之内。科恩称其为优势，并把对其的进一步阐述放到了另一处讨论中。[“有人希望找一种比资源或者福利更基础的通用形式，因此使我做出此提议的各种平等主义论点都可用此通用形式表示。”（科恩，1989：933）]

科恩讨论了另一个案例。在这个案例中，他相信“优势”，而不是“福利”才是恰当的条件。这个案例的主人公是朱迪，他也在德沃金的故事里出现过。最初，朱迪的需求很少，他只需拥有一小部分钱（设为 M_1）就可以像一般人一样快乐。但是他在读完海明威的作品之后就有去西班牙参加斗牛的冲动，他需要 M_2 的钱以达到平均福利水平，M_2 大于 M_1，但仍然比一般人达到该福利水平需要花费的 M_3 少。科恩认为根据福利机遇平等的观点，朱迪不应该获得斗牛士的薪水，因为他是自愿培养了这么昂贵的品味。但是因为朱迪想要成为斗牛士的新偏好的花费低于平均数（$M_2 < M_3$），科恩认为朱迪应该得到 M_2。

事实上，由于朱迪的案例还不够详细，我们不能确定科恩的直觉是否和福利机遇平等相矛盾。我们需要知道朱迪的整个决策树，而不是仅仅知道他参加斗牛能得到多少福利。假设朱迪在读海明威的作品之前和之后拥有相同的阿内逊决策树，他
273 只是在阅读海明威后决定了选择另一个路径。从形式上来说，朱迪在读完海明威的作品后改变了自己的 U 函数。在该案例中，社会不用给予他任何补偿，甚至都不用使他的报酬从 M_1 增加为 M_2。于是科恩的质疑成立：如果朱迪的工资没有提高，这在直觉上是不合理的，因为他新选择的路径的成本仍然要比其他人选择他们的路径的成本低很多。但是，假设读完海明威的作品之后，他的偏好随着路径而改变，尤其是他现在知道了观看斗牛比赛所增加的福利比以前想象的还多。在这种情况下，朱迪的初始偏好不是“完美的偏好”，并且他在读海明威之前的决策树也是不恰当的。在这里阿内逊理论要求增加朱迪的报酬，并且稍微降低其他所有人的报酬以达到福利机遇平等。

对于科恩为了证明阿内逊的福利范围必须进一步扩展而给出的两个例子（小蒂姆和朱迪），我认为其中之一依赖的是缺乏论据的直觉，另一个只有在通过某种方式来解读朱迪的故事时才是正确的。科恩以下两种说法可能是正确的：（基于机会均等

的道德规范）小蒂姆应该接受轮椅，且朱迪或许应该接受额外的薪酬，尽管在读过海明威的作品之后，他的决策树没有改变。不幸的是，科恩至今都没有给我们提供可用的方法以把这些直觉转化为具有说服力的论点。

接下来，我们转向科恩的“可及性”优于“机遇”的观点。我认为这只是一个语义上的非实质区别。科恩认为我们不应该认为（例如由低智力引起的）个人能力的不足会减少机会。但是可及性会因个人能力不足而减少。无疑，如果该区别正确的话，那么在阿内逊的提议中，他可能会用可及性代替机会。因为当他要求决策树实际相等时，他强调的正好是这一点，因此他的“机遇”事实上等同于科恩的“可及性”。在这个问题上阿内逊和科恩并没有分歧。

科恩没有提及我所表明的阿内逊提议的核心缺陷，也就是通过赋予人们“恰当的”偏好来确定正义这一不可行的要求。科恩也没有像阿内逊构建其决策树那样，或像德沃金解释保险机制那样，为他的观点提供明确的定义。我认为科恩可能有能把福利拓展为更广义的优势的案例，但是这一点还没有被证明。 274

在考虑斯坎伦的观点后，科恩进一步修正了他自己的观点。斯坎伦（1975）认为，从正义的角度来看，个体的某些利益需要比其他利益得到更多的关注，这与利益的紧急程度有关，紧急程度可通过一种客观标准定义，而不一定要反映在个人自己的偏好中。因此，一个具有宗教信仰的人的偏好可能是用自己微薄的收益来为他的上帝建造一个纪念碑，而不是购买食物。然而，出于公正的要求社会应该给他食品券，而非他能够花费在宗教纪念碑上的货币。原则上，科恩不反对这种描述，因为他的“优势”也涵盖了非福利因素，比如营养充足。相反，令科恩感到困惑的是斯坎伦的另一个宗教信仰者的事例，这个事例在第 7.4 节已经讨论过了。我必须补充一下，由于他的宗教信仰，那个例子的主人公遭受着一种负罪感的折磨，忍受着一种不幸。他不但不应该得到多于他简陋的生活方式所需的资源（这是第7.4节的论点），也不应该得到平等福利理论所要求的资源量。科恩在这点上同意斯坎伦的观点，并在这个基础上修正了他观点中的不足，因此正义只需要“补偿并非出于主体选择并且主体会选择避免的不利因素。”不幸的是，这个修正有些太过，因为它会引导社会不去纠正顺从的家庭主妇的处境。正如前文所述，这种修正不经意间否定了对那些酸葡萄偏好者的补偿，他们的这种偏好使他们（在我们看来错误地）否定了资源更丰富的生活的吸引力。

科恩指出还有两种策略可用于处理斯坎伦的“被负罪感折磨的虔诚者”案例。第一种策略是“提出因为宗教负担如此明显地反映了选择问题，所以补偿他们是不可能的”，第二种策略是“论证因为负担去补偿个体并不像斯坎伦所强调的那样古怪”（科恩，1989：936）。我个人更偏向于第一种策略。我认为“被负罪感折磨的虔诚者”与“顺从的家庭主妇”之间最根本的差别如下：前者的信仰虽然不是自愿地具有，但个体对它的接受也不是因为机会的客观缺乏，而顺从的家庭主妇的偏好（也不是自愿具有）却是因为这个原因被接受。为了更准确地定义这种差别，我们当然需要一种非循环论证的方法来确定机会客观缺乏的时间。另外，如果我们能够解决那个问题，还存在进一
275 步让人困惑的事例，即那些因为（资源意义上的）客观贫困而遭受负罪感折磨的或者禁欲主义的虔诚者的例子。一些人认为西藏人对其禁欲主义宗教的坚定程度可以用这种方法解释。这些信仰或偏好是酸葡萄的典型例子，但它们的追随者对这些信仰的认同，远远比狐狸对葡萄的非偏好的认同更加深刻。正是由于这样，是否要给这些人提供资源的政策问题是难以捉摸的。

8.3 机会平等：一个例证

在本节中，我不会寻找完美偏好，或更一般地说，我不会寻

找公平社会应该实现机会平等化的那类优势（不管它是与完美偏好相联系的福利，还是人生计划的期望实现度，抑或是功能性活动或中期福利的总水平）。相反，我将关注的问题是我们怎样履行“对优势 X 的机会平等”。特别地，我认为有一种优于阿内逊决策树构建的方法，因为通常来说，使所有个体的决策树实际上相等的资源分配是不存在的。

在本章中我们需要定义一种实施可及性平等或分配正义机遇观的方法。对于这个问题我们可以用如下方式表示：个体采取的行动（我将选择偏好排序当作一种行动）会导致不同的福利水平（假定福利总是具有人际可比性）。这些行动由无法控制的环境及个体的自由意志共同决定。（那些信仰刚性决定论的人仍能同意这种观点，他只是认为第二种策略是空洞的。）我们希望找到这样一种社会资源的分配，在这种分配下只要个体面对的环境相同，他们就具有相等优势。但同时当个体在自由选择方面的行为不同时，这种分配也允许优势的不平等。我们将此称为机会平等原则（Equality of Opportunity principle，简写为 EOp）。读者将会注意到下面的论述与第 7.3 节的构建方法的相似性。

我们考虑的问题是是否需要补偿因吸烟而患上肺癌的个体。
此处的相关行为是“选择吸烟”或者“不吸烟”。个人所做的选
择部分是由他所处的情况决定——比如他的经济阶层、他的种 276
族关系、他的父母是否吸烟以及他的教育水平——部分也受到
他个人自主选择的影响。（鉴于“经济水平”和“受教育水平”
的确定存在一些个人意志的因素，可能有人会问它们是不是个
人境况的一部分。为了更好地分析吸烟问题，我将假定，如果
个人没有考虑其“选择”的经济水平和教育水平对他是否吸烟
一事的影响，并且不应为其疏于考虑负责，那么这些就属于境
况。）社会首先必须列出无法人为控制的因素的清单，这些因素
可被看作是能够影响个体是否决定吸烟的因素。然后根据这些

因素的个人向量，社会被分割成一些相等的种类（即给定的等价类包括所有因素向量大致相同的个体）。例如，如果境况向量是〈性别，种族，职业，年龄〉，那么一个等价类将由60岁的白人女大学教授组成，另一个等价类将由60岁的黑人男性炼钢工人组成。我称一个给定的境况向量，或者与它相关的等价类为一种**类型**。

社会希望确定患上肺癌的个体应该得到的补偿。（与之相关的机会应平等的优势可能是福利或者免于疾病的一种功能性活动。）假定患病的可能性是个人吸烟年数的增函数，在每种类型中都有一种吸烟年数的分布，这种分布是**类型的特性**，而不是任何个体的特性。在这种分布中，我们认为60岁黑人男性炼铁工人的位置不同是由于他们需要自己负责的选择造成，因为他们的**境况**已经被这种类型标准化了；这对于60岁的白人女大学教授也成立。举例来说，如果因为某人是一个黑人男性炼钢工而非一个白人女大学教授而变得更有可能吸烟30年，那么这应该归因于类型，而非个体需要负责的选择。因此，从科恩的观点看，一种类型中的吸烟年数分布为我们提供了一种可以标定给定类型中的成员关于“不吸烟”行为的可及程度的方法。以一种极端情况为例，如果所有60岁的炼钢工人有30年的吸烟经历，我们将认为“不吸烟”这种选择对炼钢工人来说是不可及的：作为一个炼钢工人，他除了吸烟30年，没有其他有效的机会。当类型被给定时，从阿内逊的观点来看，某些选择实际上是被禁止的。

那么，在这个事例中，我们该怎样平等化福利机遇或者免
277 于疾病这一功能性活动的可及性？我认为我们应该寻找一种金钱的分配（如果金钱是待被分配的可转让资源的话），在类型间，这种分配可以使对吸烟行为负“同等责任”的个体优势平等。更具体来说，我们考虑一个例子，在这个例子中大学教授和炼钢工人的烟龄都是其各自类型烟龄的中位数——设两人的

烟龄分别为10年和30年。我认为这两者所承担的责任程度可以相提并论。换句话来说，作为大学教授吸烟10年的行为和作为炼钢工人吸烟30年的行为具有相同的可及性。这种论述的可信性取决于每种类型都有很大数量的个体。那么在每一种类型中，吸烟年数的频率可看作一个概率分布，该分布决定某一类型的成员的吸烟年数。因此举例来说，如果在第一种类型中有30%的个体吸烟年数少于7年，在第二种类型中有32%的个体吸烟年数少于5年，那么比起吸烟少于7年相对于第一种类型的人，吸烟少于5年对于第二种类型的人是更加可及的行为。这是因为第一种类型的人吸烟年数少于7年的概率为0.3，而第二种类型的人吸烟年数少于5年的概率为0.32。

这种处理方法指导我们不仅要使“烟龄数居中者”的优势平等，而且要使跨类型的位于烟龄分布任意百分比的所有个体优势平等。通常这是不太可能的。在下一节中我将提出第二理想的处理方法。但在这里，我要强调一下该提议的要点，也就是它通过两个步骤使个体具有的“责任程度”标准化，该“责任程度”取决于个体的自愿性选择。第一，通过将个体分为上述等价类，分析出那些影响选择但又无法人为控制的所有环境方面的因素。第二，根据验证每种类型备选方法选择的经验分布来确定个体各种选择的可及性。

我在本节中概述的提议，① 借用罗尔斯（1985）的话来说，是“政治的”而非“形而上学的”。这是因为我并没有提倡可以把选择的形成原因归纳为超出人为控制能力的和在人为控制之
下的特别标准。对每一个社会来说，这些标准可以成为政治辩 278
论的主题。因此，本节所概述的步骤（在后文中我会为其提供更准确的分析）的设置是为了执行一种与社会个体责任观一致

① 该提议在首次被提出时附带有一些额外的说明，见罗默的著作（1993b）及其再印版（罗默，1994）。

的优势机会均等概念。那么就正义理论来说，目前的提议是不充分的，除非人们相信——我不相信——分配正义的概念取决于特定的社会责任观。从略微不同的角度来看待此问题，本节的提议构成了一个（主张优势机遇平等的）分配正义理论，该理论还有两个未决的问题：优势包括什么？怎样区分在人为控制之内和人为控制之外的行为原因？①

8.4 机会平等：范式化分析

8.4.1 环境条件

存在一个个体的连续体。② 每个个体由**特征向量** $s \in \bar{S}$ 完全描述，其中，对于某个维数较大的 n，$\bar{S}$ 可能是存在于 $\mathbf{R}^n$ 中的一个样本空间，$\bar{S}$ 具有概率测度 H。如果 $S \subset \bar{S}$ 为可测的，$H(S)$ 描述的就是社会的特征向量处于 S 中的概率。"s" 应被视为个体处境和个人行为倾向的完整清单。存在**优势函数** $u(x, e, s)$，它给出具有特征 s 的个体得到的优势（比如健康），该个体得到 x 单位的资源（比如说健康服务），且他花费的努力为 e（比如说花了若干年时间戒烟）。为了便于讨论，我们将一种优势固定。通常假定 u 关于 x 和 e 是单调递增的，在这种情况下，如果效用与选择行为有关的话，优势与效用是不同的，因为在效用中努力通常被视作一种成本。

---

① 许多学者已经对目前的提议做了评论，见《波士顿评论》（*Boston Review*）20 期，1995 年 4～5 月，其中有如下人的讨论文章：索洛（R. Solow）、斯坎伦、爱泼斯坦、赫利（S. L. Hurley）、罗森布鲁姆（N. Rosenblum）、福克斯－吉诺沃斯（E. Fox－Genovese）、谢弗勒（S. Scheffler）、马斯金及李普斯坦（A. Ripstein）。我对此的回应也在上面发表。

② 注意本节后面的第 8.4* 节，其对本节内容的介绍没有用概率测度符号表示，而是以一种浓缩的方式说明的。我建议不熟悉概率测度符号的读者将这两节对照阅读。

假设有一个具有固定可用资源供给的规划者，他建议根据转换法则 $\varphi(e)$ 将资源分配给个体：如果个体花费的努力为 e， 279
他将得到 $\varphi(e)$ 单位的资源。假设在本节的剩余部分中，对于某些非负数 γ，所有的转换规则是线性的，且形式为 $\varphi(e)=\gamma e$。我们假定与每一个特征值 s 相联系的是一个**努力反应函数** $e^s(\gamma)$。这个反应可能是某些效用最大化过程的结果，但我们不再深究是什么原因导致了这种反应。**环境**条件则完全由数值（u，$\bar{S}$，H，$e^s(\cdot)$）确定。

8.4.2 社会

社会是从环境条件中衍生出来的。社会以每人 w 单位的人均值来向其成员分配资源。另外，$\bar{S}$ 被一个可测、有限的给定划分分解为 $S^1\cup S^2\cdots\cup S^r$。特征值 s 位于 S^i 中的个体构成了第 i 种**类型**。在最后一节中，我将这些划分描述为社会决策的结果，这些决策与构成了个体的环境条件有关，而个体无法控制此结果。因此，不规范地讲，既定类型的所有成员拥有大致相同的关于这些环境的向量。

社会福利部门从来不关注环境。但是，它的确会用某种抽样法来为每一种类型计算优势函数。如果样本是具有代表性的，并且对样本中个体优势函数的测量是准确的，那么，分配给 i 类型的表示为 $u^i(x, e)$ 的优势函数对于大样本容量来说大致如下：

$$u^i(x,e)=\int_{S^i}u(x,e,s)\,dH(s)/H(S^i)$$

换句话说，规划者所使用的类型 i 个体的优势是该类型个体（真实）优势函数的平均值。规划者也知道每种类型对任意给定转换法则 $\varphi(e)=\gamma e$ 的总努力反应：在可能的努力水平集上，对于转换法则 φ^i，他知道在 i 类型中有一种努力分布，它的特征通过

概率测度 F_{φ}^{i} 来描述。正如我们可以从基本环境中获得优势函数 u^{i} 一样，我们也可以从基本的努力反应函数 e^{s} 中获得测度 F_{φ}^{i}。但对于规划者来说，数据 $\{F_{\varphi}^{i}\}$ 是原始的。

因此，描述**社会**特征的数据为（ω，u^{1}，…，u^{r}，S^{1}，…，
280 S^{r}，H，$\{F_{\varphi}^{i}\}$）。

令 $p^{i}=H(S^{i})$。规划者可通过**转换法则**将资源分配给个体，此处的转换规则为转换函数的一个向量，对于每种类型 $\varphi=(\varphi^{1},\ \varphi^{2},\ \ldots,\ \varphi^{r})$。我们因此限定规划者同等对待一种类型的所有成员（也就是将它们置于同一个转换法则中），但允许他用不同方式对待不同类型。当且仅当以下的预算限制被满足时，该转换法则是**可接受**的：

$$\sum_{i} p^{i}\int_{E}\varphi^{i}(e)\,dF_{\varphi}^{i}(e)\ \leq\ \omega \tag{8.1}$$

因此，对任何一个社会，存在一个可接受的转换法则集合 Φ。我将进一步假定每一种类型包含个体的连续体，而考虑勒贝格测度时，概率测度 F_{φ}^{i} 是绝对连续的。因此，F_{φ}^{i} 可由密度函数 f_{φ}^{i} 代替［这种性质可从函数 $e^{s}(\cdot)$ 的合适假设得到］。

一个**分配机制**是一种映射 $\mathcal{F}$，它使每种社会（在某定域上）与一个转换法则相联系。我们进一步定义三种分配机制。

8.4.3 机会平等（EOp）机制

在可接受的转换法则 φ 下，令 $e^{i}(\pi,\ \varphi)$ 为努力水平，这种水平是 i 类型个体在第 π 个百分点的努力分布中的花费。用以下等式定义 $e^{i}(\pi,\ \varphi)$：

$$\pi\ =\ \int_{\underline{e}}^{e^{i}(\pi,\varphi)} f_{\varphi}^{i}(e)\,de \tag{8.2}$$

正如我在最后一节将解释的，我们的任务是为每一个特定的 π 选

择一种转换法则 φ，这种法则能使所有类型的优势均等。

更精确地说，我们要在最高的可能性水平上使优势平等化。更常规来说，对于每一个 π，我们要在 Φ 上最大化 i 的优势 u^i 的最小值。我们通过下式定义“间接优势函数” v^i：

$$v^i(\pi,\varphi^i)=u^i(\varphi^i(e^i(\pi,\varphi^i)),e^i(\pi,\varphi^i))$$ 281

在可接受的转换法则 φ 下，$v^i(\pi,\ \varphi^i)$ 为 i 类型个体在“努力”分布百分点为 π 时的优势。对某一**给定的** π 的值，决策问题选择 φ 来

$$\sup_{\varphi}\min_{i} v^i(\pi,\varphi^i)$$

称这个最大化问题的解为 φ_π——这是一种可接受的分配方式，对于在各类型中花费了第 π 种努力度的所有个体，它最大最小化了他们的优势。

如果对于所有 π，φ_π 都为相同的转换法则，则该法则将是可以均等化优势 u 的机会的完美选择。不幸的是，通常情况并非如此：我们不能期望用最大化问题中的无限数生成普通解，因此可能需要一些折中方案。可以说，我们必须聚合所有 π 的差别法则 φ_π。为了实现这一目的，我提议对位于第 π 个分位点的个体我们给他们的利益加上一个等同于他们在人口中的频数的权重，该权重表示为 $n(\pi,\ \varphi)$。因此，我提议选择 φ 来

$$\sup_{\varphi}\int_0^1 \min_{i} v^i(\pi,\varphi^i)\,n(\pi,\varphi)\,d\pi$$

令 $N(\pi,\ \varphi)$ 为个体在第 π 个分位点的概率，或者为 φ 法则下他们的努力分布较低的概率。由定义知，$N(\pi,\ \varphi)=\pi$。但 N 只是密度函数 n 的累积分布函数，因此 $n(\pi,\ \varphi)=1$。我们可以记上一个最大化问题的解为：

$$\varphi^E=\arg\sup_{\varphi}\int_0^1 \min_{i} v^i(\pi,\varphi^i)\,d\pi \qquad (8.3)$$

其中 φ^E 为使 u 机会均等的转换法则。

将机会平等法与罗尔斯的差别原则以及功利主义作比较非常有意义，在比较中我们要一直把由 u 测量的优势当作最大化对象。我将罗尔斯的正义观解释为寻求最不利群体的优势最大化。这里不涉及任何责任问题。不过，我们可以通过分位点来
282 表述罗尔斯主义的分配：

$$\varphi^R = \arg\sup_{\varphi}\min_{\pi,j} v^j(\pi,\varphi^j) \qquad (8.4)$$

功利主义者也忽视了责任问题。在功利主义的计算中，每个个体的优势应该得到相等的权重。因此，在努力分布的分位点 π 处，所有人的平均优势是 $\sum_i p^i v^i(\pi, \varphi^i)$。更进一步，在社会平均标准中，每一个分位点得到相同的权重，因此可得：

$$\varphi^U = \arg\sup_{\varphi}\int_0^1 \sum_{i=1}^{r} p^i v^i(\pi,\varphi^i)\,d\pi \qquad (8.5)$$

在下一节我将通过几个例子来计算这三种解。为区分个人境况的影响和个人在选定努力水平上责任性行为的影响，为根据个人不同境况平等化优势，为允许个体在境况相同但努力不同时拥有不同优势，EOp 机制的定义过程提供了引人瞩目的方法。在选择变量（e）多维的条件下扩展这一定义是可能的，但在这里我不会这么做。

我们可能提出这种疑问：当类型恒定时，机会平等化是否会致使那些在优势（u）中花费更多努力的人比那些花费较少努力的人更加贫穷（这是相当荒谬的情况）？只要转换法则 φ 的组成部分是努力的递增函数，这种情况就不可能发生，因为那些付出更多努力的人会得到更多的资源。如果优势是努力和资源消耗的单调函数，那些花费更多努力的人最终将会获得更多的优势。

8.4* 机会平等的离散化公式

一些读者可能会对之前连续不断的公式感到不适，这部分还将提出问题的离散化公式。设存在 r 种类型，在总人口中，i 类型个体的比例为 p^i。在 i 类型中个体的优势函数为$u^i(x, e)$。令 w 为社会中待分配资源的人均禀赋。对于转换法则 $\varphi^i(e)$，i 类型个体以各种努力做出反应。此处我们不会像我在第 8.4 节中做的那样连续测量努力（以及优势），我们要做的只是观察分位点。假设分位点的数量为 J（比如，如果我们计算类型在努力 283
的十分位点的反应，那么 $J=10$）。令 e_j^i 为类型 i 的个体面对转换法则 φ^i 时在第 j 个努力分位点中所花费的平均努力。那么，这些个体所得到的平均资源为 $\varphi^i(e_j^i)$。当转换法则为 φ^i 时，类型 i 的个体在分位点 j 下的平均优势水平是 $u^i(\varphi^i(e_j^i), e_j^i)$，我们将其定义为$v^i(j, \varphi^i)$。因此，**可接受**的转换法则 $\varphi=(\varphi^1, \ldots, \varphi^r)$ 就是以下预算限制成立的法则：

$$\sum_i \sum_j p^i \varphi^i(e_j^i) \leq \omega \qquad (8.1^*)$$

如果我们只关心各类型中的个体在第 j 个分位点的努力类型分布中的优势平等化，我们将选择 φ 令

$$\max_{\varphi} \min_i v^i(j, \varphi^i)$$

称此问题的解为 φ_j。如果对于所有的 j，φ_j 为同一种法则，那么对社会来说，这种法则无疑是机会平等法则。然而，通常来说，φ_j 将随 j 的变化而变化。因此，由上一个最大化问题可知，我们可以通过取 j 个不同目标的平均值来定义一种总体的机会平等法则，即：

$$\varphi^E = \arg\sup_{\varphi} \frac{1}{J} \sum_{j=1}^{J} \min_i v^i(j, \varphi^i) \qquad (8.2^*)$$

在（8.2*）中，每一个分位点在目标函数中有一个权重，这个权重等于它在人口中的比例。（8.2*）是（8.3）的离散模拟。

同理，罗尔斯主义机制及功利主义机制的离散模拟为：

$$\varphi^R = \arg\sup_{\varphi}\min_{i,j} v^i(j,\varphi^i) \tag{8.3*}$$

和

284

$$\varphi^U = \arg\sup_{\varphi}\sum_i\sum_j p^i v^i(j,\varphi^i) \tag{8.4*}$$

对于给定的转移向量 φ，定义 $I\times J$ 矩阵 $V(\varphi)$ 的第 ij 个元素为 $v^i(j,\ \varphi^i)$。那些需要用来计算这三种机制的数据存在于任意矩阵 $\{V(\varphi)\mid\varphi$ 是可接受的$\}$ 中。在实际应用中，数据通常以这种离散化形式获得，比如收入分配数据通常以离散化分位点的形式得到，而不是以连续的密度函数形式。不过，在后面的例子中，为了简化计算，我们将以连续形式的公式来表述问题。

8.5 机会平等机制的例证

8.5.1 纯粹交换经济中的一个例子

在本例中，我们研究当社会类型概念的改变使个体为其特征担负更少责任时，EOp 机制怎样随着类型概念的改变而改变。

有一个个体的连续体，由区间 $A=[1,\ 2]$ 表示，且它在该区间上均匀分布。该类个体表示为 α，α 的**优势**由 $u(x,\ e,\ \alpha)=\alpha x^{1/2}e^{1/2}$确定，其中 x 为待分配的善，而 e 是 α 所花费的“努力”。优势具有人际可比性。α 的**偏好**由效用函数$\omega^\alpha(x,\ e)=x^{\alpha/2}(2-e)^{1-\alpha/2}$来表示。因此努力涉及一种负效应。我们可以将 e 看作“戒除食用高胆固醇食物的年数”，将 u 看作身体健康的一种衡量。

假设社会拥有人均禀赋为 $\omega=1$ 的某类待分配的善。若将 A 分成 $A^1\cup A^2$，其中 $A^1=[1,\ \frac{3}{2}]$，$A^2=[\frac{3}{2},\ 2]$，这样就有两

种类型（我稍后将解释这种划分）。善的**分配**代表对个体可行的分配方法。假设社会被限制选择关于努力为线性的分配函数。它为每种类型 i 选择的分配函数形式为 $\varphi^{i}(e)=\gamma^{i}e$。

因此，当考虑特性 α 时，社会已经确定了“高”类型或“低”类型的个体。没有比这更好的区分了。在结果是由于“高”类型或“低”类型所导致的情况下，个体不对他们的健康后果（优势）承担责任；但是在类型中，个体应该对“保护他们的健康所做的努力”负责任。（可能在 A^2 区间中那些具有 α 特质的个体来自于双亲受过良好教育的家庭，而那些 A^1 区间中的具有 α 特 285
质的个体则来自于其他家庭。个体不需要对他们的家庭背景负责任，但需要对在家庭背景中形成的偏好负责任。）我假定规划者能为每个人分配精确的优势函数：假设他能够遵循 α。注意这种假设与我在第 8.4.2 节的抽象模型中提出的假设相反，在该模型中规划者对每一种类型分配了一个平均优势函数。

在面对形式为“$\varphi(e)=\gamma e$”的努力函数时，α 选择 e 来最大化 $(\gamma e)^{\alpha/2}(2-e)^{1-\alpha/2}$。很容易看出，解为 $e(\gamma,\ \alpha)=\alpha$，由柯布－道格拉斯公式可知，该解不受 γ 的支配。因此，我们可以欣然写下 A^1 区间上的努力分布，它是对线性分配率的一个反应，可通过下式得到：

$$e^{1}(\pi,\gamma)=1+\frac{\pi}{2}$$

其中 π 是努力分位点，它的取值在 0 到 1 之间。在上一节的表示中，F_{γ}^{1} 在区间 $[1,\ \frac{3}{2})$ 上均匀分布。类似的情况适用于 $e^{2}(\pi,\ \gamma)=\frac{3}{2}+\frac{\pi}{2}$。$F_{\gamma}^{1}$ 在区间 $[\frac{3}{2},\ 2]$ 也均匀分布。

现在我们可以用 π 表示优势函数为：

$$v^{1}(\pi,\gamma)=\left(1+\frac{\pi}{2}\right)\left(\gamma\left(1+\frac{\pi}{2}\right)\right)^{1/2}\left(1+\frac{\pi}{2}\right)^{1/2}=\left(\frac{2+\pi}{2}\right)^{2}\sqrt{\gamma}$$

$$v^{2}(\pi,\gamma)=\left(\frac{3+\pi}{2}\right)^{2}\sqrt{\gamma} \tag{8.6}$$

由前面可知，$v^i(\pi,\ \gamma)$ 为区间 A^i 中的某类个体得到的优势，这些个体对“$\varphi(e)=\gamma e$”的努力反应在 A^i 中所有个体努力反应的第 π 个分位点上。因此，等式（8.3）变成：

$$\varphi^E = \arg\sup_{\gamma^1,\gamma^2}\int_0^1 \min\left(\left(\frac{2+\pi}{2}\right)^2\sqrt{\gamma_1},\left(\frac{3+\pi}{2}\right)^2\sqrt{\gamma_2}\right)d\pi \qquad (8.7a)$$

人均“收入”(x)不超过 ω 的可行性约束表示为 $\int_1^{3/2}\gamma\ \alpha d\alpha + \int_{3/2}^2\gamma_2\alpha d\alpha = \omega$，或者

286
$$5\gamma_1 + 7\gamma_2 = 8 \qquad (8.7b)$$

因此，我们的问题是找到（γ_1，γ_2）从而使（8.7a）的积分取最大值，该积分以（8.7b）为限制条件。

注意，当且仅当 $\frac{2+\pi}{3+\pi}\leq(\frac{\gamma_2}{\gamma_1})^{1/4}$ 时，$(\frac{2+\pi}{2})^2\sqrt{\gamma_1}\leq(\frac{3+\pi}{2})^2\sqrt{\gamma_2}$ 成立。

令 $k\equiv(\gamma_2/\gamma_1)^{1/4}$，从而可得当且仅当以下条件成立时，$v^1(\pi,\ \gamma_1)\leq v^2(\pi,\ \gamma_2)$：

$$\pi\leq\left(\frac{3k-2}{1-k}\right)\quad(k<1)$$
$$\pi\geq\left(\frac{3k-2}{1-k}\right)\quad(k>1) \qquad (8.8)$$

有六种情况需要考虑：

情况（1）：　$k<1$，$3k\leq2$。

当 $\pi<0$ 时，$v^1(\pi,\ \gamma_1)$ 仅仅小于 $v^2(\pi,\ \gamma_2)$。这种情况不可能发生，因此（8.7a）可写成：

$$\sup_{\gamma}\int_0^1\left(\frac{3+\pi}{2}\right)^2\sqrt{\gamma_2}\,d\pi$$

情况（2）：$k<1$，$0<3k-2$ 且 $(3k-2)/(1-k)<1$。

在该条件下，根据式（8.8）可知，（8.7a）可转化为：

$$\sup_{\gamma}\int_{0}^{\frac{3k-2}{1-k}}\left(\frac{2+\pi}{2}\right)^{2}\sqrt{\gamma_1}d\pi+\int_{\frac{3k-2}{1-k}}^{1}\left(\frac{3+\pi}{2}\right)^{2}\sqrt{\gamma_2}d\pi$$

情况（3）：当 $k<1$，$0<3k-2$ 且 $(3k-2)/(1-k)\geq 1$

在这种条件下，根据（8.8）可知，对于所有 π，$v^1(\pi,\gamma_1)\leq v^2(\pi,r_2)$，（8.7a）可转化为：

$$\sup_{\gamma}\int_{0}^{1}\left(\frac{2+\pi}{2}\right)^{2}\sqrt{\gamma_1}d\pi$$ 287

情况（4）：$k>1$，$3k\geq 2$。

在这种情况下，对于所有 π，$v^1(\pi,\gamma_1)\leq v^2(\pi,\gamma_2)$，（8.7a）可转化为：

$$\sup_{\gamma}\int_{0}^{1}\left(\frac{2+\pi}{2}\right)^{2}\sqrt{\gamma_1}d\pi$$

情况（5）：$k>1$，$3k<2$ 且 $(3k-2)/(1-k)\leq 1$。

这种情况不可能发生，因为 $k>1$ 意味着 $3k>2$。

情况（6）：$k>1$，$3k<2$ 且 $(3k-2)/(1-k)\geq 1$。

这种情况同样是不可能的。

下一步，我们必须解决前四种情况，从而使目标函数取得最大值的解为全域解。

情况（1）

计算积分得到$\frac{37}{12}\sqrt{\gamma_2}$。因此，要解出这个方案，我们必须通过选择 γ^1 和 γ^2 使$\frac{37}{12}\sqrt{\gamma_2}$的值最大，其中，

$$\gamma_2 \leq \gamma_1,$$

$$\gamma_2 \leq \frac{16}{81}\gamma_1,$$

$$5\gamma_1 + 7\gamma_2 = 8,$$

$$\gamma_1, \gamma_2 \geq 0$$

第一个限制条件是“$k \leq 1$”，第二个限制条件是“$3k \leq 2$”，第三个为可行性。很明确的是，第一个限制条件不会产生约束效果。在 $\gamma_1 \times \gamma_2$ 平面坐标系中画出其他限制条件，并注意目标值与 $\gamma 2$ 的极大值相等。我们可以看出，直线 $\gamma_2 = \frac{16}{81}\gamma_1$ 与直线 $5\gamma_1 + 7\gamma_2 = 8$ 的交点处即为方程的解，即 $\hat{\gamma}_2 = 0.248$。

288 因此，目标$\frac{37}{12}\sqrt{\hat{\gamma}_2}$的值为 1.53。

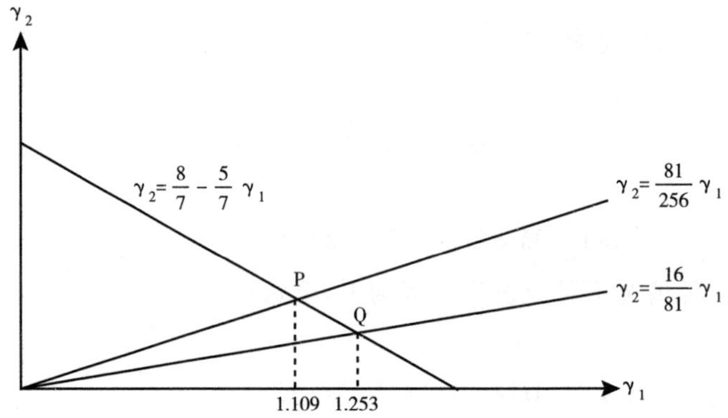

图 8.1

情况（2）

约束条件为：

$$\gamma_2 \leq \gamma_1 \qquad (k \leq 1)$$

$$\gamma_2 \geq \frac{16}{81}\gamma_1 \qquad (0 \leq 3k - 2)$$

$$\gamma_2 \le \frac{81}{256}\gamma_1 \quad (3k-2 \le 1-k)$$

$$5\gamma_1 + 7\gamma_2 = 8\text{(可行性)}$$

可行集合为图 8.1 中的线段 $\overline{PQ}$，因此我们可将可行集合写成：

$$\gamma_1 \in [1.109, 1.253], \quad \gamma_2 = \frac{8-5\gamma_1}{7} \tag{8.9}$$

对给目标值进行积分可得：

$$\sup_{\gamma}\left\{\left(\frac{2}{3}\left(\frac{2+\frac{3k-2}{1-k}}{2}\right)^3 - \frac{2}{3}\right)\sqrt{\gamma_1} + \right.$$

$$\left.\left(\frac{2}{3}\left(\frac{5}{2}\right)^2 - \frac{2}{3}\left(\frac{3+\frac{3k-2}{1-k}}{2}\right)^3\right)\sqrt{\gamma_2}\right\}$$ 289

这些积分必须通过（8.9）取最大值。对 *Mathematica* 软件来说，这是一个好问题。问题的解为 $\gamma_1 = 1.168$，$\gamma_2 = 0.309$，且目标值为 1.106。

情况（3）

此外的问题为：

$$\max_{\gamma} \quad \frac{19}{12}\sqrt{\gamma_1}$$

其中，

$$\gamma_2 \le \gamma_1 \quad (k \le 1)$$

$$\gamma_2 \ge \frac{16}{81}\gamma_1 \quad (3k \ge 2)$$

$$\gamma_2 \ge \frac{81}{256}\gamma_1 \quad \left(\frac{3k-2}{1-k} \ge 1\right)$$

$$\gamma_2 = \frac{8-5\gamma_1}{7} \quad \text{(可行性)}$$

且 $\gamma_1, \gamma_2 \ge 0$

作图可得解为 $\gamma_1=1.109$，且目标值为 1.667。

情况（4）

这里的问题如下：

$$\max_{\gamma}\quad \frac{19}{12}\sqrt{\gamma_1}$$

其中，

$$\gamma_2\leq\gamma_1\qquad(k\leq1)$$

$$\gamma_2\geq\frac{16}{81}\gamma_1\qquad(3k-2\geq0)$$

$$\gamma_2=\frac{8-5\gamma_1}{7}$$

$$\text{且 }\gamma_1,\gamma_2\geq0$$

作图可得解在 $\gamma_1=\frac{2}{3}$时得到。由于这个目标值与情况（3）

290 相同，此处的解受情况（3）支配（即$\frac{19}{12}\sqrt{\frac{2}{3}}<1.667$）。

回顾前四种情况，我们可以发现最大值问题的解出现在情况（3）中，即当 $\gamma_1=1.109$ 且 $\gamma_2=0.351$ 时。对区间 A^1 中的个体，我们可以计算这些值在区间［2.37，3.23］引致的优势水平。区间 A^2 中的个体在区间［3.0，3.70］中的优势水平也可这样得出。因此，从优势的角度出发，情况最佳的是在类型 2 中付出较多努力的个体。注意，在类型 1 中付出较多努力的个体（从优势的角度出发）比在类型 2 中付出较少努力的个体更好。

让我们称刚才计算的解为 $\varphi^{E,2}$：它与社会 A 的分割体，即两个测度相等的区间有联系（α 在区间 A 上是均匀分布的）。在 $\varphi^{E,n}$ 表示的解中，A 被划分成 n 个相等长度的区间。下一个问题为：随着$n\rightarrow\infty$，$\varphi^{E,n}$将收敛成怎样的机制（如果存在这样的机制的话）？随着划分变得更精细，社会使个体对 α 值承担的责任越来越小，但在 A 内的小区间中，个体仍然需要继续对他们的努力负责。

在这个问题中，我们设 $n=3$。区间为 $A^1=[1,\frac{4}{3})$，$A^2=[\frac{4}{3},\frac{5}{3})$，$A^3=[\frac{5}{3},2)$。努力反应还是由 $e(\alpha,\gamma)=\alpha$ 给定。我们因此可根据分位点得到下式：

$$e^1(\pi,\gamma)=1+\frac{1}{3}\pi$$

$$e^2(\pi,\gamma)=\frac{4}{3}+\frac{1}{3}\pi$$

$$e^3(\pi,\gamma)=\frac{5}{3}+\frac{1}{3}\pi$$

我们可以计算出：

$$v^i(\pi,\gamma_i)=\left(\frac{2+i}{3}+\frac{\pi}{3}\right)^2\sqrt{\gamma_i},\quad i=1,2,3$$

可行性约束的计算结果为 $7\gamma_1+9\gamma_2+11\gamma_3=18$。实际上，我们可以将问题记为：

$$\varphi^{E,3}=\sup_{\gamma_1,\gamma_2,\gamma_3}\int_0^1\min_{i=1,2,3}\left(\frac{2+i}{3}+\frac{\pi}{3}\right)^2\sqrt{\gamma_i}d\pi \tag{8.10}$$

$$\text{其中},7\gamma_1+9\gamma_2+11\gamma_3=18$$

291

通过检验（8.7ab）中 $\varphi^{E,2}$ 以及（8.10）中 $\varphi^{E,3}$ 的具体细则，我们可以推断出对于任意 n 成立的关于 $\varphi^{E,n}$ 的式子：

$$\varphi^{E,n}=\sup_{\gamma}\int_0^1\min_{i=1,\dots,n}\left(\frac{n-1+i}{n}+\frac{\pi}{n}\right)^2\sqrt{\gamma_i}d\pi$$

$$\text{其中},\sum_{i=1}^{n}(2n-1+2i)\gamma_i=2n^2,\quad \gamma\in\mathbf{R}_+^n \tag{8.11}$$

在进一步探讨之前，我们来解决另外一个问题。当 n 趋向于无穷大时，罗尔斯机制［见第（8.4）式］将如何收敛？我们可以通过允许规划者选择函数 $\varphi(e,\ \alpha)=\gamma(\alpha)e$ 来对此进行计算，其中 $\gamma(\alpha)$ 是 α 的无约束函数，这样做可以将所有个体的最小优势最大化。转换法则 $\varphi(e,\ \alpha)$ 使努力系数确切地与每个人相称。当然，α 对预定计划 $\varphi(e,\ \alpha)=\gamma(\alpha)e$ 的努力反应还是 α。因此，α 的优势为 $\alpha^2\sqrt{\gamma(\alpha)}$。所以，参与者的问题是选择函数 $\gamma(\alpha)$，并对下式求解：

$$\sup_{\gamma}\inf_{\alpha}\alpha^2\sqrt{\gamma(\alpha)}$$
$$\text{其中，}\int_1^2\gamma(\alpha)\alpha d\alpha=1 \qquad (8.12)$$

另外也假定 $\gamma(\cdot)$ 被限定为连续的。

我们通过如下方式对（8.12）进行求解。考虑令个体 $\alpha=1$ 成为是最不利个体的所有 $\gamma(\cdot)$ 函数，即

$$\alpha^2\sqrt{\gamma(\alpha)}\geq\sqrt{\gamma(1)},\ \forall\,\alpha\in A$$

或者 $\gamma(\alpha)\geq\gamma(1)/\alpha^4$。可行性条件要求满足 $\int_1^2(\gamma(1)/\alpha^4)\alpha d\alpha\leq 1$。不等式可以通过积分解得：

292

$$\gamma(1)\leq\frac{8}{3}。$$

现在我们选择 $\hat{\gamma}(1)=8/3$ 和 $\hat{\gamma}(\alpha)=8/(3\alpha^4)$。$\hat{\gamma}$ 是可行的，且通过它的选择，它明显成使个体 1 在所有令他成为最不利个体的分配规则中变得尽可能富裕。

请注意，对于所有的 $\alpha\in A$，$\hat{\gamma}$ 的确使其优势得以实现平等化：$\alpha^2\sqrt{\gamma(\alpha)}=\sqrt{\frac{8}{3}}$ 对于所有的 α 成立。但现在我们可得 $\hat{\gamma}$ 为（8.12）的解。因为假设存在函数 $\hat{\gamma}(\alpha)$，其在（8.12）中产生的目标值大于 $\sqrt{\frac{8}{3}}$，那么：

$$\inf_{\alpha} \alpha^2 \sqrt{\gamma(\alpha)} > \sqrt{\frac{8}{3}}$$

上式说明 $\gamma(\alpha) > 8/(3\alpha^4)$，这意味着 $\int_1^2 \gamma(\alpha)\alpha d\alpha > \int_1^2 (8/3a^3)\, d\alpha = 1$，与可行性相矛盾。

因而，随着 n 趋于无穷大，罗尔斯转换规则 $\varphi^{R,n}$ 的极限为转化规则 $\varphi(\alpha) = 8/(3\alpha^4)$。

现在我们回到"随着 $n \to \infty$，$\varphi^{E,n}$ 收敛于什么"的问题。我们前面提到 $\varphi^{E,n}$ 由向量 $\gamma^n \in \mathbf{R}_+^n$ 表示，我们记为 $\gamma^n = (\gamma_1^n, \gamma_2^n, \ldots, \gamma_n^n)$。首先，我将证明随着 n 的增加，(8.11) 中的目标值逐渐接近一个大于或等于 $\sqrt{\frac{8}{3}}$ 的数。对于第 n 个分割体，向量 $\bar{\gamma}^n$ 的定义如下：

$$\bar{\gamma}_i^n = \frac{8}{3\left(1+\frac{i}{n}\right)^4}, \quad i = 1, \ldots, n \tag{8.13}$$

$\bar{\gamma}^n$ 未必可行，但它的极限可行。为证明这一点，我们计算 (8.11) 中的在 $\bar{\gamma}^n$ 处的可行性限制。

$$\sum_{i=1}^{n} (2n - 1 + 2i) \frac{8}{3\left(1+\frac{i}{n}\right)^4} = 2n^2 \Leftrightarrow$$

$$\sum_{i=1}^{n} \frac{2n - 1 + 2i}{n^2\left(1+\frac{i}{n}\right)^4} = \frac{3}{4} \Leftrightarrow$$

$$\sum_{i=1}^{n} \frac{2 - \frac{1}{n} + 2\frac{i}{n}}{n\left(1+\frac{i}{n}\right)^4} = \frac{3}{4} \tag{8.14}$$ 293

随着 n 的增加，我们可以忽略分子中的 $\frac{1}{n}$，因而最后的和收敛于

$$\sum_{i=1}^{n}\frac{2\left(1+\frac{i}{n}\right)}{n\left(1+\frac{i}{n}\right)^{4}}=\sum_{i=1}^{n}\frac{\frac{2}{n}}{\left(1+\frac{i}{n}\right)^{3}}=2\sum_{i=1}^{n}\frac{\frac{1}{n}}{\left(1+\frac{i}{n}\right)^{3}} \qquad (8.15)$$

但等式（8.15）中的最后一项收敛于积分 $2\int_0^1(dx/(1+x)^3)$，该积分等于3/4。因此，向量 $\bar{\gamma}^n$ 的极限是可行的。也就是说，当 n 足够大时，方程（8.11）存在可行向量 γ^n，该向量产生的目标值任意接近于 $\bar{\gamma}^n$ 产生的目标值。由于该目标为 γ^n 的连续函数，以上成立。

接下来计算（8.11）的目标函数在向量 $\bar{\gamma}^n$ 处的收敛。首先计算（8.11）中目标的被积函数包括的项：

$$\left(\frac{n-1+i+\pi}{n}\right)^2\sqrt{\bar{\gamma}_i^n}$$

该项等同于：

$$\left(\frac{n-1+i+\pi}{n}\right)^2\sqrt{\frac{8}{3\left(1+\frac{i}{n}\right)^4}}=\sqrt{\frac{8}{3}\frac{\left(\frac{n-1+i+\pi}{n}\right)^2}{\left(1+\frac{i}{n}\right)^2}} \qquad (8.16)$$

由于（8.16）右式的分子趋于 $(1+\frac{i}{n})^2$，随着 $n\to\infty$，该项趋于 $\sqrt{\frac{8}{3}}$，且这一过程与 π 和 i 无关。从而可得（8.11）中的积分趋于 $\sqrt{\frac{8}{3}}$。

因此，我们成功地证明了：

$$\lim_{n\to\infty}\sup_{\gamma}\int_0^1\min_{i=1,\ldots,n}\left(\frac{n-1+i}{n}+\frac{\pi}{n}\right)^2\sqrt{\bar{\gamma}_i^n}d\pi\geq\sqrt{\frac{8}{3}} \qquad (8.17)$$

最后的任务是证明（8.17）中的相等关系成立。从而可得，
294 随着 n 的增加，$\bar{\gamma}^n$ 任意接近于（8.11）中的解。

令 $\{\gamma^n\}$ 为（8.11）中可行解的任意序列。对于每一个 $\pi \in [0, 1]$，设

$$i(\pi) = \arg\min_{i}\left(\frac{n-1+i+\pi}{n}\right)^{2}\sqrt{\gamma_{i}^{n}} \tag{8.18}$$

然后我们可以将（8.17）中的积分记为：

$$\int_{0}^{1}\left(\frac{n-1+i(\pi)+\pi}{n}\right)^{2}\sqrt{\gamma_{i(\pi)}^{n}}\,d\pi; \tag{8.19}$$

且由 $i(\pi)$ 的定义可得，对于所有的 i，

$$\pi\left(\frac{n-1+i(\pi)+\pi}{n}\right)^{2}\sqrt{\gamma_{i(\pi)}^{n}} \leq \left(\frac{n-1+i(\pi)+\pi}{n}\right)^{2}\sqrt{\gamma_{i}^{n}}$$
$$\leq \left(\frac{n+i}{n}\right)^{2}\sqrt{\gamma_{i}^{n}}$$

因此，对于任意 $i \leq n$，（8.19）的表达式小于或者等于：

$$\int_{0}^{1}\left(\frac{n+i}{n}\right)^{2}\sqrt{\gamma_{i}^{n}}\,d\pi = \left(\frac{n+i}{n}\right)^{2}\sqrt{\gamma_{i}^{n}} \tag{8.20}$$

设 $\frac{i}{n} \equiv \delta$，（8.20）右边的式子可以被写成 $(1+\delta)^{2}\sqrt{\gamma_{\delta n}^{n}}$，其中，下标 δn 指最接近 δn 的整数。

从而可得

$$\lim_{n\to\infty}\sup_{\gamma}\int_{0}^{1}\inf_{i}\left(\frac{n-1+i+\pi}{n}\right)^{2}\sqrt{\gamma_{i}^{n}}\,d\pi \leq$$
$$\lim_{n\to\infty}\inf_{0<\delta<1}(1+\delta)^{2}\sqrt{\gamma_{\delta n}^{n}} \tag{8.21}$$

现在假设

$$\lim_{n\to\infty}\inf_{0<\delta<1}(1+\delta)^{2}\sqrt{\gamma_{\delta n}^{n}} > \sqrt{\frac{8}{3}}$$

从而可得，对于所有的 δ，

$$\lim_{n\to\infty}\gamma_{\delta n}^{n} > \frac{8}{3}\frac{1}{(1+\delta)^{4}}$$

但是，这违背了可行性限制条件，因为之前计算所得的（8.15）表明，如果

$$\lim_{n\to\infty}\gamma_{\delta n}^{n} = \frac{8}{3}\frac{1}{(1+\delta)^{4}}$$

那么 $\{\gamma^{n}\}$ 趋于恰好耗尽总资源禀赋的可行解。

实际上，这表明（8.17）中的不等式应为一个等式，因此，随着 n 的增加，方程（8.11）中的解任意接近于 $\bar{\gamma}^{n}$。现在，固定 $\alpha\in[1, 2]$，且引入一个分数序列 $\{1+\frac{i}{n}\}$，其中，$1+\frac{i}{n}\to\alpha$，我们从（8.13）中可以得出 $\{\gamma^{n}\}$ 接近于函数 $\varphi(\alpha)=8/(3\alpha^{4})$。但 $\varphi(\alpha)$ 被证明是方程（8.12）的罗尔斯解。因而我们可得，**当 A 的分割体更加细化时，$\varphi^{E,n}$ 趋于罗尔斯解**。该结果证实了我们的直觉，即随着个体对其选择所需要负担的责任减少（即类型数变得无穷大），EOp 机制趋于优势的完全平等化。

最后，当分类尽可能粗糙时（即当所有的个体都是一种类型时），我们可以计算出解 $\varphi^{E,1}$。在这种情况下，决策者选择一个数值 γ 使

$$\max_{\gamma}\quad \int_{1}^{2}\alpha^{2}\sqrt{\gamma}d\alpha$$

$$\text{其中，}\quad \int_{1}^{2}\alpha\gamma d\alpha = 1$$

解为 $\gamma=\frac{2}{3}$，决策者宣布了函数 $\varphi(e)=\frac{2}{3}e$。

296 总结以上计算，在解 φ 下，记 $\tilde{u}(\alpha;\ \varphi)$ 为 α 的优势，则有：

$$\tilde{u}(\alpha;\varphi^{E,1})=\alpha^{2}\sqrt{\frac{2}{3}},$$

$$\tilde{u}(\alpha;\varphi^{E,2})=\begin{cases}\alpha^{2}\sqrt{1.109} & (1\leq\alpha\leq1.5)\\ \alpha^{2}\sqrt{0.315} & (1.5<\alpha\leq2)\end{cases}$$

$$\tilde{u}(\alpha;\varphi^{E,\infty})=\sqrt{\frac{8}{3}}$$

8.5.2 生产经济中的一个例子

在本例中，我们研究低收入个体的补偿问题，其中收入是一个接受教育程度的函数，函数的变量既包括超出个人控制的境况变量（天资），又包括个人控制范围内的变量（努力）。我们将比较 EOp、功利主义和罗尔斯机制的作用。设**效用**由 $u(x, e; a)=x-e^{2}/(2a)$ 给定，其中，x 表示收入，e 表示教育年限，a 表示天资。在这种情况下，我们将优势看作可由效用测量的福利。教育与收入之间的关系由 $x(e)=\delta e$ 给出。在人群中，"a" 取正数，$a_1<a_2<\ldots<a_r$，其频率为 p_1，…，p_r。人们不需要对"a"的取值负责。

我们将可行的税收计划集 $\boldsymbol{\mathcal{T}}$ 限定为线性所得税，其形式为 $\tau(x)=d_0+d_1x$。如果 j 类型代理人是一个具有效用函数 u 的优化者，面临线性税收计划（d_0，d_1）时，他将解决如下问题：

$$\max_{e}(1-d_1)\delta e-\frac{e^{2}}{2a_j}$$

上式可得 $e=\delta a_j(1-d_1)$。但我们假设，在类型 j 中，实际获得的教育水平由随机变量 $e(d_1, a_j)$ 给出，$e(d_1, a_j)$ 取决于类型和税收计划：

$$e(d_1,a_j)(y)=\delta a_j y(1-d_1) \quad (8.22)$$

其中，y 在［0，1］区间均匀分布。用我们之前的符号来表示，

297 对于所有的（a_j，d_1），$F^j_{d_1}$为区间［0，$\delta a_j(1-d_1)$］上的均匀分布。因而，我们可以将教育水平表示为类型（a_j）的函数和在类型（π）内的分位数：

$$\hat{e}^j(d_1,\pi)=\delta a_j\pi(1-d_1) \tag{8.23}$$

我们可以这样理解（8.22）：理性来讲，一个人可能需要意志力来接受他应该受到的教育。大多数人由于意志薄弱仅接受了他们应该接受的一部分教育。EOp 规划者是一个平等主义者，因而他希望补偿个体的天资差异，因为天资不是他们本人所能控制的因素。但是他不会因为意志薄弱而补偿个体。

从（8.23）可得，作为类型和“意志力”的函数，收入水平的形式如下：

$$\hat{x}^j(d_1,\pi)=\delta^2 a_j\pi(1-d_1) \tag{8.24}$$

我们现在通过平衡预算条件来定义税收计划（d_0，d_1）的可行性：

$$d_1\int_0^1 \sum p_i\hat{x}^i(d_1,\pi)d\pi+d_0=0$$

或者

$$d_0=-d_1\int_0^1 \sum_i p_i\hat{x}^i(d_1,\pi)d\pi \tag{8.25}$$

因此，可行税收计划集$\mathcal{T}$可由单一参数 $d_1\in$［0，1］来确定，其中 d_0由（8.25）给定。从现在起，我将一般性的税收计划记作“d_1”。

将（8.24）代入（8.25），我们有：

$$d_0=-\sum_j p_j d_1(1-d_1)\delta^2 a_j\int_0^1\pi d\pi$$

或者

$$d_0 = d_1(1 - d_1)\delta^2 \frac{\bar{a}}{2} \qquad (8.26)$$ 298

其中，

$$\bar{a} \equiv \sum p_j a_j$$

那么，对于 j 类型个体，我们可将他在其类型的第 π 个分位点与教育相关的效用记为：

$$v^j(\pi, d_1) = \delta^2 a_j \pi(1 - d_1)^2 - d_0 - \frac{1}{2}\delta^2 a_j \pi^2 (1 - d_1)^2 \quad (8.27)$$

其中 d_0 由（8.26）给定。

我们的任务是找到 d_1 以最大化 $\int_0^1 \min_j v^j(\pi, d_1) d\pi$。

为了找到 $\arg\min_j v^j$（π，d_1），我们检验（8.27）中 a_j 的系数，

$$\delta^2 \pi(1 - d_1)^2 - \frac{1}{2}\delta^2 \pi^2 (1 - d_1)^2$$

上式与 $1 - \frac{1}{2}\pi$ 具有相同的符号，因而对于所有的 $\pi \in [0, 1]$ 该系数都为正。从而可得对于所有的 π，$1 = \arg\min_j v^j(\pi, d_1)$，所以我们的最大化问题可以表示为：

$$\sup_{d_1}\left(\delta^2 a_1 (1 - d_1)^2 \int_0^1 (\pi - \frac{1}{2}\pi^2) d\pi - d_0 \right)$$

或者应用（8.26）和积分可得：

$$\sup_{d_1}\left(\frac{\delta^2 a_1 (1 - d_1)^2}{3} + \frac{d_1(1 - d_1)\delta^2 \bar{a}}{2} \right) \qquad (8.28)$$

我们可从（8.28）中可以提出因子 δ^2，展开可得：

$$\varphi^E(\mathcal{E}) = \arg\sup_{d_1}[2a_1 - d_1(4a_1 - 3\bar{a}) + d_1^2(2a_1 - 3\bar{a})] \quad (8.29)$$

由于 $a_1=\min a_j$，我们有 $2a_1-3\bar{a}<0$，因此在（8.29）中，括号里面的函数在 d_1 为凹。对其求导数，当 $d_1=0$ 时，我们有：

299

$$\tilde{d}_1=\frac{4a_1-3\bar{a}}{4a_1-6\bar{a}}$$

如果 $\tilde{d}_1\in[0,1]$，那么这正好是要求的税率。注意 $\tilde{d}_1$ 的分母为负，但其分子可能为正，可能为负，还可能是0，我们有

$$\varphi^E(\mathcal{E})=\begin{cases}0 & (\dfrac{a_1}{\bar{a}}\geq\dfrac{3}{4})\\[2ex] \dfrac{1-\dfrac{4}{3}\dfrac{a_1}{\bar{a}}}{2-\dfrac{4}{3}\dfrac{a_1}{\bar{a}}} & (\dfrac{a_1}{\bar{a}}\leq\dfrac{3}{4})\end{cases}\tag{8.30}$$

总之，如果 $\{a_j\}$ 中的变量足够小（$a_1/\bar{a}>3/4$），平等主义机制 φ^E 根本不会再分配。但随着 $a_1/\bar{a}$ 趋于0，税收会形成再分配，直到其达到最高边际税率 $d_1=\dfrac{1}{2}$。

接下来我们计算功利主义机制 φ^U。该机制将所有的个体归到同一种类。我们有

$$\varphi^U(\mathcal{E})=\arg\sup_{d_1}\sum_j\int_0^1 p_j(\delta^2a_j\pi(1-d_1)^2-d_0-\frac{1}{2}\delta^2a_j\pi^2(1-d_1)^2)d\pi\tag{8.31}$$

该式可以简化为：

$$\varphi^U(\mathcal{E})=\arg\sup_{d_1}[2(1-d_1)^2+3d_1(1-d_1)]$$

反过来，这意味着 $\varphi^U(\mathcal{E})=0$。在功利主义机制下不存在税收。

最后，我们来计算罗尔斯机制 φ^R。在这个机制中，个体既不为他们的类型负责，也不为他们的“努力”负责：

$$\varphi^{R}(\mathcal{E}) = \arg\sup_{d_1}\min_{j,\pi}\left(\delta^2 a_j \pi(1-d_1)^2 - d_0 - \frac{1}{2}\delta^2 a_j \pi^2 (1-d_1)^2\right)$$

$$= \arg\sup_{d_1}\min_{\pi}\left(\delta^2 a_1 \pi(1-d_1)^2\left(1-\frac{1}{2}\pi\right) + d_1(1-d_1)\delta^2\,\frac{\bar{a}}{2}\right)$$

$$= \arg\sup_{d_1} d_1(1-d_1)\delta^2\,\frac{\bar{a}}{2}$$

$$= \frac{1}{2}$$ 300

总之，我们有

$$0 = \varphi^{U}(\mathcal{E}) \leq \varphi^{E}(\mathcal{E}) \leq \varphi^{R}(\mathcal{E}) = \frac{1}{2} \qquad (8.32)$$

由于对于线性税收计划，我们可以假定再分配的程度是由 d_1 的大小确定的，因此根据（8.32）我们可得 φ^E 再分配的资源不会多于 φ^R，也不会少于 φ^U。此外，（8.30）表明（8.32）中的不等式是严格的：存在非简并环境$\mathcal{E}$使 $\varphi^E = \varphi^U$，并且存在一个非简并环境序列$\mathcal{E}^k$，从而令 $\lim|\varphi^E(\mathcal{E}^k - \varphi^R\ (\mathcal{E}^k)| = 0$。也就是说，$\varphi^E$ 规定的任意税率可能介于罗尔斯和功利主义的推荐税率之间。

现在我要对第 8.5.1 节的例子与本节中的例子之间的区别加以评论。在第 8.5.1 节中，我假设 EOp 机制的确可以为每一类型分配不同的奖赏努力的计划；而在刚才列举的例子中，所有的类型都有同一个所得税函数。在实际情况中，某些介于这两个极限之间的方案在政治上通常是可行的。限定 EOp 机制对所有类型使用相同的再分配函数具有两点优势：一方面，个体没有理由去掩饰其类型，且“对抗性反应”会降到最小（当一种类型的成员对另一类型的优惠待遇感到愤怒时，对抗性反应发生，其政治后果往往会破坏 EOp 政策的实施）；另一方面，根据不同种类实施区别政策也具有优势，它可以明显增加 EOp 的目标价值（更少的约束）。美国目前的税收政策对某些类型就是有区别的，几乎所有人都同意某些类型的个体（例如具有某种残疾的人）应该得到优惠待遇。有孩子的家庭也得到的税收待遇也不同。在实践中，出于激励和政治方面的原因，限制 EOp 机制对许多种类使用相同的税收函数（如果计划对收入进行再分配）是明智的选择。因此，一般来说，使用 EOp 机制不需要要了解的个体类型。然而，必须使用数据从样本中计算出（最佳）机制，样本中的个体类型是已知的——特别地，劳动力供
301 给弹性可以在样本中根据类型计算得出。

8.6 机会平等问题的相关研究

我在本节中主要叙述福楼拜（Fleurbaey，1994，1995）和波塞特（1995）在近期作品中对机会平等问题的研究。

波塞特（1995）提出，假设有一个社会 N，它由 n 个个体组成，他们每个人由一个特征向量 $a^i=(a_i^R, a_i^S)\in\mathbf{R}^{r+s}$ 来描述。a_i^R 是“相关的”特征向量——社会应该使个体对这些特征负责，a_i^S 是“无关的”特征向量——在这里我称其为环境。收入（不是效用）假定由函数 $f(a_i)$ 给定。因而，收入仅是个人特征的函数，它**不受**税收的影响。我相信这是波塞特模型限制性最强的假设。我们将不同形式的特征记为 $a=(a_1, \ldots, a_n)$，$a^R=(a_1^R, \ldots, a_n^R)$ 和 $a^S=(a_1^S, \ldots, a_n^S)$。设可行特征的定义域为 $\Omega\subset\mathbf{R}^{r+s}$。

一个**再分配机制**为映射 F：$\Omega^n\rightarrow\mathbf{R}_{++}^N$，从而对于所有的 $a\in\Omega^n$，$\sum_{i=1}^n F_i(a)=\sum_{i=1}^n f(a_i)$。这正是平衡预算条件：如果特征为 a，$F_i(a)$ 为个体 i 的收入。现在的任务是找到一个机制 F，在该机制下，i 的（税后）收入只受该个体相关特征的影响，而不受无关特征的影响。

假设 f **在** R **和** S **上加总可分**（additively separable），即对所有的 $a_i\in\Omega$，$f(a_i)=g(a_i^R)+h(a_i^S)$。这明显是一个强约束条件。

在这种情况下，显然存在一个再分配机制，即 F^0，定义如下：

$$F_k^0(\alpha) = g(a_k^R) + \frac{1}{n}\sum_{i=1}^{n} h(a_i^S), \quad k = 1, \dots, n$$

F^0 给出了由每个个体的相关特征形成的收入，且该收入总和等于由社会的无关特征形成的平均收入。F^0 对**收入**实施了机会平等（机会平等特指本章讨论的机会平等）。

波塞特用以下两个公理描述了机制 F^0 的特征：

相等无关特征的无再分配公理（NR） 对于所有 $i \in N$，

$$a_i^S = a_j^S(\forall i,j \in N) \quad \Rightarrow \quad F_i(a) = f(a_i)$$

无关特征的团体一致性公理（GS） $\forall a$，$\hat{a} \in \mathbf{R}^{n(r+s)}$，$\forall k \in N$， 302

$a_k^R = \hat{a}_n^R$

$$a_j = \hat{a}_j \quad \forall_j \in N\setminus\{k\} \quad \Rightarrow$$

$$F_i(\hat{a}) - F_i(a) = F_j(\hat{a}) - F_j(a), \forall i,j \in N$$

NR 表明如果每个人的无关特征向量都一样，那么不应该存在再分配。GS 是交叉曲线条件。假设在分布 a 和 $\hat{a}$ 下，每个人的相关特征相同，且除个体 k 之外，每个人的无关特征也相同。那么，分配给所有个体的收入的变化必须相同，即由于某个个体无关特征的改变而导致的收入增加或者减少应该相同。

这些公理为非常具有吸引力的（强）公理。波塞特证明：

定理 8.1 当且仅当 f 在 R 和 S 上加总可分并且 $F = F^0$ 时，再分配机制满足 NR 和 GS。

特别地，如果 f 不可分，则不存在满足 NR 和 GS 的再分配机制。

波塞特用另外两个公理得到了 F^0 的第二个特征。

相等相关特征的平等分配公理（ER） $\forall a \in \Omega^n$：

$$a_i^R = \hat{a}_j^R \quad (\forall i,j \in N) \quad \Rightarrow \quad F_i(a) = F_j(a) \quad (\forall i,j \in N)$$

相关特征的个体单调性公理（IM）$\forall a$，$\hat{a} \in \Omega^n$，$\forall k \in N$：

$$a_k^S = \hat{a}_k^S \text{ 且 } a_j = \hat{a}_j \quad \forall j \in N \setminus \{k\} \quad \Rightarrow \quad F_j(\hat{a}) = F_j(a) \quad \forall_j \in N \setminus \{k\}$$

不规范地讲，ER 是 NR 的道德对偶，IM 是 GS 的道德对偶。因此，波塞特令人满意地建立了：

定理 8.2 当且仅当 f 在 R 和 S 上加总可分并且 $F = F^0$ 时，再分配机制满足 ER 和 IM。

最后，我们抛开收入方面的加总可分性限制假设，进一步
303 说明特征的定义域 Ω 为积空间 $\Omega = \Omega_R \times \Omega_S$，其中 $\Omega_R \subset \mathbf{R}^r$ 且 $\Omega_S \subset \mathbf{R}^s$。波塞特提出了机制 F^*：

$$F_k^*(a) := \gamma \sum_{i=1}^{n} f(a_k^R, a_i^S), \qquad \forall a \in \Omega^n, \qquad \forall k \in N,$$

其中，γ 为选定的实数，它令 F^* 满足了预算限制，也即 $\gamma = (\sum_{i=1}^n f(a_i^R, a_i^S))(\sum_{i=1}^n f(a_k^R, a_i^S)) / \sum_{j=1}^n \sum_{i=1}^n f(a_j^R, a_i^S)$。如果个体 k 被赋予**每个**社会成员都有的不相关特征（S），并一直保留了自己的相关特征（R），F^* 分配给个体 k 收入的平均值。F^* 不要求 f 具有加总可分性，它是一种具有吸引力的实施收入机会平等的方式。

依靠一个新的公理，波塞特发现了对 F^* 的一个公理化描述：

无关特征的相加反应公理（AS） $\exists b$：$\Omega^n \to \mathbf{R}$，从而对于 $\forall a$，$\hat{a} \in \Omega^n$，$\forall k \in N$：如果 $a_k^R = \hat{a}_k^R$ 且 $a_j = \hat{a}_j$，$\forall j \in N \setminus \{k\}$，那么

$$\frac{F_j(\hat{a})}{b(\hat{a})} - \frac{F_j(a)}{b(a)} = f(a_j^R, \hat{a}_k^S) - f(a_j^R, a_k^S) \quad (\forall j \in N)$$

AS 的前提表明我们在比较两种特征的分布 a 和 $\hat{a}$，它们的唯一不同是个体 k 的不相关特征，因此，k 的不相关特征向量从 a_k^S 变化为 $\hat{a}_k^S$。该公理表明，如果个体的不相关特征向量从 a_k^S 变化为 $\hat{a}_k^S$，那么**每个**个体的收入也应该随之改变，并且通过调整规

模来使这样的收入变化可行。

波塞特证明：

定理 8.3 当且仅当 $F = F^*$ 时，再分配机制 F 满足 NR 和 AS。

波赛特的环境与第 8.5 节的生产经济的例子中的环境有两方面的不同：社会对收入机会的平等化而不是一般意义的优势感兴趣，以及如前所述，个体的生产行为对选定的税收系统没有反应。在我看来，后一个特征具有不受欢迎的限制性。

福楼拜（1994，1995）运用比波塞特更传统的框架研究了机会平等问题。在该问题中，个体在乎的是福利，而不是收入 304
本身。社会包括 n 个个体，个体 i 的特征以如下变量来表示：一个是不可转让消费天资/缺陷的向量 y_i，另一个是在 $\mathbf{R}_+ \times Y$ 上的偏好排序 R_i，其中 Y 是一个包括 y_i 所有可能值的空间。社会在公民之间所分配的可转换的善（金钱）数量 $w \in \mathbf{R}_{++}$ 固定。设 $y = (y_1, \ldots, y_n)$ 且 $R = (R_1, \ldots, R_n)$ 是“缺陷”和偏好的分布的形式。经济是一个四元组 $\mathcal{E} = \langle n, y, R, w \rangle$，**解**是经济定义域中的一个单值映射 φ，它将 w 分配给个体。设 $\varphi_i(\mathcal{E})$ 为由 φ 分配给 i 的可转换善的数量，那么我们要求 $\sum \varphi_i(\mathcal{E}) = w$。

一个隐含的假设是个体要对他们的偏好而不是“缺陷”负责。福楼拜介绍了两个公理。设 $\mathcal{D}$ 为经济的定义域，从而偏好可由效用函数 $u_i(x, y)$，$x \in \mathbf{R}_+$，$y \in Y$ 来表示，该函数关于 x 连续且严格递增。第一个公理为：

相等残疾者资源相等公理（EREH）

$$\forall \mathcal{E} \in \mathcal{D}, [\forall i,j, y_i = y_j] \quad \Rightarrow \quad \varphi_i(\mathcal{E}) = \varphi_j(\mathcal{E})$$

这意味着如果两个人具有相同的身体残疾，那么他们都应该得到相等数量的“资金”分配。该公理意图反映“个体应该为他们的偏好负责”的观点。

第二个公理是：

偏好相同者福利相等公理（EWEP）

$$\forall \mathcal{E} \in \mathcal{D}, [\forall i,j,\ R_i = R_j] \Rightarrow (\varphi_i(\mathcal{E}), y_i) I_i (\varphi_j(\mathcal{E}), y_j)$$

或者 $\varphi_i(\mathcal{E}) = 0$ 且 $(0,\ y_i) R_i (\varphi_j(\mathcal{E}),\ y_j)$

或者 $\varphi_j(\mathcal{E}) = 0$ 且 $(0,\ y_j) R_i (\varphi_i(\mathcal{E}),\ y_i)$

EWEP 表明，如果两个个体 i 和 j 具有相同的偏好，那么他们其中一人的扩展束（x_i，y_i）和另外一人的扩展束（x_j，y_j）是无差异的，其中，对于 $k = i$，j 来说，$x_k = \varphi_k(\mathcal{E})$。（公理的剩余部分告诉我们在找不到无差异的资金分配方式时应该怎么办。）该公理的结论是个体不应为他们的身体残疾负责，并且社会需要补偿他们。

EREH 和 EWEP 都是强公理并不奇怪，并且如福楼拜的证明
305 所示，它们通常毫不令人惊讶地互不相容。以福楼拜的有四个个体的案例（1995）为例，令 $Y = \mathbf{R}_+$，$\mathcal{E} = \langle 4;\ (1,\ 1,\ 3,\ 3);\ (R,\ R',\ R,\ R');\ 5\rangle$，其中，$R$ 和 R' 分别由 $u(x,\ y) = x + y$ 和 $u'(x,\ y) = x + 2y$ 表示。由 EREH 可得 $x_1 = x_2$，$x_3 = x_4$。假设对于所有的 i，$x_i > 0$。那么 EWEP 要求 $u(x_1,\ y_1) = u(x_3,\ y_3)$，也就是 $x_1 = x_3 + 2$，$u'(x_1,\ y_1) = u'(x_3,\ y_3)$，或者说 $x_1 = x_3 + 4$。这两个等式不一致。相同的推理表明，当某些 $x_i = 0$ 时，方程无解。

由于这种不可能性，福楼拜将这两个公理弱化为：

EREH*

$$\forall \mathcal{E} \in \mathcal{D}, [\forall i,j,\ y_i = y_j] \Rightarrow [\forall i,\ j, \varphi_i(\mathcal{E}) = \varphi_j(\mathcal{E})]$$

和

EWEP*

$$\forall \mathcal{E} \in \mathcal{D}, [\forall i,j,\ R_i = R_j] \Rightarrow [\forall i,\ j, (\varphi_i(\mathcal{E}), y_i)\ I_i\ (\varphi_j(\mathcal{E}), y_j)]$$

或者 $\varphi_i(\mathcal{E}) = 0$ 且 $(0,\ y_i) R_i (\varphi_j(\mathcal{E}),\ y_j)$

或者 $\varphi_j(\mathcal{E}) = 0$ 且 $(0,\ y_j) R_i (\varphi_i(\mathcal{E}),\ y_i)$

EREH*要求只有当**所有**个体都具有相同的身体残疾时，每对个体都接受相同的资金转移。同理，EWEP*也要求只有当**所有**的个体都具有相同的偏好时，每对个体的扩展束才会无差异。确实，存在许多满足 EREH* 和 EWEP* 的解。然而，在定义域$\mathcal{D}$上，却不存在满足 EREH*、EWEP*和**稳定性**（第 2.3 节中定义的稳定性）的解，即和初始社会子群间的资源再分配一致的解（福楼拜，1995，推论 1）。[①]

福楼拜进一步以如下方式弱化了 EREH* 和 EWEP*。设$\tilde{y} \in Y$和$\tilde{R}$分别为固定的残疾（向量）和在$\mathbf{R}_+ \times Y$上的偏好顺序。 306

公理 $\tilde{y}$ - EREH*

$$\forall \mathcal{E} \in \mathcal{D}, [\forall i, y_i = \tilde{y}] \Rightarrow [\forall i, j, \varphi_i(\mathcal{E}) = \varphi_j(\mathcal{E})]$$

公理 $\tilde{R}$ - EWEP*

$$\forall \mathcal{E} \in \mathcal{D}, [\forall i, j, R_i = \tilde{R}] \Rightarrow [\forall i, j (\varphi_i(\mathcal{E}), y_i) \tilde{I} (\varphi_j(\mathcal{E}), y_j)]$$

$$\text{或者 } \varphi_i(\mathcal{E}) = 0 \text{ 且} (0, y_i) \tilde{R} (\varphi_j(\mathcal{E}), y_j)$$

$$\text{或者 } \varphi_j(\mathcal{E}) = 0 \text{ 且} (0, y_j) \tilde{R} (\varphi_i(\mathcal{E}), y_i)$$

$\tilde{y}$为一个**参考缺陷**，$\tilde{R}$为一个**参考偏好顺序**。因此公理$\tilde{y}$ - EREH*表明，当所有的个体都具有参考分布$\tilde{y}$时，所有人都应该接受相同的资金转换。公理$\tilde{R}$ - EWEP*表明，当所有的个体具有相同的偏好顺序时，每个个体的扩展偏好与其他人的扩展偏好是无差异的。

注意，$\tilde{y}$ - EREH*和$\tilde{R}$ - EWEP*可同时实现：简单定义一个

---

① 如下是稳定性的一个正式定义。设$\mathcal{E} = \langle n, y, R, w \rangle$为一种经济，$\mathcal{E}' = \langle m, y^G, R^G, w' \rangle$是另一种经济，其中$G$是个体集$N$的子群，在第一种经济中，$m$是$G$的基数，$y^G$和$R^G$分别为$G$的缺陷和偏好分布。当且仅当对于所有的$k \in G$，只要$w' = \Sigma_{i \in G} \varphi_i(\mathcal{E})$成立，$\varphi_k(\mathcal{E}') = \varphi_k(\mathcal{E})$就成立时，$\varphi$为**稳定**的。

机制 φ，对于所有的 i，每当$\mathcal{E}$使 $y_i=\tilde{y}$ 时，φ 将资源平均分配；每当$\mathcal{E}$使每个人的偏好为 $\tilde{R}$ 时，φ 体现为“平等福利”的分配。φ 可被定义在所有任意的其他环境中。但根据福楼拜的证明，如果除以上定义外 φ 还是稳定的，那么这些新公理都有效地描述了两个解的特征。

如果资源分配（x_1，…，x_n）满足 $\forall i, j(x_i, y_i)\tilde{I}(x_j, y_j)$，或者 $x_i=0$ 且（0，$y_i)\tilde{R}(x_i, y_j)$，或者 $x_j=0$ 且$(0, y_j)\tilde{R}(x_i, y_j)$，那么该分配是 **$\tilde{R}$ – 条件平等解**。对于任何表示 $\tilde{R}$ 的效用函数，这恰好是词典式最小解。**$\tilde{y}$ – 平等主义相等解**规定了分配（x_1，…，x_n），该分配满足 $\exists\tilde{x}$，$\forall i,(x_i, y_i)I(\tilde{x}, \tilde{y})$，或者 $x_i=0$ 且 $(0, y_i)R_i(\tilde{x}, \tilde{y})$，即对于个体来说，每个人的扩展消费束与给定的参考扩展束无差异。我们有：

定理 8.4（福楼拜，1995，命题 9）　$\tilde{R}$ – 条件平等解是$\mathcal{D}$上唯一一个满足 EREH* 和 $\tilde{R}$ – EWEP* 的稳定解。$\tilde{y}$ – 平等主义相等解是（在一个适当的定义域上）唯一满足 $\tilde{y}$ – EREH* 和 EWEP* 的稳定解。

总之，在这些条款中，福楼拜的推演始于一对公理（EREH
307 和 EWEP）。他提出这对公理反映了机会平等的本质要求，即我在本章中所描述的观点，也就是在人们的控制之内所导致的损失不应该得到补偿（与德沃金一样，福楼拜将其看作是偏好），但由于环境方面的原因（在控制之外）所导致的损失则应该得到补偿。这些公理很强，以至在任意有趣的经济定义域上都无法兼容。此外，他认为资源分配关于子群的一致性是可取的。他逐渐削弱了最初的两个公理，直到它们本质上可以共存且具有一致性。从最终具有单一解特征的意义上来说，该削弱是恰到好处的。

关于不可能定理的普遍评价尤其适用于本节中的定理，该评论出现在第 8.7 节的最后一句话，它使我在第 8.3 ~ 8.5 节使用的方法与波赛特和福楼拜的方法形成了对比。

8.7 结论

阿玛蒂亚·森（1979）对福利主义的最初攻击是基于一些个体福利非常具有冒犯性的例子：福利主义者一定会在社会计算中将虐待狂从鞭打他人的行为获得的福利与从足够的食物所得到的福利视为有同等价值。罗纳德·德沃金和托马斯·斯坎伦的攻击则是完全不同的，他们认为福利主义不能使个体对某些他本该承担责任的选择负责，特别是那些根据他们认同的偏好而做出的选择。理查德·阿内逊和G. A. 科恩认同罗纳德·德沃金和托马斯·斯坎伦的以下观点：任何站得住脚的平等主义理论必须允许优势（或福利）方面的差别，这些差别反映了个人应该负担的责任的差别；但他们不同意的是，如果仅仅因为个体根据其认同的偏好做出了选择，他就必须对他的选择负责。他们认为关键的问题在于这些根据偏好做出的选择是否在个体的控制范围之内。在科姆的著作中还没有出现责任问题，它在罗尔斯和森的作品中开始萌芽，在德沃金、斯坎伦、阿内逊和科恩的著作中成为关注焦点。当然，必须指出的是，自由论者和新洛克派追随者一直都在强调责任是分配正义的要素。但是，在我看来，他们在该问题上采取了肤浅的方法，而没有认真考虑超越个人控制但是影响个体人生的社会因素。这些都应该被 308
纳入考虑，以矫正自由放任主义的优势分配。对于后来的这些思想家，自我所有权的重要性战胜了由出于责任考虑的任意再分配需求。

尽管在分配正义理论，特别是平等主义理论中，我相信对责任的新阐释标志着该领域在过去十五年中取得的成就，但在最后两章，我把注意力转向了一些学者提出的这类观点的弱点和缺陷。在这些解释当中，最主要的问题是缺乏一个令人满意的对“优势”的系统性阐释。森提倡将“可行能力”——个体可利用的功能性活动集的大小的测量——作为优势的恰当衡量；阿内逊倡导福利机遇，但我一直认为他并没有成功地提供一个试验以避免顺从的家庭主妇问题（即不应在社会计算中以表面价值计算在机会缺乏的情形下形成的被缩减的福利观念）。科恩承认问题的严重性，但他迄今还没有承诺找出该问题的解决方法。对个人境况的客观衡量似乎应该包括对在分配正义问题中十分重要的优势的衡量，因为一个纯粹的主观测量似乎不能解决顺从的家庭主妇问题。根据这些原则，森的功能性活动似乎是最有潜力的提案；但正如我在第5章中所提到的，我希望功能性活动不包括那些例如“幸福”在内的主观特征，而森认为应该包括。我认为存在一个价值标准，它可以界定优势为某些客观可衡量特征（如森的可观测的功能性活动）和主观特征（如快乐）的总和。或者如科恩所提出的，存在一种“中期福利”，它可能只以向量的形式出现，描述了介于拥有资源和享受福利中间的状态。当然，中期福利与更加客观的福利一样，也应该算作一种优势的衡量尺度（对于一种非常不同的“客观”测量，见本书附录部分范·帕里基斯无妒忌分配的提议）。

必须强调的是，我在第8.3～8.5节中的提议，即贯彻优势机会平等并不能解决刚刚描述过的严重问题：只有界定优势问题和区分意志与境况的问题得到解决，它才能成为实现资源公正分配的一个工具。在对分配正义理论的探寻中，这也是一这种哲学家和经济学家之间进行劳动分工的典型方法：哲学家的
309 任务是发现理论中正确的概念性元素，经济学家则是推出实用的（尤其是切实可行的）社会政策，从而在这些概念性元素中达成可接受的折中方案。不可能理论表明，不妥协解不可能存在于体现所有概念必要性的理论中，但一般来说，这样的定理不反对可接受妥协的存在。

8.8 附录

在本附录中，我研究了环境中的 EOp 机制，该环境与第 8.5.2 节中的生产经济相似，但是该环境中的优势是收入而不是效用。我在这里列举该例的原因为在当前的福利国家中，许多实际的再分配政策的目的是使收入而不是福利相等。

我们限制可行的税收计划集$\mathcal{T}$为线性所得税，其形式与第 8.5.2 节中的一样，为 $\tau(x)=d_0+d_1x$。问题的数据如下：将任意的税收计划表示为 $d=(d_0, d_1)$，在每种类型中，存在教育水平的一个频数分布。设 $e^i(\pi, d)$ 为类型 i 的个体在税收计划 d 中教育分布的第 π 个百分位处所达到的教育程度。由于税收完全用于再分配，所以当且仅当下式成立时，税收计划 d 为可行的：

$$\sum_{i=1}^{r}p_i\int_0^1(d_1\delta e^i(\pi,d)+d_0)d\pi=0 \tag{A8.1}$$

这只表明平均税收为 0，所以政府的预算平衡。从（A8.1）中，我们可以记

$$d_0=-d_1\delta\int_0^1\sum p_ie^i(\pi,d)d\pi \tag{A8.2}$$

以后，可行的税收计划可以参数化为单一变量 d_1。请注意，（A8.2）中的积分恰好是在税收计划为 d_1 时的人均受教育程度；我们记为 $\bar{e}(d_1)\equiv\int_0^1\sum p_ie^i(\pi, d)d\pi$。

在本例中，优势指（税后）收入，因而我们可以记优势函数为 310

$$v^i(\pi,d)=(1-d_1)\delta e^i(\pi,d_1)-d_0 \tag{A8.3}$$

将（A8.3）代入（8.3）可得

$$\varphi^E = \arg\sup_{d_1}[(1-d_1)\delta\int_0^1 \min e^i(\pi, d_1)\,d\pi + d_1\delta\bar{e}(d_1)]$$

或者

$$\varphi^E = \arg\sup_{d_1}[(1-d_1)E(d_1) + d_1\bar{e}(d_1)] \qquad (A8.4)$$

其中，$E(d_1) := \int \min_i e_i(\pi,\ d_1)\ d\pi$。

接下来计算罗尔斯解和功利主义解。将（A8.3）代入（8.5），我们可得功利主义解为：

$$\varphi^U = \arg\sup_{d_1}\bar{e}(d_1) \qquad (A8.5)$$

将（A8.3）代入（8.4）可得罗尔斯主义解：

$$\varphi^R = \arg\sup_{d_1}[(1-d_1)R(d_1) + d_1\bar{e}(d_1)] \qquad (A8.6)$$

其中，$R(d_1) := \min_i e^i(0,\ d_1)$。

我们进一步研究该例子，从而计算出三个机制的数值解。假设个体通过最大化形式为 $u(x,\ e,\ a) = x - (1/2a)e^2$ 的效用函数来选择其受教育水平；教育在类型间的不同分配产生于参数“a”在类型间的不同分配。[①] 因此个体并不对其类型的 a 的分配负责，但却为他在分配中所处的位置负责，具有该效用函数的个体在面临税收计划（d_1，d_0）时选择 e 以实现：

311

$$\max(1-d_1)\delta e - \frac{1}{2a}e^2$$

或者是 $e = (1-d_1)\delta a$。因此我们可以记$e^i(\pi,\ d) = (1-d_1)\delta a^i(\pi)$，其中 $a^i(\pi)$ 是“a”在 a 分配的第 π 个分位点的值，a 分布是类型 i 的分布。将该表达式代入（A8.4）可得

① 为了区别起见，我在这里背离了第 8.5.2 节中的环境。

$$\varphi^{E}=\arg\sup_{d_1}[(1-d_1)^2A+d_1(1-d_1)\bar{a}] \qquad (A8.7)$$

其中，$A=\int_0^1 \min_i a^i(\pi)d\pi$ 且 $\bar{a}=\int_0^1 \sum p^i a^i(\pi)d\pi$。我们可以把（A8.7）括号中的项展开为 $A+d_1(\bar{a}-2A)+d_1^2(A-\bar{a})$。由于 $A\leq\bar{a}$，最后的表达式是 d_1 的凹函数。如果 d_1 介于区间［0，1］，我们可以计算出下式：

$$\varphi^{E}=\max\left(0,\frac{1-2\alpha^{E}}{2(1-\alpha^{E})}\right) \qquad (A8.8)$$

其中，$\alpha^{E}:=A/\bar{a}$。注意到当 $A=0$（且 $\varphi^{E}=\frac{1}{2}$）时，可取得最大边际税率；然而，如果 $\bar{a}\leq 2A$，则不存在再分配（$\varphi^{E}=0$）。$\bar{a}-2A$ 的大小取决于参数"a"随类型变化的程度。

同理，对 $e^i(\pi, d)$，我们可以利用上面的表达式来计算功利主义税收计划，可得

$$\varphi^{U}=\arg\sup_{d_1}[\bar{a}-d_1\bar{a}]=0 \qquad (A8.9)$$

在功利主义计划下不存在再分配。最终，罗尔斯税收计划为：

$$\begin{aligned}\varphi^{R}&=\arg\sup_{d_1}\min_{i,\pi}[(1-d_1)^2\delta^2a^i(\pi)-d_0]\\&=\arg\sup_{d_1}\min_{i}[(1-d_1)^2a^i(0)+d_1(1-d_1)\bar{a}]\\&=\arg\sup_{d_1}\min_{i}[a^i(0)+d_1(\bar{a}-2a^i(0))+d^2(a^i(0)-\bar{a})]\end{aligned}$$

同样，由于 $a^i(0)\leq\bar{a}$，括号中的项为 d_1 的凹函数，并且我们可得

$$\varphi^{R}=\max\left(0,\frac{1-2\alpha^{R}}{2(1-\alpha^{R})}\right) \qquad (A8.10)$$ 312

其中，$\alpha^{R}:=(\min_i a^i(0))/\bar{a}$。注意 $a_0\leq A\leq\bar{a}$，根据（A8.8）、（A8.9）和（A8.10），可以得到 $\alpha^{R}\leq\alpha^{E}$ 且

$$\varphi^{U}\leq\varphi^{E}\leq\varphi^{R} \qquad (A8.11)$$

也就是说，对于拟线性效用，机会平等机制的再分配至少与功利主义机制一致，最多不超过罗尔斯机制。

此外，不等式（A8.11）是严格的：我们可以形成 $\varphi^E=\varphi^U$ 的环境和 $\varphi^E=\varphi^R$ 的环境。当 $\bar{a}<2A$ 时，前者成立；当 $a_0=A$ 时，后者成立。当一种类型中包括的所有个体都具有同样低的 a 值（称其为 a_0）时，且在社会中没有其他个体具有比 a 更低的值时，"$a_0=A$"成立。尽管这可能是一个异常的环境，我们无疑能够如我们所愿地无限接近它，并且在"最少动机"类型中，仍然保持 a 值的无原子分配。

在这个例子中，如果我们一开始就回到更一般的（非拟线性）形式，（A8.11）中的不等式是否仍然成立？以下例子表明，一般情况下，它并不成立。设有两种类型，它们对于所有的 π 满足：

$$e_1(\pi,d)=\alpha d_1+\beta$$

$$e_2(\pi,d)=\max(0,\beta-\varepsilon d_1^2)$$

其中，$p_1=0.8$，$\alpha=0.01$，$\beta=0.5$，$\varepsilon=0.1$。对于所有的 d_1 和 π，$e^2(\pi,d)<e^1(\pi,d)$（但在 $d_1=0$ 处，两教育水平是相等的）。在这种情况下，可以得出，$\varphi^E=\arg\sup_{d_1}((1-d_1)\hat{e}^2(d_1)+d_1\bar{e}(d_1))$，其中 $\hat{e}^2(d_1):=e^2(\pi,d)$。函数 $\bar{e}(d_1)$ ［对 φ^U，见（A8.5）］和 $(1-d_1)\hat{e}^2(d_1)+d_1\bar{e}(d_1)$［对 φ^E，见（A8.6）］可以用数学软件 Mathematica 绘出，然后我们可以得出 $\varphi^U\cong 0.2$，$\varphi^E=0$。很明显，现在我们可以引进小扰动项，从而使每一种类型里已达到的教育水平有一个轻微的变化，也使 e^1 和 e^2 取决于 π，且该结果将不再改变。因此一般来说，机会平等机制的再分配不超过功利主义机制。

至于不等式（A8.11）的反例，它可能是税收计划要在收入上线性且要独立于类型这一人为限制。更一般地来说，假设税收计划 τ 为收入和教育的连续函数，且在类型间不同。研究的问题如下：对 $e^i(\pi, \tau)$ 施加什么限制条件才足以维持类似（A8.11）的不等式？一个可能的猜想是，当税收计划的可接受集$\mathcal{T}$足够大，且如果 $e^i(\pi, \tau)$ 像“合理”效用函数形成的最优努力一样是“可合理化的”，那么由机会平等机制实现的从“幸运”类型到“不幸”类型的“再分配数量”位于由功利主义和罗尔斯主义所实现的数量之间。然而，在更一般的税收计划下，我们不能像在线性所得税的情形下一样用边际所得税轻易测出该数量。 313

我们很容易将上一个例子的分析扩展为允许税收计划在收入**和**教育上是线性的［$\tau(x, e) = d_0 + d_1 x + d_2 e$］，并一直保留拟线性效用假设。税收计划 $\tau = d_0 + d_1 x + d_2 e$ 形成一个最优的教育选择 $e = a(\delta(1 - d_1) - d_2)$，且该选择具有上一个例子中的拟线性效用函数。现在考虑现行所得税税收计划 $\tau' = d_0 + d'_1 x$，其中 $d'_1 = d_1 + d_2/\delta$。这也形成一个教育选择 $e = a(\delta(1 - d_1) - d_2)$。此外，在 τ 和 τ'下，每个个体所缴纳的税金是相同的。不失一般性地适当放松限制使 $d_1 \in [0, 1]$ 时，线性所得税计划包括了一般线性税收计划。然而，保持教育（以及收入）非负则要求 $d_1 \leq 1$。

但是我们希望允许 $d_1 < 0$。这将对上述分析做如下更改：当 $\alpha^E > \frac{1}{2}$时，机会平等机制将涉及**边际**收入转移（不是税收）和一次性付**税**。［在（A8.8）中验证，当 d_1 的非负限制取消时，φ^E 变为负数。］无非负限制条件时，功利主义规划者会最大化 $1 - d_1$［见（A8.9）］：解不存在。但是，我们看看当 d_1 为负且绝对值变大后会发生什么。当且仅当下式成立时，偏好特征为“a”的代理人的收入为非负：

$$(1 - d_1)^2 \delta^2 a + \delta^2 \bar{a} d_1 (1 - d_1) \geq 0$$

或者，因为对于 d_1“足够大”且为负时 $1 - d_1 > 0$，当且仅当下列条件被满足时：

314
$$\frac{a}{\bar{a}} \geq \frac{|d_1|}{1-d_1}$$

随着$|d_1| \to \infty$，收入为非负的个体的 a 特征至少达到平均程度。因此，如果我们允许收入可以任意为负，那么（近似）功利主义就实施了从“平庸”到“天才”的转移——这并不是一个不寻常的功利主义特征。最后，关于机会平等机制的评论同样适
315 用于罗尔斯机制。

附录　无妒忌的分配

设 $w \in \mathbf{R}_+^n$ 为一个包含 n 种善的商品向量，$\rho = (R^1, \ldots, R^H)$ 为 H 个个体在商品空间上的偏好分布，且 $x = (x^1, \ldots, x^H)$ 为 w 在这些个体之间的可行分配。当且仅当没有人妒忌其他人时，x 被认为是**平等**的，即当且仅当对于所有的 $i, j = 1, \ldots, H$，$x^i R^i x^j$ 成立时。当且仅当其为公正和帕累托有效时，x 被认为是公平的。平等（equity）的定义可以追溯到福雷（Foley，1967），而公平（fairness）的定义显然最早由施迈德勒和亚里（Schmeidler and Yaari）在他们一篇未出版的论文中引入［见丹尼尔（Daniel，1975：96）的论述］。根据科姆（1972：18）的看法，平等这一概念是在 20 世纪 50 年代初期，由荷兰物理学家艾伦菲斯特（Ehrenfest）向扬·丁伯根（Jan Tinbergen）提出的。范里安（Varian，1974）将这一概念完全纳入经济学专业的范畴下。

作为正义的一项标准，（如此界定的）公平概念已经吸引到了不少经济学家的关注，因为它提供了一种不需要引进福利可比性就能缩小帕累托最优分配集的方法——正如我们将看到的，它有时可将帕累托最优分配集缩至一个唯一的分配：公平是一个严格的序数概念。正如我在第 1.1 节中所讨论的，许多经济学家认为，人与人之间幸福的比较是不可能的，他们是从一般均衡理论不要求人际可比性①这一事实（错误地）得出了这个推论。我认

① 请注意，即使其所表述的推理过程是错误的，人与人之间不可比较这一点应该是正确的。

317 为公平概念在经济学文献中的突出地位是基于这个原因。

在本附录中，我将简要介绍公平概念的两个方面：一是它与等分瓦尔拉斯均衡的联系，二是它与私人的内部资源（比如内啡肽）问题的关系。我不准备对这些文献进行全面的回顾，因为关于该主题的有用介绍太多了，例如可参见汤姆森和范里安（1985）以及莫林（1995，第四章）的研究。汤姆森（1999）的著作是对本主题最具综合性的研究。

回顾前面的内容可以看出，等分的瓦尔拉斯均衡（EDWE）分配是与经济禀赋的初始相等私有权相联系的瓦尔拉斯分配。（一些禀赋可能是坚实且不可分割的善，在这些例子中，每个个体必须是地位相等的持股人。）注意 EDWE 是公平的：由于个体收入相同，每个个体都能用其收入购买其他人的任意消费品，所以它是平等的；由于 EDWE 分配是瓦尔拉斯式分配，因此它是帕累托有效的。当偏好准凹、善可分且技术为凸时，EDWE 分配存在，所以公平分配也存在。通常情况下，存在很多（比 EDWE）更公平的分配。

更有趣的是其逆命题：在一定条件下，对于代理人为连续体的交换经济，唯一公平的分配是 EDWE。在偏好由**可微**效用函数 $u(x, t)$ 表示的条件下，范里安（1976）最早证明了此结果，其中 x 是商品向量，t 为代理人指数（假定在区间 [0, 1]）。[如需快速证明，见汤姆森和范里安（1985）的讨论。] 不幸的是，偏好在个体之间连续变化（甚至是可微）的假设是一个强假设，并且范里安已证明，如果去掉该假设，结论就会是错误的。然而根据这一假设，我们可以得出，公平的概念描述了一般分配“小”集的特点，实际上，从个体的相等初始收入是一种明显的正义这个意义上讲，这些分配具有独立的吸引力。

周（Zhou，1992）去掉了偏好在个体之间具有连续性的假设，强化公平观念为“严格公平”，并证明了唯一严格公平的分

配是 EDWE。当且仅当对于所有的个体联盟 S 和所有的 $h \notin S$，h 并不认为 S 的平均束（$1/|S|$）$\sum_{i \in S} x^i$ 优于 x^h 时，有限经济中的分配是**严格公平**的。

我们最好在生产经济的条件下讨论第二个问题，即个人化善和公平之间的关系问题。早期公平观念的一个问题是在生产经济中不存在公平分配的普遍假设。帕茨纳和施迈德勒（Pazner 318
and Schmeidler，1974）为在生产经济中不存在公平分配提供了一个例证。公平在这些例子中的定义不经意引起了一种微妙但重要的变化。帕茨纳和施迈德勒的例子涉及两个个体，他们对于善和闲暇具有偏好，并且在善的生产上天赋不同。如果分配是帕累托最优的，且没有人愿意消费其他人的善和闲暇束时，该分配被认为是公平的。

但从正式性和重要性来看，这和最初定义的概念并不相同。这是因为在具有一种产品（称之为玉米）和两个既生产又消费的个体（亚当和贝齐）的经济中，善的种类不是两种（玉米和闲暇）而是三种：玉米，亚当的闲暇和贝齐的闲暇。经济的禀赋为这三种善的量，每个消费者具有的偏好定义在 $\mathbf{R}^3_+$ 上；但是每个个体的消费集为一个在商品空间中的坐标平面，因为没有人可以消费其他人的闲暇时间。从初始的意义上来讲，该生产经济中的 EDWE 分配**的确构成了**公平分配，其中，我们为每个个体分配生产该类善的企业的 50% 的股份：最初的论点成立（如果亚当偏好贝齐的善束，他可以用收入购买它）。请注意，这些分配与私营经济有关，其中亚当最初拥有“他的”一半闲暇和贝齐的一半闲暇，贝齐也是如此。（事实上，这些公平分配构成了德沃金所谓的“对有才之人的奴役”，因为在瓦尔拉斯均衡处，工资报酬较高的个体必须辛苦地为自己的闲暇支付高价。）

当帕茨纳和施迈德勒提到在生产经济中一般不存在公平分配时，以及当范里安（1976）对其观点表示赞同时，他们实际在用一个新的定义来取代最初对“平等”的定义，在这一新的定义中，当且仅当没有人妒忌其他人的善束和闲暇**水平**时，这种善和闲暇的分配才被视为是平等的。因此，如果亚当喜欢贝齐的消费束而不喜欢他自己的消费束时，他可以用善“贝齐的闲暇”替代善“亚当的闲暇”，我们可以认为这暗示着某一个人化善集的元素{亚当的休闲，贝齐的休闲}是“相等的”。

但是如果我们认可这一新观念的说服力，该观念也可以被应用于交换经济中。考虑在某交换经济中有两个个体——阿兹扎和波格丹，有三种善——玉米、杜松子酒和威士忌。阿兹扎
319 只喜欢玉米和杜松子酒，波格丹只喜欢玉米和威士忌。假设阿兹扎的偏好由效用函数 $C^{\alpha}G^{1-\alpha}$ 表示，波格丹的由 $C^{\beta}S^{1-\beta}$ 表示，且总禀赋为 $(\overline{C}, \overline{S}, \overline{G}) = (1, 2, 1)$。假设一个分配集，其中的分配以任意方式在波格和阿兹扎之间分配玉米，并将所有的威士忌给波格丹，所有的杜松子酒给阿兹扎。使每一个分配都遵循公平分配（从该词最初的意义上来讲）原则是不重要的。相反，现在我们假设，威士忌与杜松子酒是等同的（它们都是酒精），但阿兹扎和波格丹对不同类型的酒有个性化的偏好，就像亚当和贝齐对不同类型的闲暇有个性化的偏好一样。我们将表明，如果阿兹扎不认为波格丹的玉米和酒精束优于自己的，且可以用杜松子酒代替波格丹的苏格兰威士忌，她就不会水平妒忌波格丹。设 C 是阿兹扎拥有的玉米的数量。在帕累托最优分配处，波格丹不会水平妒忌阿兹扎的条件可表示为：

$$(1-C)^{\beta}2^{1-\beta} \geq C^{\beta}$$

且在帕累托有效分配处，阿兹扎不会水平妒忌波格丹的条件可表示为：

$$C^{\alpha} \geq (1-C)^{\alpha}2^{1-\alpha}$$

该条件表示

$$\left(\frac{1-C}{2C}\right)^{\alpha} \leq \frac{1}{2} \leq \left(\frac{1-C}{2C}\right)^{\beta}$$

如果 $\alpha>\beta$，上式不可能成立。因此，一般而言，在**交换**经济中，无妒忌水平的分配也不存在。

丹尼尔（1975）为“无妒忌水平”提供了一个一般性的定义，他称其为“个人平等”，与之相对应的概念是个人公平分配。（因此，当且仅当没有人水平妒忌另一个人时，也就是当个体可以用他自己的个人消费品代替其他人的类似个人消费品时，一个分配才是**个人平等**的。）当且仅当对于所有的个体 h，妒忌个体 h 的人数等同于 h 自己妒忌的人数时，丹尼尔界定的**平衡**分配形成。当且仅当某分配为帕累托有效且平衡时，它是一个**正义的**分配。丹尼尔的主要结论是，在一个可论证的合理假设集下，正义的分配总是存在的。事实上，我们可以看到，“正义 320
的”分配确实存在于阿兹扎和波格丹例子中。因为阿兹扎和波格丹相互水平妒忌（这是一个平衡分配的实例）的条件可表达为：

$$\left(\frac{1-C}{2C}\right)^{\beta}<\frac{1}{2}<\left(\frac{1-C}{2C}\right)^{\alpha}$$

当 $\alpha>\beta$ 时，以上公式对于很多分配是成立的。但当 $\alpha\leq\beta$ 时，正如我们所观察到的，无妒忌的分配存在，而且也是平衡的。因此，对于任意正的配对（α，β），平衡的分配是存在的。

在偏好完全不同的情况下，依照平等分配的原有概念，能够被当作正义分配的分配太多了。考虑在阿兹扎和波格丹的世界中，在 $\alpha>\beta$ 的情形下，所有的有效分配都是公平的。也就是说，不考虑玉米的分配，只要阿兹扎得到所有杜松子酒，波格丹得到所有的威士忌，根据对公平的理解，两者都不会为了实现正义而有进一步的索求。（即使对杜松子酒或威士忌的喜爱不是一个可通过投保减轻的伤害，德沃金会允许两人各自投保以避免玉米量太少造成的损失。）考虑一个形式上相等的例子，该例子也许有更多的漏洞：在某种经济下，穆斯林都是贫穷的，他们只喜欢玉米和牛肉；而印度教徒是富裕的，他们只喜欢玉米和猪肉。牛肉的生产多于猪肉（假设生产是需求导向时），在最终的分配中，印度教徒消费大量的猪肉和玉米，而穆斯林却消费少量的牛肉和玉米，无妒忌将会产生。

在我看来，丹尼尔向个体公平分配的迈步是值得肯定的，因为它看起来会允许我们减少个体对特殊偏好的负责程度（如果我们希望那样做的话）。允许阿兹扎妒忌波格丹的酒精消费，而不是他的威士忌消费，能够有效地使她为对杜松子酒的天生特殊偏好投保。尚未解决的问题是，为了验证水平妒忌我们该怎样决定哪些善应被称作是“相等的”；但我建议在这里应用森的功能性活动理论。亚当的闲暇和贝齐的闲暇是“相等的”，因为它们都带来一定的功能性活动，即放松；同理，阿兹扎的杜松子酒和波格丹的威士忌产生相同的功能性活动，或许也是一种放松。［人们还应该回顾凯文·兰卡斯特（Kelvin Lancaster, 1971）提出的对特质的偏好，对特殊善的偏好在此观点中是对家庭生产的投入。］现在，我的目的是指出，在继续使用这一方法来确定相等的善对时，我们需要做一种人际间的比较，并说
321 明对于不同的人，不同的善可以发挥同样的作用。因此，为了使作为“分配正义”的衡量尺度的无妒忌的测试更具吸引力，我们需要引入一定程度的人际可比性，而这种人际可比性会被坚持“公平”的序数主义者拒绝。我凭什么说杜松子酒对阿兹扎所起的作用就是威士忌对波格丹所起的作用呢？如果我可以这么说，令我做出这一断言的原因是否也能允许我对他们的幸福程度做一个完整的比较？我把这个问题作为一项政治哲学方面的练习题留给读者。

在政治哲学领域，关于公平分配的（技术意义上的）参考书目十分少见，因而也十分珍贵。德沃金（1981b）提出了以贝壳为货币的拍卖会的例子以作为他资源平等主义观点的铺垫。他发现在这一例子中达成的 EDWE 属性的分配是无妒忌的。但

这一发现对于他的理论似乎是没有必要的；实际上，在第8章中，我完全不提及公平就总结了他的理论。比起无妒忌这一属性，对德沃金的资源平等主义更加重要的是以下事实：EDWE分配明显相当于一种“资源平等”，即初始财产权的平等。

最后，范·帕里基斯（1995）对作为分配正义原则之一的公平提出了一个修正方案。该方案定义了善在 H 个个体之间的一种分配 $x=(x^1, \ldots, x^H)$，这些个体的偏好分布为 $\rho=(R^1, \ldots, R^H)$。当且仅当对于所有 h 不存在令 $x^i p^h x^j$ 成立的 $\{i, j\}$ 时，该分配显示了**非占优多样性**（undominated diversity）。这是一个比公平更加强的要求（所有的公平分配显示了非占优多样性，但反之不成立），且一般来说，不被占优的多样性分配不存在。当然，这完全是一个序数上的提议。虽然在人际可比性上这是一个不可知论的观点，但从偏好**分布**是社会的一个客观特征这个意义上来讲，它达到了一定的客观性。我认为，在对“在 x 分配中，i 是否比 j 更好”这一问题的表决中，像范·帕里基斯那样令每人都拥有一票否决权的做法过于激进。但我认为对他的提议做如下修正是有吸引力的：当且仅当对于所有有序配对 $\{i, j\}$，某个大型联盟 S 的成员 h 表明 $x^i R^h x^j$ 成立时，分配才被宣告为正义的（或者是非占优多样性的）。特别地，在大规模经济中，这一修正后的原则将会具有客观性（从仅依靠社会特征而不是个人特征的偏好分布这个意义上来讲）以及非主观性（在不依靠任何个体的偏好方面），并且它仍然是序数的。它用
个人意见的共识代替了幸福的人际可比性。 322

参考文献

Arneson, R. 1989. "Equality of opportunity for welfare." *Philosophical Studies* 56, 77–93.

——— 1990a. "Liberalism, distributive subjectivism, and equal opportunity for welfare." *Philosophy & Public Affairs* 19, 159–194.

——— 1990b. "Primary goods reconsidered." *NOÛS* 24, 429–454.

——— 1991. "Lockean self-ownership: Towards a demolition." *Political Studies* 39, 36–54.

Arrow, K. J. 1951. *Social choice and individual values.* New York: Wiley.

——— 1963. *Social choice and individual values.* 2d ed. New York: Wiley.

Arrow, K., and G. Debreu. 1954. "Existence of an equilibrium for a competitive economy." *Econometrica* 22, 265–290.

Barry, B. 1989. *Theories of Justice.* Vol. 1. Berkeley: University of California Press.

Bergson, A. 1938. "A reformulation of certain aspects of welfare economics." *Quarterly Journal of Economics* 52, 310–334.

Billera, L., and R. Bixby. 1973. "A characterization of Pareto surfaces." *Proceedings of the American Mathematical Society* 41, 261–267.

Binmore, K. 1987. "Nash bargaining theory III." In Binmore and Dasgupta (1987).

——— 1993. "Bargaining and morality." In Gauthier and Sugden (1993).

Binmore, K., and P. Dasgupta, eds. 1987. *The Economics of Bargaining.* Oxford: Basil Blackwell.

Binmore, K., A. Rubinstein, and A. Wolinsky. 1986. "The Nash bargaining solution in economic modelling." *Rand Journal of Economics* 17, 176–188.

Black, R. D. Collison. 1987. "Utility," pp. 776–778. In J. Eatwell, M. Milgate, and P. Newman, eds., *The New Palgrave: A Dictionary of Economics.* Vol. 4. London: Macmillan.

Blackorby, C., W. Bossert, and D. Donaldson. 1993. "Intertemporal population ethics: A welfarist approach." University of British Columbia.

Blackorby, C., and D. Donaldson. 1982. "Ratio-scale and translation-scale full interpersonal comparability without domain restrictions: Admissible social-evaluation functions." *International Economic Review* 23, 249–268.

——— 1984. "Social criteria for evaluating population change." *Journal of Public Economics* 25, 13–33.

Blackorby, C., D. Donaldson, and J. Weymark. 1980. "On John Harsanyi's defences of utilitarianism." Discussion Paper 80-4, Department of Economics, University of British Columbia.

——— 1984. "Social choice with interpersonal utility comparisons: A diagrammatic introduction." *International Economic Review* 25, 327–356.

Border, K. 1981. "Notes on von Neumann–Morgenstern social welfare functions." California Institute of Technology.

——— 1983. "Social welfare functions for economic environments with and without the Pareto principle." *Journal of Economic Theory* 29, 205–216.

——— 1985. "More on Harsanyi's utilitarian cardinal welfare function." *Social Choice and Welfare* 1, 279–281.

Bordes, G., and M. Le Breton. 1989. "Arrovian theorems with private alternatives domains and selfish individuals." *Journal of Economic Theory* 47, 257–282.

——— 1990. "Arrovian theorems for economic domains: The case when there are simultaneously private and public goods." *Social Choice and Welfare* 7, 1–18.

Bossert, W. 1995. "Redistribution mechanisms based on individual characteristics." *Mathematical Social Sciences* 29, 1–17.

Broome, J. 1991. *Weighing Goods.* Oxford: Basil Blackwell.

——— 1993. "A cause of preference is not an object of preference." *Social Choice and Welfare* 10, 57–68.

Butts, R., and J. Hintikka, eds. 1977. *Foundational Problems in the Social Sciences.* Dordrecht: D. Reidel.

Campbell, D. 1992. *Equity, Efficiency, and Social Choice.* New York: Oxford University Press.

Chew, S. H., L. G. Epstein, and U. Segal. 1991. "Mixture symmetry and quadratic utility." *Econometrica* 59, 139–163.

Cohen, G. A. 1986. "Self-ownership, world-ownership and equality." In F. Lucash, ed., *Justice and Equality Here and Now.* Ithaca: Cornell University Press.

——— 1989. "On the currency of egalitarian justice." *Ethics* 99, 906–944.

——— 1992. "Incentives, inequality, and community." In G. B. Peterson, ed., *The Tanner Lectures on Human Values.* Vol. 13. Salt Lake City: University of Utah Press.

——— 1993. "Equality of what? On welfare, goods, and capabilities." In Nussbaum and Sen (1993).

——— 1995a. "The Pareto argument for inequality." In Cohen (1995b).

——— 1995b. *Self-Ownership, Freedom, and Equality.* Cambridge: Cambridge University Press.

Coulhon, T., and P. Mongin. 1989. "Social choice theory in the case of von Neumann–Morgenstern utilities." *Social Choice and Welfare* 6, 175–187.

Daniel, T. E. 1975. "A revised concept of distributional equity." *Journal of Economic Theory* 11, 94–109.

d'Aspremont, C., and L. Gevers. 1977. "Equity and the informational basis of collective choice." *Review of Economic Studies* 44, 199–209.

Debreu, G. 1954. "Representation of a preference ordering by a numerical function." In R. Thrall, C. Coombs, and R. Davis, eds., *Decision Processes*. New York: Wiley.

——— 1964. "Continuity properties of Paretian utility." *International Economic Review* 4, 235–246.

Deschamps, R., and L. Gevers. 1978. "Separability, risk-bearing, and social welfare judgments." *European Economic Review* 10, 77–94.

Diamond, P. 1967. "Cardinal welfare, individualistic ethics, and interpersonal comparisons of utility: Comment." *Journal of Political Economy* 75, 765–766.

Dixit, A. 1978. "Lecture notes on social choice theory."

Domotor, Z. 1979. "Ordered sum and tensor product of utility structures." *Theory and Decision* 11, 375–399.

Donaldson, D., and J. Weymark. 1988. "Social choice in economic environments." *Journal of Economic Theory* 46, 291–308.

Donaldson, D., and J. E. Roemer. 1987. "Social choice in economic environments with dimensional variation." *Social Choice and Welfare* 4, 253–276.

Dworkin, R. 1981a. "What is equality? Part 1: Equality of welfare." *Philosophy & Public Affairs* 10, 185–246.

——— 1981b. "What is equality? Part 2: Equality of resources." *Philosophy & Public Affairs* 10, 283–345.

Elster, J. 1979. *Ulysses and the Sirens*. Cambridge: Cambridge University Press.

——— 1992. *Local Justice: How Institutions Allocate Scarce Goods and Necessary Burdens*. New York: Russell Sage Foundation.

Elster, J., and J. E. Roemer, eds. 1991. *Interpersonal Comparisons of Well-Being*. New York: Cambridge University Press.

Epstein, L., and U. Segal. 1992. "Quadratic social welfare functions." *Journal of Political Economy* 100, 691–712.

Fishburn, P. C. 1984. "On Harsanyi's utilitarian cardinal welfare theorem." *Theory and Decision* 17, 21–28.

Fleurbaey, M. 1994. "On fair compensation." *Theory and Decision* 36, 277–307.

——— 1995. "Three solutions to the compensation problem." *Journal of Economic Theory* 65, 505–521.

Foley, D. 1967. "Resource allocation and the public sector." *Yale Economic Essays* 7, 45–98.

Gaertner, W., and M. Klemisch-Ahlert. 1992. *Social Choice and Bargaining Perspectives in Distributive Justice*. New York: Springer-Verlag.

Gauthier, D. 1986. *Morals by Agreement*. Oxford: Oxford University Press.

—— 1993. "Uniting separate persons." In Gauthier and Sugden (1993).

Gauthier, D., and R. Sugden. 1993. *Rationality, Justice, and the Social Contract.* Ann Arbor: University of Michigan Press.

Georgescu-Roegen, N. 1987. "Ophelimity," pp. 716–718. In J. Eatwell, M. Milgate, and P. Newman, eds., *The New Palgrave: A Dictionary of Economics.* Vol. 3. London: Macmillan.

Gevers, L. 1979. "On interpersonal comparability and social welfare orderings." *Econometrica* 47, 75–90.

——— 1986. "Walrasian social choice: Some simple axiomatic approaches." In W. Heller, et al., eds., *Social Choice and Public Decision Making: Essays in Honor of K. J. Arrow.* Vol. 1. New York: Cambridge University Press.

Gibbard, A. 1976. "Natural property rights." *NOÛS* 10, 77–86.

——— 1991. "Constructing justice." *Philosophy & Public Affairs* 20, 264–279.

Grunebaum, J. O. 1987. *Private Ownership.* London: Routledge & Kegan Paul.

Hammond, P. 1976. "Equity, Arrow's conditions, and Rawls' difference principle." *Econometrica* 44, 793–804.

——— 1979. "Equity in two person situations: Some consequences." *Econometrica* 47, 1127–1136.

——— 1992. "Harsanyi's utilitarian theorem: A simpler proof and some ethical considerations." In Selten (1992).

Harsanyi, J. 1953. "Cardinal utility in welfare economics and in the theory of risk-taking." *Journal of Political Economy* 61, 434–435.

——— 1955. "Cardinal welfare, individualistic ethics, and interpersonal comparisons of utility." *Journal of Political Economy* 63, 309–321.

——— 1975. "Nonlinear social welfare functions: Do welfare economists have a special exemption from Bayesian rationality?" *Theory and Decision* 6, 311–332.

——— 1977a. *Rational Behavior and Bargaining Equilibrium in Games and Social Situations.* Cambridge: Cambridge University Press.

——— 1977b. "Nonlinear social welfare functions: A rejoinder to Professor Sen." In Butts and Hintikka (1977).

Hausman, D. M., and M. S. McPherson. 1995. *Economic Analysis and Moral Philosophy.* Cambridge: Cambridge University Press.

Hildenbrand, W., and A. Kirman. 1988. *Equilibrium Analysis.* New York: Elsevier Science Publishers.

Howe, R. 1987. "Sections and extensions of concave functions." *Journal of Mathematical Economics* 16, 53–64.

Howe, R., and J. E. Roemer. 1981. "Rawlsian justice as the core of a game." *American Economic Review* 71, 880–895.

Hurwicz, L., D. Schmeidler, and H. Sonnenschein, eds. 1985. *Social Goals and Social Organziation: Essays in Memory of Elisha Pazner.* New York: Cambridge University Press.

Kalai, E. 1977. "Proportional solutions to bargaining situations: Interpersonal utility comparisons." *Econometrica* 45, 1623–1630.

——— 1985. "Solutions to the bargaining problem." In Hurwicz, Schmeidler, and Sonnenschein (1985).

Kalai, E., and M. Smorodinsky. 1975. "Other solutions to Nash's bargaining problem." *Econometrica* 43, 513–518.

Kolm, S. C. 1972. *Justice et équité.* Paris: Centre National de la Recherche Scientifique.

——— 1995. *Modern Theories of Justice.* Cambridge, Mass.: MIT Press.

Kymlicka, W. 1990. *Contemporary Political Philosophy.* Oxford: Oxford University Press.

Lancaster, K. 1971. *Consumer Demand: A New Approach.* New York: Columbia University Press.

Le Breton, M., and J. Weymark. 1994. "An introduction to Arrovian social welfare functions on economic and political domains." In N. Schofield, ed., *Social Choice and Political Economy.* Dordrecht: Kluwer Academic Publishers.

Loomes, G., and R. Sugden. 1982. "Regret theory: An alternative theory of rational choice under uncertainty." *Economic Journal* 92, 805–824.

MacKay, A. 1980. *Arrow's Theorem: The Paradox of Social Choice.* New Haven: Yale University Press.

Makowski, L., and J. Ostroy. 1987. "Vickrey-Clarke-Groves mechanisms and perfect competition." *Journal of Economic Theory* 42, 244–261.

——— 1992. "Vickrey-Clarke-Groves mechanisms in continuum economies." *Journal of Mathematical Economics* 21, 1–35.

Mas-Colell, A. 1980. "Remarks on the game theoretic analysis of a simple distribution of surplus problem." *International Journal of Game Theory* 9, 125–140.

——— 1989. "An equivalence theorem for the bargaining set." *Journal of Mathematical Economics* 18, 129–139.

Maskin, E. 1977. "Nash equilibrium and welfare optimality." Department of Economics, MIT.

——— 1978. "A theorem on utilitarianism." *Review of Economic Studies* 45, 93–96.

——— 1979. "Decision-making under ignorance with implications for social choice." *Theory and Decision* 11, 319–337.

——— 1985. "The theory of implementation in Nash equilibrium: A survey." In Hurwicz, Schmeidler, and Sonnenschein (1985).

May, K. 1954. "Intransitivity, utility, and the aggregation of preference patterns." *Econometrica* 22, 1–13.

Milnor, J. 1954. "Games against nature." In R. Thrall, C. Coombs, and R. Davis, eds., *Decision Processes.* New York: John Wiley.

Moulin, H. 1987. "A core selection for pricing a single output monopoly." *Rand Journal of Economics* 18, 397–407.

——— 1988. *Axioms of Cooperative Decision Making.* New York: Cambridge University Press.

——— 1990. "Joint ownership of a convex technology: Comparison of three solutions." *Review of Economic Studies* 57, 439–452.

——— 1995. *Cooperative Microeconomics.* Princeton: Princeton University Press.

Moulin, H., and J. E. Roemer. 1989. "Public ownership of the external world and private ownership of self." *Journal of Political Economy* 97, 347–367.

Myerson, R. 1981. "Utilitarianism, egalitarianism, and the timing effect in social choice problems." *Econometrica* 49, 883–897.

Nash, J. 1950. "The bargaining problem." *Econometrica* 18, 155–162.

——— 1953. "Two-person cooperative games." *Econometrica* 21, 128–140.

Nehring, K. 1995. "A theory of rational decision with incomplete information." Department of Economics Working Paper 95-13. University of California, Davis.

Nozick, R. 1974. *Anarchy, State, and Utopia.* New York: Basic Books.

Nussbaum, M., and A. Sen. 1993. *The Quality of Life.* Oxford: Clarendon Press.

Ostrom, E. 1990. *Governing the Commons.* New York: Cambridge University Press.

Ostroy, J. 1980. "The no-surplus condition as a characterization of perfectly competitive equilibrium." *Journal of Economic Theory* 22, 183–207.

Pareto, V. 1896. *Cours d'économie politique professé à l'université de Lausanne.* Vol. 1. Lausanne: F. Rouge.

Parfit, D. 1984. *Reasons and Persons.* Oxford: Oxford University Press.

Pazner, E., and D. Schmeidler. 1974. "A difficulty in the concept of fairness." *Review of Economic Studies* 41, 441–443.

Peters, H. J. M. 1992. *Axiomatic Bargaining Game Theory.* Dordrecht: Kluwer Academic Publishers.

Rawls, J. 1971. *A Theory of Justice.* Cambridge, Mass.: Harvard University Press.

——— 1975. "Fairness to goodness." *Philosophical Review* 84, 536–555.

——— 1980. "Kantian constructivism in moral theory." *Journal of Philosophy* 77, 515–572.

——— 1982. "Social unity and primary goods." In A. Sen and B. Williams, eds., *Utilitarianism and Beyond.* Cambridge: Cambridge University Press.

——— 1985. "Justice as fairness: Political not metaphysical." *Philosophy & Public Affairs* 14, 223–251.

Roberts, K. 1980a. "Possibility theorems with interpersonally comparable welfare levels." *Review of Economic Studies* 47, 409–420.

——— 1980b. "Interpersonal comparability and social choice theory." *Review of Economic Studies* 47, 421–439.

Roemer, J. E. 1985. "Equality of talent." *Economics and Philosophy* 1, 151–181. Reprinted in Roemer (1994).

——— 1986a. "Equality of resources implies equality of welfare." *Quarterly Journal of Economics* 101, 751–784.

——— 1986b. "The mismarriage of bargaining theory and distributive justice." *Ethics* 97, 88–110.

——— 1987a. "A public ownership resolution of the tragedy of the commons." Department of Economics Working Paper No. 295, University of California, Davis.

——— 1987b. "Egalitarianism, responsibility, and information." *Economics and Philosophy* 3, 215–244. Reprinted in Roemer (1994).

——— 1988. "Axiomatic bargaining theory on economic environments." *Journal of Economic Theory* 45, 1–31.

——— 1989. "A public ownership resolution of the tragedy of the commons." *Social Philosophy and Policy* 6, 74–92.

——— 1990. "Welfarism and axiomatic bargaining theory." *Recherches Economiques de Louvain* 56, 287–301.

——— 1993a. "Distributing health: The allocation of resources by an international agency." In Nussbaum and Sen (1993).

——— 1993b. "A pragmatic theory of responsibility for the egalitarian planner." *Philosophy & Public Affairs* 22, 146–166.

——— 1994. *Egalitarian Perspectives: Essays in Philosophical Economics*. New York: Cambridge University Press.

Roemer, J. E., and J. Silvestre. 1989. "Public ownership: Three proposals for resource allocation." Department of Economics Working Paper No. 307, University of California, Davis.

——— 1993. "The proportional solution for economies with both private and public ownership." *Journal of Economic Theory* 59, 426–444.

Roth, A. 1979. *Axiomatic Models of Bargaining*. Berlin: Springer-Verlag.

Rubinstein, A. 1982. "Perfect equilibrium in a bargaining model." *Econometrica* 50, 97–110.

Rubinstein, A., Z. Safra, and W. Thomson. 1992. "On the interpretation of the Nash bargaining solution." *Econometrica* 60, 1171–1186.

Scanlon, T. 1975. "Preference and urgency." *Journal of Philosophy* 72, 665–669.

——— 1986. "Equality of resources and equality of welfare: A forced marriage?" *Ethics* 97, 111–118.

——— 1988. "The significance of choice." In S. McMurrin, ed., *The Tanner Lectures on Human Values*. Vol. 8. Salt Lake City: University of Utah Press.

Selten, R., ed. 1992. *Rational Interaction: Essays in Honor of John C. Harsanyi*. Berlin: Springer-Verlag.

Sen, A. 1976. "Welfare inequalities and Rawlsian axiomatics." *Theory and Decision* 7, 243–262.

——— 1977. "Non-linear social welfare functions: A reply to Professor Harsanyi." In Butts and Hintikka (1977).

——— 1979. "Utilitarianism and welfarism." *Journal of Philosophy* 76, 463–489.

——— 1980. "Equality of what?" In S. McMurrin, ed., *The Tanner Lectures on Human Values*. Vol. 1. Salt Lake City: University of Utah Press.

——— 1985. *Commodities and Capabilities*. Amsterdam: North-Holland.

——— 1986. "Social choice theory," pp. 1073–1181. In K. Arrow and M. Intriligator, eds., *Handbook of Mathematical Economics*. Vol. 3. Amsterdam: North-Holland.

——— 1987. *The Standard of Living.* Cambridge: Cambridge University Press.

——— 1992. *Inequality Reexamined.* Cambridge, Mass.: Harvard University Press.

——— 1993. "Capability and well-being." In Nussbaum and Sen (1993).

Sikora, R. 1978. "Is it wrong to prevent the existence of future generations?" In R. Sikora and B. Barry, eds., *Obligations to Future Generations.* Philadelphia: Temple University Press.

Steiner, H. 1994. *An Essay on Rights.* Oxford: Blackwell.

Strasnick, S. 1976a. "Social choice theory and the derivation of Rawls' difference principle." *Journal of Philosophy* 73, 85–99.

——— 1976b. "The problem of social choice: Arrow to Rawls." *Philosophy & Public Affairs* 5, 241–273.

Thomson, W. 1991. "Bargaining theory: An axiomatic approach." Department of Economics, University of Rochester.

——— 1994. "Fair allocations." Department of Economics, University of Rochester.

Thomson, W., and T. Lensberg. 1989. *Axiomatic Theory of Bargaining with a Variable Number of Agents.* New York: Cambridge University Press.

Thomson, W., and H. Varian. 1985. "Symmetry theories of justice." In Hurwicz, Schmeidler, and Sonnenschein (1985).

Van Parijs, P. 1995. *Real Freedom for All: What if Anything Can Justify Capitalism?* Oxford: Clarendon Press.

Varian, H. 1974. "Equity, efficiency, and envy." *Journal of Economic Theory* 9, 63–91.

——— 1976. "Two problems in the theory of fairness." *Journal of Public Economics* 5, 249–260.

von Neumann, J., and O. Morgenstern. 1944. *Theory of Games and Economic Behavior.* Princeton: Princeton University Press.

Waldron, J. 1988. *The Right to Private Property.* Oxford: Clarendon Press.

Walzer, M. 1983. *Spheres of Justice: A Defense of Pluralism and Equality.* New York: Basic Books.

Weymark, J. 1991. "A reconsideration of the Harsanyi-Sen debate on utilitarianism." In Elster and Roemer (1991).

——— 1993. "Harsanyi's social aggregation theorem and the weak Pareto principle." *Social Choice and Welfare* 10, 209–221.

Yaari, M., and M. Bar-Hillel. 1984. "On dividing justly." *Social Choice and Welfare* 1, 1–24.

Young, H. P. 1994. *Equity.* Princeton: Princeton University Press.

Zeuthen, F. 1930. *Problems of Monopoly and Economic Welfare.* London: Routledge & Kegan Paul.

Zhou, L. 1992. "Strictly fair allocations in large exchange economies." *Journal of Economic Theory* 57, 158–175.

——— 1994. "Harsanyi's utilitarian theorems: Concise proofs and infinite societies." Yale University.

索 引

（索引中页码为英文原书页码，即本书的页边码）

图书在版编目(CIP)数据

分配正义论 / （美）罗默（Roemer, J. E.）著；张晋华，吴萍译. --北京：社会科学文献出版社，2017.2
（当代国外马克思主义研究文库）
ISBN 978-7-5097-1937-4

Ⅰ. ①分… Ⅱ. ①罗… ②张… ③吴… Ⅲ. ①分配（经济）-研究 Ⅳ. ①F014.4

中国版本图书馆 CIP 数据核字（2011）第 213734 号

· 当代国外马克思主义研究文库 ·
分配正义论

著　　者 / 约翰·E. 罗默（John E. Roemer）
译　　者 / 张晋华　吴　萍
校　　者 / 朱富强　冯开文

出 版 人 / 谢寿光
项目统筹 / 祝得彬
责任编辑 / 王晓卿　廖涵缤

出　　版 / 社会科学文献出版社·当代世界出版分社（010）59367004
地址：北京市北三环中路甲 29 号院华龙大厦　邮编：100029
网址：www.ssap.com.cn
发　　行 / 市场营销中心（010）59367081　59367018
印　　装 / 三河市尚艺印装有限公司

规　　格 / 开　本：787mm×1092mm　1/16
印　张：23.5　字　数：303 千字
版　　次 / 2017 年 2 月第 1 版　2017 年 2 月第 1 次印刷
书　　号 / ISBN 978-7-5097-1937-4
著作权合同登记号 / 图字 01-2008-3130 号
定　　价 / 99.00 元

本书如有印装质量问题，请与读者服务中心（010-59367028）联系